LES
COUVENTS
DE
LA VILLE D'AGEN
AVANT 1789

PAR

PHILIPPE LAUZUN

MEMBRE DE LA SOCIÉTÉ FRANÇAISE D'ARCHÉOLOGIE,
DE LA SOCIÉTÉ DES SCIENCES, LETTRES ET ARTS D'AGEN, ETC.

TOME PREMIER
COUVENTS D'HOMMES

AGEN

MICHEL & MÉDAN, LIBRAIRES
Rue Pont-de-Garonne

1889

LES COUVENTS

DE LA VILLE D'AGEN

LK7
26775 (1)

LES
COUVENTS
DE
LA VILLE D'AGEN
AVANT 1789

PAR

PHILIPPE LAUZUN
MEMBRE DE LA SOCIÉTÉ FRANÇAISE D'ARCHÉOLOGIE,
DE LA SOCIÉTÉ DES SCIENCES, LETTRES ET ARTS D'AGEN, ETC.

TOME PREMIER

COUVENTS D'HOMMES

AGEN

MICHEL & MÉDAN, LIBRAIRES
Rue Pont-de-Garonne.

1889

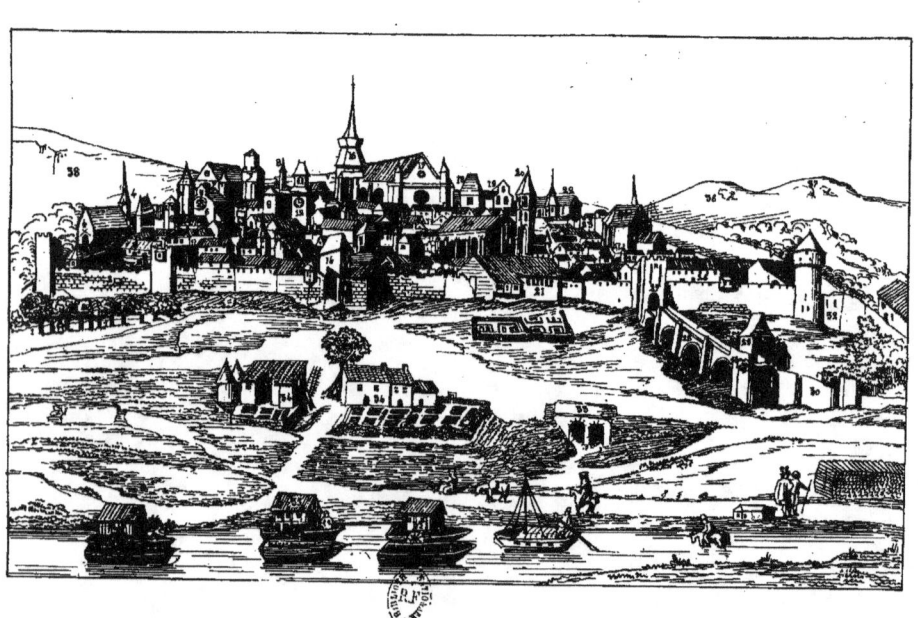

~ PERSPECTIVE ~
~ DE LA VILLE D'AGEN ~
~ VUE DU FAUX BOURG DU PASSAGE ~
~ FAITE EN MDCXLVIII ~

RENVOY

1. Allées S.T. Antoine ~
2. pierre attachée au mur de ville en 1599 anonsant la réédification dudit mur ranversé par un debordement de la garonne ~
3. couvant des R.P. cordeliers ~
4. eglise, fleche et clocher des R.P. cordeliers ~
5. clocher et eglise parroissiale de S.T. hilaire ~
6. eglise et clocher des R.P. augustins ~
7. eglise et clocher du chapitre collegial de S.T. caprais.
8. eglise et clocher des R.P. grands carmes ~
9. Tour de la maison de M.R. Barbier laserre ~
10. Tour de la maison de M.R. monpezat ~
11. Maison appellée le chateau ~
12. Tour de la grande horologe ~
13. palais de justice ~
14. porte de S.T. antoine ~
15. Maison de M.R. de secondat montesquieu ~
16. clocher de leglise cathedralle de S.T. étienne ~
17. eglise cathedralle de S.T. etienne ~
18. Tour de leveche ~
19. eglise paroissialle de nôtre dame du bourg dite la chapelle ~
20. eglise et clocher des R.P. jacobins ~
21. couvant des jacobins ou Dominiquins ~
22. eglise et clocher des Religieuses de notre dame ou paulin ~
23. Tour de la maison de la chapelenie de la niboire ~
24. fleche et eglise des Religieuses de l'anonciade ~
25. eglise et clocher des R.P. capuçins ~
26. couvant des R.P. capucins ~
27. porte du pont long ~
28. pont long ~
29. Tour du pont long ~
30. descente du pont long ~
31. allées du gravier ~
32. masure restante d'un foulon
33. pont de las aouques ~
34. auberges ~
35. trois moulins a nef ~
36. Roc de castilou ~
37. Roc de pecaou ~
38. Roc de pompejac ou de S.T. vincent ~

FIN.

L'original de cette vue appartient à Madame B. Martinelli

INTRODUCTION

L'aspect de la ville d'Agen, quelques années même avant la Révolution, était des plus pittoresques. Très resserrée dans son enceinte triangulaire encore intacte, elle possédait des rues fort étroites, et, comme dans toutes les villes du Midi, sauf les bastides, tortueuses ; ses maisons contenaient au moins deux étages ; sa population expansive, souvent même bruyante, se tenait presque toujours dehors ; ses églises se comptaient plus nombreuses que ne le comportait le chiffre de ses habitants.

L'étranger, qui, au XVIIe siècle, passant par Agen, gravissait le coteau de Saint-Vincent, pour aller déposer ses pieux hommages à la grotte du saint, jouissait, de la terrasse de cet ermitage, d'un coup d'œil vraiment merveilleux. A ses pieds se déroulait l'enceinte nord de la ville, depuis la Porte Saint-Georges à droite, jusqu'à la tour Cornalière à l'extrême-gauche, en passant successivement par le boulevard des Augustins, la tour du moulin de Saint-Caprais dite tour Saint-Côme, la tour Sainte-Foy derrière le chevet de cette église, la tour d'Armagnac et la tour de la Brethonnerie. Puis, longeant derrière la ville les murailles est, sud-est et sud, il distinguait d'abord la Porte du Pin et, à côté, la plateforme

Saint-Jean à l'extrémité de la rue de ce nom, puis les tours Duranthon, de Marmande dénommée plus tard tour du Bourreau, la petite tourelle ronde sise à l'extrémité du jardin de l'hôtel Boissonnade, la tour de Calbas près la plateforme actuelle, la Porte-Neuve avec ses deux tours de garde de forme allongée, la petite tour du Bourreau supprimée plus tard pour ouvrir la Porte Saint-Louis, et la tour de la Poudre, qui formait l'angle sud-ouest de la ville et au-dessous de laquelle coulait récemment un bras de la Garonne. Enfin, sur toute la façade ouest, la plus pittoresque puisqu'elle donnait sur les allées du Gravier et la rive droite du fleuve, à partir de la tour de la Poudre, la Porte de Garonne dont le pont-levis se rabattait sur les arches du Pont-Long, la Porte Saint-Antoine, une des plus fréquentées de la ville, et sa gracieuse échauguette, enfin la tour carrée et crénelée de la Fon de Raché [1].

Mais si ces tours d'enceinte, vieilles et généralement en ruines, découpaient assez tristement dans le ciel leur profil ébréché, celles qui s'élevaient dans l'intérieur de la ville au-dessus de quelque monument public, comme les tours de la Grande-Horloge, du Palais de Justice, de l'Evêché, ou bien encore à l'angle de quelque maison seigneuriale, comme la tour octogonale du Château, ou celles des hôtels de MM. Barbier-Laserre, de Montpezat, ou la jolie tour ronde à plateforme crénelée de la maison de Secondat, ne devaient qu'à leur élégance ou à la richesse de leurs propriétaires de ne pas passer inaperçues, écrasées qu'elles étaient par les flèches multiples et de formes si variées de toutes les églises, couvents

---

[1] Voir le travail de M. Amédée Mouillé, *La ville d'Agen et son enceinte extérieure après la Saint-Barthélémy*, paru dans le *Recueil de la Société d'Agriculture, Sciences et Arts d'Agen* de 1853.

et chapellenies. C'était comme une forêt d'aiguilles dressant vers le ciel leurs pointes effilées. D'abord, au centre, dominant l'ensemble, la grosse masse de Saint-Etienne, avec sa large abside ogivale, et, au-dessus du pilier carré de son clocher de pierre, cette élégante flèche en bois, construite en 1502 par les soins de Léonard de La Rovère, « couverte d'ardoises façonnées et terminée en aiguille squammeuse, cantonnée de quatre petits clochetons [1] ». En deçà et presque sur la même ligne la collégiale Saint-Caprais, de style byzantin [2], avec son clocher roman, lourd, massif, flanqué aux angles de contre-forts rectangulaires, et sa tourelle ronde à l'angle sud-ouest, telle qu'elle existe aujourd'hui. Plus près, Sainte-Foy, pauvre et modeste, et la tour du Chapelet. Puis, çà et là, à droite, les deux clochers en briques rouges du couvent des Augustins et de l'antique église Saint-Hilaire; tout à fait au coin de la ville et près la Porte Saint-Georges, les deux tours des Cordeliers, l'une carrée, dite le clocher, sur la façade sud de l'église, l'autre ronde, svelte et élancée, à l'extrémité orientale de la nef. A l'ouest, le long du mur de ville, la masse imposante des Jacobins, dont les deux nefs égales et parallèles écrasent le clocher octogonal trop maigre pour une si énorme construction. Derrière, l'église et le clocheton des Capucins. Puis, dans la partie méridionale, la flèche et la charpente fort élevée des Annonciades; tout à côté, plus humble et plus bas, le clocher des Carmélites; et, derrière Saint-Etienne, la tour carrée de la Visitation, la façade triangulaire de la chapelle Notre-Dame du

---

[1] Voir la planche et la description de Brécy : *Esquisses sur Saint-Etienne d'Agen*, livraison très rare de 1836.

[2] Notre savant collègue M. G. Tholin a donné une description approfondie de Saint-Caprais d'Agen dans ses *Etudes sur l'Architecture Religieuse de l'Agenais*, page 30.

Bourg, et les hautes et épaisses murailles de l'église des religieuses de Paulin. Enfin, tout à fait à gauche, dans le quartier oriental et déshérité de la Porte du Pin, la vaste nef des Grands Carmes, à la flèche élégante et hardie.

Bien souvent nous aussi, gravissant le coteau de l'Ermitage, nous nous sommes arrêté, ébloui par le magnifique panorama qui s'étalait devant nous. Et, faisant revivre dans notre pensée tout le vieil Agen du XVIIe siècle, redressant ses murailles, ses tours d'enceinte, ses vieilles gaches intérieures, ses églises et principalement ses couvents presque tous aujourd'hui disparus, nous nous sommes demandé pourquoi ils avaient existé, quelle idée dominante, religieuse, sociale ou politique les avait créés puis soutenus, à quelle époque et par quelle main pieuse ils avaient été fondés, quelle était leur richesse, jusqu'où s'étendait leur domaine ; et, pénétrant en profane dans leur intérieur, à quel ordre ils appartenaient, sous quelle règle ils vivaient, quels étaient leurs moyens d'existence, le nombre et jusqu'aux noms de leurs résidents, quels services ils rendaient à la ville, et, à l'heure de la décadence, comment ils finirent quand la Révolution les supprima.

C'est sous l'inspiration de ces idées que notre travail sur l'histoire des couvents d'Agen a été commencé. C'est grâce à l'obligeance de tous ceux à qui nous nous sommes adressé que nous avons pu, après de laborieuses recherches, le mener à bonne fin. Nous serions ingrat si nous ne remercions ici M. Ad. Magen, dont la fidèle mémoire et les nombreux souvenirs sur le vieil Agen enrichiront plus d'une fois nos pages d'une aventure intéressante ou de quelque anecdote oubliée ; M. Tholin, dont la main sûre nous guide tous les jours dans le labyrinthe de nos archives municipales et départementales et qui veut bien nous permettre de reproduire ses appréciations si savantes et si justes sur la construction des églises dont nous aurons à parler ; M. le chanoine Mouran, secrétaire-général de l'Evêché, qui nous a toujours ouvert toutes grandes les portes des archives, si précieuses, malheureusement si peu nombreuses, de l'Evêché d'Agen ; M. le chanoine Tournié enfin, depuis longtemps déjà décédé, mais à la mémoire duquel nous tenons à rendre hommage pour la bienveillance avec laquelle il nous a communiqué ses notes sur les couvents et notamment son remarquable travail, encore inédit, sur le monastère de la Visitation d'Agen [1].

En puisant à de telles sources, il était difficile de ne point arriver à l'achèvement de notre œuvre. Encore l'avions-nous trouvée fort incomplète, et longtemps avions-nous hésité à la publier.

Ce n'est pas que nous ayons jamais eu la prétention de raconter ici minutieusement l'histoire de chaque monastère, année par année, depuis sa fondation jusqu'à sa chute. D'abord, durant de longues périodes, les documents font défaut et sans doute n'ont jamais existé, la vie de ces communautés étant généralement fort simple et fort paisible. L'intérêt principal s'attache à leur origine et à leur fin. Néanmoins nous avons craint qu'en énumérant tour à tour pour chacun les phases monotones d'une existence qui se ressemble fort, nous fatiguerions inutilement le lecteur. Que voyons-nous, en effet, dans les annales de tous ces couvents, en dehors de quelques faits historiques importants ? Des fondations s'opérant toutes de la même manière ; des donations faites souvent par les mêmes personnes ; dans les communautés féminines notam-

---

[1] Dans sa préface, M. l'abbé Tournié semble nous désigner pour achever son œuvre si laborieusement commencée. Son insistance d'autrefois et ses précieux encouragements ne sont pas une des moindres causes qui nous décident à remplir aujourd'hui la lourde tâche qu'il nous a léguée.

ment, des circulaires toutes pareilles où sont relatées les vies des bienheureuses sœurs, nous offrant toutes les mêmes traits de piété, d'humilité, de résignation. Partout au dedans, la charité, le renoncement : rien au dehors, ou presque rien, qui se rattache à la vie publique.

Certes ces édifiants exemples suffisent pour contenter les âmes pieuses. Ils sont même assez rares en ces temps-ci pour qu'on s'incline respectueusement devant eux. Mais devaient-ils satisfaire les indifférents et les curieux ? Méritaient-ils d'être livrés à l'examen d'un public dont l'esprit sceptique ou athée s'éloigne chaque jour davantage de ce genre d'études ? Pour notre part, nous avons longtemps pensé que ces notes, trop religieuses peut-être, pas assez historiques, ne présenteraient qu'un intérêt restreint. Aussi les avions-nous enfermées dans nos cartons, où elles dormiraient encore, sans une bonne fortune dont il nous a été donné de pouvoir profiter et qui nous fait comme une obligation de sortir enfin de notre réserve.

Nous voulons parler de la reproduction partielle que nous sommes autorisé à donner du fameux plan d'Agen du baron Lomet[1]. Ce plan relevé avec la plus scrupuleuse exactitude

---

[1] Petit neveu, par sa mère, de l'immortel fabuliste Lafontaine, Antoine-François Lomet naquit à Château-Thierry, le 6 décembre 1759. Son éducation et son instruction furent des plus soignées. Grâce à ses aptitudes particulières pour les mathématiques et le dessin, il put entrer en 1777 à l'école des Ponts et Chaussées, et il suivit plusieurs fois Jean-Jacques Rousseau dans ses herborisations. Nommé ingénieur dans la généralité de Bordeaux, il vint fixer son séjour à Agen vers 1780 et il y épousa quelque temps après Mlle Vernède, dont le père venait d'acheter le couvent des Capucins. Ce fut pendant les dix années qui suivirent qu'il fit profiter notre ville de son remarquable talent, et, qu'entre autres travaux entrepris par lui, il construisit la Porte Saint-Antoine, dessina le nouveau plan des promenades du Gravier et planta lui-même ces beaux ormeaux qui longeaient la Garonne et dont nous avons presque tous encore souvenance. C'est également l'époque où il releva le plan en question. Mais ce travail était à peine achevé que Lomet fut délégué à Paris auprès de l'Assemblée Constituante avec MM. de Lacépède et Lacuée, ses amis, pour y faire

et cette sûreté de main qui préside à tous les ouvrages du célèbre ingénieur, représente la ville d'Agen telle qu'elle était avant 1789, c'est-à-dire avec ses murailles, ses tours d'enceinte et ses nombreux couvents. Document de premier ordre, nous

---

valoir certaines réclamations de la ville d'Agen ; il réussit assez bien, grâce à l'appui de Barnave, son condisciple, puis il revint à Agen. Mais il ne tarda pas à être envoyé à l'armée d'Espagne, où il sauva nos troupes décimées par le froid et les maladies, en construisant avec une célérité et une habileté merveilleuses, en quinze jours, quatre cent soixante-quinze baraquements, sur le modèle des anciens *castra clausa* des Romains.

Bonaparte fit grand cas de Lomet. Jusqu'en 1797 il fut chargé du cours de mécanique et de topographie à l'Ecole Polytechnique ; mais, sur son refus de prendre part à l'expédition d'Egypte, il fut envoyé en disgrâce à Agen, pour enseigner la physique et la chimie à l'Ecole Centrale du département. Néanmoins son séjour dans notre ville fut de courte durée. Car deux ans après, en 1799, il fut attaché au Ministère de la Guerre au Conseil Central des opérations de l'armée, devint chef de bureau du mouvement des troupes, et plus tard successivement sous-chef à l'état major de l'armée d'Allemagne, commandant de la place de Braunau sur l'Inn, puis de la citadelle d'Yaca en Espagne. A la suite de la campagne d'Austerlitz, à laquelle il assista, il fut créé commandeur de la Légion d'honneur et baron des Foucaux.

Lomet prit sa retraite en 1810 et ne s'occupa plus que de sciences, de lithographie surtout, dont il passe pour être en France le véritable importateur. Commandeur de Saint-Louis, il mourut à Paris, le 10 novembre 1826, sans être revenu à Agen, où continua de résider une partie de sa famille.

C'est à Mme Labie, née Fournié de Lamartinie, sa petite-fille, et propriétaire de la maison qu'habita Lomet, que nous devons une grande partie de ces renseignements, ainsi que la liste suivante de ses principaux ouvrages :

1° *Mémoire sur les Eaux Minérales et les Etablissements des Pyrénées.* (Paris, 1795. In-8°).

2° *Invention d'un nouveau Sextant.* (Journal des Mines, 1799).

3° *Mémoire sur l'emploi des machines aérostatiques aux reconnaissances militaires et à la construction des cartes géographiques*, avec une planche. (Même journal. T. IV. 1802).

4° *Théorie et pratique du Nivellement et son application au calcul des terrasses.*

5° *Traité de la construction de l'équipement et des manœuvres des machines de théâtre*, faisant suite aux *Recueils de charpenterie* de M. Krafft, de l'Imprimerie royale (1819 et années suivantes. Gr. In folio, traduit en trois langues et sur trois colonnes).

6° *Traité sur le baraquement des troupes* (Travail inédit, très estimé au dépôt de la guerre).

7° Dix-huit gros volumes, In-4°, également inédits, déposés au dépôt de la guerre, dont un *Mémoire sur la Technologie.*

8° Enfin, entre autres innombrables études, dessins, plans de toutes sortes, *le plan de la ville d'Agen avant 1789*. Inédit.

pouvons même dire un chef d'œuvre, il n'a jamais été livré à la publicité. Resté dans les cartons de son auteur, jusqu'à son départ d'Agen, il devint alors la propriété de M. Bourrière, architecte, qui l'a toujours pieusement conservé. Il appartient actuellement à son gendre, M. Léopold Payen, également architecte en chef du département de Lot-et-Garonne. C'est avec la plus extrême obligeance que, dans l'intérêt de l'histoire locale et aussi pour donner plus de relief à notre travail, M. Payen l'a mis généreusement à notre disposition, ainsi que diverses études explicatives qui l'accompagnent, dessinées par Lomet lui-même. Qu'il nous permette ici de lui en adresser nos plus vifs remercîments. Néanmoins ce n'est pas d'après l'original, mais d'après une copie exacte, calquée sur lui, et appartenant à M. Ad. Magen, que nous avons entrepris, par le moyen de la photographie d'abord, puis de la lithographie, de relever et de reproduire ensuite le plan de chaque couvent.

Ces plans ne datent, il est vrai, que de la fin du xviiie siècle ; mais nous croyons qu'à part quelques rares exceptions que nous indiquerons ils étaient à cette époque en tous points semblables aux plans primitifs.

Sans franchir les limites que nous nous sommes imposées, de ne pas dépasser les murs d'enceinte de chaque monastère, nous serons cependant obligé d'indiquer tout autour soit leur ancien périmètre restreint souvent depuis, soit les maisons circonvoisines qui leur avaient appartenu autrefois. Bien des quartiers y trouveront donc leur place. Or si on songe que le tiers au moins de la ville d'Agen était occupé par des couvents, on verra que c'est le tiers de notre ville avant la Révolution que nous sommes forcé de décrire.

Par ces *Promenades dans le vieil Agen*, auxquelles nous convions nos lecteurs, par ces évocations d'un passé sans retour que nous nous efforcerons de rendre aussi exactes que possible, nous espérons que notre travail offrira un intérêt d'autant plus vif, que depuis cent ans notre ville s'est entièrement transformée. Quel quartier se trouve aujourd'hui tel qu'en 1789 ? Quelle rue a conservé ou peut se flatter de conserver longtemps encore son antique dénomination ?

Regrettons à cet égard qu'un de nos anciens annalistes n'ait pas devancé ou complété, par une description approfondie et en remontant aux sources de l'histoire, l'œuvre de Lomet. Certes, Darnalt, Labenazie, Argenton, Labrunie, et après eux MM. Chaudruc de Crazannes, de Saint-Amans et jusqu'au vieux Proché, nous fournissent à pleines mains des documents que nous avons longuement utilisés. Mais ce n'est jamais que d'une façon incidente et en vue d'une thèse autre que celle entreprise par nous. Il en résultera que, faute de renseignements contemporains, bien des anecdotes resteront dans l'oubli, bien des points obscurs ne seront pas élucidés.

Contentons-nous néanmoins de notre modeste bagage et apportons aux chercheurs futurs quelques nouvelles pierres pour un édifice déjà commencé par d'autres et que peut-être ils achèveront.

— Agen possédait encore, au moment de la Révolution, douze communautés ou confréries d'hommes et huit communautés de femmes. Nous ne comprenons dans ce nombre ni l'Ermitage de Saint-Vincent, au-dessus de la ville, dont nous ne parlerons pas, M. l'abbé Barrère ayant déjà publié la monographie complète de ce couvent[1], ni l'Hôpital général desservi par des religieuses, et sur lequel, pour ce motif, nous nous arrêterons un instant, ni les chapitres de la Cathédrale et de la Collégiale dépendant du clergé séculier, ni une foule de chapellenies et de confréries diverses, trop peu dignes d'intérêt et

---

[1] *L'Ermitage de Saint-Vincent de Pompéjac*, par l'abbé Barrère. Agen 1865.

que nous mettrons hors de notre cadre. Mais en revanche notre ville avait renfermé jadis dans ses murs, plusieurs ordres éminents, disparus depuis, et dont nous tacherons de faire revivre la mémoire : les *Antonins*, les *Bénédictins*, les *Templiers*, les *Hospitaliers de Saint-Jean de Jérusalem* et les *Jésuites*. C'est même par ces quatre premiers que nous commencerons, ayant adopté pour notre table l'ordre chronologique et la date de la fondation. Nous avons donc dix-huit communautés masculines à énumérer, si à ces quatre premiers noms nous ajoutons les *Dominicains ou Frères-Prêcheurs*, les *Cordeliers*, les *Grands Carmes*, les *Augustins*, les *Jésuites* et après eux les *Oratoriens*, les *Capucins*, les *Petits Carmes*, les *Minimes*, les *Lazaristes*, les *Tierçaires ou Picpus* et enfin, bien que n'appartenant pas au clergé régulier, mais néanmoins trop importantes pour être négligées, les trois confréries de *Pénitents Bleus, Gris et Blancs*.

Aux huit communautés de femmes existant encore en 1789, et qui étaient : les *Annonciades*, les *Religieuses du Chapelet*, les *Dames de Paulin*, les *Carmélites*, le *Tiers Ordre de Saint-François*, les *Orphelines*, les *Visitandines* et les *Dames du Bon Pasteur*, il nous faudra ajouter un seul couvent, disparu déjà, les *Bénédictines de Renaut*, pour clore cette longue liste des Ordres religieux d'Agen.

Quelques-uns des couvents d'hommes, dont l'importance a été considérable, nous arrêteront assez longtemps : ce seront les Dominicains ou Jacobins, les Cordeliers, les Grands Carmes et plus tard les Jésuites qui, durant deux siècles, maîtres absolus du collège, dirigèrent la jeunesse et se consacrèrent à son instruction. Quoique moins en vue que les communautés d'hommes, nous nous étendrons davantage sur l'histoire des monastères de femmes, ayant pu avoir communication du journal de quelques-uns d'entre eux, les Annonciades, les Carmélites et principalement la Visitation.

Sauf les Bénédictins et les Templiers qui ne jouèrent à Agen qu'un rôle effacé, presque tous appartiennent à la grande famille de saint Dominique et de saint François, c'est-à-dire à l'ordre des Frères Mineurs, créé au XIIIe siècle pour combattre l'hérésie et propager et maintenir par la prédication comme par l'exemple de la pauvreté et de l'abnégation l'empire de la foi sur les consciences et les institutions sociales. Amenés tous dans Agen par la ferveur, soit de ses évêques, soit simplement des particuliers, et pour subvenir aux besoins matériels comme intellectuels des basses classes, disons bien vite qu'ils se montrèrent toujours à la hauteur de leur tâche et que par leur zèle et leurs vertus ils s'attirèrent la sympathie des Agenais, aussi bien du peuple auquel ils appartenaient pour la plupart, que des classes riches qui les comblèrent de leurs bienfaits. Seul, le haut clergé vit souvent d'un œil jaloux le courant irrésistible qui entraînait les fidèles vers ces nouvelles et pieuses fondations ; seul, il chercha parfois à arrêter ce mouvement qui dépeuplait ses églises. Ce ne sera pas une des moindres curiosités de quelques-unes de nos pages que de voir cette rivalité surgir entre les chapitres canoniaux et les moines, et presque toujours se terminer au bénéfice des réguliers. C'est à chaque instant du reste que nous relaterons les très grands services rendus par les communautés religieuses à la population de notre ville et principalement les admirables exemples de courage et de sacrifice donnés par elles, à l'heure des terribles épidémies qui s'abattaient comme périodiquement sur Agen. C'est avec joie enfin que nous constaterons qu'à l'époque où les grandes abbayes bénédictines tombaient par la commende en complète décadence, et que la plupart des couvents se relâchaient et se discréditaient par l'oubli de leur règle et l'abandon de toute discipline, les modestes communautés agenaises ne perdaient rien de ce qui avait fait leur première force et continuaient leur œuvre admirable d'enseignement populaire, de charité envers les pauvres, de dévouement à l'égard des malades.

La Révolution a radicalement supprimé les couvents. Les a-t-elle remplacés ?

Notre tâche n'est pas de discuter ici ces questions controversées depuis un siècle et dont nous attendons en vain la solution définitive. Elle se borne à faire revivre le mieux possible un passé, qui a été trop souvent l'objet d'injustes attaques et cela parce qu'il n'est pas connu. Et puis, le dirons-nous, nous éprouvons, à présent comme toujours, un plaisir indicible à remonter le cours des longs siècles écoulés et à connaître, non plus par ouï-dire et de confiance, mais avec des preuves sûres et des titres indiscutables à l'appui, l'histoire de notre pays, pour aussi modeste que soit le lieu où nous nous arrêtons. Ce lieu est aujourd'hui notre ville natale. Cette histoire est son histoire religieuse conventuelle.

N'hésitons donc plus à franchir le seuil de tous ces vieux sanctuaires, à pénétrer sous ces cloîtres sombres et mystérieux, dont les uns sont encore debout, et dont les autres, à jamais détruits, semblent tout à coup se dresser devant nous. Hâtons-nous surtout de mettre à profit les documents qui nous restent. Demain peut-être il serait trop tard.

Philippe LAUZUN.

Janvier 1886.

LES COUVENTS

DE LA VILLE D'AGEN

AVANT 1789.

CHAPITRE Ier.

LES ANTONINS — LES BÉNÉDICTINS.

On a cru longtemps, et bien des personnes le pensent encore, qu'Agen n'avait jamais possédé de Bénédictins dans ses murs. C'est une erreur. Ils y ont joué, il est vrai, un rôle fort effacé, ne cherchant pas à rivaliser avec leurs puissants voisins les Dominicains, les Cordeliers, ni même à égaler leurs frères de Moirax, de Layrac, de Saint-Maurin et plus loin d'Eysses et de Clairac. Néanmoins nous pouvons affirmer, que durant près de six cents ans, notre ville a eu l'honneur d'abriter dans son enceinte l'ordre célèbre de Saint-Benoît.

Antérieurs de plus de cent cinquante ans aux Frères Mineurs, les Bénédictins vinrent s'installer dans Agen, à la fin du XIe siècle, au Prieuré de Saint-Antoine. Mais ce monastère contenait déjà un autre ordre de religieux établis bien avant cette époque : nous voulons parler des Antonins.

Voyons d'abord où se trouvait et ce qu'était ce prieuré de Saint-Antoine. Nous parlerons ensuite de ceux qui l'ont desservi.

—Le prieuré de Saint-Antoine occupait très probablement dans les premiers temps tout l'espace de terrain compris dans le vieux quartier de ce nom, entre la porte et la rue Saint-Antoine au midi, la rue du Caillou à l'est, le Château et la rue l'Oiseau au nord, la rue Fon de Raché et les murs de ville à l'ouest. Plus tard, les parties méridionales et occidentales de ce carré furent détachées peu à peu du couvent, lorsque celui-ci, aux heures de gêne et de misère, fut obligé de les vendre à divers, ainsi que cela arriva du reste pour presque tous les couvents d'Agen. C'est ainsi que déjà au xvɪᵉ siècle nous ne retrouvons plus aucune des parties de l'emplacement R, à l'ouest, comme dépendance du couvent. Restreint de plus de moitié, il ne comprit bientôt que les portions suivantes :

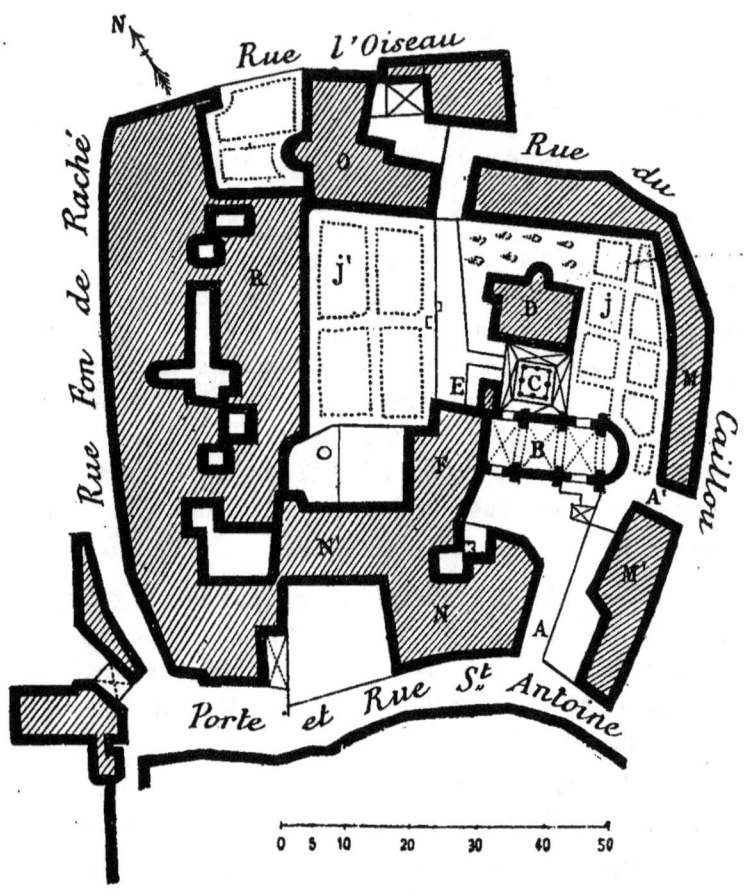

Deux petites cours s'ouvraient sur les deux entrées du couvent, l'une A, située rue Saint-Antoine, en face la rue Londrade, l'autre A', rue Caillou. L'église B, la plus ancienne d'Agen, puisqu'elle datait du xɪᵉ siècle, ne possédait qu'une nef à trois travées inégales, terminée par une abside semi-circulaire de même largeur. Nous voyons dans la reproduction fidèle du plan de Lomet que nous donnons ci-contre que les travées de la nef auraient été voûtées en arêtes ou en croisées d'ogive. Comme tout le reste du monastère, cette église est entièrement démolie, sauf cependant la partie orientale de son abside qui subsiste à la suite de la maison où se trouvent actuellement les bureaux de la Sécurité Commerciale, et, sous cette même maison et servant de cave, la vieille crypte voûtée de l'abside. Il existait même encore dernièrement un chapiteau roman, du style le plus primitif, qui soutenait l'arc triomphal : mais il est à craindre qu'il n'ait disparu au milieu des décombres et des démolitions. Le petit cloître C, qui existait en 1789, a subi depuis longtemps le même sort, ainsi que le carré E, une partie de l'ancien corps de logis F et la bâtisse D.

D'après le procès-verbal d'estimation, dressé le 7 messidor an IV, le couvent proprement dit ne comprenait plus alors qu'un corps de logis contenant : au rez-de-chaussée, une grande salle, une petite décharge, quatre chambres, une écurie et deux haliers ; et, au premier étage, six chambres et une galerie. Le tout ne présentait qu'une superficie de deux cent soixante toises, soit vingt toises de longueur et treize de largeur [1]. Les anciens jardins J et J' ont été en partie conservés par les acquéreurs des maisons voisines.

Voici du reste l'énumération de ces maisons, telles que nous les trouvions, il y a quelques années encore :

Sur la façade sud, donnant sur la rue Saint-Antoine et jadis dépendant du couvent : à gauche, la cour et la maison de Mme la baronne de Moncaut, occupée depuis 1838 par la famille Maydieu ; à côté, la mai-

---

[1] Archives départementales de Lot-et-Garonne. Disons à ce sujet, une fois pour toutes, que la toise valait, comme mesure de longueur, 1 mètre 9484 et qu'un mètre valait 0 toise 5132.

son Ladrix, aujourd'hui l'hôtel de la Société des Sciences, Lettres et Arts d'Agen; puis la vaste maison entre cour et jardin, bâtie par M. Charpentier et occupée successivement par M. le marquis de Bonas, M. Dagé, avoué, M. Delmas et enfin Mme la baronne d'Aydie qui l'a vendue récemment à la ville. Dans la rue Caillou, en M', la maison neuve de M. le D' Salse, construite sur une aile de l'ancien couvent, dont le premier étage abrita, au commencement de ce siècle, plusieurs dames de l'ancien couvent du Paravis, qui y avaient reconstitué très modestement une sorte de petit monastère[1]. A sa suite en M' s'élevait un long bâtiment fort étroit, existant de nos jours, mais faisant partie autrefois du couvent, loué à divers particuliers, et qui offre, du côté des jardins, de petits jours grillés. Il est probable que ces maisons avaient été acquises peu à peu par les religieux qui y avaient pratiqué ces utiles compléments. Enfin, du côté nord, en O, les jardins du prieuré étaient limités par ce qu'on a appelé de tout temps le Château.

Ce coin de la ville d'Agen est sans contredit un de ceux qui ont été le plus bouleversés. Du temps de Lomet déjà, il restait peu de traces, sauf l'église et ses dépendances, de l'ancien couvent des Antonins et des Bénédictins. La Révolution, en morcelant les édifices, avait suffisamment déjà changé l'aspect de ce quartier. De nos jours enfin, le percement du Grand Boulevard ainsi que de la rue Béranger, sur le terrain même où se trouvaient l'église et le cloître, viennent de faire à tout jamais disparaître les derniers vestiges de ce qu'il était autrefois.

Voyons à quelle époque fut fondée l'église Saint-Antoine, et pour quels motifs elle fut soutenue par la charité des fidèles.

— Labénazie, chanoine et prieur de l'église collégiale de Saint-Caprais, nous apprend dans son manuscrit sur l'*Histoire du diocèse*

---

[1] Nous devons ce renseignement, comme bien d'autres dans la suite, à la mémoire fidèle de M. Ad. Magen.

et des Eglises d'Agen [1], que « l'église Saint-Anthoine fust bastie à l'occasion du feu ardent, vers le tems que ce mal commença à se faire sentir (c'est-à-dire vers 994), et fondée par les libéralités de quelques personnes qui avaient des dixmes inféodées ou usurpées, qu'ils donnèrent à cette église, dont le prieur tira les revenus sur les dixmes de Sainte-Rafine, de Fraiches et de Vitrac, dans le diocèse d'Agen. »

Nous ne reviendrons pas ici sur l'étude de ce mal du *feu ardent, feu sacré, mal des ardents, feu de Saint-Antoine,* si terrible et si peu connu encore, qui ravagea presque toutes les provinces de France à la fin du Xe et pendant tout le XIe siècle et dont notre province de Guyenne ne fut pas exempte. Nous préférons, afin d'éviter des redites, renvoyer nos lecteurs à notre travail, paru déjà ici dans cette Revue, en juillet 1878, et dans lequel nous nous sommes longuement étendu sur l'histoire et les causes de cette épouvantable maladie et la fondation, en 1093, sous le pontificat d'Urbain II, de l'ordre de Saint-Antoine de Vienne, par deux gentilshommes du Dauphiné, Gaston et son fils Guérin, dans le but de secourir les pauvres victimes du feu ardent [2].

Ce fut, au moment de la terrible épidémie de 994, qui, au dire de Mézeray, emporta en peu de jours dans le sud-ouest de la France plus de quarante mille personnes, que dut être fondée à Agen la chapelle de Saint-Antoine. Desservie par des religieux, qui établirent à côté un hôpital, lequel fonctionna pendant toute la première moitié du XIe siècle, devons-nous affirmer que ces reli-

---

[1] Tome II, chap. VI, livre III, p. 191.—Les deux volumes qui constituent les manuscrits de Labénazie, l'un sur *l'Histoire de la Ville d'Agen et la chronique Agenaise*, l'autre sur l'*Histoire en particulier du diocèse et des Eglises d'Agen*, appartiennent à Madame Benjamin Martinelli, qui les a recueillis de Monsieur Darribeau Laccasagne à qui l'auteur les avait légués. C'est à son extrême obligeance que nous en devons la précieuse communication.

[2] Voir : Le *Sceau du Prieuré de Saint-Antoine d'Agen.* Revue de l'Agenais, 1878, 7e et 8e livraisons.

gieux furent des Antonins ou tout au moins de ceux de l'ordre de Saint-Antoine de Vienne ? Ce serait aller trop loin ; car nous venons de voir que cet ordre ne fut fondé à Vienne en Dauphiné qu'en l'an 1093, et Labénazie nous apprend qu'à cette époque l'humble chapelle agenaise était tombée dans le plus profond abandon. C'est que la maladie avait cessé depuis le milieu du siècle. On oublia bien vite la peur que l'on avait eue, et les revenus ainsi que les aumônes ne tardèrent pas à décroître. C'est alors que Simon, évêque d'Agen, ne voulant pas laisser disparaître une chapelle qui avait rendu de si importants services, la donna, sur les conseils des deux chapitres de Saint-Etienne et de Saint-Caprais, à l'abbaye bénédictine de la Grande Sauve, que Saint Gérard venait de fonder, près de Bordeaux, le 11 mai 1080. Il fut réservé toutefois, que les religieux qui la désserviraient seraient soumis à la juridiction de l'ordinaire [1]. Quant à l'hôpital, il en fut distrait et placé tout à côté, « dans la maison, dit Labénazie, qu'acheta plus tard M. de Sabaros. » Néanmoins, si l'ordre de Saint-Antoine de Vienne perdit ainsi à cette époque le prieuré de Saint-Antoine, il lui resta encore longtemps d'autres biens dans l'Agenais, notamment une commanderie consistant en domaine et rente, au lieu de Saint Antoine de Figue d'Alba, ainsi qu'il ressort d'un titre du 22 mars 1572, reproduit par Labénazie [2].

Ce fut donc en 1093, que les Bénédictins s'établirent à Agen, dans la chapelle Saint-Antoine. Sollicité même par l'évêque d'Agen, saint Gérard se rendit dans notre ville, et, comblé des bienfaits des seigneurs de Beauville, d'Albret, de Pressac et de Puybarzan, il jeta autour de la chapelle les fondements du prieuré bénédictin [3].

---

[1] Nous lisons en effet dans la *Gallia Christiana* (T. II, p. 905), à propos de Simon, 20ᵉ Evêque d'Agen : « *Circa hoc tempus, consilio canonicorum suorum, ecclesiam Sancti Antonii in civitate Aginnensis dedit Silvæ Majoris monasterio, et domino Geraldo abbati.* »

[2] Labénazie, T. II, chap. VI, livre III, p. 191 et suiv.

[3] Archives de la Grande Sauve. Mss. du Père du Laura. Chartul maj, fol. 191, et min. folio 99. — Voir aussi l'*Histoire de la Grande Sauve*, par l'abbé Cirot de La Ville, T. 1, p. 375.

Labénazie ajoute qu'il fut très prospère à ses débuts. Il fut doté de nombreuses dixmes inféodées, et il reçut, dès le 9 mars 1093, de Guillaume de Beauville, la moitié des revenus de l'église de Sainte Rafine, et des seigneurs de Calezun et de Fumel, d'importants revenus sur les paroisses de Fraysses et de Vitrac. Dès ce moment, le prieuré bénédictin d'Agen suivit en tous points les phases de grandeur et de décadence de l'abbaye de la Sauve, sa maison-mère.

— Il est superflu de rappeler ici l'origine et la fondation de l'ordre Bénédictin. On connaît suffisamment la vie de saint Benoît, écrite bien avant nous par des plumes autrement autorisées que la nôtre, et on ne peut ignorer quels services cette institution admirable rendit pendant les premiers siècles de son existence à la religion, à la société, à la civilisation. Disons seulement que lorsque Saint Gérard fonda l'abbaye de la Grande Sauve, il la plaça sous la règle de saint Benoît, modifiée et réformée par Hugues, alors abbé du célèbre monastère de Cluny. Ce fut donc sous la réforme de Cluny que vécut et fut administré le prieuré de Saint-Antoine.

Le costume de ses religieux, qui était le même que celui des religieux de la Sauve, consistait en une robe et un scapulaire de couleur noire ; au chœur ils portaient une grande coule. Dehors, leur costume ne différait de celui des prêtres séculiers que par un scapulaire étroit. Ils dormaient habillés et ceints de cordes, et leur lit consistait en une natte, un drap de serge, une couverture et un coussin.

Voici les quelques faits importants qui dans la suite signalèrent l'existence de notre prieuré bénédictin.

Peu de temps après sa fondation, l'an 1096, il reçut la visite du fameux Bernard de Sérillac, moine de Cluny et archevêque de Tolède, qu'Alphonse VI, roi de Castille, avait élevé à cette dignité, pour les nombreux exploits à main armée que ce prélat remporta sur les Maures, et dont la réputation de courage et de savoir était universelle. Bernard, qui était Agenais, étant né à La Sauvetat, amena de France en Espagne, lors de ce voyage, quatre moines : Bernard qui devint évêque de Siguenza, puis archevêque de Compostelle ; Raymond, originaire comme lui de La Sauvetat et qui le remplaça plus tard sur le siège de Tolède ; Pierre, qui devint évêque de Ségovie, enfin un autre Pierre qui fut évêque de Palencia. C'est un de ces deux Pierre qu'il prit au prieuré de Saint-Antoine « afin de se servir, dit l'abbé Fleury dans son Histoire Ecclésiastique, d'un si digne sujet pour établir la piété dans son diocèse[1]. »

Le prieuré de Saint-Antoine jouit d'ailleurs pendant tout le XIIe siècle d'une grande réputation de sagesse et de piété. Nous voyons son nom inscrit sans cesse en tête des actes de l'abbaye de la Sauve, et il est relaté dans une bulle célèbre du pape Célestin III qui récapitule et confirme les terres et privilèges accordés à cette illustre abbaye.

A cette époque, le prieuré de Saint-Antoine payait à la maison-mère un cens annuel de quinze sols pour le cierge de saint Gérard, honneur qui consistait à tenir devant le tombeau du saint des cierges continuellement allumés.

Le schisme qui révolutionna l'Eglise catholique à la fin du XIVe siècle eut son contre-coup jusque dans l'abbaye de la Sauve et même jusque dans le prieuré d'Agen. Lorsqu'en 1380 mourut Guillaume III, trente et unième abbé du monastère bordelais, les religieux, réunis en assemblée générale, désignèrent pour le remplacer Arnaud de Caveroche. Mais bientôt ce dernier reconnut pour seul pape le prélat avignonnais Clément VII, tandis que toute la communauté, obéissant sans doute à la pression de l'Angleterre, maîtresse de l'Entre Deux Mers et qui n'acceptait que le pape romain Urbain VI, se prononça énergiquement pour ce dernier. Une opposition formidable se forma contre le nouvel abbé, qui se vit finalement remplacé, à la suite d'une importante délibération du chapitre, du 15 décembre 1383, par un de ses confrères George de Meneserre[2].

---

[1] Fleury, *Histoire Ecclésiastique*. T. XIII.

[2] Manuscrit du père du Laura, p. 469. (*Histoire de l'abbaye de la Sauve-Mayour*, Entre-Deux-Mers, divisée en cinq livres et comprenant la vie de saint Gérard, par Etienne du Laura, religieux de la congrégation de Saint-Maur, 1683, in-4°. Propriété de Mgr l'Archevêque de Bordeaux.)

Malgré la déposition et l'excommunication qu'Urbain VI lança naturellement contre Arnaud de Caveroche [1], ce dernier ne se tint pas pour battu et ne donna pas sa démission d'abbé. Mais il fut forcé de s'éloigner de la Grande Sauve, et il se retira au prieuré de Saint-Antoine d'Agen, qu'il prit pour lieu de résidence, et d'où il exerça, ajoute l'abbé Cirot de la Ville, différents actes d'autorité dans la congrégation, entre autres la levée des dîmes de plusieurs paroisses du Bordelais, du Périgord, du Bazadais et du Sarladais, qu'il fit faire par Guillaume de Lhorin, recteur de Montaut en 1394. L'abbé de la Ville fait mourir Arnaud de Caveroche vers 1389. Sa vie se prolongea quelques années encore, puisque nous le retrouvons vivant le 29 janvier 1394 au monastère d'Agen [2], où les religieux, débarrassés momentanément de la domination et de la pression anglaises, purent le recevoir en toute liberté et manifester ainsi, dans cette grande question du schisme catholique, leur indépendance et leur patriotisme, en se prononçant pour leur roi et pour les vrais intérêts de leur pays.

Il a dû peut-être appartenir à Arnaud de Caveroche le sceau que nous avons trouvé dans le jardin de notre maison, ancienne dépendance de Saint-Etienne et de l'Evêché d'Agen et qui, tant par sa forme que par les capitales de sa légende, S. Prioris Sancti Antonii, appartient au xiv° siècle. Ce sceau est un sceau-matrice en cuivre bronzé, de forme ovale. Dans le champ, on voit saint Antoine, nimbé, le capuce sur la tête, les épaules couvertes d'un manteau, la main droite reposant sur un long bâton en forme de T, la gauche portant un livre qu'il tient serré contre sa poitrine. Au-dessous, dans une niche, le prieur du couvent, à genoux et comme en extase, semble invoquer le saint.

Avec le xv° siècle, pour l'abbaye de la Grande Sauve comme pour ses semblables, la décadence arriva. Benoît Guiton, trente-huitième abbé, essaya bien de reformer les mœurs des religieux et d'étendre son autorité sur les établissements les plus éloignés, notam-

---

[1] *Gallia Christiana*. Tome II, p. 875.
[2] Idem.

ment sur le prieuré de Saint-Antoine d'Agen, « avec lequel, dit l'abbé de la Ville, il renoua les liens d'obéissance et de discipline [1]. » Malgré ses efforts, il ne put relever la prospérité de son abbaye ni de ses dépendances.

Comme pour jeter un dernier éclat, le prieuré de Saint-Antoine eût vers cette époque l'honneur de fournir un abbé à la maison-mère. Ce fut son propre prieur, Aymery du Château, que les bénédictins bordelais vinrent chercher dans notre cité pour l'élever à cette dignité et succéder à Benoît Guiton, mort le 22 février 1485. Son élection fut confirmée par le vicaire-général de l'archevêque de Bordeaux. Mais il ne resta pas longtemps à la tête de la maison, car nous voyons qu'il mourut, le 19 novembre 1487, au prieuré d'Agen, où il était revenu.

Dans les archives de la Grande Sauve, nous trouvons, en 1500, un inventaire du prieuré de Saint-Antoine d'Agen, qui, entre autres richesses, mentionne « un calice et une croix d'argent, un reliquaire de saint Antoine, une dent de saint Laurent, un ossement d'une épaule de saint Gérard, une relique de sainte Madeleine, l'os d'un bras de sainte Apollonie, le chef de sainte Raffine dans une tête de bois bien travaillée, plusieurs autres reliques, enfin un missel manuscrit, en parchemin, selon l'ordre de la Grande Sauve [2]. »

En 1572 et alors que l'abbaye de la Sauve était devenue la proie des abbés commendataires, le prieuré de Saint-Antoine fut sécularisé. A ce sujet, Labénazie nous apprend que le frère de Chartres, religieux de la Grande Sauve et prieur de Saint-Antoine d'Agen, ayant remis volontairement, entre les mains de l'abbé, le gouvernement dudit prieuré, cet acte fut reconnu bon et approuvé par l'abbé Elie de Saint-Geniès, lequel, ne voulant pas que ledit prieuré supportât plus longtemps les conséquences d'une telle vacation, le donna et le conféra avec toutes ses annexes et dépendances à Jean Boivesle, prêtre de Bordeaux, connu par la probité de ses mœurs et

---

[1] Tome II, p. 284.
[2] *Mss du père du Laura*, p. 565.

l'étendue de sa science ; il ordonna même à tous les religieux, prêtres, clercs et sujets de la dite abbaye de le mettre et de le reconnaître en possession réelle du dit prieuré (Du Monastère de la Grande Sauve, le 27 octobre 1572). Les religieux de la Sauve se réservèrent toutefois sur le prieuré d'Agen dix livres de pension que le nouveau prieur séculier dut payer annuellement à l'abbaye.

C'est alors que les consuls d'Agen décidèrent que l'hôpital Saint-Antoine, qui dépendait encore du prieuré, serait vendu en même temps que l'hôpital Saint-Jacques et que l'Ecole Vieille, et que l'argent de ces ventes serait employé à réparer l'hôpital général du Martyre[1]. On croit que l'achat de cet hôpital par M. de Sabaros, qui en a fait depuis sa demeure, date de cette époque (1597).

Quoique sécularisé, le prieuré de Saint-Antoine n'en exista pas moins jusqu'au milieu du xviii° siècle. Sous Mascaron, il est prouvé que le titulaire était un sieur Fougères (ce qui n'indique plus un religieux conventuel, mais seulement le possesseur d'un simple bénéfice, soit ecclésiastique, soit laïque) et qu'il jouissait : 1° Sur les dîmes de Sainte-Rafine d'un quart et demi, le reste revenant aux deux chapitres d'Agen, et le curé se trouvant réduit à la portion congrue ; 2° que sur celles de Saint-Denis de Vitrac il partageait le revenu d'environ trois cent cinquante livres avec le chapitre cathédral et donnait cent livres au curé ; 3° enfin qu'il jouissait, en même temps que le chapitre de Saint-Etienne, d'un quart et demi sur les dixmes de Fraysses. Les dotations des seigneurs de Beauville, de Calezun et de Fumel s'étaient donc perpétuées pendant six siècles en faveur du prieuré bénédictin d'Agen.

Enfin, vers les premières années du xviii° siècle, le prieuré, dont le revenu ne se montait plus qu'à la modique somme de cinq cents livres, avait encore, au dire de Labrunie, pour titulaire, un nommé Andrieu. Ce fut le dernier. Car Mgr l'Evêque d'Agen, voulant récompenser la confrérie des Pénitents Blancs du zèle qu'elle montrait en matière religieuse, lui donna l'église et le prieuré de Saint-Antoine.

Ici doit s'arrêter ce premier chapitre. Nous retrouverons du reste

---

[1] Archives municipales d'Agen. BB. Reg. 30.

notre vieux prieuré, lorsque nous nous occuperons de la confrérie des Pénitents Blancs ; mais ce sera pour peu d'années ; car la Révolution n'est pas loin qui sapera ses murailles et dispersera ses souvenirs.

Rappelons à cet effet que lorsque, en 1793, la pioche des démolisseurs vint s'abattre sur ces antiques bâtisses, on rencontra cette inscription gravée sur une pierre enchâssée dans le mur du cloître et qui fut donnée à M. de Saint-Amans.

DÎS MANIBUS

IVENES. A. FANO

IOVIS

SIBI. ET. SVIS.

La pièce était en marbre blanc, de huit pouces sept lignes de haut et de un pied neuf de large. Existait-il là autrefois, comme en conclut l'auteur de l'histoire du département de Lot-et-Garonne, un temple de Jupiter, desservi par de jeunes néophytes ?

Dans ce même cloître, on trouva également deux ou trois tombeaux en maçonnerie et en briques, renfermant des ossements et plusieurs objets en fer, notamment une faucille servant à couper le blé.

L'église fut détruite, le cloître renversé, et les quelques bâtiments qui dépendaient encore du couvent vendus à des particuliers.

Durant près de huit siècles, le prieuré de Saint-Antoine avait donné son nom à la rue qui le longeait sur sa façade sud, ainsi qu'à la porte à laquelle elle aboutissait. Depuis longtemps déjà cette porte est détruite : seule, la rue avait conservé jusqu'à hier son ancienne dénomination qui rappelait les services rendus autrefois. On vient de la lui enlever. Il ne reste donc plus aucun souvenir du plus ancien couvent de la ville d'Agen.

CHAPITRE II.

LES TEMPLIERS. — LES HOSPITALIERS DE SAINT JEAN DE JÉRUSALEM.

Les Templiers ont autrefois possédé dans Agen une Commanderie qui passa, lors de l'abolition de cet ordre, entre les mains des Chevaliers de Malte ou Hospitaliers de Saint-Jean de Jérusalem. Quoique d'une minime importance, elle mérite néanmoins qu'il lui soit consacré quelques pages dans ce travail.

Tout ce qui se rattache à l'ordre du Temple présente d'ailleurs un intérêt exceptionnel. Sa chute fut si rapide, sa fin si tragique et si mystérieuse, qu'il semble que, malgré de remarquables ouvrages écrits sur son histoire, la curiosité ne soit pas encore suffisamment satisfaite. Bien des thèses ont été soutenues soit pour accuser ses Chevaliers de tous les crimes imaginables, soit pour les disculper et proclamer bien haut leur innocence et leurs vertus. On se passionne encore pour le grand maître Jacques de Molai, brûlé vif à Paris avec ses compagnons, dans l'île du Palais, par ordre de Philippe-le-Bel; et on se demande lequel fut le plus coupable, ou le malheureux supplicié qui ne trouva grâce nulle part, ou le Roi lui-même d'accord avec le Pape et devant les yeux duquel miroitaient trop brillamment les immenses trésors de l'ordre.

Mais généralement ce qu'on ignore, c'est l'importance de ses possessions, son étendue, le rôle joué dans les provinces par les différents Commandeurs, et ce que devinrent la plupart de leurs propriétés. M. A. Du Bourg, dans son *Histoire du Grand Prieuré de Toulouse*[1], vient récemment de jeter un jour nouveau sur les possessions de ces deux ordres dans tout le sud-ouest et une partie du midi de la France. Il a compulsé avec la plus scrupuleuse patience les Archives si volumineuses du Grand Prieuré de Toulouse, et fort savamment exposé les faits les plus dignes qui ont trait à son histoire. Il est un des premiers qui ait appelé l'attention sur une des pages les plus obscures et les plus intéressantes de nos annales. C'est à lui que nous devons d'avoir fait connaissance de ce fonds, un des plus riches, sans contredit, des Archives départementales de la Haute-Garonne; ce qui nous a permis de compléter son travail pour tout ce qui concerne le membre de Sainte-Quitterie d'Agen.

Durant tout le XIIIe siècle, les deux ordres militaires du Temple et des Hospitaliers se disputèrent en Orient l'honneur de combattre les infidèles et de protéger les pèlerins. En même temps ils s'établissaient dans l'Occident, où ils se recrutaient parmi les familles les plus nobles, et jouissaient des plus riches patrimoines. Fondés à la même époque, dans le même but et presque avec la même règle, leurs débuts furent identiques. Mais, tandis que les Hospitaliers restaient fidèles à leur origine et à l'esprit de leur institution, les Templiers, séduits par les trop nombreuses richesses qui affluaient chez eux de toutes parts, se relâchèrent bien vite de leur discipline primitive et devinrent, par leur orgueil et leur avarice, insupportables à tous ceux qui les approchaient.

I. TEMPLIERS.

Créé en 1118 à Jérusalem par la piété de Hugues de Paganis et de quelques autres chevaliers chrétiens, l'Ordre fut installé dans une maison située près du Temple de Jérusalem : ce qui lui donna le

---

[1] *Histoire du Grand Prieuré de Toulouse*, par M. A. Du Bourg. Toulouse, Louis Sistac et Joseph Boubée, 1883, in-8°.

nom d'ordre du Temple. Reconnu bientôt, en 1128, au concile de Troyes, comme ordre religieux en même temps que militaire, il reçut à cette époque sa règle de saint Bernard, qui l'écrivit conforme à l'esprit de la nouvelle institution.

Outre les trois vœux de pauvreté, de chasteté et d'obéissance que formulait alors tout religieux, les Templiers s'engageaient, en outre, à défendre par tous les moyens possibles la religion chrétienne, à croire à ses dogmes, à obéir aveuglement au maître de l'ordre, à combattre les Infidèles, et à reconnaître comme frères les religieux bénédictins de Citeaux. Leur costume fut l'habit blanc, auquel le pape Eugène III ajouta, l'an 1146, une croix rouge. Leur nombre devint très considérable en même temps que s'accroissaient leur fortune et leur puissance. Au bout d'un siècle, ils possédaient plus de neuf mille maisons, et ils allaient de pair, dit Matthieu Paris, pour leurs richesses, avec les plus grands rois.

Ce serait sortir de notre cadre que de raconter ici comment ils inspirèrent la jalousie à tous les ordres religieux d'alors; quels furent leurs crimes, supposés ou véritables; de quelle manière Philippe-le-Bel, après de nombreuses hésitations, s'entendit avec le pape Clément V, pour les citer devant le tribunal suprême, et, avant même leur condamnation, confisquer à son profit tous leurs biens; a quel degré s'éleva dans la procédure l'intolérance des Inquisiteurs, leurs grands juges; par quelle inconséquence étrange tous avouèrent d'abord et en des lieux différents les crimes qu'on leur reprochait, puis les nièrent énergiquement au moment du supplice; comment enfin, alors que leur grand maître monta sur le bûcher par ordre du roi de France, d'autres tribunaux appliquèrent des condamnations différentes, soit la dégradation, soit la prison à perpétuité ou temporaire, soit simplement l'exil. Disons seulement que, dès 1313, l'ordre des Templiers n'existait plus dans toute la chrétienté, et que, pas plus dans nos provinces méridionales que dans tout le reste de la France, il ne fut permis de prononcer à voix haute le nom de chevalier du Temple. Leurs biens furent tous dispersés. Les uns furent confisqués par l'autorité royale, d'autres vendus à de simples particuliers, la plupart enfin cédés aux Hospitaliers de Saint-Jean de Jérusalem.

On ne peut fixer au juste l'époque où les Templiers vinrent s'installer dans la ville d'Agen. Organisés dans le Languedoc presque immédiatement après avoir été reconnus par le concile de Troyes, ils s'étendirent bientôt dans toute la province, et alors que les Hospitaliers exerçaient une prépondérance marquée dans le Toulousain, les Templiers, au contraire, devinrent plus puissants dans l'Agenais [1].

Ce fut sous Hélie de Castillon, évêque d'Agen de 1149 à 1182, que les Templiers, nous dit Labénazie [2], furent établis dans Agen. « On ne sait au vray, ajoute-t-il, le lieu de leur premier établissement. Il y en a qui croient que ce fut dans le fort de la ville, près de la tour de M. Despalais, dans la maison de M. Barbier de la Serre, pour deux raisons : la première est de ce qu'elle est bastie d'une façon assez particulière, les murailles qui aboutissent à la rue qui porte le nom de rue du Temple sont basties en arceaux qui sont en forme d'arcs-boutans; la seconde raison est qu'il y a dans la maison une espèce de chapelle voûtée avec beaucoup d'anneaux de fer suspendus à la voûte, comme pour y attacher des lustres ou des lampes. De ce temps, on disait vespres le soir, vers le commencement de la nuit. Cette voûte tient presque toute la longueur de l'ancienne maison. Ils y furent établis vers l'an 1154. »

L'opinion de Labénazie peut se soutenir, bien qu'elle ne s'appuie sur aucun document sérieux. On peut voir, en effet, encore les voûtes fort épaisses, aujourd'hui en démolition, de tout le rez-de-chaussée de la maison de M. Aunac (ancienne maison Barbier La Serre), et les attribuer à la chapelle de l'ancienne Commanderie du Temple, dont l'autorité se serait étendue de là sur tout le quartier avoisinant qui garde encore le nom de quartier et de rue du Temple, pour aboutir à la porte Sainte-Quitterie. Néanmoins nous pensons que ces énormes murailles doivent plutôt être attribuées à la première enceinte de la ville et être considérées comme faisant partie du *Castrum Sancti Stephani.* Pour nous, nous croyons fort que l'ancienne résidence dans Agen des Chevaliers du Temple d'abord, puis des

---

[1] Du Bourg. *Histoire du Grand Prieuré de Toulouse.*
[2] Labénazie. ms. t. II, livre III, chap. XXII, p. 261 et suiv.

Hospitaliers, a été de tout temps cet enclos de Sainte-Quitterie, situé près la porte du même nom qui séparait la rue du Temple de la rue Saint-Jean, et où, à côté de l'église, s'élevait comme nous allons le voir, une tour fort importante, existant encore au siècle dernier et qu'on pourrait considérer à juste titre comme un des anciens restes de la maison du Temple à Agen.

Sur ces entrefaites, fut construite sur les bords du Lot une forteresse qui prit le nom de Temple de Brueil ou de Brulhes[1], encore assez bien conservée, et qui peut être considérée comme le type de ces sortes de caravansérails fortifiés, chers aux Templiers dans tous les pays, destinés aussi bien à la défense qu'à l'hospitalité. Les Maîtres de l'ordre, en résidence à Agen, s'empressèrent de venir y habiter, abandonnant leur maison de ville, qui ne forma plus désormais qu'un membre de la nouvelle Commanderie, sous le nom de Sainte-Quitterie d'Agen[2].

Voici, telle que l'a relevée M. Du Bourg dans les archives de l'ordre de Malte à Toulouse, la liste des Maîtres ainsi que des Commandeurs du Temple de Brulhes ou d'Agen, dans la baillie d'Agen[3].

11..-....   Fors Sans de Vidalhac.
1155-1158   Augier de Bédeissan.
1159-1165   Hélie de Focald.

---

[1] C'est par une erreur bien excusable, à cause de la similitude des noms, que M. Du Bourg place dans la vicomté de Brulhois, rive gauche de la Garonne, le Temple de Brulhes, sis sur les bords du Lot, entre Castelmoron et Sainte-Livrade. Mais que signifie ce nom de Brulhes, et quelle est son étymologie ? Il nous revient, et nous donnons cette explication sous toutes réserves, que ce mot de Brulhes est un vieux mot patois, employé jadis par les riverains du Lot pour désigner le *peuplier* (aujourd'hui Bioulé). Nous croyons tout simplement qu'il vient du mot latin *Brolium* ou *Brulium* (voir Du Cange), qui viendrait lui-même du vieux mot gaulois *Brogilum* et qui signifie bois épais, fourré, taillis, garenne buissonneuse, etc. Or, on sait que les bords du Lot, comme les coteaux de Laplume, étaient autrefois très boisés. Dans la suite, ce mot aurait fait *Brulhès* ou *Bruillès* en gascon, et *Breuil*, *Bruel* ou *Brulhes* en français.

[2] *Histoire du Grand Prieuré de Toulouse*, ch. XIX, p. 343.

[3] Idem., p. 25 et 349.

1161-....	Jourdain de la Contraria.
1165-1170	Pierre de Stugues.
1170-1175	Jourdain de Corbarrieu.
1176-1180	Gaston de Castelmauron.
1230-1236	Forlamer de Séados.
1236-1243	Arnaud-Raymond de la Mothe.
1245-1262	Guill.-Bernard d'Aspet.
1256-....	Pierre Boyer.
1263-1275	Arnaud d'Auron.
1276-1285	Pierre de Sombrun.
1281-....	Raymond de Cantamerle.
1286-1290	Cenebrun de Pins.
1288-1295	Bertrand de la Selve, lieutenant du Maître.
1298-1300	Guillaume de Bernard, idem.
1305-1306	Ratier de Lemozin.

Indépendamment de leurs maisons du Temple et de Sainte-Quitterie d'Agen, rappelons, uniquement pour mémoire, les autres possessions qu'avaient les Templiers dans l'Agenais : dans le vallon du Pont-du-Casse, la forteresse de Sainte-Foy de Jérusalem, qui joua un rôle lors des invasions anglaises et dont il ne reste plus que la pittoresque église, couverte de lierre; tout à côté Merens, puis Sauvagnas, Golfech, Saint-Sulpice de Rivalede sur les bords de la Lède, Saint-Jean de l'Herme, une église à Port-Sainte-Marie, enfin, comme l'affirme Labenazie, le château du Bedat, tout près d'Agen, ainsi qu'une petite église attenante, et le château fort de Gavaudun, dans le haut Agenais, où l'Evêque de Périgueux, Jean Dasside, les assiégea, les prit et rasa le château. Cela se passait vers 1160.

Nous n'avons trouvé dans les archives de Sainte-Quitterie d'Agen, la seule possession qui doive ici nous intéresser, aucun document durant toute la domination des Templiers. Les premiers que nous ayons rencontrés ne datent que de 1312, c'est-à-dire du jour de la dispersion de cet ordre et de son remplacement par les Hospitaliers.

Ce fut, en effet, en 1309 que leurs possessions de Guienne et de Gascogne furent toutes saisies par Clément V, qui en commit la garde d'abord à l'évêque d'Agen, Bernard de Fargis, et à plusieurs chanoines, puis à Philippe-le-Bel. « Cela déplut étrangement, nous dit l'abbé Barrère, au sénéchal de Gascogne pour le roi d'Angleterre, qui s'en plaignit à son maître l'année suivante [1] ». Il ajoute que ces renseignements sont dûs à une note que Baluze envoya lui-même à Labenazie, au moment où celui-ci préparait son histoire. Quoiqu'il en fût, le roi de France ne garda pas longtemps ces immenses domaines ; car, dès que le concile de Vienne, en 1312, eut tranché la délicate question de savoir où iraient les biens des Templiers, et que l'opinion de Clément V eut prévalu de les donner aux Hospitaliers de Saint-Jean de Jérusalem, institués pour les mêmes causes et dans le même but, les possessions agenaises, sauf l'église du Port Sainte-Marie qui fut prise par les religieuses du Paravis en échange de la cure d'Argentens, et quelques biens de peu d'importance qui furent vendus à de simples particuliers, passèrent toutes dans les mains des nouveaux Chevaliers, aussi bien le Temple de Brulhes que Merens, Golfech, Sauvagnas, Sainte-Foy de Jérusalem, etc.

Ce fut également le sort de Sainte-Quitterie d'Agen.

II. HOSPITALIERS.

Antérieurs aux Templiers d'environ un demi siècle, les Hospitaliers, sans parler de leurs prétentions d'après lesquelles ils descendraient des Macchabées, ne doivent faire remonter leur véritable origine qu'à 1048, époque à laquelle des marchands d'Amalfi obtinrent dans l'enceinte de Jérusalem une concession de terrain, où ils purent bâtir une église sous le nom de Sainte-Marie de la Latine. Dès la prise de Jérusalem par Godefroy de Bouillon en 1099, cette église, qui était alors desservie par le moine Gérard, fut tellement comblée d'aumônes qu'elle se transforma en une vraie congrégation, placée sous la protection de saint Jean-Baptiste : d'où le nom de Frères de l'hôpital de Saint-Jean de Jérusalem donné aux nou-

---

[1] *Histoire religieuse et monumentale du diocèse d'Agen.* t. II, p. 88.

veaux religieux. A la mort de Gérard, arrivée en 1118, Raymond du Puy lui succéda et prit le premier le titre de grand maître. Ce fut lui qui réglementa la communauté, s'inspirant de la règle de saint Augustin, mais la modifiant suivant les besoins de l'Ordre. Ses religieux s'engageaient principalement à secourir les pèlerins, à soigner les malades et à combattre les infidèles. De plus, ils devaient porter une croix sur leurs habits et sur leurs manteaux. L'Ordre fut reconnu en 1130 par le Pape Innocent II et il fut érigé par lui en ordre militaire de chevalerie.

Il serait trop long d'énumérer ici les immenses services rendus à la chrétienté par les Hospitaliers de Saint-Jean de Jérusalem. Il n'est pas une bataille en Syrie, durant les XIIe et XIIIe siècles, à laquelle ils n'assistèrent, luttant sans relâche contre les Sarrasins. Quand Jérusalem fut prise en 1187 par Saladin, ils se transportèrent d'abord à Margat en Phénicie, puis à Ptolémaïde, enfin dans l'île de Chypre où les attira le roi Henri de Lusignan. Ils y restèrent jusqu'au 15 août 1309, époque où ils se rendirent maîtres de l'île de Rhodes, qui devint leur résidence. C'est de ce jour qu'ils portèrent le nom de Chevaliers de Rhodes, gardé par eux jusqu'à ce que, chassés à leur tour de cette île, en 1522, ils s'établirent définitivement à Malte, en 1530, en vertu d'une donation de l'Empereur. Le nom de Chevaliers de Malte leur est resté depuis.

Mais tandis qu'ils guerroyaient ainsi au loin pour la défense de la bonne cause, ils s'organisaient en même temps très fortement dans les diverses provinces et répartissaient les nombreux domaines qu'ils possédaient, notamment en France, en commanderies d'abord, puis en préceptoreries. C'est ainsi que dans nos provinces, la maison-mère fut le Grand Prieuré de Saint-Gille, dans le Languedoc, d'où dépendaient de nombreuses préceptoreries instituées à Toulouse, dans le Rouergue, le Quercy, le Périgord, le Bordelais et enfin dans l'Agenais. Le chef de chacune de ces maisons, appelé Précepteur et qui était ou un chevalier revenu d'Orient, ou un chapelain, ou même un simple frère servant, dirigeait conjointement avec le chapitre l'administration des biens et était chargé de l'instruction des nouveaux venus. Malheureusement les Hospitaliers se heurtèrent de bonne heure aux Templiers, dont l'organisation était toute semblable et les biens, plus nombreux, souvent trop proches des leurs. Une sourde rivalité devait fatalement s'engager entre eux, qui dégénéra bientôt en hostilités. Nous ne savons si véritablement les Hospitaliers intriguèrent pour faire tomber leurs puissants voisins; quoiqu'il en soit, ils profitèrent habilement de leur ruine, en se faisant donner la plus grande partie de leur patrimoine.

Les Hospitaliers possédaient, dès leur fondation, peu de terres dans l'Agenais où, ainsi que nous l'avons dit, les Templiers dominaient. Ils n'en eurent aucune dans Agen jusqu'à la ruine de ces derniers, qui leur permit alors de prendre, dès 1312, l'église Sainte-Quitterie et ses dépendances, dernière possession de l'ordre du Temple à Agen.

— Il nous aurait été fort difficile d'indiquer la place exacte où fut dans Agen l'église Sainte-Quitterie, aujourd'hui entièrement détruite, sans un plan assez grossier, relevé par ordre des Chevaliers de Malte à la suite d'un procès qu'ils eurent au XVIIe siècle, et que nous avons eu la bonne fortune de découvrir dans la liasse III des Archives de Sainte-Quitterie à Toulouse. Malgré ses inexactitudes comme échelle et comme proportions, nous croyons néanmoins devoir, à cause de son archaïsme et de son originalité, le reproduire ici tel que nous l'avons trouvé. La fraction du plan de Lomet représentant ce quartier d'Agen, tel qu'il était en 1789, c'est-à-dire entièrement transformé, trouvera sa place naturelle lorsque nous nous occuperons de la maison du Refuge, que l'on installa plus tard sur les ruines de la vieille Commanderie.

Ainsi donc qu'on peut le voir sur notre plan, Sainte-Quitterie d'Agen se trouvait située dans ce vaste espace compris entre la rue du Temple au Nord, la rue saint Martial à l'Est, et la rue de Narbonne (plus tard rue de l'Ecole Vieille) au Midi. Elle avait donné son nom à la vieille porte P également démolie, qui séparait la rue du Temple de la rue Saint-Jean, ainsi qu'à la ruelle ou impasse, la seule qui permettait d'accéder au nord dans son enceinte proprement dite, par le portail R. L'église était en A, tournée vers l'est, avec un porche à l'ouest, dont le plein cintre est assez caractérisé. En C, à gauche de l'église, se trouvait un cloître, au milieu duquel avait été tracé un jardin servant de cimetière. En B s'élevait une tour carrée, crenelée, à trois étages, attenant à l'église, et baignée à ses pieds par l'aqueduc G, dit *le Gourbaut de la Ville*, qui entrait au sud

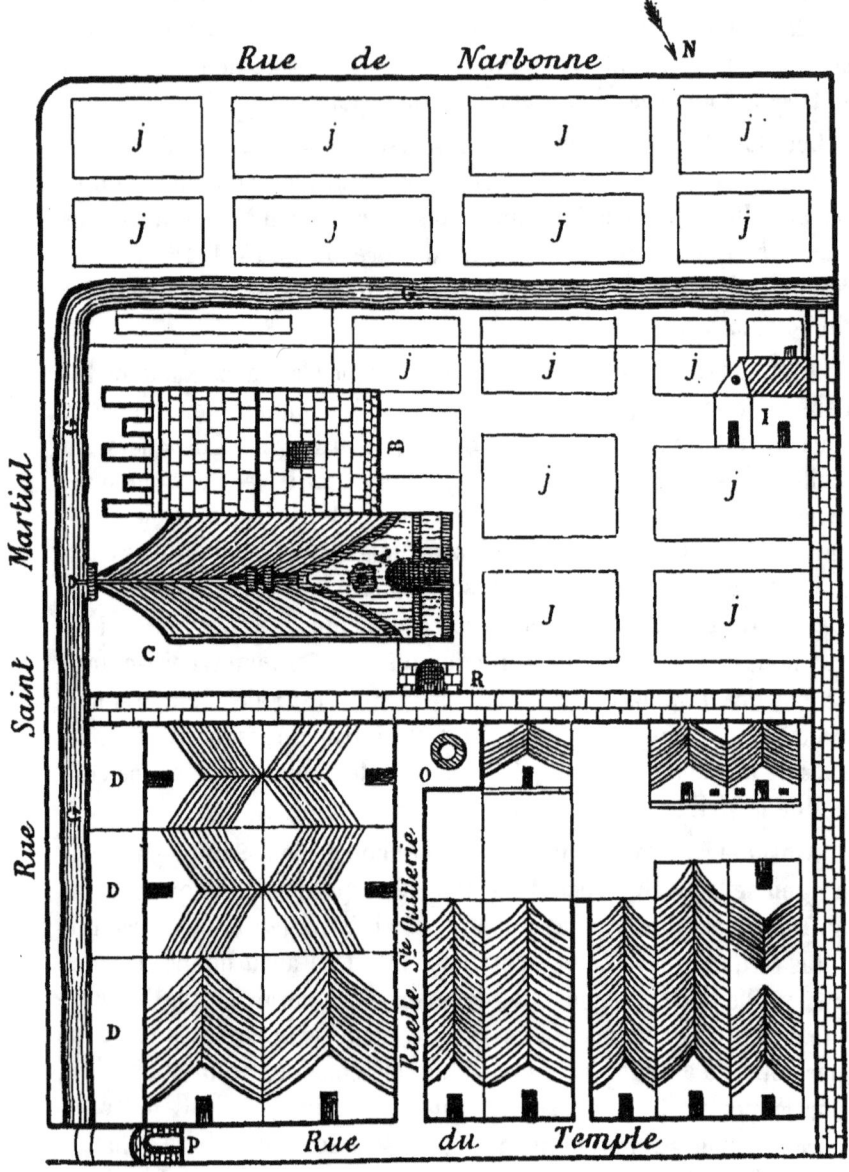

dans les jardins j de l'enclos, lesquels jardins fort vastes s'étendaient jusqu'à la rue de Narbonne. Tout à fait à l'ouest, contre la muraille qui séparait l'enclos des jardins voisins, s'élevait en I une maisonnette servant de logement au jardinier. Quant à toutes les maisons qui étaient construites au nord de l'église et qui donnaient soit au levant sur la courtine D, soit à droite et à gauche de la ruelle Sainte-Quitterie, soit enfin sur toute la rue du Temple, elles étaient « meuvantes du fief de Sainte-Quitterie », c'est-à-dire appartenaient au Commandeur, qui les louait à divers particuliers, presque tous de pauvres gens. Les treize ou quatorze noms, indiqués sur la légende du plan, et qu'il est inutile de reproduire ici, ces noms étant tout-à-fait inconnus, en font foi. Enfin en O, sur ce qu'on appelait la petite place de Sainte-Quitterie, et devant le portail du couvent, se trouvait un puits qui servait aussi bien aux besoins des frères qu'à ceux de leurs locataires.

Aujourd'hui que ce quartier est entièrement modifié et que des maisons ont été élevées, non seulement sur la rue du Temple comme autrefois, mais au-dessus du Gourbaut, sur tout le parcours de la rue Saint Martial et dans la rue de l'Ecole-Vieille, il est impossible de voir, de l'une de ces rues, l'enclos de Sainte-Quitterie. Il faut pour cela franchir soit la porte de l'impasse R, soit pénétrer au sud dans les jardins j par la nouvelle construction bâtie il y a une cinquantaine d'années à peine, lors de l'installation des frères de la Doctrine chrétienne.

Donnons, avant d'entrer dans les détails de l'histoire de Sainte-Quitterie, la liste de ceux de ses Commandeurs que nous pouvons connaître, à partir du moment où les Hospitaliers remplacèrent les Templiers.

  1312-1319 Bernard d'Arles.
  1324-1325 Hugues de Lemosi.
  1346-1347 Raymond de Labaut.
  1348-1349 Bernard de Lautrec.
  1358-1372 Bernard del Thor.
  1372-1393 Raymond de Belpech.
  1462-1473 Bernard de Vellac.
  1475-1496 Bernard de Gros.
  1498-1506 Tannequin de Bussel.

De 1508 à 1650, le Temple de Brulhes fut réuni à la Cavalerie.

Les Commandeurs furent par suite :

1509-1517   Bertrand d'Esparbès de Lussan.
1519-1520   Bernard de Montlezun.
1521-1532   Robert de Pagèze d'Asas.
1537-1544   Pons d'Urre.
1545-1555   Pierre de Beaulac-Tresbons.
1557-1560   Charles d'Urre.
1563-1564   Jean de La Valette Parizot.

De 1595 à 1620, la Cavalerie fit partie de la Chambre Pricurale. Mais en 1620 la Commanderie fut rétablie.

1620-1635   Denys de Polastron La Hillière.

En 1650, rétablissement de la commanderie du Temple de Brulhes.

1650-1669   François d'Esparbès de Lussan.
1675-1681   Pierre du Pont de Gau.
1688-1689   Conrad de Raymond Pomeyrol.
1693-1705   Jean de Guérin-Castelet.
1719-1720   Louis Joseph du Gasc.
1723-1731   Octave de Galléan.
1737-1738   Charles de Vignes-Parizot.
1753-1756   François de Pallavicini.
1765-1766   François de Glandevès-Castellar.
1780-1788   Bernard de Polastron-la-Hillière [1].

Durant les quatre siècles que la Commanderie de Sainte-Quitterie appartint aux chevaliers de Malte, elle joua dans notre ville un rôle assez effacé. Elle était cependant occupée par des frères servants qui entretenaient son église, et visitée de loin en loin par les Grands Maîtres, plus souvent par les Commandeurs du Temple de Brulhes, « qui jouissaient d'une sorte de suprématie sur les maisons de l'ordre de la contrée », et notamment sur elle.

---

[1] Liste également relevée par M. du Bourg, dans les archives de l'ordre de Malte, et que nous avons nous-même vérifiée.

Nous trouvons, pendant tout le XIVe siècle, et dès l'entrée en possession des Hospitaliers, de nombreux actes d'achat, d'échange, de vente, passés par les Commandeurs d'Agen, tous en vue d'agrandir leurs domaines autour de la ville [1]. Ces documents nous donnent même les noms de quelques-unes des terres qui leur appartinrent à cette époque près d'Agen : d'abord un vrai domaine autour de Sainte-Radegonde, avec les terres de La Vernède, de Cantegach, de Péchabou, de Saint-Vincent des Corbeaux, le tout se rattachant aux possessions de Merens ; à Cayssac, autour de l'église, un certain nombre de métairies ; deux à Colayrac ; de l'autre côté de la Garonne, quelques pièces de terre à Dolmayrac ; enfin, dans la paroisse de Brax, las Mourèdes, entre ce village et Monbusq. N'oublions pas onze maisons ou granges qu'ils possédaient « en la rue des Embans de Malmusson dans la ville d'Agen, près la petite Boucherie [2] ».

Nous ne dirons rien, bien qu'elle intéressât en partie Sainte-Quitterie, de la fameuse querelle qui surgit vers la fin du XIVe siècle entre le Commandeur de Castelsarrasin et Bernard del Thor, précepteur du Temple d'Agen, qui s'était emparé par violence de Golfech, et qui fut obligé d'en faire la restitution à son confrère. Nous ne parlerons pas davantage du procès engagé entre le seigneur de Montpezat et le Commandeur du Temple, au sujet de la ville de Dominipech, et dont la sentence finale, en 1557, fut favorable aux chevaliers de Malte [3]. Relevons seulement, en passant, trois titres de collation et provision de la chapelle de Sainte-Quitterie d'Agen, en faveur, l'un du sieur Antoine Castilan, du 27 avril 1524 ; le deuxième du sieur Pierre Gaucher, du 7 juin 1526 ; enfin le dernier du sieur Pierre Crurge, du 8 juin 1530 [4] ; et arrivons au long procès

---

[1] Archives de Sainte-Quitterie. Liasses I et II.

[2] Idem. A côté du vieux plan que nous avons reproduit, et sur la même feuille, il existe aux Archives de Toulouse une vue cavalière également fort grossière de ces onze maisons, sises entre la rue du Temple d'un côté, la rue Malmusson de l'autre, et enfin la rue des Embans et à son extrémité la place Saint-Gilis, dite de la Petite Boucherie.

[3] Archives de Brulhes.

[4] Archives de Sainte-Quitterie. Liasse III.

qui s'engagea un peu plus tard entre les consuls d'Agen et l'ordre de Malte, au sujet de Sainte-Quitterie.

En 1553, les consuls d'Agen, violant en cela les privilèges des Chevaliers de Malte, imposèrent tout d'un coup leurs biens non seulement dans Agen, mais dans les environs. Ceux-ci refusèrent de payer les tailles ; et un procès s'ensuivit, qui se termina une première fois devant le Parlement de Bordeaux, en faveur des Hospitaliers. Aussi le 10 avril 1555, fut-il rendu une ordonnance des consuls d'Agen « déclarant les biens du Commandeur de Sainte-Quitterie quittes de toutes tailles et impositions diverses ». Quarante ans plus tard le procès s'engagea de nouveau et pour les mêmes causes : sa solution fut identique. Voici un fragment de l'ordonnance qui fut rendue, cette fois définitivement, par les consuls d'Agen, le 6 décembre 1597 : « .... Lesdits sieurs Consuls, par l'organe dud. Loubatery, leur premier, ont remonstré et faict entandre comment le Commandeur de La Cavallerie de Saint-Jean de Jérusalem, dont Sainte-Quitterie de ceste ville est ung des membres, demande que, en vertu de leurs privilèges et transaction passée avec les consuls qui estaient de ceste ville en l'année 1555, ils soient deschargés de nouveau du payement de toutes tailhes sur les biens qu'ils ont en la présente ville et juridiction, deppandans de Sainte-Quitterie, ensemble du droit de peaige et passaige de la rivière au devant de cette ville... sur lesquelles propositions, ayant esté oppiné par rang et ordre par lesd. sieurs Jurats, d'une commune voix, advis et consentement entre eux, ... a été aresté, que le Commandeur de Sainte-Quitterie, jouyra de l'effaict d'iceluy accord, que, en ce faisant, il sera quitte dud. payement de toute tailhe et cothisation, soit ordinaire et extraordinaire, pour les biens qu'il a en la présente ville et juridiction, etc. [1] ». Cette ordonnance fut confirmée le 4 août 1608 par le Parlement de Bordeaux.

Un autre long procès, survenu avant celui-là, mérite d'être signalé ; il est relatif à l'instance engagée, dès 1528, par le Commandeur d'Agen, Robert d'Asas, « pour raison de la démolition de la

---

[1] Archives de Sainte-Quitterie. Liasse III.

paiscine à pesche que ledit sieur Commandeur avait sur la rivière de Garonne, au dessoubz du château du Bédat [1]. » D'où l'on peut conclure que ce château, ainsi que les terres avoisinantes, appartenaient à cette époque aux Chevaliers de Malte.

C'est au commencement du xvie siècle, et dès l'année 1508, que la Commanderie du Temple de Brulhes et par suite d'Agen fut réunie à celle de la Cavalerie, sise en Armagnac, sur les bords de l'Auloue, près le village de Castéra-Verduzan. Ses Commandeurs furent par suite ceux de la Cavalerie. Il en résulta bientôt de graves inconvénients. La distance était telle que les chefs ne venaient que très rarement dans leurs possessions de l'Agenais, abandonnées à elles-mêmes et où de nombreux abus ne tardèrent pas à se produire. Une foule de procès furent engagés en effet par frère Bertrand d'Esparbès de Lussan « pour raison de rentes et droits seigneuriaux que divers habitants de la ville d'Agen et des environs, locataires de l'Ordre », ne payaient plus. Et lorsque, en 1624, le Commandeur Denys de Polastron de la Hillière, ambassadeur de l'Ordre auprès du Saint-Siège, voulut, dans un voyage qu'il fit en France, visiter sa Commanderie de l'Agenais, « il ne vit que paysans parcourant ses domaines avec des quantités de chiens, levriers et furets, les mains armées d'arquebuses et chassant tout comme de nobles seigneurs. » En vain essaya-t-il de faire reconnaître son autorité. Ses vassaux se révoltèrent et allèrent détruire toutes ses récoltes. Denys de Polastron effrayé fit appel à l'autorité royale, et le 12 mars 1625, Jean Rigal, Commandeur de Goutz, fut chargé par le roi « d'aller placer sur la terre et juridiction du temple de Brulhes les pannonceaux fleurdelisés [2]. » Aussi, en 1650, la Commanderie du Temple fut-elle établie telle qu'elle l'était au début. On lui adjoignit même celle de Sauvagnas.

Seule, la vieille église Sainte-Quitterie d'Agen, presque entièrement abandonnée, menaçait ruines. C'est alors que pour la conserver, le Commandeur du Temple qui était en même temps celui de la Cavalerie et grand Prieur de Toulouse, Raymond de Gozon-Melac, conclut, le 24 octobre 1601, avec le syndic des Pénitents Gris nouvel-

---

[1] Archives de Sainte-Quitterie. Liasse III.
[2] Archive de Brulhes, liasse VI. Voir aussi le travail de M. A. Du Bourg.

lement fondés à Agen, et malgré « la protestation des trois luminiers de Sainte-Quitterie, Anthoine Cussac, dit Tony Gray, Pierre Micquel, dit Mignonnet, et Dominge Duvergier » l'accord suivant : il fut convenu que « bien que les confraires de Madame Sainte-Quitterie et luminiers d'icelle église les veuillent troubler et empescher à y célébrer le service divin, » les Pénitents-Gris, qui n'avaient pas de chapelle, auraient la pleine et entière jouissance de l'église de Sainte-Quitterie et pourraient en disposer comme ils l'entendraient pour l'exercice de leur culte, à la condition de se charger de toutes les réparations [1]. Les Pénitents Gris s'installèrent donc à cette époque dans la vieille demeure des Templiers, dont la propriété resta toujours aux chevaliers de Malte. Ils y demeurèrent jusqu'en 1633. Mais à ce moment, trouvant sans doute ces charges trop onéreuses, ils rompirent la convention et, ainsi que nous le verrons dans la suite, allèrent s'installer ailleurs. Une fois de plus Sainte-Quitterie fut abandonnée, et cela durant plus d'un siècle.

Nous ne retrouvons plus en effet le fief des Hospitaliers dans Agen qu'au milieu du XVIII° siècle. Vers cette époque, l'Evêque d'Agen, Monseigneur de Chabannes, obtint du Roi, par lettres patentes de décembre 1746, l'autorisation de fonder une maison de Refuge pour les filles de mauvaise vie, non seulement d'Agen, mais de toute la province. Le local lui manquait. Après avoir vainement cherché cinq ans, il tourna ses regards vers l'église de Sainte-Quitterie presque en ruines et en demanda la cession au Commandeur du Temple, François de Pallavicini, qui s'en rapporta à la décision de son chef le grand maître de l'Ordre. Nous trouvons aux Archives de Sainte-Quitterie toutes les pièces de cette importante affaire. Après de longs pourparlers, deux commissaires furent délégués, Frère Joseph de Raymond Deaulx, chevalier de Malte, commandeur des Commanderies de Villeneuve, Taurene, la Gaude et Sainte Marguerite de Luzeran, et Frère Claude Silvestre de Timbrune, marquis de Valence, également chevalier de l'ordre et colonel du régiment de Béarn, qui, après examen des Archives et toutes pièces relatives à Sainte-Quitterie, se transportèrent à Agen, le 3 juillet 1755, afin de vérifier ledit local. Dans leur relation, ils constatent que le membre

---

[1] Archives de Ste Quitterie. Liasse III.

de Sainte-Quitterie consistait en une chapelle dédiée à cette Sainte, à côté de laquelle il y avait un cloître, au milieu duquel se trouvait un petit jardin et un lopin de jardin et terre au derrière, et que, joignant ladite chapelle, il y avait une tour carrée, le tout joui par les marguiliers de cette chapelle, ensemble une rente de neuf livres, seize sols, huit deniers ; plus un grand jardin qui est à main droite en entrant avec une maison à deux petits étages pour le jardinier.. mais que, à cause de la nouvelle installation et sur la foi du contrat d'inféodation du 16 avril 1753, l'Evêque d'Agen vient de faire démolir la chapelle, la tour et le cloître pour construire à leur place un grand corps de maison avec une chapelle à son extrémité et offices nécessaires pour loger ladite communauté. Le tout, continu et fermé par des murs, confrontait du levant à rue Saint Martial et aqueduc de la ville, ou Gourbaut, entre deux, traversant ledit local ; du midy à rue de Narbonne, ci-devant de l'Ecole Vieille ; du couchant à jardin du sieur Bazignan et du sieur Beinet, facturier, muraille entre deux; du septentrion à maison du nommé Salvi, petite place Sainte-Quitterie, avec un puits commun au-devant du portail dudit enclos et encore rue Sainte-Quitterie et maison d'Antoine Roudanes. Quant au revenu total, y compris les diverses autres maisons d'Agen et les terres avoisinantes, il s'élèverait, d'après l'améliorissement du Commandeur de Parisot, à la somme annuelle de cinquante livres.

Les parties tombèrent vite d'accord, et, le 17 juillet 1755, fut passé le bail à fief de la chapelle et enclos de Sainte-Quitterie, consenti en faveur de l'évêque d'Agen afin d'y établir une maison de Refuge. Les parties étaient, d'un côté les deux Commandeurs précités, représentant le Grand Maître de l'Ordre, qui s'adjoignirent M° Jean-Baptiste de Lagrèze, docteur en théologie, curé d'Aiguillon, procureur fondé de M° François de Pallavicini, Commandeur du Temple de Brulhes, de l'autre Mgr l'Evêque d'Agen, Gaspard de Gilbert de Chabannes, seul supérieur de la maison du Refuge. Voici quelles furent les principales clauses : « Les trois commissaires donnent à titre de nouvel achat, emphytéose directe et perpétuelle, la chapelle Sainte-Quitterie, avec toutes ses dépendances, sous la censive annuelle et perpétuelle de dix sacs de blé froment, mesure d'Agen, que paiera lad. maison de Refuge au Commandeur du Temple.

En second lieu, lad. maison lui paiera également un droit d'indemnité de trente en trente ans, fixé à la somme de 141 livres, 13 sols, 4 deniers, en six paiements égaux de cinq en cinq ans, soit vingt trois livres tous les cinq ans.

3° Lad. maison, quand elle sera requise, sera tenue de faire la montrée oculaire desd. biens et les améliorer, sans pouvoir les déteriorer, ni les vendre ou allouer.

4° Si elle s'éteint ou change de nature, les fonds ci-dessus inféodés rentreront de plein droit au Commandeur du Temple.

5° Il en sera de même si les rentes annuelles ne sont pas payées.

6° La communauté sera tenue d'entretenir la chapelle qu'elle a fait construire, où il sera dit une messe haute le jour de saint Jean-Baptiste, et une de *Requiem* le lendemain pour les défunts de l'Ordre et ses bienfaiteurs.

7° Les Commandeurs se réservent le droit de visite dans la chapelle, c'est-à-dire que, lorsqu'ils y viendront, ils seront reçus à la porte au son des cloches par l'aumonier revêtu de ses habits sacerdotaux, qui leur présentera l'eau bénite et les conduira à l'autel.

8° Au-dessus de la porte d'entrée, la communauté sera tenue de mettre une croix de Malte à huit pointes.

9° Enfin, tous les autres biens, cens et rentes dépendant de Sainte-Quitterie, notamment la rente dont jouissent les marguilliers, demeureront à l'Ordre [1].

Bien que transformée en maison de Refuge, que nous étudierons lorsque nous nous occuperons des communautés de femmes, et sous l'autorité de l'évêque d'Agen, Sainte-Quitterie n'en resta pas moins la propriété des Hospitaliers jusqu'à la Révolution. Nous en avons comme preuve une reconnaissance, exigée le 14 août 1780, par le nouveau et dernier Commandeur du Temple de Breuil, Frère Bernard de Polastron de La Hillière, et rendue par Monsieur l'abbé de Passelaigue, chanoine de la Cathédrale d'Agen, abbé de Pérignac et

---

[1] Archives Sainte-Quitterie. liasse III.

vicaire général du présent diocèse, comme député du bureau d'administration de la maison du Refuge d'Agen, pour le local de Sainte-Quitterie, sur lequel ladite maison est construite [1]. L'acte confirme en tous points les clauses du bail précédent ; l'abbé les énumère et s'engage à les exécuter comme par le passé.

Lorsque la Révolution arriva, la maison du Refuge fut réunie à l'Hôpital général et le local de Sainte-Quitterie fut momentanément abandonné. Un état « des bâtiments nationaux invendus ou employés à des objets d'utilité publique », à la date du 14 vendémiaire an III, nous apprend « que l'on dispose à ce moment l'ancienne maison du Refuge pour servir à la détention des femmes ou filles qui y ont été ou qui y seront condamnées ». [2] Il est à croire que ce projet ne fut pas mis à exécution, puisque nous voyons le local servir bientôt d'asile aux enfants abandonnés. En 1806, on y transféra provisoirement le Collège. Puis le tout fut loué à divers particuliers, dont quelques-uns y établirent des institutions d'enseignement libre.

Lorsque, le 19 mars 1839, par décision antérieure du Conseil municipal d'Agen du 22 décembre 1838, les Frères de la Doctrine chrétienne furent appelés et arrivèrent dans notre ville, on les installa dans la bâtisse méridionale, nouvellement construite, de l'enclos de Sainte-Quitterie, donnant sur la rue de l'Ecole-Vieille. L'ancien local du Refuge resta l'Ecole Normale, dirigée par Messieurs Levêque, qui eux-mêmes avaient remplacé les Frères Marianites. L'affluence des élèves devint telle que l'on dut agrandir le local des Frères, et c'est ainsi que, en octobre 1842, on leur céda les jardins et la moitié de la maison du Refuge, la partie nord restant encore à M. Levêque. Ce ne fut qu'après la mort de ce dernier, en 1871, que les Frères devinrent possesseurs du tout.

Cette admirable institution y est demeurée jusqu'à nos jours. Ils en ont été complètement expulsés le 1er mars 1881. Depuis, le vieux fief des Templiers et des Hospitaliers dans Agen a été converti en diverses écoles publiques et laïques de filles et de garçons.

---

[1] Archives Sainte-Quitterie. Liasse III.
[2] Archives départementales de Lot-et-Garonne. Biens nationaux.

CHAPITRE III.

LES DOMINICAINS OU FRÈRES-PRÊCHEURS.

De tous les couvents d'Agen, avant 1789, celui des Frères-Prêcheurs est certainement le plus important. Aussi son histoire, dont les documents abondent, surtout à son origine, nous arrêtera-t-elle plus longtemps.

Comment, d'un autre côté, toucher à un sujet aussi vaste, aussi controversé que celui de l'Inquisition, sans rappeler la fondation du célèbre tribunal, sa fusion avec l'ordre qui nous occupe, son grand développement, sa fin rapide? Comment, en regard des haines ardentes que soulevèrent dans toute la population méridionale de la France, aux XIII° et XIV° siècles, les Inquisiteurs, ne pas reconnaître les services signalés rendus à la civilisation et à la société par l'extension des études que provoquèrent les disciples de Saint Dominique et le pas immense que, dans ces siècles encore pleins d'obscurité, ils firent faire aux sciences et aux lettres? Le Couvent d'Agen, disons-le bien vite, compte parmi l'un des plus savants de la région du Sud-Ouest; et, si nous n'avons pu découvrir dans notre ville aucun *acte de foi* important, malgré la présence réitérée des chefs les plus violents de l'ordre, nous sommes heureux de constater que c'est principalement à l'enseignement des hautes études que ses religieux consacrèrent tout leur temps.

A côté des régions toutes à fait méridionales, telles que le Toulousain, l'Albigeois et toute la vallée de l'Aude, qui faillirent au commencement du xiiie siècle se détacher entièrement de l'Eglise romaine, l'hérésie cathare n'eut relativement que peu d'adhérents dans l'Agenais. Aussi le rôle des Inquisiteurs fut-il dans notre province beaucoup plus modéré qu'ailleurs, et ne peut-on leur appliquer l'épithète de persécuteurs, telle que la légende et l'imagination populaire les représentent encore. Il est temps, en tous cas, qu'on ne confonde plus les Inquisiteurs avec les Dominicains, et que cet ordre si célèbre soit jugé sous son véritable jour.

En même temps, il faut prendre soin d'établir une distinction radicale entre l'inquisition française au xiiie et xive siècles et ce que fut plus tard l'inquisition espagnole. Chez nous elle ne vécut qu'un siècle environ et toujours à l'état de tribunal exceptionnel, extraordinaire. Au delà des Pyrénées au contraire, elle devint, dès ses débuts une institution beaucoup moins religieuse que politique, sur laquelle les rois d'Espagne, et notamment Philippe II, ne s'appuyèrent que trop. Car, tandis qu'elle fonctionnait avec ses impitoyables rigueurs dans tous les états du fils de Charles-Quint, en France depuis longtemps déjà, à la fin du xvie siècle, elle était tombée en complète désuétude, le pouvoir royal d'abord, la papauté ensuite, l'ayant de bonne heure abandonnée. Du reste, reconnaissons bien vite qu'elle ne put jamais s'acclimater aux idées humanitaires et à l'esprit généralement indifférent de notre pays. Il ne faut donc pas, comme on le fait si souvent, attribuer aux inquisiteurs français, même à l'heure de leur plus grande vogue, c'est-à-dire au commencement du xive siècle, quand l'hérésie albigeoise fut terrassée, le fanatisme que montrèrent, deux siècles plus tard, leurs frères d'Espagne dans la répression des Pays-Bas. Ces deux inquisitions, tant comme moyen d'action que comme but à atteindre, sont absolument étrangères l'une à l'autre. Il était bon, croyons-nous, que cela fût rappelé ici.

L'idée de Saint Dominique fut, on le sait, d'achever par la prédication, la prière, la persuasion, le bon exemple, en un mot par des moyens doux et charitables, l'œuvre impitoyable commencée par Simon de Montfort et ses croisés barbares dans l'extermination des

Albigeois et la dévastation du Midi de la France[1]. Ce fut en même temps l'idée mère de l'Inquisition, instituée seulement à partir de 1215, époque où fut fondé en même temps par lui à Toulouse l'Ordre des Frères-Prêcheurs, qui prirent par suite le nom de *Dominicains* et plus tard de *Jacobins*, du nom de la rue Saint Jacques, à Paris, où ils installèrent leur premier couvent. Mais ce n'est que dix-sept ans plus tard que Grégoire IX, donnant à la nouvelle institution une impulsion plus vigoureuse et plus intolérante, en investit exclusivement le nouvel Ordre religieux. Ce n'est donc guère qu'à ses débuts que l'histoire de l'Inquisition se lie intimement à celle des Dominicains.

Peu de documents nous sont restés concernant l'origine et surtout le fonctionnement du célèbre tribunal. En tous cas, ils étaient naguère encore totalement inconnus. Mais plusieurs ouvrages fort remarquables, parus récemment, viennent de jeter un jour nouveau sur cette question, si diversement appréciée. Nous citerons entre autres l'important travail de M. Ch. Molinier sur les sources de l'histoire de l'Inquisition dans le midi de la France aux XIIIe et XIVe siècles[2]. Grâce à lui et à certains manuscrits qu'il indique et qui sont conservés soit dans les archives des départements, soit dans les bibliothèques des grandes villes, notamment : les *Sentences de Bernard de Caux et de Jean de Saint Pierre*[3], ses *Enquêtes*[4], le *procès de l'Inquisition d'Albi* (1299-1300)[5], le *Registre de Geoffroi d'Ablis* (1308-1309)[6], la célèbre *Practica de Bernard Gui*[7], enfin le *Registre du Greffier du Tribunal de l'Inquisition de Carcassonne*[8], il est mainte-

---

[1] Voir la vie de *Saint Dominique* par le R. P. Lacordaire.
[2] L'*Inquisition dans le Midi de la France aux* XIIIe *et* XIVe *siècle* (*Etude sur les sources de son histoire*), par Charles Molinier. Paris, Sandoz et Fischbacher. 1880. in 8°.
[3] Bibl. nat. ms., latin, n° 9992.
[4] Bibl. de la ville de Toulouse. ms. 155, 1re série.
[5] Bibl. nat. ms. latin n° 1147.
[6] Bibl. nat. ms. latin. n° 4269
[7] Bibl. de la ville de Toulouse. ms. 121 et 267, 1re série.
[8] Bib. de la ville de Clermont. n° 136 a du Catalogue général.

nant possible de savoir quels droits et quels privilèges s'arrogeaient les inquisiteurs, sur quelle classe (la bourgeoisie principalement) s'appesantissaient leurs soupçons, quelles formalités étaient employées par eux dans leurs procédures si diverses, quelles peines surtout étaient appliquées.

Il serait téméraire de se former la moindre opinion sur l'inquisition méridionale française, sans la lecture et l'étude de ces documents, peu nombreux il est vrai, mais néanmoins de premier ordre; et nous comprenons maintenant pourquoi, toutes les sources étant restées cachées jusqu'à nos jours, les écrivains qui se sont occupés de la question, suivant comme toujours le courant légendaire et populaire de l'époque de la Révolution, ont si faussement assimilé l'Inquisition française des XIII° et XIV° siècles à l'Inquisition espagnole du XVI°. Qui dit encore *auto-da-fe* (acte de foi) évoque immédiatement le souvenir des plus cruelles tortures et des flammes, alors que ce mot, pris dans le sens de jugement, ne s'applique la plupart du temps chez nous qu'à des peines beaucoup moins fortes, les amendes, les simples œuvres pies, les pénitences, les pèlerinages, les confiscations de biens, ou alors, pour les plus grands coupables, pour les chefs, les croix, les flagellations, la prison la plus rigoureuse, quelquefois même mais rarement, le bûcher, jamais la torture.

Ce ne fut que pendant un siècle environ (1220-1330) que fonctionna régulièrement en France l'Inquisition. Toute puissante pendant ces cent ans, investie par l'autorité pontificale d'un pouvoir illimité, elle fit tout plier devant elle, amenant sur un simple geste, sur une simple menace de damnation éternelle, aux pieds de ses tribunaux, des populations entières qui se croyaient obligées de venir dénoncer ceux qu'elles soupçonnaient d'hérésie. Souvent, nous le reconnaissons, elle a outrepassé par des moyens de coercition trop violents le but pour lequel elle avait été instituée. Mais ce n'est pas tant la cruauté que l'arbitraire et la fiscalité qu'on doive lui reprocher. Et encore ces immenses richesses de l'Ordre qui lui venaient de tous côtés, mais dont la principale source était, malgré la défense expresse des conciles, la confiscation et la vente des biens des malheureux condamnés, servirent-elles uniquement à acheter la protection des papes et à multiplier le nombre de ses communautés.

Mais revenons à Saint Dominique, et laissons l'Inquisition, qui n'est pour nous qu'une question secondaire, pour nous attacher désormais à l'histoire du nouvel Ordre religieux.

— A peine l'Ordre des Frères-Prêcheurs fut-il approuvé par le Pape Innocent III (1215), que saint Dominique réunit ses disciples à Toulouse, fonda dans cette ville, à côté de l'église de Saint-Romain, un premier couvent et s'occupa de le doter d'une règle et d'une constitution. Après avoir hésité entre saint Benoît et saint Augustin, il adopta définitivement la règle de ce dernier, à laquelle il ajouta des statuts particuliers, tirés en partie de la règle des Prémontrés ; outre les trois vœux indispensables de pauvreté, de chasteté et d'obéissance, il comprit que dans l'intérêt de la prédication et de l'enseignement, qui étaient les deux grandes raisons d'être de son Ordre, il devait adoucir les rigueurs corporelles, telles que les jeûnes, le silence, la solitude, infligées aux premiers moines, et il laissa à leur supérieur toute latitude à cet égard.

Mais c'est surtout à l'organisation administrative dont il dota la nouvelle institution qu'elle dut en grande partie son succès et son immense développement. « Chaque couvent, dit le R. P. Lacordaire [1], devait être gouverné par un prieur conventuel ; chaque province, composée d'un certain nombre de couvents, par un prieur provincial ; l'ordre tout entier par un chef unique, qui eut depuis le nom de Maître général. L'autorité descendue d'en haut et se rattachant au trône même du Souverain Pontife devait affermir tous les degrés de cette hiérarchie, pendant que l'élection remontant du bas au faîte maintiendrait entre l'obéissance et le commandement l'esprit de fraternité... Au couvent appartiendrait l'élection de son prieur ; à la province, représentée par les prieurs et un député de chaque couvent, celle du provincial ; à l'ordre entier, représenté par les provinciaux et deux députés de chaque province, celle de Maître général ; et par une progression contraire, le Maître général confir-

---

[1] *Vie de Saint Dominique* par le R. P. Lacordaire, chap. VIII.

merait le prieur de la province et celui-ci le prieur du couvent. Toutes ces fonctions étaient temporaires, excepté la suprême, afin que la providence de la stabilité s'unit à l'émulation du changement. Des chapitres généraux tenus à des intervalles rapprochés, devaient contrebalancer le pouvoir du maître général, et des chapitres provinciaux celui du prieur provincial ; un conseil était donné au prieur conventuel pour l'assister dans les devoirs les plus importants de sa charge. » Le premier habit des Dominicains fut celui des chanoines réguliers, c'est-à-dire une soutane noire avec un rochet par dessus. Mais bientôt saint Dominique en ordonna un autre à ses frères qui fut : la robe blanche, au dedans, avec un scapulaire de même couleur, auquel était attaché un chaperon semblable à celui des Chartreux ; au dehors, la chape et le chaperon noir se terminant en pointe [1].

Dès ses débuts, l'Ordre devint très prospère. Les premières maisons qui furent fondées dans la région furent, après Toulouse (1216), celles de Bayonne (1221), Bordeaux (1230), Agen (1249), Orthez (1250), Condom (1261), Saint-Emilion (1262), Morlaas (1268), Auvillars (1275), Lectoure (1276), Saint-Sever (1280), Pont-Vert à Condom (1280), Saint-Gaudens (1290), Saint-Girons (1306), etc., etc. Nous ne nous arrêterons qu'au couvent d'Agen.

— Diverses opinions, toutes les unes plus erronées que les autres, puisque elles ne se basent comme toujours sur aucun document sérieux, ont été émises par nos anciens annalistes sur la date précise de la fondation du couvent d'Agen. Citons-les uniquement pour mémoire : Labenazie dit à cet effet [2] que « le Père Jean Réchac, religieux de l'Ordre de saint Dominique, dans la vie de son patriarche saint Dominique, prétend que le couvent d'Agen fut fondé l'an 1229 et qu'il fut accepté au chapitre de Montpellier l'an 1252. Il y a quelque sujet de croire, ajoute le prieur de Saint-Caprais, qu'il s'est trompé dans la date et dans son sentiment, parce qu'il adjoute que

---

[1] Voir l'*Histoire des Ordres religieux*, par le Père Hélyot.
[2] Labenazie. Ms. T. II, liv. IV, chap. IV, p. 305.

la tradition dit qu'un duc de Guienne le fonda et lui donna les honneurs seigneriaux ; de là vient qu'ils tenaient les clefs de la ville, qu'ils nommaient les consuls, qu'ils prêtaient le serment de fidélité en leurs mains : ce qu'il dit est hors d'apparence, parce que l'an 1229, le comte Raymond VII estait maistre de l'Agenais et que les ducs de Guienne n'y avaient aucune authorité.

« Il y a plus d'apparence, dit Labenazie, que le premier établissement se fit pendant le règne du comte de Montfort, depuis l'an 1214, jusqu'à 1217, parce qu'il y a une lettre dans l'histoire des Albigeois faite par Pierre de Vallier-Sernay, escrite l'an 1217 du siège de Tolose, par laquelle le comte de Montfort a ordonné à ses amis et fidèles sénéchaux de Carcassonne et Agenais d'avoir soin des biens du frère Dominique dans leurs sénéchaussées. » D'où il conclut que « Simon de Montfort établit saint Dominique dans Agen pour y laisser de ses frères qui tiendraient les peuples dans les intérêts de la foi contre les Albigeois ; mais le comte Raimond, estant devenu maître d'Agen l'an 1221, en chassa ces religieux, qu'il regardoit comme le fléaux de son party ; et ils y furent restablis l'an 1240. »

D'après l'abbé Du Temps, c'est également en 1240, que les Dominicains se seraient établis dans Agen.

Les archives de l'Evêché d'Agen, si précieuses pour tout ce qui concerne l'histoire des ordres religieux dans cette ville, contiennent une circulaire du commencement du siècle dernier (1715), adressée par l'Evêque à tous les supérieurs ou supérieures des communautés religieuses de son diocèse et par laquelle ce prélat leur demande une note officielle sur l'origine de leurs maisons, les fondations, les dotations et leur état actuel [1].

---

[1] Labrunie confirme le fait : « Mgr Hébert ne fut pas plus tôt arrivé dans son diocèse qu'il demanda des mémoires à tous les abbés et aux plus anciens monastères, sur leur fondation, dotation, hommes illustres, etc. J'ai vu plusieurs de ces mémoires sur lesquels il en composa lui-même d'autres, où il entre dans tous les détails pour se former une idée juste de cette portion de son diocèse. »

Tous ou presque tous envoyèrent leurs réponses. Nous devrons à ces importants documents, soigneusement conservés, que nous reproduirons en partie à chaque chapitre et dont quelques-uns mêmes seront nos seules ressources, de pouvoir renseigner nos lecteurs sur la fondation exacte de bien des communautés. Constatons néanmoins qu'en ce qui concerne les Dominicains leur réponse est tout aussi erronée que les opinions émises par les auteurs précédents : « Premièrement, dit cette note, pour ce qui regarde la fondation, la tradition des anciens porte que le couvent a esté fondé par le duc de Guyenne lequel donna en l'année 1229, environ la fête de sainte Catherine, tous ses droits seigneuriaux au prieur du couvent *pro tempore*, pour marque de quoy les prieurs ont eu les privilèges suivants jusques aux derniers troubles : tous les soirs on portait au prieur les clefs de la ville, et pour cet effet, il y avait une porte près du logis du portier qui subsiste encore. De plus le prieur était chef du conseil de ville, et quand on procédait à l'élection des nouveaux consuls, on en élisait sept, et on les présentait au prieur qui en tirait un à sa volonté, et les six restans venaient en solennité preter le serment de fidélité à genoux [1]. »

Nous n'ayons qu'une vraie source pour préciser la date de cette fondation. C'est le *Manuscrit de Bernard Guidonis*, plus connu sous le nom de *Bernard Gui*, dont il existe plusieurs exemplaires, un notamment à la bibliothèque de la ville d'Agen, provenant du couvent d'Auvillars, mais souvent tronqué et déchiré, quoique presque tout entier écrit de la main même de Bernard Gui, et deux autres plus complets à la bibliothèque de la ville de Toulouse [2]. C'est d'après ces derniers que M. l'abbé Douais vient de faire, en les transcrivant presque intégralement, son beau travail sur *les Chapitres et les Couvents des Frères-Prêcheurs eu Gascogne au* XIII° *et* XIV° *siècles.* [3]

---

[1] Archives de l'Evêché d'Agen. Série F., liasse 25.

[2] Voir à cet égard la savante notice de M. Léopold Delisle sur les *Manuscrits de Bernard Gui*, extraite du Tome XXVII, 2° partie, des notices et extraits des manuscrits. 1879.

[3] *Les Frères Prêcheurs en Gascogne aux* XIII° *et* XIV° *siècles*, par M. l'abbé Douais (*Archives historiques de la Gascogne*, fascicules VII° et VIII°).

Bernard Gui, qui vécut de 1261 à 1331, fut, on le sait, le plus célèbre inquisiteur du Midi de la France, moins par le nombre des actes de foi qu'il présida, que par l'étendue de sa science, sa force prodigieuse de travail et les nombreux et très savants ouvrages qu'il a laissés. Né dans le Limousin, au village de Royères, et plus tard, après de brillantes études, successivement prieur des couvents de Carcassonne, de Castres, de Limoges, investi de tous les titres de l'Ordre, il devint Grand Inquisiteur de Toulouse de 1307 à 1323 et il mourut évêque de Lodève. Sa *Practica*, composée au début du xive siècle, est certainement l'ouvrage le plus important écrit sur la procédure et la justice inquisitoriales. Son *Histoire des divers Chapitres et Couvents de l'Ordre* sera l'un de ses manuscrits où nous allons puiser une grande partie des renseignements qui vont suivre [1].

D'après l'illustre dominicain, et son opinion doit être admise sans conteste, puisqu'il a eu tous les documents entre les mains, le couvent d'Agen fut fondé en l'année 1249. «*Anno Domini M°.CC°.XLIX°, circa festum Sancte Katerine* (Novembre), *venerunt primitus fratres apud Agennum, ut ibidem acciperent sibi locum, sicut ibidem didici et audivi a fratre Guillermo Fabri Agennensi, qui illo anno Tholose intraverat ordinem, in principio quadragesime precedentis.* »

Mais ce n'est pas à dire pour cela que l'Inquisition ne fût pas déjà établie dans l'Agenais avant cette époque. Les quatre documents suivants, trop importants pour ne pas être indiqués, le prouvent suffisamment. Le premier est une bulle du pape Grégoire IV, envoyée à l'Evêque d'Agen, Arnaud VI de Galard, le 13 Mai 1238, pour qu'il fasse suspendre pendant trois mois la sentence d'excommunication contre les hérétiques, à l'occasion de l'envoi comme légat du frère Jacob auprès du Comte de Toulouse [2]. La seconde, que nous regrettons, faute de place, de ne pouvoir donner ici *in extenso*, est l'énergique protestation du Comte de Toulouse, accusé d'indifférence, en vertu de laquelle il veut désormais poursuivre et chasser de ses

---

[1] Pour plus amples renseignements sur la vie de Bernard Gui et la liste de ses ouvrages, voir la notice de M. L. Delisle, déjà citée.
[2] Layette du Trésor des Chartes, par M. A. Teulet, tome II, p. 377 *b*.

Etats, et notamment de l'Agenais, tous les hérétiques. Cette protestation fut rédigée devant le même Evêque d'Agen, et en présence d'une foule de seigneurs, à Penne d'Agenais, dans la maison de Pierre Pélicier, le 1er Mai 1242. Le noble comte fait appel, pour l'aider dans sa tâche, à tous les gens de bonne volonté, laïques, ecclésiastiques, frères-Prêcheurs ou frères-Mineurs, et il reconnait comme Grand Inquisiteur Bernard de Caux et son socius Jean de Saint-Pierre [1]. Enfin les deux autres sont deux bulles adressées par le Pape Innocent IV à l'Evêque d'Agen, par lesquelles il lui ordonne, dans l'une, du 29 avril 1248, d'informer diligemment contre les hérétiques, dans l'autre, du 30 avril de la même année, d'appliquer à ceux qui résident sur les terres du Comte de Toulouse, et en les accélérant, les mêmes peines qu'à ceux de l'Agenais [2].

Tant de zèle et d'ardeur devaient amener une catastrophe. Elle eut lieu, en effet, s'il faut en croire Guillaume de Puylaurens, chapelain de Raymond VII et auteur d'une Histoire des Albigeois, aux environs d'Agen, en l'année 1249. Le Comte de Toulouse, passant à cette époque dans l'Agenais, et quelques jours avant sa mort, « aurait fait brûler vifs, au lieu appelé Berlaïgues (ou peut-être Beoulaïgue), quatre vingts croyans des hérétiques, après qu'ils eurent été convaincus de leurs erreurs en sa présence [3] ». Saint-Amans et l'abbé Barrère, acceptant ce fait sans conteste, le reproduisent dans leurs ouvrages. En tous cas, c'est le seul acte de foi suivi de mort violente que l'on ait relevé près d'Agen ; et nous ne croyons pas qu'aucun des Dominicains du couvent de cette ville, qui ne fut, du reste, fondé que quelques mois après, ait assisté à cette tragique cérémonie.

---

[1] *Histoire du Languedoc*, tome VIII, p. 1088 et suiv. tirée du Reg. de l'Inquisition de Carcassonne. Coll. Doat, vol. 31, f° 40.

[2] Layette du Trésor des Chartes, par Teulet; tome III, p. 25 b, et 26 a.

[3] Guillaume de Puylaurens : *Histoire des Albigeois* (Recueil des historiens des Gaules, tome XX, p. 772). « *Eisdemque diebus, circiter LXXX traductos hereticorum in judicio coram se confessos de heresi aut convictos apud Agennum eo loco qui dicitur Berlaigas fecit incendio concremari.* » Voir également Dom Vaissete. *Histoire Générale du Languedoc*, tome VI, année 1249.

D'après le manuscrit de Bernard Gui, le principal fondateur et promoteur du couvent d'Agen fut le fameux inquisiteur Bernard de Caux, « *Frater Bernardus de Caucio, inquisitor ac persequtor ac malleus hereticorum, vir sanctus et Deo plenus* ». Bernard de Caux fut, en effet, célèbre à plus d'un titre. Né dans le diocèse de Béziers, il apporta dans ses fonctions de grand inquisiteur de Carcassonne, puis de Toulouse, toute la fougue et la violence du méridional. C'est par lui que dans ces deux provinces l'Inquisition prit ce caractère d'arbitraire et de cruauté qu'on lui a tant reproché. Ses *Sentences*, ainsi que celles de son socius Jean de Saint-Pierre sont conservées à la Bibliothèque Nationale. Elles nous donnent la composition des Tribunaux Inquisitoriaux à leurs débuts, le nombre des actes de foi qu'il présida, les peines qu'il infligeait d'habitude, c'est-à-dire la confiscation des biens et la prison perpétuelle. Ses *Enquêtes*, manuscrit encore plus important conservé à la Bibliothèque de Toulouse, sont un recueil de nombreux interrogatoires et de dépositions de prévenus, de 1245 à 1246, qui se sont passés soit dans le Lauraguais, soit dans le Toulousain. D'une activité prodigieuse, Bernard de Caux organisait dans les provinces avoisinantes de véritables tournées d'Inquisiteurs. C'est ainsi que nous l'avons vu, en 1242, à Penne-d'Agenais, désigné par le Comte de Toulouse comme le chef de l'Inquisition. C'est ainsi que nous le retrouvons en 1252 à Agen, achevant d'organiser le couvent qu'il venait d'y fonder, et par sa mort, qui arriva le 26 novembre de cette même année, « sanctifiant ce lieu par la présence de son corps, qui y fut enseveli. Exhumé vingt ans après, pour être transporté dans l'église où il repose encore aujourd'hui, ajoute Bernard Gui dans son manuscrit, on trouva son corps absolument intact après tant d'années et dans un état parfait de conservation. » Le miracle eut un immense retentissement, si bien que le célèbre écrivain rapporte tout au long la lettre d'un moine agenais qui en fut témoin et qui en décrit tous les détails. Cette lettre fort curieuse, dont le manuscrit d'Agen ne contient que les trois premières lignes, occupe trois grandes pages du manuscrit de Toulouse. Nous ne pouvons que la résumer très brièvement. Donc, le 26 avril 1281 eut lieu l'exhumation des frères Bernard de Caux et Bertrand de Belcastel et de maître Arnaud Bélenger. Pour ces deux derniers, on ne trouva que deux squelettes ; quant au corps de Bernard de Caux, il était intact ou à peu près. Ce fut un vrai miracle que voulut constater toute la population agenaise. Après de longs pourparlers qui donnèrent lieu à maintes réclamations, il fut décidé que le corps du saint serait solennellement exposé. Aussitôt la foule se précipita avec une telle impétuosité que les gardiens ne purent la contenir. Hommes, femmes, enfants, tous accouraient autour du cercueil et pouvaient se convaincre que toutes les parties du corps étaient intactes, le front, le menton, la bouche avec ses dents, le cou, la poitrine, les bras, etc. La peau des mains était aussi bien conservée que le jour de la mort. Un seul défaut fut trouvé au tibia qui était plus court. On en conclut que Dieu, par ce miracle, avait voulu sanctifier l'institution nouvelle en la personne d'un de ses plus hardis défenseurs. Les corps de Bertrand de Belcastel et d'Arnaud Bélenger furent aussitôt ensevelis dans les tombeaux qu'on leur avait préparés ; le premier, au haut de l'église, à l'est, près du chevet ; le second, au fond de l'église, à l'ouest, du côté de la Garonne. Quant au corps de Bernard de Caux, il resta exposé jusqu'à ce que la foule se fût retirée. Alors seulement on l'ensevelit dans son tombeau, placé au milieu de l'église, entre les deux précédents.

Bernard Gui ajoute que ce fut cet Arnaud Bélenger, bienfaiteur durant toute sa vie des Dominicains d'Agen, qui construisit leur église.

Retournons donc en arrière et occupons-nous tout d'abord de l'emplacement et de la construction de l'église et du couvent des Jacobins.

— Dans la réponse faite par le Prieur des Pères Jacobins, en 1715, à l'évêque d'Agen, il est dit qu'il existe dans leurs archives une donation de la place de l'église et du couvent, mentionnée en ces termes : « que tous sçachent que nous, Alphonse, fils du roy de France, comte de Poytiers et de Tholose, désirant d'étendre le culte de Dieu dans la ville et diocèse d'Agen, par un motif de piété et pour le salut de notre âme, avons donné et accordé aux Frères Prescheurs d'Agen les vingt ung sols que nous tirions annuellement des maisons et lieux (mentionnés dans l'original de cette donation), voulant qu'il soit permis aux Frères Prescheurs de bâtir une église et autres appartements, selon que eux et leur Ordre le jugeront plus à propos : en foy et asseurance de quoy avons jugé à propos de mettre notre sceau. Fait à Vincennes, l'année 1254, le mois de novembre[1]. »

Cinq ans après l'arrivée des premiers Frères à Agen, et deux ans après la reconnaissance et l'approbation de leur couvent par le Chapitre provincial de Montpellier, en 1252[2], les Frères Prêcheurs se trouvaient donc, grâce à la générosité du Comte de Poitiers, en possession d'un vaste emplacement où de suite ils commencèrent à bâtir leur église.

Cet emplacement fut tout le terrain compris entre : à l'ouest, le mur de ville, depuis la Porte de Garonne jusqu'à la hauteur de la rue Londrade ; au nord, la maison appartenant aujourd'hui à M. le Comte de Marcellus et la place des Jacobins ; à l'est, une partie de cette même place et la rue Pont-de-Garonne ; au midi, la rue et la Porte de Garonne ou Pont-Long. Labénazie, reproduisant un acte de 1254 sur lequel nous reviendrons, nous dit que, pour ce qui concerne la place de l'établissement des Jacobins, il est déclaré dans un vieil acte qu'ils auront la place « à parte orientale, à carrerà *de Monte arunto* usque ad flumen Garonna inclusive, et à parte australi, à muro villæ à carreria de Tomba Boe inclusive deferendo usque ad flumen Garonna. » Il ajoute que ce fut sur des terrains inféodés aux chanoines de Saint-Etienne que du consentement de ces derniers ils s'établirent à Agen.

La fraction ci-jointe du plan de Lomet, complétée en ce qui concerne les principales divisions du couvent proprement dit par les soins obligeants de M. Payen, d'après un plan dressé à l'occasion des divers lotissements qui furent faits lors de la Révolution, nous donne une idée très exacte de ce qu'était anciennement le couvent des Jacobins d'Agen. L'église, qui en est sans contredit la partie la plus importante, nous a été conservée dans ses grandes lignes, sauf quelques modifications intérieures et une restauration récente, en l'état où la construisit, au XIIIe siècle, Me Arnaud Bélenger. Nous ne saurions mieux faire, pour que nos lecteurs en comprennent toute l'importance et la beauté, que de laisser parler ici notre ami M. G. Tholin, qui l'a ainsi décrite à la page 222 de son si remar-

---

[1] Archives de l'Evêché. Série F, liasse 25.
[2] Ms. de Bernard Gui.

quable travail sur l'*Architecture religieuse de l'Agenais*[1] : « Tout l'édifice se réduit à un seul vaisseau bâti sur un plan rectangulaire. Un portique de trois piliers circulaires partage la *Cella* en quatre parties égales dans le sens longitudinal. La voûte se subdivise en huit grandes croisées d'ogives. Les chevets sont plats, ce qui est un point de ressemblance avec l'église des Jacobins de Paris (aujourd'hui détruite), en même temps qu'une dissemblance avec l'église des Jacobins de Toulouse, dont le sanctuaire est un rond-point recouvert par une des plus belles voûtes gothiques qui se puissent voir[2].

« Le tiers point des doubleaux et des formerets est très accusé. Je comprends parmi les formerets les arcs jetés d'un pilier à l'autre. Il fallait une pratique éprouvée de la construction pour arriver à si bien équilibrer ces voûtes élevées à la même hauteur et contreboutées les unes par les autres. Etant donnée une force de résistance suffisante dans les contreforts, toute la stabilité de l'édifice dépendait de la stabilité des piliers dont les dimensions ne sont pas énormes. Les poussées dans tous les sens viennent se neutraliser au sommet de ces supports. Les piliers des Jacobins sont composés d'assises de pierre tandis que tout le reste de la construction est en brique. L'église conventuelle de Toulouse présente la même particularité. »

Et plus loin : « Les chapiteaux des colonnes et des dosserets ne représentent qu'un mince bandeau de décoration végétale au profil

---

[1] *Etudes sur l'Architecture religieuse de l'Agenais du dixième au seizième siècle*, par G. Tholin, archiviste du département de Lot-et-Garonne. Agen, Michel, 1874, in-8º.

[2] C'est, en effet, toujours à côté les unes des autres que l'on cite comme types d'églises à deux nefs égales et parallèles les trois églises des Jacobins de Paris, de Toulouse et d'Agen. On en a conclu que ce plan avait été ordonné par saint Dominique à ses disciples, afin de leur faciliter la prédication. Cette idée n'est pas admissible pour les églises de Paris et de Toulouse, très étroites et fort longues. Il n'en est pas de même pour celle d'Agen, où, du haut de la chaire actuelle, le prédicateur tient sous sa voix tout son auditoire dans un demi-cercle absolument parfait. On s'en rendra facilement compte en mettant sur notre plan la pointe du compas là où est la chaire, c'est-à-dire à l'extrémité du contrefort qui sépare la chapelle de gauche de la sacristie, en prenant comme rayon la distance de ce contrefort à l'une des deux extrémités de l'église et en décrivant un arc de cercle. L'intérieur entier de l'église, moins deux coins à la rigueur négligeables, sera compris dans cet espace demi-circulaire. Néanmoins, malgré ces précautions, l'église des Jacobins d'Agen a la réputation d'être très mauvaise comme acoustique.

peu saillant. Nous avons remarqué des exemples de cette forme originale dans quelques églises romanes telles que celles de Monsempron, de Saint-Pierre-de-Buzet, aux colonettes des fenêtres du chœur de la cathédrale d'Agen, à la porte de l'église de Gaujac. »

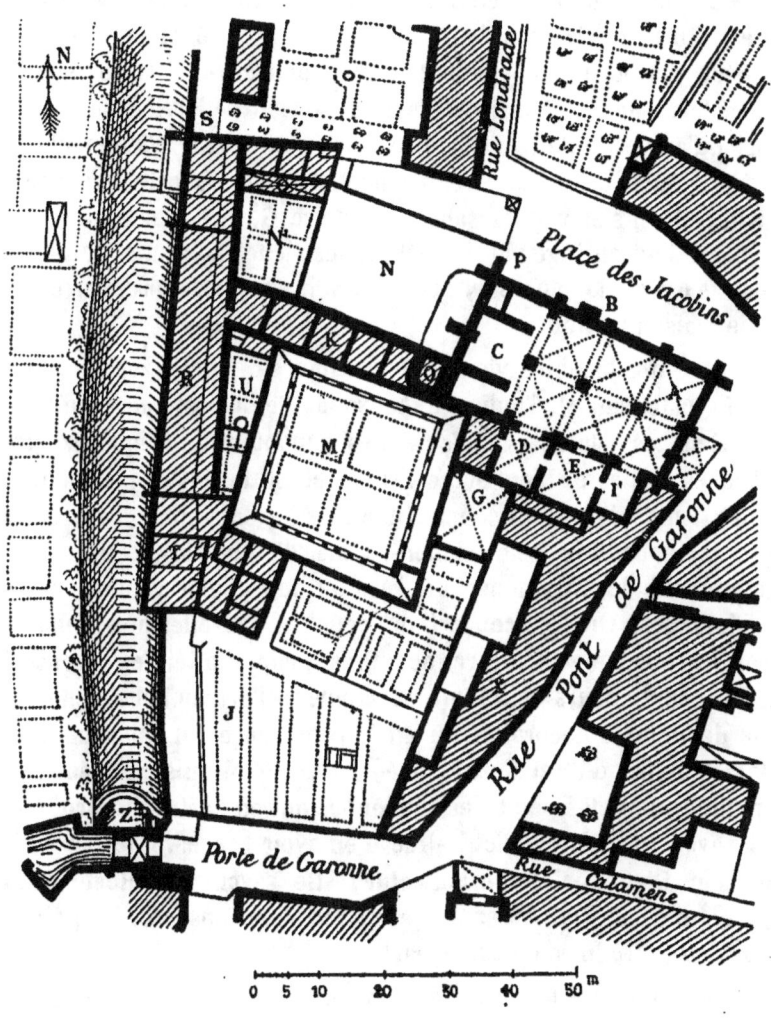

Ainsi que nous l'avons dit, quelques modifications ont été apportées au plan primitif de l'édifice. Jadis et jusqu'à la Révolution, les deux autels se trouvaient au levant, en A, suivant la tradition catholique, et la grande porte d'entrée était percée en B, sur la façade latérale de la place des Jacobins. Une idée fort malencontreuse a fait de nos jours fermer cette porte pour la remplacer par une affreuse petite chapelle. En revanche, on a transporté les autels à l'ouest, en C, là où s'élevait la tribune des moines, et on a percé les deux portes actuelles en A sur l'emplacement même des anciens autels. En D, et vis-à-vis l'ancienne porte, a été également percée au siècle dernier une chapelle d'un fort mauvais effet. Elle permet d'accéder, d'un côté à la sacristie E qui se trouve derrière la chaire ainsi qu'au vestibule I', de l'autre à la petite salle I donnant sur le grand cloître M. Derrière la chapelle D, et ouverte également sur le cloître, s'élevait la salle capitulaire G, fort spacieuse et fort belle, si l'on en juge par les débris des riches arcatures de pierre du style ogival le plus pur, que l'on voit encore au premier étage d'une maison voisine.

L'église des Jacobins vient d'être restaurée. « Cette restauration, dit très justement M. Tholin, a consolidé l'église et fait renaître à l'extérieur les éclatantes couleurs de son manteau de briques rouges et brunes serties de filets blancs. On a rétabli les justes proportions des nefs en déblayant les couches épaisses de terre qui recouvraient l'aire ancienne. Tout cela est bien : mais, d'autre part, cette retouche générale devait amener un résultat que déploreront les vrais archéologues. On a recouvert de couches nouvelles aux couleurs vives les anciennes peintures aux tons mats et à teintes ocreuses. On n'a pas toujours reproduit exactement l'ordonnance générale et le détail de la décoration du XIIIe siècle. On a fait du neuf étincelant d'étoiles d'or et d'azur foncé. C'est de quoi satisfaire peut-être le public : mais les peintures anciennes ont en partie disparu. On doit savoir gré à M. Viollet-le-Duc d'en avoir conservé le souvenir dans son Dictionnaire d'architecture. Le savant architecte avait jugé cette décoration assez remarquable pour consacrer cinq planches à en reproduire quelques parties. »

Il faut, en effet, se reporter aux pages 27 et suivantes du tome VII pour se rendre compte de cette richesse et en même temps de cette simplicité de tons qui décoraient les murailles et les voûtes des Jacobins d'Agen, et qui s'harmonisaient si bien « avec l'effet éclatant des verrières qui autrefois garnissaient les fenêtres. » Viollet-le-Duc, en développant sa thèse et en l'expliquant par les beaux spécimens qu'il reproduit des litres, des nervures de voûtes et des riches bandes des clefs de triangle, nous donne l'église des Jacobins d'Agen « comme un exemple remarquable de la transition du système harmonique que subit la peinture décorative vers le milieu du XIII° siècle. »

L'église n'est recouverte que par une seule toiture à angle obtus qui menaçait ruines et que l'on vient récemment de refaire en l'exhaussant. Cette surélévation écrase encore davantage le pittoresque clocher de forme octogonale O, qui se dresse à l'angle sud-ouest de l'église et qui déjà se trouvait trop maigre à côté de la masse énorme de l'édifice.

L'entrée du couvent proprement dit était en P, sur la place des Jacobins, tout à fait à côté du contrefort nord-ouest de l'église. Elle donnait accès dans une assez vaste cour N et un jardin N', sur lesquels s'ouvraient d'un côté le parloir K et de l'autre, d'après une tradition conservée, l'infirmerie Q. Cette partie du couvent est aujourd'hui occupée par la jolie maison de M. Léon Chairou. Il est permis de croire qu'elle constituait autrefois, avec l'aile K, le noviciat des Frères, noviciat qui, ainsi que nous le verrons dans la suite, fut en partie détruit en 1585, à la suite d'une terrible explosion. Reconstruite depuis et peu à peu, cette fraction du monastère, plus basse que toute la partie méridionale R et T, ne présente plus avec elle aucun caractère d'homogénéité. En S, tout-à-fait au nord, les Frères s'étaient ménagé une sortie qui existe encore sur l'impasse Saint-Antoine. Le principal corps de logis était en R, bâti sur toute la longueur du mur de ville, ce qui devait provoquer plus tard, comme on le verra, de nombreux conflits entre les Frères et les Consuls. Là se trouvait au rez-de-chaussée, c'est-à-dire à la hauteur du cloître M, le réfectoire qui était immense. Le dessus contenait es nombreuses cellules des Frères, dont quelques-unes, dans ces derniers temps, avaient des ouvertures sur la Garonne. Les cuisines n'étaient pas loin du puits U, un peu en dehors du cloître et tout près du réfectoire. En M, ainsi que nous l'avons dit, était le cloître carré, vaste, spacieux. Dans son *Essai sur les Antiquités du dépar-*

tement de Lot-et-Garonne, Saint-Amans nous apprend qu'au moment de la Révolution, on voyait encore « encastrées dans le mur deux ou trois grandes dalles de marbre qui avaient précédemment recouvert des tombeaux. L'une de ces dalles, en marbre noir, longue de sept pieds quatre pouces et large de deux pieds cinq pouces représentait, en rondebosse, un personnage revêtu d'une robe et d'un manteau, la tête nue, les cheveux courts et tenant à la main gauche un morceau d'étoffe qu'on pourrait prendre pour un gant. On a regardé cette figure comme celle d'un chevalier de la Foi. Les autres dalles, d'environ cinq pieds de longueur, portaient des croix latines en bas-relief. »

Enfin, en T, se trouvait un vaste corps de logis diversement aménagé, mais néanmoins assez complet pour qu'on puisse le considérer comme l'appartement spécial du prieur ou des lecteurs. Il terminait, au midi, les bâtisses du couvent et donnait sur les jardins fort spacieux J qui s'étendaient jusqu'à la Porte même de Garonne, dont nous reproduisons, en Z, les curieuses dispositions[1]. Quant aux diverses bâtisses, il est à présumer qu'elles avaient autrefois fait partie du couvent, mais que dans la suite les Frères prêcheurs les morcelèrent, puis les louèrent, enfin les vendirent à divers particuliers. En tous cas, toute cette fraction qui longe la rue Pont-de-Garonne ne leur appartenait plus au moment de la Révolution.

— L'établissement des Frères-Prêcheurs dans Agen ne s'opéra pas sans soulever, dès les débuts, de vives contestations. On sait qu'ils furent installés dans les fiefs du chapitre Saint-Etienne, ce qui ne tarda pas à mécontenter ledit chapitre ainsi que les curés des autres paroisses, les habitants d'Agen désertant leurs églises pour adopter en masse la nouvelle communauté et lui apporter leurs offrandes. Dès l'année 1253 et avant même la construction de l'église, les premières difficultés surgirent au sujet du droit de funérailles, d'offrandes, de legs et de donations. Argenton dans ses

---

[1] Cette porte de Garonne consistait en une tour crénelée assez haute, avec des meurtrières autour du parapet supérieur et un passage voûté au-dessous. Une petite tour carrée précédée d'un ravelin s'élevait du côté de la Garonne.

Pièces Justificatives [1] nous a conservé in extenso l'accord qui fut passé, le 4 mai 1253, entre les curés des trois paroisses d'Agen, Saint-Etienne, Sainte-Foy et Saint-Hilaire d'un côté et les Frères-Prêcheurs de l'autre. Il l'a tiré des archives des Jacobins d'Agen depuis longtemps disparues. Labénazie [2] et l'abbé Barrère [3] qui le résument ont eu connaissance de cet acte.

« Intervinrent Guillaume, évêque d'Agen, frère Guillaume de Blaye, prieur des Dominicains d'Agen, G. de Andiran, chanoine, et frère Gaillard de Orsaut, lecteur dudit couvent, enfin Bonet de Rivis, curé de Saint-Etienne, Guillaume Bernard, curé de Saint-Hilaire et Pierre de Roche, curé de Sainte-Foy. Il fut convenu : 1° Que les Jacobins paieraient au chapitre Saint-Etienne une obole d'or, en cinq sols de monnaie courante, pour raison du lieu où ils étaient établis, rue de Tombe Boé. 2° Que les corps des défunts qui éliraient sépulture chez les Frères-Prêcheurs seraient d'abord portés dans leurs paroisses respectives, où seraient célébrés la messe et le service des morts et qu'ensuite ils seraient portés chez les Frères, où le même service pourrait avoir lieu. 3° En ce qui concerne les magistrats, si leurs corps étaient portés de la cathédrale à l'église conventionnelle, la pourpre (?) serait partagée entre les religieux et les chanoines par égales portions et de bonne foi. 4° Si lesdits Frères viennent à quitter Agen, tous les biens qu'ils y possèdent retourneront au chapitre Saint-Etienne, etc., etc. »

L'acte règle définitivement l'emplacement du couvent tel que nous l'avons déjà donné. Il concède même au nouvel ordre le droit de sépulture ainsi que les autres droits de paroisse pour toute la partie de la ville comprise « *ex parte orientali à carreria de Monte Cornico* (Montcorny) *usque ad fluvium Garunnæ inclusive, et, à parte australi, ex muro villæ usque ad carreriam de Cambel* (Sembel), *hoc,*

---

[1] Manuscrit fort précieux, déposé autrefois dans la bibliothèque de M. de Saint-Amans.

[2] Labénazie. Tome II, livre IV, chap. VII, p. 329.

[3] L'abbé Barrère. *Hist. mon. et rel. du diocèse d'Agen.* T. II p. 14.

inclusive, descendendo usque ad fluvium Garonnæ. » C'est à peu près l'étendue de la paroisse actuelle des Jacobins.

Ainsi définitivement établi, le couvent des Dominicains d'Agen devint vite florissant. Laissant de côté la persécution des hérétiques et la mise en scène des actes de foi, il fut un centre important de fortes études, et, à ce titre, il prévalut sur les autres couvents de la région. C'est en effet dans le couvent d'Agen que fut établie l'Université de l'Ordre pour la province d'Occitanie.

C'est que dans ce réveil général des intelligences, aux XIIe et XIIIe siècles, les populations, privées jusqu'à ce jour des lumières de l'enseignement même le plus élémentaire, demandaient à hauts cris des écoles et des collèges où la jeunesse pût développer ses qualités naturelles. Dans bien des diocèses les évêques, en créant des écoles primaires qu'ils entretenaient à leurs frais, avaient essayé de répondre à ce mouvement. Mais le but n'était qu'à peine atteint, le courant ne partant pas d'assez haut. La plus grande gloire de Saint Dominique fut donc de comprendre les besoins de sa génération et d'ordonner à ses disciples que l'étude d'abord, l'enseignement ensuite, des sciences et des lettres seraient inscrits en tête de leur règle. Car, si dans les couvents des Dominicains on n'a vu jusqu'à présent qu'une sorte d'école, de noviciat, pour les jeunes gens seuls qui voulaient revêtir la robe blanche, on a oublié que presque tous ouvraient indépendamment leurs portes aux enfants et aux jeunes gens de toutes les classes et leur enseignaient les premiers rudiments. C'est ce qui se fit au couvent d'Agen et c'est ce qui lui donna une si juste popularité.

Qu'on nous pardonne d'interrompre ici une fois de plus (ce sera la dernière) l'histoire particulière du couvent d'Agen. Mais, en donnant un rapide aperçu de l'organisation et de la distribution des études chez les Frères-Prêcheurs, nous croyons ne pas trop nous éloigner de notre cadre. C'est au chercheur infatigable de tout ce qui concerne l'Ordre Dominicain, à l'honorable abbé Douais, que nous devons encore de connaître ce point historique resté obscur jusqu'à nos jours[1]. Grâce à lui, nous savons qu'en dehors des

---

[1] *Essai sur l'Organisation des Etudes dans l'Ordre des Frères-Prêcheurs au* XIIIe *et au* XIVe *siècle*, par M. l'abbé Douais, professeur à l'Institut catholique de Toulouse. E. Privat. 1884. In-8º.

classes ouvertes aux enfants laïques, et où on leur apprenait la lecture, l'écriture, le calcul, l'Ordre était réparti en trois catégories, le novice, l'étudiant et le lecteur. Pour être admis comme novice il fallait déjà, outre la vocation et les conditions *sine quâ non* de moralité, une certaine dose de connaissances acquises, l'âge de quinze ans et une véritable aptitude pour l'étude. Une fois admis, le novice apprenait la grammaire, le calcul, la rhétorique, le droit et un peu de philosophie. Mais cette science était principalement l'apanage de l'étudiant qui partageait son temps entre elle et la théologie et qui, avec ses condisciples, se livrait à de nombreux essais de dispute et de prédication. Enfin le lecteur était le professeur. Il ne sortait pas du couvent et était nommé par le chapitre ou le prieur provincial. Docteur, sa mission était d'enseigner. Ce sont les lecteurs qui ont jeté le plus vif éclat sur l'Ordre des Frères-Prêcheurs.

De riches bibliothèques furent aussitôt créées dans tous les couvents Dominicains, grâce auxquelles les études prirent un si haut développement.

Deux cents ans au moins avant qu'Homère et Cicéron eussent été découverts, on est véritablement surpris de voir la diversité des matières enseignées par les Frères-Prêcheurs. Les études se divisaient en : 1° *Studia Artium*, qui comprenaient la philosophie, la rhétorique, la logique. On lisait beaucoup, on commentait, on discutait, on écrivait peu. 2° *Studia Naturalium*, qui comprenaient la philosophie naturelle et surtout la théologie. En cette matière-là, et après des débats qui furent très orageux, fut admise désormais sans conteste la doctrine de Saint Thomas d'Aquin. 3° Puis venaient les *Studia Bibliæ et Sententiarium*, très suivies, la bible ayant toujours fourni une infinité de commentaires. 4° Enfin, dans le *Studium solemne et generale*, qui était le Doctorat, on ajoutait l'étude des langues *Arabe, Grecque et Hébraïque*. On voit donc qu'elle n'est pas exagérée cette comparaison de l'Ordre, si usitée au XIII° siècle : « Il eut toujours le bonheur d'être une ruche remplie d'abeilles ferventes. »

L'organisation administrative ne fut pas moins remarquable. L'Ordre fut divisé en provinces; et nous voyons que quatre-vingts ans après la mort de Saint Dominique il comprenait déjà vingt et une provinces.

et cinq cent soixante-deux couvents. En France, il n'y eut que trois provinces: celles de Toulouse, de Provence et de France proprement dite. En 1342, la province de Toulouse seule comprenait vingt-neuf couvents. Le chapitre général se réunissait une fois par an, sous l'autorité du Grand Maître. Il avait pleine autorité. Egalement une fois par an, se tenait le chapitre provincial, changeant chaque fois de siège. « Le rang que les représentants de chaque province occupaient au chapitre général, nous dit l'abbé Douais, se réglait sur la date de l'établissement de leur province respective. La plus ancienne avait le pas sur la plus récente. » La première était celle de Toulouse. Aussi se tenait-elle la première « in sinistro choro », à gauche du président. Au chapitre provincial, le couvent d'Agen était le quatrième; il occupait le quatrième rang et se tenait *in sinistro choro*.

Revenons donc à lui et donnons de suite la liste de ses Prieurs, telle que nous la trouvons dans l'inappréciable manuscrit de Bernard Gui, qui écrivit, à partir de 1311 et jusqu'à ses derniers moments (1331), l'histoire de chacun des couvents de la province de Toulouse.

Nous ajouterons à ceux des noms les plus célèbres un résumé des notices biographiques que leur consacre dans le fascicule huitième des Archives historiques de la Gascogne M. l'abbé Douais.

LISTE DES PRIEURS DU COUVENT D'AGEN.

Le premier prieur du Couvent des Frères-Prêcheurs d'Agen fut le Frère Guillaume de Blaye, nommé en 1252 au chapitre provincial de Montpellier. Il devint ensuite prieur d'Orthez et mourut inquisiteur de Carcassonne. Le premier lecteur fut en même temps Gaillard d'Orsaut.

Puis vinrent : Frère Bertrand de Rocamadour, du diocèse de Cahors, prieur d'Agen de 1257 à 1262.

Frère Bertrand de Belcastel, du diocèse de Cahors, une première fois prieur, en 1262, comme successeur de Bertrand de Rocamadour.

Frère Gui Navarre, du diocèse de Limoges, qui ne fut prieur d'Agen qu'une année et qui mourut à Cahors fort âgé et en odeur de sainteté.

Frère Bertrand de Belcastel, une seconde fois prieur et mort en bateau sur la Garonne, entre Auvillars et Agen, en face de l'église Sainte-Catherine, le 5 juin 1267 ou 1268. Il fut prieur et définiteur du chapitre provincial de Montpellier en 1265 et chanoine de Saint-André de Bordeaux. Il était, dit Bernard Gui, d'une famille noble, plus noble encore par ses mœurs et ses vertus. Prédicateur fameux et d'une belle prestance, il obtenait des résultats merveilleux. L'un des fondateurs du couvent d'Agen, nous avons dit qu'il reposait dans son église.

Frère Hugues Amelin de Toulouse, mort inquisiteur de Toulouse, au couvent de Nice, en 1281.

Frère Guillaume Fabri ou Fabre, d'Agen, prieur une première fois de 1270 à 1273, puis du couvent d'Auvillars de 1276 à 1278, visiteur de presque toutes les maisons du Sud-Ouest, et, en 1292, du couvent d'Agen. Il mourut fort âgé au couvent d'Agen où il s'était retiré, le jour de la fête de la Purification, l'an 1306.

Frère Guillaume de Tonneins, né à Tonneins et deux fois prieur du couvent d'Agen ; une première fois en 1273, puis de 1289 à 1290. Il fut successivement prieur de Bordeaux, de Marseille, définiteur au chapitre général de 1285, ambassadeur de Charles d'Anjou auprès de Clément IV et chargé par ce pape de diverses missions. Il mourut à Marseille en 1299 : « *Hic fuit in multis bene dotatus* ».

Frère Arnaud Désiré, de la prédication d'Agen, où il entre dans l'ordre et devient prieur de ce couvent de 1273 à 1275.

Frère Arnaud de Silva, de Bordeaux, prieur d'Agen jusqu'en 1278.

Frère (manque), prieur jusqu'en 1282.

Frère Pierre de la Tapie, du diocèse d'Agen, prieur de ce couvent de 1282 à 1285 et premier prieur du couvent de Lectoure de 1287 à 1288.

Frère (manque), prieur jusqu'en 1288.

Frère Etienne Vital d'Agen : entre dans l'ordre au couvent d'Agen, sous-lecteur au couvent de Limoges en 1270, lecteur au couvent d'Agen en 1275, envoyé en 1280 à Saint-Sever pour y fonder un couvent, deux fois prieur d'Agen, d'abord de 1288 à 1289, puis de 1290 à 1292, mort à Agen l'an (manque).

Frère Guillaume de Tonneins, prieur une seconde fois d'Agen, de 1289 à 1290 (voir plus haut).

Frère Etienne Vital (1290 à 1292) (voir plus haut).

Frère Arnaut Cousin (Cosini) d'Agen. Prieur de ce couvent de 1292 à 1294.

Frère P. de Maslac d'Orthez, prieur de 1294 à 1296.

Frère Arnaud Vital, d'Agen, lecteur de logique au couvent de Bordeaux en 1279, puis à Agen en 1280. Etudiant de théologie au couvent de Bordeaux en 1283, puis au couvent d'Agen en 1284 ; lecteur de théologie au couvent de Bordeaux en 1285 ; étudiant de théologie au couvent de Toulouse en 1287 et 1288 ; lecteur de théologie au couvent de Lectoure en 1289 et au couvent d'Auvillar en 1291 ; deux fois prieur d'Agen, de 1296 à 1297 et de 1303 à 1306 ; prédicateur général en 1302 ; visiteur, en 1306, des couvents de Toulouse, Carcassonne, Pamiers, Rieux, Saint-Gaudens, Prouille, deux fois prieur du monastère de Pont-Vert à Condom de 1297 à 1303, de 1307 à 1313 ; mort au couvent de Condom, le 18 avril 1313 [1].

Frère Pierre Gérald, d'Agen. Entre dans l'ordre au couvent d'Agen ; lecteur des arts au couvent d'Agen en 1273 et au couvent de Bordeaux en 1274 ; étudiant des Naturalia au couvent de Bordeaux en 1277 ; lecteur des Naturalia au Couvent de Sisteron en 1279 et de Marseille en 1280 ; lecteur de théologie au couvent de Cahors en 1290 et au couvent d'Agen en 1301 ; prieur du couvent de Condom, de 1303 à 1306 ; deux fois prieur au couvent d'Agen, de 1297 à 1301, puis de 1306 à 1307 ; mort au couvent d'Agen, le samedi, 4 septembre 1307 [2].

Frère de Labatut de Bordeaux, resta prieur d'Agen deux années. Il mourut à Bordeaux, en septembre 1306.

---

[1] Voir le travail de M. l'abbé Douais. (*Archives hist. de la Gascogne*, fascicule huitième, p. 367.) *Notices biographiques*.
[2] Idem, p. 453.

Frère Arnaut Vital, prieur pour la seconde fois de 1303 à 1306, (voir plus haut).

Frère Pierre Gérald, prieur pour la seconde fois de 1306 à 1307, (voir plus haut).

Frère Hugues de Pélicier, de Toulouse, confirmé prieur d'Agen par Bernard Gui en janvier 1307. Il y resta jusqu'en 1309.

Frère Bernard du Repaire, de Rieux, prieur de la fin de juillet 1309 au mois d'août de la même année. Il ne vint pas à Agen.

Frère Guillaume de Sabeillan, de Bordeaux, prieur de 1309 à 1311, époque où il devint prieur de Bordeaux.

Frère Bernard du Repaire, qui fut renommé prieur d'Agen, du 31 mai 1312 à la fin de cette année, époque où il fut envoyé à la cour d'un cardinal.

Frère Bernard d'Adhémar, de Toulouse, prieur d'Agen de juillet 1312 au 10 novembre 1313, jour où il mourut à Agen dans sa dignité de prieur.

Frère Barthélemy Glandjera, de Cahors, prieur d'Agen de 1313 à juin 1314, puis prédicateur général en 1326.

Frère Guillaume Aurélie, de Brantome, en Périgord ; accepte à Paris, en présence du Roi et de Mgr Gérauld de Malo Monte de Castello Lucii, le lieu de Saint-Pardoux pour y établir les religieuses de Prouille, en 1291 ; puis, après une vie fort remplie, devient prieur d'Agen de 1314 à 1315.

Frère Guillaume de Proaudo, de Rieux, prieur d'Agen de 1315 à 1318.

Frère Jean de Falbet ou Faubet, de Condom, prédicateur général en 1302 ; prieur du couvent de Condom de 1306 à 1309, puis de Bordeaux et de Castre ; définiteur provincial en 1314 ; prieur d'Agen de 1318 à 1322. Le chapitre provincial de 1331, lui accorda les mêmes suffrages après sa mort qu'au provincial mourant en charge ; d'où l'on peut conclure, ajoute M. l'abbé Douais, qu'il avait rendu de grands services.

Frère Arnaud de Fabrices, de Montauban, prieur d'Agen de 1322 à 1324, appelé ensuite par le frère Raymond de Bequin, patriarche de Jérusalem, puis évêque de Segni, dans la province romaine, en 1333.

Frère Jean de Conseil, prieur d'Agen de 1324 à 1326.

Frère Reginald de Seguin, du couvent d'Agen et prieur de 1326 à 1328.

Frère Pierre de Saunac, également du couvent d'Agen et prieur de 1328 à 1330.

Frère Jean de Fargues, du diocèse d'Agen, prieur de 1330 à 1335, puis prédicateur général.

Enfin Frère Pons de Fournier, du même couvent d'Agen, prieur en 1335.

Là s'arrête le manuscrit de Bernard Gui en ce qui regarde le couvent d'Agen.

Nous voudrions donner ici la liste de tous les lecteurs de ce même couvent, durant la même période de 1252 à 1340, soit lecteurs des études d'arts, de philosophie naturelle, de la bible, des sentences, soit surtout des lecteurs et sous-lecteurs de théologie nommés dans les actes des chapitres provinciaux, telle que nous l'avons dressée d'après les précieux appendices qui font suite au travail de M. l'abbé Douais. Nous nous voyons obligé d'y renoncer faute de place et aussi dans la crainte que ces longues nomenclatures ne fatiguent nos lecteurs. Ceux d'entre eux qui voudront connaître cette longue série de noms trouveront aux pages 177 et suivantes, et notamment à la page 243, de quoi satisfaire amplement leur légitime curiosité.

Il serait intéressant également de résumer les délibérations des différents chapitres, soit généraux, soit provinciaux, tenus, durant tout le XIIIe et la première moitié du XIVe siècle, dans les principales villes de notre région, et d'indiquer, toujours d'après le manuscrit de Bernard Gui, les décisions qui y furent prises ainsi que les nominations qu'on y fit concernant le couvent d'Agen. Nous n'indiquerons au fur et à mesure qu'elles se présenteront, et toujours

---

[1] Archives historiques de la Gironde. Coll. Delpit. T. III (Bibl. Nat. Coll. Doat. Vol. 172).

pour la même cause, que les dates des chapîtres provinciaux qui se tinrent dans le couvent de notre ville.

— Le 25 juillet 1262, par testament, Amanieu d'Albret lègue « *als frais Predicadors d'Agen, dus cens sols* [1]. »

Le 15 août 1276, se tint dans le couvent des Frères-Prêcheurs d'Agen le troisième chapître provincial, les deux premiers s'étant tenus à Bordeaux en 1246 et 1257. Les matières qui y furent traitées sont les mêmes que dans les autres chapitres. Le frère B. Géraud fut nommé provincial pour la seconde fois. On y imposa les mêmes pénitences, le pain et l'eau, les disciplines, etc., aux frères à qui l'on avait des reproches à adresser. On y nomma les définiteurs, les lecteurs et sous-lecteurs des diverses branches de l'enseignement, les vicaires, les visiteurs, etc., et on y décida la fondation d'un couvent à Albi [1].

Trois ans plus tard, en 1279, le couvent des Jacobins d'Agen fut choisi pour être le théâtre d'une des cérémonies les plus imposantes qui eurent lieu dans notre ville pendant tout le cours du moyen-âge. On sait que l'Agenais avait été donné en dot par le roi d'Angleterre Richard à sa sœur Jeanne qui l'avait apporté en mariage à Raymond VI, comte de Toulouse. Sa petite-fille Jeanne, fille de Raymond VII, l'avait à son tour apporté plus tard en dot à Alphonse, comte de Poitiers, frère de saint Louis. A la mort de ce prince, l'Agenais, comme le comté de Toulouse, tombèrent dans les mains du roi de France Philippe le Hardi. Mais l'Angleterre protesta, et, après bien des lenteurs, le roi de France promit à Henri III de lui rendre ces provinces. Cette restitution se fit solennellement le mercredy, veille de saint Laurent (9 août) 1279, à Agen, sous l'épiscopat d'Arnaud de Goth. On choisit pour lieu de la cérémonie, le cloître des Jacobins. Les commissaires du roi de France furent : Guillaume de Neuville, archidiacre de Blois, et Radulphe d'Estrades ou d'Estrées, maréchal de France, qui reçurent de leur maître des lettres patentes, en vertu desquelles il ordonnait à tous les Agenais et seigneurs du pays de prêter le serment de fidélité au roy d'An-

---

[1] *Les Frères Prêcheurs en Gascogne*, par l'abbé Douais. (Archives hist. de la Gascogne, fascicule 7e, p. 66 et suiv.)

gleterre Edouard, en la personne de son procureur attitré Guillaume de Valence.

Une foule immense y assista, dans laquelle on remarquait, parmi le clergé : l'évêque d'Agen, Arnaud de Goth ; les abbés d'Eysses, de Clairac, de Saint-Maurin ; le prieur du Mas, etc ; dans les rangs de la noblesse, Gautier et Amanieu du Fossat, Guillaume d'Esclalmal, Othon de Lomagne, Fortanier de Casenueve, Raymond de Pins, Bernardet d'Albret, Bertrand de Caumont, Etienne et Guillaume de Ferréol, Guinard de Valence, Hugues de Pujols, Rainfroid de Montpezat, Bernard, Hughes et Raymond de Rovinha, etc. ; les consuls d'Agen, de Condom, de Penne, de Marmande, de Tournon et bien d'autres illustres personnages de tout le midi, qui y prirent part comme témoins. « L'évêque Arnaud, nous dit Labenazie, fut le premier qui preta le serment de fidélité, ensuite tous les seigneurs et consuls de tout le pays d'Agenais ; et le sieur de Valence accepta pour le roi d'Angleterre toute la terre d'Agenais, l'an 1279. Ce qui fut ensuite dépeint à la muraille du réfectoire des Pères Jacobins du costé de la rivière [1]. »

Le 22 juillet 1301, fut tenu au couvent d'Agen le septième chapitre provincial des Frères-Prêcheurs : y furent nommés, Frère Guillaume Pierre de Godin, provincial, et Frère Arnaud Jean, vicaire de la province ; puis les définiteurs, les lecteurs et sous-lecteurs, les visiteurs, le définiteur au chapitre général qui fut Frère Bertrand de Clermont. Au point de vue des mœurs et déjà du relâchement de la discipline, ce chapitre se montra d'une grande sévérité.

Il en fut de même au quatorzième chapitre provincial, qui se tint également à Agen, le 28 août 1322, où, indépendamment des nombreuses nominations qui y furent faites, l'abstinence, le jeûne et la chasteté furent de nouveau recommandés sous les peines les plus graves. De très dures pénitences furent imposées aux frères délinquants. Enfin on reçut et on organisa le couvent de Marciac, nouvellement créé.

---

[1] Voir *Labénazie*, Ms. T. II, livre IV, ch. IX, p. 336 ; *Labrunie* ; *l'abbé Barrère*. T. II, p. 39 et suiv. ; les *Archives municipales d'Agen*. AA. 3 ; les *Archives de l'Evêché d'Agen*, série F, liasse 25, etc., etc.

Ce fut également vers le même temps (1324-1330) que fut fondé au Port-Sainte-Marie par un noble bourgeois de cette ville, Jean de Saillac, un couvent de Frères-Prêcheurs. Mais il n'a pas eu de chroniqueur. Bernard Gui, évêque de Lodève, mourut, en effet, à Lauroux (Hérault), le 30 décembre 1331. Jusqu'à ses derniers moments, il fit, pour les couvents de son ordre, œuvre d'historien ; et il eut même pendant quelques années des continuateurs, puisque, pour le couvent d'Agen, sa chronique ne s'arrête qu'à l'année 1335. Mais à partir de cette époque, où commence, sinon pour l'institution des Frères-Prêcheurs, du moins pour celle de l'Inquisition, une sérieuse décadence, les archives de l'Ordre sont muettes ou plutôt ne nous ont pas été conservées. Il faut donc nous contenter des quelques documents qui nous sont restés.

En avril 1339, un bref est adressé d'Avignon aux Frères-Prêcheurs d'Agen, ainsi qu'aux Augustins, par le Pape Benoît XII, pour leur prescrire de relever de l'excommunication prononcée par l'évêque Amanieu de Fargis, plusieurs personnes qui étaient allées à l'encontre d'un règlement sur les mœurs et la religion édictée par les consuls [1].

Le 12 janvier 1354, nouvelle autre grande cérémonie « en la meson des Frères-Prêcheurs, dans la chambre de Parlement, en la cité d'Agen », où fut rendu solennellement à Edouard, prince de Galles et fils du roi d'Angleterre, l'hommage de Gaston, comte de Foix et vicomte de Béarn. Jusques à la fin du mois, du 15 au 25, quarante grands seigneurs de l'Agenais, barons, comtes, abbés, etc., lui rendirent également hommage, dans ce même couvent [2].

Le schisme d'Occident eut son contre-coup jusque dans les couvents des disciples de saint Dominique. De graves discussions s'engagèrent entre les chefs de l'ordre, d'où ne sortirent pas toujours l'entente et la conciliation. Ce fut une première cause de faiblesse, qui, jointe à la disparition presque complète de l'hérésie albigeoise

---

[1] Archives municipales d'Agen, série GG, 193.
[2] Collection Delpit. T. I p. 117.

dans le sud de la France, leur enleva une partie de leur ancien prestige. Néanmoins les Frères-Prêcheurs restèrent populaires à Agen durant tout le xv⁰ siècle, où ils ne cessèrent de prêcher et d'enseigner. Ce ne fut qu'au xvi⁰ siècle qu'ils commencèrent à avoir avec les Consuls, mais pour des règlements de police seulement, de nombreuses difficultés.

C'est ainsi que durant toute la première moitié de ce siècle, nous voyons, tantôt les Consuls forcer les pères Jacobins à boucher les ouvertures du mur de leur couvent, qui est bâti sur les remparts, et qu'ils ne cessent de multiplier [1], tantôt les Jacobins insister auprès des Consuls pour obtenir la restauration de la partie du mur d'enceinte à laquelle sont adossés la grande salle et le refectoire de leur couvent [2].

— Une nouvelle hérésie naissait, le protestantisme. Elle donna par suite une nouvelle force aux Inquisiteurs, c'est-à-dire aux Dominicains. Bien que la ville d'Agen soit toujours restée en grande partie fidèle à la religion catholique, néanmoins il se glissa dans ses murs quelques adeptes de la nouvelle doctrine, à son origine notamment, « des grammairiens et des maitres d'école, » accusés à juste titre par Florimond de Rémond de l'avoir enseignée à leurs élèves.

Rappelons, pour l'explication de ce qui va suivre, que Luther avait déjà en Allemagne, dès 1520, rompu avec la papauté, et qu'en France, Calvin se trouvait en 1535 à la Cour de Navarre, à Nérac, où il publiait, sous le titre d'*Institutio religiosis christianæ*, un exposé de la doctrine de la nouvelle religion. Aussi n'y a-t-il rien d'étonnant à ce que deux ans après, en 1537, le roi de France, ému des progrès de l'hérésie dans notre ville, y ait envoyé un des Inquisiteurs du tribunal de Toulouse pour rechercher et punir les coupables.

Les archives de l'Evêché d'Agen nous ont conservé un de leurs plus précieux registres, touchant la procédure et tous les détails

---

[1] Arch. municipales, d'Agen. BB. 25.
[2] Idem. GG. 193.

de cette fameuse enquête[1]. Sous ce titre: *Révélations de témoins sur un Monitoire publié dans la ville d'Agen contre certains personnages qui enseignent la doctrine de Luther*, ce document nous apprend que le nom de l'Inquisiteur toulousain fut Louis de Rocheto, que dès son arrivée à Agen il fit un long sermon contre les hérétiques dans l'église de saint Phébade, et que, le 28 février 1538, il lança un monitoire où il prescrivait aux fidèles de venir dénoncer tous ceux qui étaient soupçonnés de partager les nouvelles opinions.

Ce fut dans le couvent des Frères-Prêcheurs d'Agen qu'eurent lieu ces curieuses séances, et que, dès le 6 mars, les premières dépositions furent entendues. Nous n'essaierons pas de les analyser ici ; elles sont trop nombreuses. M. l'abbé Barrère, du reste, en a fait un résumé fort exact dans son Histoire du diocèse d'Agen [2]. Disons seulement, pour mémoire, qu'un des premiers accusés fut Jules-César Scaliger. Il est dénoncé par le premier témoin qui est entendu, Pierre Péfeyre, cordier d'Agen, comme ayant manifesté dans son testament, fait dans sa maison de Monbran, l'intention de n'avoir pas de sépulture ecclésiastique et d'être enterré sans aucune cérémonie, ayant en outre ordonné à son fils de faire brûler un livre de prières catholiques, à couverture verte. La déposition du témoin, qui ne sait pas écrire, est contresignée par deux frères présents, sans doute du Couvent d'Agen, Frères Jean de Planches et Pierre de Toulouse. Cette déposition contre l'homme illustre, que notre ville doit être fière d'avoir abrité dans ses murs, ne fut pas la seule. A la page 28 du même manuscrit, nous le voyons de rechef accusé d'hérésie par un certain Guilhem Lauriceshe, bachelier en droit, consul de la ville et lieutenant des Consuls, qui déclare « qu'il y a six ou sept ans qu'il se retira à Monbran, lors de la peste, avec Julien-César de l'Escalle, médecin; qu'il apprit du vicaire, M° Cominal, les dispositions de son testament, déjà citées. Et aussy lui dit ledit vicaire que ledit César de l'Escale s'estait confessé d'ung autre prebstre, bonnement il ne saurait dire de quel prebstre, et estant

---

[1] Archives de l'Evêché d'Agen. Série G, n° 29.
[2] *Histoire monum. et relig. du diocèse d'Agen*, par l'abbé Barrère, T. II p. 190 et suivantes.

tout debout au milieu de l'Eglise et confessé qu'il feust, se retira au dit Cominal, vicaire, pour recepvoir le Corpus Domini, et le vouloir aussi recepvoir tout debout; auquel respondit ledit vicaire qu'il ne luy administreroit pas estant en la qualité susdite; quoy voyant ledit de l'Escale, se meist à genoux, et le prebstre lors luy meist une serviette sur le col et luy administra le Corpus Domini, etc.[1] » Quelle sincérité faut-il ajouter à ces dépositions? Nous ne savons pas que Scaliger ait jamais été inquiété ni puni par l'Inquisition; en tous cas, son testament, qui est connu et postérieur de vingt années, du 15 septembre 1558, ne contient rien que de très orthodoxe[2].

Les autres dépositions ne sont pas moins curieuses. Elles visent entre autres le prieur des Augustins d'Agen (affaire sur laquelle nous reviendrons en détail, quand nous nous occuperons de ce couvent), le vicaire de Mérens, les deux frères Antoine et Pierre de Durfort, Pierre de Secondat de Montesquieu, certains régents d'Agen, le poète Flegnens, M. de Sevin, frère de juge-mage, M. de Godailh, le jeune Antoine de Bajamont, le fameux Michel Nostradamus, alors à Agen et grand ami de Scaliger, enfin le plus coupable de tous, Philibert Sarrazin, également régent, dont l'arrestation fut décrétée, mais à qui on laissa le temps de s'enfuir de la ville. Qu'advint-il de toutes ces dénonciations? Le manuscrit nous apprend qu'après un mois de séances, « Louis de Rocheto tint son conseil et décréta les Inquisitions faites les jours précédents. Il fut résolu que prise de corps serait décernée contre les inculpés. » Cette condamnation, ou d'autres, furent-elles mises à exécution? Nous ne le croyons pas, n'en trouvant trace nulle part. Le plus curieux est que la seule condamnation qui eut lieu véritablement fut précisément celle de l'Inquisiteur lui-même, Louis de Rocheto, qui, rentré à Toulouse, embrassa ouvertement la nouvelle religion, fut pris par les Inquisiteurs ses anciens collègues, livré

---

[1] Ms. fol. 2.
[2] Voir *Documents sur Jules César Scaliger et sa famille*, par M. Ad. Magen. (Recueil des Travaux de la Société d'Agriculture, Sciences et Arts d'Agen 1873), chap. VII, p. 231.

au bras séculier, et brûlé vif sur la place du Salin, le 10 septembre 1538 [1].

Tout aussi cruelle fut la condamnation prononcée, l'année suivante, à Agen, par le tribunal Inquisitorial contre Jérôme Vendocin. Ce malheureux, ancien Frère-Prêcheur du couvent d'Agen, où il avait été lecteur de philosophie, se réunit à un autre religieux de Tonneins, Pierre Dupont, pour aller à Genève. Ils y embrassèrent, paraît-il, les nouvelles doctrines. Dupont s'y fixa ; mais Vendocin revint à Agen, où il fut aussitôt dénoncé et fait prisonnier. Traduit, en 1539, devant le tribunal, composé d'Arnaud de Lacombe, official de l'Evêque d'Agen, président, de Jacques Sevin, juge mage, de Pierre d'Estrades, lieutenant criminel, de Nicole Nadal, lieutenant particulier, et d'autres magistrats, il fut convaincu d'hérésie et livré au bras séculier. Condamné à être brûlé vif, il subit courageusement son supplice sur le Gravier, refusant d'écouter frère Lapidanus qu'on lui avait donné comme dernier assistant, et resta fidèle à ses opinions. Tous nos vieux chroniqueurs, Argenton, Labrunie, St-Amans sont tellement précis sur ce fait que nous croyons devoir ajouter foi à leur récit. Nous nous tenons sur une beaucoup plus prudente réserve en ce qui concerne l'allégation du Scaligerana, œuvre par trop passionnée, qui affirme « que durant les premiers troubles religieux, on fit pendre à Agen plus de trois cents personnes pour cause de religion, et qu'il n'y eut jamais autant d'exécutions de ce genre dans aucune ville de France [2]. » Qu'on nous fournisse, pour croire à ces hécatombes, des preuves plus sérieuses et de véritables documents à l'appui.

Lors de la prise d'Agen, la nuit du 1er décembre 1561, par cette bande de forcenés huguenots qui pillèrent de fond en comble la Cathédrale, Saint-Caprais, Notre-Dame du Bourg, et commirent,

---

[1] Annales de la ville de Toulouse. Reg. du Parlement, etc.
[2] Saint-Amans (Histoire du département de Lot-et-Garonne. t. I, p. 321) reproduit ce passage qu'il attribue à Joseph Scaliger, fils de Jules-César de l'Escale.

comme nous le verrons plus tard, de si grands dégâts au monastère de l'Annonciade, le couvent des Jacobins ne fut pas plus épargné que ses semblables. Il paraît même que les bandits s'en emparèrent de vive force, en expulsèrent les religieux et y établirent leur quartier général. C'est ce que nous apprend Monluc lui-même dans ses Commentaires. Chargé par le roi de les chasser d'Agen, il fut obligé d'entrer d'abord en négociations avec eux : « Et après disputâmes de ce qui estait besoin de faire. Je leur dis qu'avant toute œuvre, il fallait qu'ils se contentassent de l'église que Monsieur de Burie leur avait baillé pour leur presche, qui estait une paroisse [1], et qu'ils abandonnassent les Jacobins et y laissassent rentrer les religieux dire leurs offices, mettant bas les armes [2] ». Ce ne fut même que quelque temps après que ces derniers rentrèrent en possession de leur demeure.

Ils purent cependant la mettre, en 1563, à la disposition du maréchal, qui ordonna qu'une assemblée générale des trois ordres serait tenue, à l'effet de députer six personnages de chaque état pour rédiger et porter les plaintes et doléances des catholiques contre le nouvel édit de pacification. Cette assemblée, qui fut présidée par Monluc lui-même, se tint solennellement, le 24 juin 1563, au réfectoire du couvent des Jacobins [3].

Mais la tranquillité de ces religieux ne devait pas être de longue durée : car, bien que nous voyons relatées dans nos Archives municipales [4] de solennelles processions, ainsi « que des disputes générales et publicques dans l'église des Frères-Prêcheurs » en septembre 1582, jamais peut-être ils ne furent si près d'une ruine complète que trois ans après, en l'an 1585.

Cette année fut fertile en évènements tragiques pour la ville d'Agen. C'est celle où la Reine Marguerite, chassée par son frère le roi de France, et abandonnée par son mari Henri de Navarre, se

---

[1] Dans les notes du regretté abbé Tournié, nous voyons que cette église était celle de saint Phébade, que l'on croit avoir été élevée dans la rue Saint-Fiary.

[2] Commentaires de Monluc, t. II, livre V, p. 352 (Ed. de Ruble).

[3] Archives Municipales d'Agen, EE., 56.

[4] Idem. BB., 33.

réfugia dans notre ville, qu'elle essaya d'entraîner dans la cause de la Ligue. Des paroles elle passa rapidement aux actes, s'empara de l'église et du couvent des Jacobins et les transforma en citadelle. Bien plus, elle voulut convertir la moitié de la ville en place forte, et, du couvent jusqu'à la Porte-Neuve, ordonna la démolition de toutes les maisons. Les évènements de septembre 1585 et sa fuite précipitée et forcée d'Agen arrêtèrent sa malencontreuse entreprise [1]. Le couvent des Jacobins, néanmoins, s'en ressentit fortement. « Il avait été par la Reine Marguerite barricadé et muni de vivres et de poudre. Les salles de l'ancien dortoir du Noviciat furent le magasin des balles, poudre et armes de toutes sortes. Plusieurs canons même furent mis sur la voûte de l'église; mais voyant qu'on allait assiéger le couvent, elle sortit par une porte de la ville [2] ». Labenazie ajoute avec plus de détails : « Mais par une disgrâce imprévue, un des soldats d'Henri de Navarre qui estait entré dans le couvent mit le feu aux poudres qui emportèrent tout le Noviciat. Tous les Novices et plusieurs de leurs pères y furent écrasés ou tués soubs les ruines, à la reserve de deux religieux qui se trouvèrent dans les embrasures des fenêtres et des portes ; l'un desquels disait son office devant la fenêtre, l'autre sortait de sa chambre. Le Père Réchac, continue Labenazie, nomme, dans sa vie de saint Dominique, ces deux religieux qui vivaient encore du tems qu'il escrivait son histoire. Il rapporte cette advanture sur le rapport de ces deux religieux qui eschappèrent à cette incendie, et qu'il produit comme deux témoins irréprochables de la vérité de cet accident. Le Père Faber, prieur du Couvent, dans un mémoire qu'il a escript de sa main, dit que ce fut le 25 septembre 1585 : le frère Estienne Audebert y fut escrasé, ainsi que plusieurs autres, tant réguliers que séculiers [3]. » Et la lettre circulaire du Père prieur ajoute

---

[1] Depuis longtemps déjà le couvent des Jacobins servait, sinon de forteresse, du moins d'arsenal. Sa forte position entre les murs de ville à l'ouest, la tour de Garonne au midi, et sa haute église à l'est, avait été remarquée et utilisée aussi bien par Monluc que par les consuls qui y enfermaient leur artillerie : « On enferma le canon et l'artillerie dans le couvent des Jacobins ». (Archives municipales CC., 310, année 1575).

[2] Archives de l'Evêché. Circulaire de 1715. Série F. 25.

[3] Labenazie. Ms. t. I, p. 282 et suiv.

encore : « Après cet accident qui ruina le couvent, les Huguenots se saisirent de la ville et firent des mines pour faire sauter le reste du couvent : et ainsi la plupart des papiers et titres furent brûlés, et par conséquent les revenus et privilèges qu'ils contenaient perdus [1] ».

Bien qu'ainsi pillé et ravagé, détruit aux trois quarts, le couvent des Jacobins se releva cependant peu à peu de ses ruines. Dès que le calme fut revenu, la ville consentit à faire, pour le reconstruire, des avances pécunières. Elle fut surtout aidée dans cette œuvre méritoire par la générosité et la piété de Monsieur de Bajamont [2]. Depuis ce jour, cette famille, qui joua un si grand rôle à cette époque dans l'Agenais, eut dans l'église du couvent une chapelle particulière.

Mais le beau temps des Frères-Prêcheurs était à jamais passé. Les souvenirs des deux Inquisitions, le réveil de l'opinion publique, la liberté de conscience proclamée par l'Edit de Nantes, dans l'enseignement la Renaissance, et avec elle l'arrivée d'un nouvel ordre de professeurs, les Jésuites, auxquels les populations donnèrent leur préférence, reléguèrent peu à peu au second plan, pendant les deux derniers siècles, les Dominicains, qui n'eurent plus pour eux que la prédication. A Agen, leur couvent, qui se ressentit toujours du coup terrible de 1585, perdit, comme ailleurs, une partie de son ancienne célébrité. Aussi, allons-nous, à dater de ce moment, assister à sa décadence.

— Persécutés par les Consuls, dont la caisse était également presque toujours vide, les Dominicains d'Agen refusent, tant en 1589 qu'en 1626, de payer aucun impôt, se prétendant exempts de toutes tailles ; ce qui donne lieu à plusieurs procès, où il est dit « que les Jacobins doivent payer de taille, dix-huit livres, treize sous, sept deniers [3]. »

---

[1] Archives de l'Evêché. Idem.
[2] Archives Municipales, CC. 79.
[3] Arch'ves municipales, CC. 84, BB. 46, CC. 24, etc.

Pendant les émeutes et les surprises de la Ligue, on installe une guérite au sommet du clocher des Jacobins. La ville promet à la sentinelle, qui est chargée de sonner la cloche, deux écus par mois, comme paiement de ses gages [1]. Endommagé même par la foudre, la ville s'engage à réparer le susdit clocher « qui est une des principales marques de la ville [2] ».

Grand émoi dans Agen, le 10 février 1618. Gonflée par une pluie persistante, la Garonne déborde, et ses eaux viennent s'étendre jusqu'au delà de la porte Saint-Antoine. Une procession générale s'organise aussitôt au couvent des Jacobins. « Le lendemain, les eaux avaient baissé d'une canne » [3].

Quatre ans après, un gros scandale se produit au couvent des Frères-Prêcheurs, assez curieux pour que nous laissions la parole au frère Hélie: « En ville, il y a un couvent de Jacobins non réformés. A tous les enterrements qui se font dans leur église, les deux chapitres d'Agen et les vicaires perpétuels de Saint-Hilaire et de Sainte-Foy sont en possession immédiate de prendre la moitié des flambeaux, le jour de la sépulture. Or il arriva, le 6 de ce mois (juin 1622), que le chapitre Saint-Etienne donna charge à quelques-uns du corps de représenter auxdits religieux ce qui est de leur debvoir, et commanda au portier du cloître, qui est aussi cordonnier, de prendre ladite part et portion des flambeaux à l'accoustumée. Sur quoy le Prieur et quatre religieux dudit couvent battirent si rudement quelques ecclésiastiques dans le chœur de leur église, qu'après plusieurs coups de poings et de pieds, il y eut un surplis déchiré et une grande effusion de sang dans ladite église. » [4]. Un procès

---

[1] Archives municipales. CC. 328 et 348.
[2] Idem BB. 49.
[3] Idem BB. 44.
[4] Dans la chronique du frère Hélie, qui se trouve aux archives de l'Evêché, il n'est nullement question de cet incident à la date de 1622. Peut-être est-ce dans la chronique du même Frère Hélie, que possédaient, autrefois, les archives de Saint-Amans, et qui nous a paru plus complète, que M. l'abbé Tournié, à qui nous empruntons ces lignes, les a copiées. En tous cas, le fait est fort exact, puisqu'il est relaté tout au long dans la sentence que l'évêque Claude Gelas rendit à cette occasion quelques jours après.

s'en suivit devant la juridiction ecclésiastique ; et Mgr Claude Gélas, évêque d'Agen, rendit le 18 juin de la même année, une sentence, par laquelle, à la requête de Mes Pelissier, du Burq et Lonnay, religieux séculiers et officiers de l'Eglise Cathédrale, injurieusement frappés par les religieux Jacobins, il excommuniait quatre de ces derniers, à savoir : frère Guillaume Secrétain, Marc, Labarthe et Laclaverie, leur interdisait de prêcher et de confesser et ordonnait en outre au supérieur prieur de leur infliger toutes les punitions prescrites à cet égard par la règle de son ordre [1].

Dans le registre BB, 47, de nos archives municipales [2], nous voyons à cette date que, par décision des consuls, les Jacobins réformés ne seront pas reçus dans le couvent d'Agen.

Lors de l'épouvantable peste qui sévit si cruellement dans Agen de 1628 à 1631 [3], les Jacobins, à l'exemple des autres ordres religieux, firent admirablement leur devoir. Empressés à soigner les malades, leur zèle et leur dévouement sont constatés dans les registres des Consuls, qui, à maintes reprises, leur envoient des secours et leur prêtent assistance [4].

Le 28 juin 1630, nous apprend encore le Frère Hélie, « Messieurs de la Cour des aides, au nombre de neuf, vinrent dans Agen pour y installer leur cour ; le 12 de juillet suivant, ils commencèrent de faire leurs séances dans le couvent des Frères Jacobins d'Agen ».

En 1648, une donation de la métairie de Guilhotz, juridiction d'Aiguillon et de Galapian, faite par Simon Sarrazin, lieutenant civil et criminel en l'ordinaire d'Agen, au couvent des Dominicains de cette ville, nous fournit le nom du prieur, Pierre Labarthe, qui, en cette qualité et celle de syndic et assisté de Prévot Laforet, représente la communauté [5].

---

[1] Archives de l'Evêché. F. 25.
[2] Archives municipales, BB. 47, livre de la police générale.
[3] *La ville d'Agen pendant l'épidémie de 1628 à 1629*, d'après les registres consulaires, par M. Ad. Magen (Bulletin de la Société de médecine d'Agen, 1860-1861).
[4] Archives municipales, GG. 255.
[5] Archives départementales, B. 65.

En 1649, nouvelles difficultés avec les Consuls au sujet des empiètements des Pères Jacobins sur les murs de ville. Il leur est prescrit « de refermer quatre à cinq ouvertures qu'ils avaient faites dans les remparts de la ville pour donner du jour à leur réfectoire ». Puis, après les malheureuses journées de la Fronde, requête des Jacobins aux Consuls « pour obtenir la restauration de la partie des murs d'enceinte à laquelle est adossée la salle où l'on a coutume d'enseigner la théologie[1] ».

La guerre civile et une nouvelle épidémie de peste qui la suivit n'étaient pas faites pour enrichir les couvents d'Agen. Nous trouvons, en effet, en 1653, une requête du syndic du couvent des Frères-Prêcheurs d'Agen demandant aux Consuls des aumôniers « attendu que, pendant les six mois qu'a duré la peste, la plupart des habitants et même les mieux aysés ont quitté ladite ville, qu'aussy MM. de la Chambre de Guienne et MM. des présidiaux, à raison de ceste commune désolation et générale affliction, les religieux sont privés du bénéfice des questes tant générales que particulières et des aumônes qu'ils avaient accoutumé de recevoir à l'Eglise, et qu'ils n'ont pu recueillir; ce qui est nécessaire à leur existence[2], etc ».

Une grande dame agenaise leur vint cependant en aide vers cette époque. Nous voulons parler de la célèbre Anne de Maurès, plus connue sous le nom de Manon d'Artigues, fille de Michel de Maurès qui fut assassiné par la populace lors de l'émeute de 1635, et favorite du duc d'Epernon. Devenue plus âgée, elle rachetait alors par ses pieuses libéralités en faveur des églises et des couvents les erreurs de sa jeunesse. « Par acte du 11 mai 1658, nous dit l'abbé Barrère, qui en donne le résumé[3], Anne de Maurès fondait dans l'église des Jacobins deux messes qui devaient se dire tous les jours, l'une pour le repos des âmes de ses père et mère, frères, sœurs, belle-sœur et de son beau-frère Amanieu de Malartic, conseiller du roi et président en la Cour de l'élection d'Agenais, l'autre du

---

[1] Archives municipales, BB. 55 et GG. 193.
[2] Archives municipales GG. 193.
[3] Ermitage de Saint Vincent, p. 190.

Saint-Esprit pour la prospérité de son Altesse le duc d'Epernon, La Valette et Candale, prince de Buch et pour celle de la dame fondatrice ; laquelle messe serait convertie en messe de Requiem, après leur décès. Pour cette fondation, Anne de Maurès remit aux religieux la somme de douze mille livres, à la condition que cent livres seraient employées tous les ans aux réparations de l'église et du monastère, et que ladite dame serait reconnue comme bienfaitrice et restauratrice du couvent qu'elle relève, dit l'acte de fondation, de la pauvreté dans laquelle il était tombé depuis les anciennes guerres civiles de cette province. »

Dans la fameuse affaire de la confession, où l'évêque d'Agen Claude Joly eut, pendant trois ans, maille à partir avec presque tous les ordres religieux à qui il défendit d'administrer le sacrement de Pénitence sans sa permission, et que nous examinerons plus au long au chapitre suivant, les Dominicains ne furent pas plus favorisés que les autres ordres, et ils durent recevoir désormais comme eux, une autorisation spéciale et limitée [1].

A propos de l'érection d'une confrérie dans la chapelle de Notre-Dame des Agonisants des Pères Jacobins d'Agen, accordée par Mascaron, le 22 août 1691, nous apprenons que le prieur de ce couvent était, cette année-là, Frère Joseph de Larre, docteur en théologie [2].

Il ne faut pas croire que les calamités des temps aient enlevé aux Dominicains d'Agen leur principal mérite, qui était, nous le savons, d'enseigner et de former des prédicateurs. Ce privilège leur fut même renouvelé tout spécialement par Lettres Patentes du Roi, de may 1707, ainsi qu'il résulte des archives municipales d'Agen [3] et de la lettre circulaire du Prieur des Jacobins, de 1715, qui s'exprime ainsi : « Troisièmement on enseigne de temps immémorial et sans interruption, publiquement, les classes de philosophie et de théologie dans ledit couvent, d'une telle manière que notre province, dite Occitanie, y a établi son Université et son étude formelle, y

---

[1] Arch. de l'Evêché. Série F. liasse 50.
[2] Idem. Série F. liasse 25.
[3] Archives municipales, BB. 6o.

ayant toujours quatre professeurs qui enseignent pour les grades de l'ordre; et depuis 1707, au mois d'avril, avons obtenu du Roy, pour continuer d'enseigner, un privilège par les Patentes données en May, à Versailles, dont nous conservons l'original [1]. »

Les revenus du couvent étaient alors bien amoindris, si on les compare à ceux du XIIIe siècle. Ils consistaient (1715) en une portion de dîme de la paroisse de Clermont-Dessus, « qui peut aller de quinze à vingt pistoles bon an mal an. Nous avons de plus une petite faisande dans la paroisse de Monbus qui nous donne quinze à seize sacs de seigle. Nous avons de plus une pièce de vigne, près de l'Hermitage d'Agen, où nous ne recueillons depuis bien des années que quatre à cinq barriques de vin. Nous avons encore une rente de six cents livres annuellement sur l'Hôtel-de-Ville, dont une partie s'en va à payer les charges du clergé et autres impositions royales : d'une telle manière qu'avec tout cela, on ne saurait fournir aux besoins de la maison et subsistances des religieux, si on n'avait recours à la quête et charité des fidèles. Pour ce qui regarde le nombre des religieux, nous sommes ordinairement une vingtaine. On avait accoustumé d'être davantage avant ces mauvaises années [2]. »

Une autre source de revenus, quoique bien minime, consistait, aussi bien pour les Jacobins que pour les autres ordres religieux d'Agen, à recevoir et à loger les étrangers, « qui passaient par la ville, mais à la condition qu'ils fourniraient des certificats de santé [3]. »

En 1737 est nommé Père spirituel du couvent des Frères-Prêcheurs d'Agen le sieur de La Claverie [4].

En 1762, les Dominicains crurent un instant que les beaux jours d'autrefois allaient revenir pour eux. Les Jésuites, à la fin du XVIe siècle, avaient pris leur place et s'étaient attribué tout le monopole de l'enseignement. Lorsque leur expulsion fut chose décidée et que

---

[1] Archives de l'Evêché. Série F. liasse 25.
[2] Idem.
[3] Archives municipales, FF. 53.
[4] Archives départementales de Lot-et-Garonne, B. 124.

ces Pères durent, par un arrêt du Parlement de Bordeaux, du 26 mai 1762, vider toutes les maisons, noviciats, pensionnats, collèges, qu'ils occupaient dans la province, les Dominicains cherchèrent à leur tour, pour la direction du collège d'Agen, à se substituer en leur lieu et place, et ils y réussirent, du moins pour quelques temps. Le 18 septembre de cette même année, et après convocation de l'assemblée des Trois Ordres, qui, sauf quelque rare exception, leur fut favorable, le contrat fut passé dans le palais épiscopal de la ville et cité d'Agen ; y prirent part, d'un côté, Mgr Gaspard Gilbert de Chabannes, évêque et comte d'Agen, MM. Philippe Buard, Claude Caprais Barbier, Michel de Lamothe-Vedel, Alexis Rozier, chanoines et députés des chapîtres Saint-Etienne et Saint-Caprais, et Messieurs les consuls en exercice ; et de l'autre, Très-Révérend Père Raymond Garralon, docteur en théologie, provincial de la province Occitaine de l'Ordre des Frères-Prêcheurs, assisté du R. P. Alexis Fauché, docteur en théologie, Jean Thomas d'Anglade, aussi docteur en théologie, prieur du couvent d'Agen, Bernard Verdier, docteur en théologie, Jean Dominique Gardès, bachelier en théologie, prieur du couvent du Port-Sainte-Marie, Jean Thomas Sarlat, professeur de théologie, Sébastien Forchou, ancien professeur de théologie, Jean Rigal et Jean Dominique Duval, professeurs de philosophie au couvent des Frères-Prêcheurs d'Agen.

Ces derniers s'engageaient, « à tenir dans le collège d'Agen, un supérieur ou principal, un procureur sindic et un préfet, ensemble le nombre de cinq régentz, sçavoir : un pour enseigner la rhétorique, un autre pour enseigner la segonde et les trois autres pour faire les basses classes de troisième, quatrième et cinquième; ce qui forme en total le nombre de huit religieux, qui seront tous prêtres; et pour mettre lesdites classes en bon estat et procurer avantage dans l'instruction de la jeunesse, lesdictz religieux auront attention de se conformer à la méthode qu'on pratique dans les meilleurs collèges, tant pour le choix des auteurs qu'on y explique que pour les autres exercices qui concernent les études, l'assemblée générale des Trois Ordres ayant pour principal objet que lesdits religieux Dominicains élèvent leurs écoliers non seulement aux belles-lettres, mais surtout à la piété et à la religion.

« Et d'autant que lesdits religieux ont de tout temps enseigné publiquement la théologie et la philosophie dans le couvent qu'ils possèdent dans cette ville où l'université de leur ordre se trouve établie, et qu'indépendamment de ce, il y avait annuellement dans ledit collège, cy devant occupé par les soi-disants Jésuites, quatre professeurs, savoir deux de théologie, un de physique et un autre de logique, etc. », ils pourront à leur gré enseigner ces matières soit dans leur couvent, soit au collège.

Suivent d'autres clauses, réglant l'enseignement des Dominicains. Parmi les principales, citons : « les régents ne seront changés qu'à de longs intervalles ; celui de rhétorique occupera sa chaire dix ans, ceux de seconde et troisième, huit ans, etc. Les classes s'ouvriront le 2 novembre et se fermeront vers la fin d'août. Les consuls assisteront à l'ouverture des classes qui se fera en grande cérémonie au collège, où sera prononcé le discours d'ouverture. Des livres seront distribués comme prix, suivant la fondation du théologal Saulveur. Pour faciliter l'entrée des Pères et leur permettre de payer leurs dettes, ils pourront vendre la métairie du Bédat. Enfin si le provincial des Dominicains représente que lesdits religieux ne peuvent ou ne veulent continuer plus longtemps l'exercice dudit collège, ils pourront le faire et vider la maison en avertissant un an à l'avance, de même que s'ils ne remplissent pas exactement leurs obligations, les Consuls ou Mgr l'Evêque pourront les remercier, en observant le même délai, etc [1] ».

Cette dernière clause ne tarda pas à recevoir son application. Que se passa-t-il en effet, cinq ans après, en 1767, lorsque tout-à-coup le Roi, par lettres patentes du 2 may, enleva aux Dominicains la direction du collège, pour la confier à des prêtres séculiers ? Nos archives sont muettes à cet égard. Nous verrons, en effet, lorsque nous traiterons des Jésuites et que nous aborderons cette longue étude de l'enseignement dans la ville d'Agen avant 1789, que le collège passa à cette époque des mains des Dominicains entre celles de prêtres libres, pour être confié quelques années après, en 1781,

---

[1] Archives municipales d'Agen, GG. 214.

à la congrégation de l'Oratoire. Quoiqu'il en soit, le règne des Jacobins fut de courte durée, puisque, dès 1767, ils se confinaient de nouveau dans le seul enseignement de la théologie et de la prédication.

— Ce fut dans la vaste église des Jacobins d'Agen que se tint, le jeudi 12 mars 1789, l'assemblée générale des Trois Ordres de la sénéchaussée d'Agenais, en exécution de la lettre du roi portant convocation des Etats-Généraux du Royaume ; c'est là que furent discutés et rédigés les cahiers des doléances.

La Révolution trouva le couvent des Jacobins d'Agen, ainsi d'ailleurs que toutes les autres communautés de la ville, dans un état de misère et de ruine à peu près complètes.

En 1790 commença pour eux cette longue série de visites et d'inventaires, ordonnés par l'autorité, et qui devait aboutir à la fermeture de l'église et du couvent. C'est ainsi que, le 3 mai de cette année, MM. Jean Charles de Laroche-Monbrun, maire, Antoine Faucon, officier municipal, Raymond Bory, procureur de la commune, et Mathieu Caprais Duffau, greffier, se transportèrent au couvent des Dominicains, où ils furent reçus par les R. P. François Barèges, sous-prieur, François Delbez, Martin Degès, Augé Brethous, Thomas Violenc, Etienne Gary et Pierre Hyacinthe Ducourneau, frères convers, formant toute la communauté. Le R. P. Pommaret, prieur, était absent. Requis d'ouvrir toutes les portes, tant des chambres que des armoires, ils se prêtèrent de fort bonne grâce à toutes ces formalités.

Dans le volumineux inventaire qui fut alors dressé, nous voyons que leurs revenus ne consistaient qu'en quelques dîmes à Clermont-Dessus et à Saint-Victor, une métairie à Monbusc, la vigne de Las Gravères au côteau de l'Ermitage, et en rentes constituées. L'argenterie et les effets de sacristie étaient d'une assez grande valeur ; la bibliothèque, composée uniquement de livres de théologie et d'enseignement, assez riche. En ce qui touche les recettes de la communauté pour l'année 1790, elles se montaient, tant comme provenances de rentes que de vente de denrées, à la somme de trois mille cinq cent six livres, quinze sols. Mais les dépenses étaient supérieures au chiffre des recettes.

Etant priés de s'expliquer sur les intentions où ils étaient, soit de rester, soit de sortir de la Communauté, les Religieux Dominicains répondirent :

Le P. Barèges, sous-prieur, âgé de 37 ans, qu'il préférait rester.

Le P. Delbez, 34 ans, sortir.

Le P. Degès, 69 ans, sortir plutôt que de ne pas être maintenu dans son couvent d'Agen.

Le P. Brethous, 63 ans, sortir.

Le P. Vialenc, 26 ans, sortir, s'il ne doit rester dans le couvent de Belvez, en Périgord, sa maison d'affiliation.

Le P. Gary, 27 ans, sortir,

Le Frère Ducourneau, 72 ans, sortir, s'il ne doit pas être maintenu dans le couvent d'Agen[1].

Un an après, les religieux n'avaient plus le choix. Ils durent, en vertu de la loi du 8 novembre 1790, quitter tous le couvent, sur lequel les scellées furent aussitôt apposées.

Le 18 octobre 1791, furent vendus les meubles et effets mobiliers du monastère. Le procès-verbal donne le montant de cette vente qui s'éleva à la somme de deux mille trente sept livres, seize sols[2].

Enfin, le 20 décembre 1791, « en conséquence de la soumission du sieur Thomasson, directeur du timbre du département de Lot-et-Garonne, en date du 1er de ce mois et tendant à faire l'acquisition de la maison, cloître, jardins et toutes les appartenances et dépendances et tel qu'en jouissaient les cy-devant religieux Dominicains de la présente ville, à la réserve de l'église, sacristie, chapelle et d'un emplacement très-étroit au derrière d'icelle aboutissant au cloître; lequel couvent est situé dans la présente ville, paroisse de Saint Hilaire, confrontant : du levant, à place dite des Jacobins, à l'église et maisons du sieur Baret-Lalaux et Gendre ; du midy, à rue et porte du Pont-Long ; du couchant, aux jardins de MM. Lacépède

---

[1] Archives départementales de Lot-et-Garonne. Biens nationaux.
[2] Idem.

et Laillet, fossé entre eux, et du nord, au chemin de ronde et maison de M. Sainte-Colombe, » une estimation générale du couvent eut lieu. Sa valeur totale fut portée à la somme de 19,544 livres, 16 sols 4 deniers, moyennant quoi Monsieur Thomasson s'en rendit définitivement acquéreur [1]. Longtemps nous dit Proché, il tenta de vendre en entier tout cet emplacement; mais il ne put y réussir; et il dut, pour rendre plus facile son opération, ouvrir dans le milieu une rue qui traversa le cloître et aboutit, d'un côté au Pont-Long, de l'autre à la rue Londrade. Cette rue, qui depuis son origine s'est appelée rue Saint Dominique, porte aujourd'hui le nom de rue Cuvier. Divers lots furent ensuite formés, qui furent achetés vers 1814 et 1815, le premier, en partant de la rue Londrade par M. Lafon, le second par Madame de Gironde, le troisième par M. Thomasson qui se réserva à peu près tout l'emplacement du cloître et, dans la maison, du réfectoire, le quatrième par Monsieur Descamps, enfin le cinquième et dernier, qui aboutissait au Pont Long, par Madame la comtesse de Narbonne.

Ainsi fut morcelé et disparut à tout jamais l'antique couvent des Frères-Prêcheurs dans Agen. Seule, l'église, que ne put avoir M. Thomasson, est restée. De nombreuses assemblées électorales y furent tenues pendant les premiers jours de la Révolution, en même temps qu'on y célébrait toutes les cérémonies patriotiques [2]. Puis aux plus mauvaises heures de la Terreur, elle fut convertie en écurie[3] et plus tard en prison. Après le rétablissement du culte par Napoléon, elle fut réouverte, le 23 mars 1807, en grande pompe, et restaurée aussitôt, grâce à M. Carrieu, beau-père de M. de Sevin-Talives[4]. Elle prit alors le nom de Notre-Dame des Jacobins. Elle forme encore aujourd'hui l'une des quatre paroisses de la ville.

---

[1] Archives départementales de Lot-et-Garonne. Biens nationaux.
[2] Proché. Annales de la Ville d'Agen (1789-1819).
[3] Archives départementales de Lot-et-Garonne. Biens nationaux.
[4] Proché.

CHAPITRE IV.

LES CORDELIERS OU FRÈRES-MINEURS.

Un jour de novembre de l'année 1215, deux moines, de costume différent, se rencontrèrent sur les marches de l'antique basilique de Saint-Pierre, à Rome ; et, sans s'être jamais vus, sans même avoir entendu prononcer une seule fois leurs noms, ils se reconnurent, s'élancèrent l'un vers l'autre et se donnèrent le baiser de paix. L'un de ces moines, à la robe blanche, était saint Dominique ; l'autre, à la robe grise et déchirée, était saint François d'Assise, le patriarche séraphique, l'élu mystique, le fondateur des Ordres mendiants. Tous deux venaient à Rome pour l'ouverture du quatrième Concile de Latran, afin de faire reconnaître officiellement leurs ordres par le Pape Innocent III et tous les Pères de la chrétienté.

« Le baiser de Dominique et de François, a dit le Père Lacordaire, s'est transmis de génération en génération sur les lèvres de leur postérité. » Il a cimenté, en effet, une alliance et une amitié toujours durables entre ces deux ordres, qui, loin d'engager entre eux de stériles querelles, n'ont jamais cherché à se substituer l'un à l'autre. Aussi n'est-il pas un seul artiste italien, Fra Angelico de Fiesole aussi bien qu'Andrea della Robbia entre autres, qui n'ait, par une de ses plus belles œuvres, perpétué le souvenir de cette rencontre touchante entre les deux plus grands hommes du XIIIe siècle.

C'est que leurs deux institutions se ressemblent en bien des points. Le but est le même : extirper par la prédication l'hérésie qui ravage le monde catholique, celle des Albigeois dans le midi de la France, comme celle des Vaudois et de bien d'autres sectes dans toute l'Italie; donner en même temps le fortifiant exemple du renoncement à toutes choses et de l'extrême pauvreté. Fondés vers la même époque, les deux ordres furent approuvés à la fois. Ils marchent de pair dans le cours des xiii° et xiv° siècles, attirant à eux tous ceux que rebute, en ces heures tourmentées, la vue du sang incessamment répandu, et ils prospèrent en même temps. Saint Dominique et Saint François se partagent, pendant cette longue période, le monde catholique, pour le ramener à la vraie loi de Dieu, et cela par les deux seuls moyens, le premier, de la science, le deuxième, de l'amour.

> « L'un fu tutto serafico in ardore,
> « L'altro per sapienza in terra fue
> « Di cherubica luce uno splendore [1]. »

Nous avons, dans le chapitre précédent, esquissé la vie et l'œuvre de saint Dominique. Le moment est venu de parler de saint François d'Assise, dont les disciples, dès les débuts de l'ordre, s'installèrent également à Agen.

On connaît suffisamment la vie du patriarche de l'Ombrie, écrite depuis longtemps en toutes langues et rendue si populaire. [2] Il est donc superflu d'indiquer même ici sa naissance à Assise, en 1182, sa conversion, son amour des pauvres et de la nature, ses nombreux voyages à Rome, en France, en Espagne et dans le Levant, qui en imposèrent tant aux populations ainsi qu'aux Papes, sa vie toute de charité, de dévouement et d'amour, sa mort enfin, arrivée, après d'horribles souffrances, à son sanctuaire préféré, Notre-Dame des Anges, le 3 octobre 1226.

---

[1] Dante. Paradis. Chap. XI.

[2] Indiquons entre autres la belle édition in-4°, *Saint François d'Assise*, sortie récemment des presses de MM. Plon et Nourrit et ornée d'admirables gravures.

Nous nous étendrons davantage sur sa règle, qui devait enfanter tant de rameaux, dont quelques-uns, du reste, se retrouveront au cours de cette étude. Il l'écrivit une première fois, en 1210, et la divisa en vingt-sept chapitres qu'il réduisit ensuite à douze, dont les ordonnances découlent toutes des trois grands vœux de pauvreté, de chasteté et d'obéissance. C'est ainsi qu'il défend expressément toute possession de biens, non seulement particulière, mais même en commun. La pauvreté absolue, telle est la base de la règle de saint François, qui prescrivit alors l'aumône comme seul moyen d'existence. Il veut par suite que l'habit de son ordre consiste en une seule tunique de drap gris ou brun le plus commun, avec un capuce, une corde comme ceinture et un caleçon. On sait le rôle qu'a joué plus tard dans les arts le cordon de saint François. Défense, en outre, est faite à ses disciples d'avoir le moins possible de conversation avec les femmes, qui ne peuvent franchir le seuil de leurs monastères. Les jeûnes les plus rigoureux sont ordonnés; et il ne tolère que très difficilement les livres d'étude et d'instruction, préférant la prière, la solitude et la méditation. Les frères sont divisés en deux classes, les clercs et les laïques : les premiers sont chargés de tous les travaux spirituels et principalement de la prédication; les seconds des emplois matériels du couvent.

En ce qui concerne l'administration de l'ordre, chaque couvent a un gardien à sa tête : il est élu par le ministre provincial et par son conseil. Chaque province est gouvernée par un provincial; enfin à la tête de l'ordre, et lui imposant son autorité, se trouve un *général* placé lui-même sous la seule autorité du Souverain Pontife, et dont la résidence doit être Rome. Ses fonctions durent six ans et il est élu par le Chapitre général.

Mais ce qui domine dans la règle de saint François d'Assise, en dehors de la pauvreté sur laquelle il revient sans cesse, c'est la charité et l'amour, non seulement du prochain, mais de la nature entière. C'est cette dernière vertu qui donna aux Moines gris une si grande popularité, vertu à laquelle ils restèrent toujours fidèles, et qui, au temps des épidémies, soit en Italie, soit en Espagne, soit en France, en fit souvent des héros.

Aussi, dès sa fondation, l'ordre des Frères-Mineurs devint-il des plus prospères. A la mort de saint François, l'Europe entière était couverte de ses maisons. En France seulement on en comptait deux cent quarante-quatre dès 1226, soit cinquante-huit dans la province de France proprement dite, trente-six dans celle de Touraine, quarante en Bourgogne, cinquante en Provence et soixante dans toute l'Aquitaine. Malheureusement aussi dès les débuts, et avant même la mort du fondateur, la division se manifesta dans l'ordre. Elle s'accentua dans la suite. Nommé par saint François lui-même vicaire général de l'ordre, le frère Elie, durant les absences si fréquentes du Saint, essaya de transformer sa règle dans un sens moins sévère et chercha même à faire revenir le fondateur sur ses prescriptions si dures d'aumône et de pauvreté. Mais il n'y put parvenir. Ce ne fut qu'après sa mort que deux sous-ordres bien distincts s'établirent dans l'ordre, l'un, sous le nom d'abord de *Cesarins*, de *Spirituels*, puis enfin de *Frères Mineurs de la Régulière Observance*, qui eurent la prétention de conserver la règle dans toute sa pureté, c'est-à-dire en observant dans sa dernière rigueur la prescription de pauvreté; l'autre, au contraire, qui suivit la doctrine du frère Elie et adoucit la règle primitive, en admettant la possession de biens en commun. Ce furent les *Conventuels*. La lutte fut vive et acharnée entre les représentants de ces deux principes durant tout le xiv° et surtout le xv° siècle. Ce ne fut qu'en 1517 que le pape Léon X, inquiet de cette rivalité qui menaçait l'avenir de l'ordre tout entier, voulut réunir les dissidents sous la même bannière et dans la même observance de la règle de saint François. Vainement il les groupa tous autour de lui ; vainement il essaya de leur parler au nom de saint François lui-même. Ses efforts demeurèrent infructueux. Tous acceptèrent d'avance sa décision suprême. Seuls, les *Conventuels* persistèrent dans leur dessein. Le schisme était accompli. La grande famille franciscaine se divisa dès lors en deux tronçons : les *Conventuels* qui ne reconnurent la règle de saint François qu'adoucie ; les *Frères Mineurs de la Régulière Observance*, qui l'acceptèrent au contraire dans son intégrité. Il y eut donc désormais deux chefs, deux généraux, alors que pendant trois siècles l'ordre entier n'en avait reconnu qu'un. En France, les premiers furent appelés simplement *Cordeliers*, tandis que les Observants, beaucoup plus nombreux, prirent le nom de *Cordeliers de l'Observance.*

Une foule de sous-ordres naquit bientôt de l'ordre primitif. Outre ce premier ordre des Frères-Mineurs, créé par saint François, le séraphique patriarche avait fondé déjà de son vivant l'ordre des *Pauvres Dames*, appelé plus tard *Clarisses*, du nom de sainte Claire qu'il mit à la tête du premier monastère, et enfin le *Tiers-Ordre* si important, dont nous aurons plus d'une fois à parler quand nous nous occuperons des *Tierçaires* et du monastère de femmes du *Tiers-Ordre de Saint-François*. Puis vinrent successivement comme rameaux issus du même tronc : les *Déchaussés* d'Espagne ou *Alcantarins*, les *Réformés* d'Italie, les *Récollets* de France et enfin les *Capucins*, qui fondèrent un couvent à Agen, et auxquels par suite nous consacrerons un chapitre spécial. Parmi les monastères de femmes issus de l'ordre de saint François, citons entre autres, après les *Clarisses*, les *Colettines*, les *Bernardines*, les *Capucines* et enfin les *Annonciades* dont nous nous occuperons également, comme ayant résidé dans notre ville.

— Il est impossible de savoir au juste l'époque où les disciples de saint François vinrent s'installer dans Agen. Tous nos anciens chroniqueurs sont en désaccord sur ce point, et le gardien du couvent de l'Observance d'Agen, le Père B. Villate, répondant, le 29 avril 1715, à la lettre circulaire de l'Evêque d'Agen, François Hébert, lui apprend que « les Huguenots ont brûlé tous les titres et les mémoires remarquables des choses qui s'étaient passées dans ce couvent. » Néanmoins, il affirme en commençant que le couvent des Cordeliers d'Agen « fut fondé en 1291, la trente quatrième année de l'establissement de l'ordre ». Nous croyons avec Labénazie, et principalement d'après des documents tout nouvellement découverts, qu'il est dans l'erreur et que les Cordeliers existaient dans Agen bien avant cette date.

Voici, en effet, ce que nous dit Labénazie [1]. « Ce fut sous Arnaud que les *mendiants* furent establis dans Agen. Le temps de leur esta-

---

[1] Labénazie. Ms. Tome II, livre IV, chap. 3().

blissement n'est pas sceu définitivement parce que les Archives ont esté bruslées. Les *Annales des Frères Mineurs*, composées en latin par le Père Lus Unandinger et traduites en français par le Père Silvestre Cassel, disent, à la page 287, que l'an de Jésus-Christ 1291, sous le Pape Nicolas IV, l'an IV de son pontificat et de l'ordre le 84e, l'establissement du couvent d'Agen fut fait en cette année. Mais il faut qu'il soit reculé de plusieurs années, parce que l'ordre de la marche des religieux d'Agen marque leur establissement et que les premiers establis ont le premier rang et ainsi du reste par l'ordre de leur establissement. Les Jacobins qui furent establis l'an 1240 [1] ont le premier rang, les Cordeliers le second, les Carmes le troisième, les Augustins le quatrième. Or, d'après cette règle, les Cordeliers furent plus tôt establis que les Carmes, et cependant les Carmes étaient establis dans Agen l'an 1272, comme il paraît par une transaction datée de l'an 1282. » Cette transaction que rapporte Labénazie, est relative à un différend intervenu entre le curé et les Carmes d'Aiguillon, différend qui prit fin sur l'avis suprême du Père Arnaud de Cailleau, prieur des Carmes d'Agen. D'où Labénazie conclut que, « si les Cordeliers ont esté plustôt establis que les Carmes, comme leur rang en rend témoignage, la date des Annales des frères Mineurs est erronée, puisque les Carmes existaient déjà avant l'an 1282. Il faut, ajoute-t-il, que les Cordeliers et les Carmes aient esté establis sous Arnaud, évêque d'Agen [2], les Cordeliers « quelque temps avant les Carmes, vers l'an 1271, et les Carmes vers l'an 1272 ou environ. »

L'abbé Tournié [3], devançant la date de Labénazie, nous dit dans

---

[1] Il faut lire, on le sait, l'an 1249.

[2] Arnaud VII de Goth (1271-1281).

[3] Ces notes de M. l'abbé Tournié sont indiquées dans son cahier comme ayant été écrites par lui, d'après les ms. d'Argenton et de Labrunie, qui, on le sait, faisaient autrefois partie de la bibliothèque de Saint-Amans. *L'abrégé chronologique des antiquités d'Agen* par Labrunie ne relate pas ce fait. Mais ce n'est que l'abrégé. Il nous souvient d'avoir vu jadis à Saint-Amans un énorme cahier de notes historiques, rangées chronologiquement, et écrites de la main même de Labrunie, beaucoup plus complètes que son abrégé. Qu'est devenu ce précieux volume que l'abbé Tournié a dû avoir lui aussi entre les mains ? Ne devons-nous pas craindre qu'il soit à jamais perdu ?

ses notes que les Cordeliers devaient être déjà à Agen en 1271, « puisque, cette année là, Pierre Jerlandi, évêque d'Agen, fut enterré dans leur église ». Il en conclut qu'on pourrait rapprocher leur établissement du milieu du siècle. En quoi l'abbé Tournié a raison; car nous venons de découvrir nous-même que dans le testament d'Amanieu d'Albret, du 25 juillet 1262, ce personnage lègue « als frais Menors d'Agen, dus cens sols »[1]. Il est donc désormais parfaitement établi que les Frères-Mineurs étaient installés à Agen dès l'année 1262.

Où se trouvait à cette époque leur couvent ? Laissons de nouveau parler Labénazie, qui, de tous nos vieux chroniqueurs, est certainement en ces matières religieuses le plus complet et le plus exact, ayant eu tous les titres existant alors à sa disposition.

« La maison des Cordeliers fut établie hors la ville d'Agen, entre Renaud et la Porte Saint-Michel, qui est maintenant la Porte du Pont de Garonne. Elle s'appelait alors la Porte Saint-Michel, parce qu'il y avait une chapelle au Carné, dédiée à saint Michel et qui subsista jusqu'au temps des Huguenots. Elle fut alors démolie. Il y a plusieurs titres qui font foy que le couvent des Frères-Mineurs était près des Ecluses et proche le Gravier : leurs Annales disent qu'il était hors la ville. Les actes de l'hôtel de ville disent de même et portent qu'il y avait des Frères Mineurs en 1278, que le gardien s'appelait Bernard Dorteille et que leur couvent était près des Ecluses.

« La nouveauté de cet ordre attira la dévotion des peuples, et en peu de temps leur église eut tant de dorures et leur cloître tant de marbre qu'on nommait leur couvent *le couvent d'or et le cloître de marbre*; ce marbre fut ensuite porté en partie à Saint-Etienne dont le cloître de cette cathédrale fut fait ou réparé. Les annales des frères sont d'accord avec les mémoires de la ville.

« Il y a un autre acte dans les archives de Saint-Caprais. C'est une transaction passée entre les consuls de la ville et le chapitre Saint-Caprais, pour raison d'un fossé que les consuls avaient fait faire le long des murs de la ville, depuis le ruisseau qui vient de la

---

[1] *Collection Doat.*, vol. 172. Voir aussi : *Archives historiques de la Gironde.* Tome III, p. 134.

Salève jusqu'aux Ecluses, qui porte que ce fossé allait depuis la Plate forme du Pin jusqu'à la Porte-Neuve, prez du couvent des Frères-Mineurs. » Suit le texte intégral de cette transaction, datée de mars 1327. Parmi les témoins, il y a des moines : « Religiosis « viris fratribus, Roberto Lambert et Michaele Dolet ordinis sancti « Augustini, et Geraldo de Podio, priore domus Carmelitarum « Agenni. »

Et Labénazie ajoute: « Il ne reste donc plus aucun doute que l'église ne fut à la Porte Saint-Louis, proche les Ecluses. Les fondemens de l'église, les tombeaux pleins encore d'ossemens et de cadavres entiers que les Pères Carmes Déchaussés ont trouvé nouvellement devant la Porte Saint-Louis, font foy que l'église était là, tout prez des Ecluses. Je suis témoin oculaire d'avoir veu autour de la place où était le maître autel des tombeaux bâtis de briques et couverts de même où les squelettes des corps morts étaient entiers ; les fondemens du corps de logis avec des salles carrelées se sont découverts vers le midi de l'enclos des Pères Carmes Déchaussés.

« L'Eglise était au septentrion[1]. La cour pavée de cailloux s'est trouvée ensevelie sous des ruines au levant de l'enclos desdits Pères Carmes. Cette maison tenait tout l'enclos des Pères Carmes, avec les maisons qu'ils ont baillé à fief. Elle était bornée au couchant, de la rivière de Garonne, au septentrion du chemin qui est entre les murs de ville et l'enclos des Carmes. L'église était au septentrion et la maison au midy. »

L'emplacement occupé primitivement par les Cordeliers était donc tout le terrain où s'établirent plus tard les Carmes Déchaussés, où sont actuellement les casernes, et compris entre la rue Palissy, la rue Mascaron, la rue Lamouroux et la Garonne.

Notons ici l'opinion émise par l'abbé Barrère, sur le nom de *Couvent Doré*, donné à la première maison des Cordeliers d'Agen. Reprenant le récit de Labénazie, il semble vouloir attribuer à ce

---

[1] Là où se trouve actuellement une partie des casernes, et peut-être même plus spécialement la maison de Monsieur Henri de Brondeau.

nom de Doré une tout autre étymologie. « La *Vie de saint Vincent*, nous apprend en effet Labénazie, imprimée l'an 1635 par Gayau, à Agen, et recueillie par un prêtre d'Agen, dit, p. 11, que les tiltres de la maison de ville d'Agen attestent qu'il n'y a pas trois cents ans que les religieux de l'ordre de Saint François seraient en cet endroit de la Porte-Neuve, tirant vers les Ecluses, et auraient eu une église qu'on appelait le *Temple doré*, à cause de l'or dont cette gentilité avait embelli les pierres de ce temple où Diane rendait ses oracles. Mais j'ay leu les actes de la maison de ville pour éclaircir ce fait : il n'en disent pas tant; mais seulement qu'on appelait ce couvent le *Couvent Doré* et le cloître de *Marbre*. Ce n'était pas le Temple de Diane que ces Pères occupaient; il avait été démoli, lorsque le christianisme fut entièrement établi et généralement receu dans Agen. D'ailleurs le temple de Diane n'était pas vers les Ecluses, il était suyvant les auteurs, vers l'orient, au delà de la Porte Neuve, où paraissent encore quelques masures devant Malconte. Cet or et ce marbre de l'église des Frères Mineurs n'était pas un reste de paganisme, mais un témoin du zèle des chrétiens et de la piété des Agenais qui aidèrent par leurs libéralités ces religieux à orner leur église dès leur premier établissement. Les ossemens des tombeaux qui se trouvaient au pied des fondemens des arbotans (sic) de cette église sont des témoins qui convainquent que ce n'estait pas originairement un temple, mais qu'elle fut bastie en forme d'église, comme les fondemens de cette église, maintenant découverts, nous en rendent un fidèle témoignage. »

L'abbé Barrère partage l'opinion de Labénazie que l'église des Cordeliers ne fut jamais un temple païen; mais il est en désaccord avec lui sur la source des richesses de cette église. Partant de l'idée émise par le prieur de Saint Caprais, que les fondations, ainsi que les tombes découvertes, révèlent un plan chrétien, il croit voir dans le nom de Doré non pas le synonime de riche ou rempli d'or, mais bien « ce nom primitif de *Dovère*, cher aux archevêques de Bourges, qui dénommèrent ainsi plusieurs maisons et monastères du Berry, et qui aurait été donné à une église agenaise, fondée en ces parages au IXe siècle par un certain Radulphe de Bourges, et autorisée et dotée par Charlemagne, puis par Louis le

Pieux et par la reine Judith[1]. » C'est sur le diplôme de Louis le Débonnaire que l'abbé Barrère fonde son opinion.

Quoiqu'il en soit de l'origine fort problématique du vieil édifice que vinrent occuper à Agen les Frères Mineurs au xiii° siècle, on peut affirmer qu'il était fort vaste, puisqu'en novembre 1286 une cérémonie, analogue à celle qui eut lieu aux Jacobins en 1279, fut célébrée dans leur église. Nous voulons parler des hommages qui furent rendus solennellement à Bertrand Raymond de Campagne, lieutenant du sénéchal, à Bernard de Saint-Loup, juge mage et à Bernard Martin, tous trois délégués et commissaires d'Edouard, roi d'Angleterre, par tous les barons, chevaliers, damoiseaux, prélats, abbés et communautés de l'Agenais (*ultra Garumnam*)[2].

Tout nous fait supposer que pendant les dernières années du xiii° siècle et le commencement du xiv°, les Cordeliers exercèrent paisiblement leur mission dans Agen. Les documents nous font généralement défaut pendant cette période. Il en est un cependant, de 1318, que nous ne pouvons passer sous silence, tant à cause de l'état des mœurs à cette époque, dont il nous donne un si curieux exemple, que parce qu'il nous apprend le nom à ce moment du gardien du couvent des Cordeliers d'Agen. Nous voulons parler de la lettre qui fut écrite à Edouard, roi d'Angleterre, par le pape Jean XXII, d'Avignon, le 6 juillet 1318, et que nous trouvons reproduite tout au long dans Rymer, à la page 150 du tome II [3]. Dans cette missive, le Souverain Pontife place sous les yeux du prince l'état déplorable de l'Aquitaine et de la Gascogne, et principalement la situation pénible qui est faite à l'Eglise. Il l'engage vivement à porter remède à tant d'abus et, comme exemple, il lui expose le fait suivant qui vient de se passer. Un différend, assez grave pour menacer la tranquillité de toute la Gascogne, s'était élevé naguère entre la comtesse Mathe d'Armagnac et son fils Bernard d'un côté, et Marguerite, comtesse de Foix, de l'autre. Le Pape s'était interposé et leur avait

---

[1] *Histoire rel. et mon. du Diocèse d'Agen*. Tome 1, p. 188.
[2] *Histoire rel. et mon. du Diocèse d'Agen*, par l'abbé Barrère. (T. II, p. 65.) (d'après les Archives de Mézin et du Mas).
[3] Voir aussi l'abbé Barrère, T. II, p. 95.

envoyé comme son délégué, « *tanquam pacis angelum* », Frère Isarn de Montaut, gardien du couvent des Frères Mineurs d'Agen. Comme ce personnage revenait pour rendre compte de sa mission, il s'arrêta à Valence, dans le diocèse d'Agen, avec son socius et tous ses gens; et, témoin des abus qui se produisirent durant son séjour, il lança contre le curé de cette ville et son vicaire une sentence d'excommunication. Aussitôt ces derniers, entraînant avec eux le bailli et quelques clercs et laïques, poursuivirent le délégué du Pape hors la ville, blessèrent mortellement son domestique, s'emparèrent de sa personne, le jetèrent en bas de son cheval, et le ramenèrent lui et sa suite dans la ville, comme de vils malfaiteurs, en poussant toutes sortes de vociférations. C'est au nom de Pierre de Galécien, trésorier du roi d'Angleterre dans l'Agenais, qu'ils accomplirent tous ces méfaits. Une mort certaine attendait les prisonniers, sans l'arrivée imprévue de noble Amanieu du Fossat, lieutenant du sénéchal de Gascogne, qui vint, « *tanquam benedictionis filius*, » rétablir l'ordre et sauver les captifs. Le bailli fut envoyé devant le tribunal du sénéchal, le curé devant celui de l'Evêque d'Agen, et le frère Isarn de Montaut rendu à la liberté avec tous les siens.

— Cependant la rivalité s'accentuait entre le roi de France et le roi d'Angleterre, et le moment n'était pas loin où allait éclater la terrible guerre de cent ans. Prenant déjà de sages précautions, Philippe de Valois comprit, dès 1336, quel danger en temps de guerre pouvait offrir le couvent des Frères Mineurs d'Agen, appuyé contre le mur de ville, s'il venait à tomber entre les mains de l'ennemi. Aussi résolut-il de le prendre aux religieux et d'y construire, à la place, une forteresse qui défendrait en même temps la ville et toute la vallée de la Garonne. Il en déféra au pape Benoît XII, qui, dès cette même année, lui accorda un bref portant permission de transférer ailleurs, mais dans la ville, le couvent des Frères Mineurs. Ceux-ci y consentirent volontiers, les débordements de la Garonne ayant en partie déjà ruiné leur couvent. Ils demandèrent cependant deux ans, afin de pouvoir plus facilement opérer leur déménagement. Ce délai leur fut accordé, et ce n'est qu'en 1338 que les démolitions commencèrent. Les annales des Frères Mineurs nous apprennent en même temps que « le marbre du cloître qui était si remarquable fut donné aux chanoines de la Cathédrale Saint-Etienne, qui s'en servirent aussitôt pour orner le leur[1]. »

Avant de se transporter dans le quartier Saint Georges, où dans la suite ils se fixèrent définitivement, les Cordeliers vinrent, aussitôt après la démolition de leur première demeure, s'établir « proche l'église Notre-Dame du Bourg, dans une maison du fief des chanoines de Saint Etienne, qui avait été réunie à leur dixme, avant qu'elle fut donnée aux Frères Mineurs». (Tiré du Protocole de Parent, notaire d'Agen). Mais le chapitre de Saint Etienne ne l'entendit pas ainsi, et de graves difficultés surgirent dès ce moment pour les disciples de saint François. Laissons encore parler Labénazie, qui, dans son manuscrit, nous donne de longs détails sur cette phase orageuse de leur existence. « Ces religieux cependant, malgré le chapitre, soutenus par l'autorité du gouverneur, s'établirent dans cette maison proche l'Eglise N.-D. du Bourg et y firent une chapelle publique. Le chapitre Saint Etienne leur fit un procès. Il se fondait sur plusieurs raisons pour les en chasser. La première que la maison luy appartenait, qu'elle était de leur fief, et qu'elle ne pouvait pas être mise en main morte. La deuxième que le voisinage de cette église établie dans leur paroisse, proche Saint Etienne et l'église de Notre-Dame, dépendante du chapitre, leur porterait un notable domage, et que les uns troubleraient les autres dans les offices divins en chantant et célébrant les messes hautes, et que de plus, la dévotion se diminuait dans leur église, que l'année avant leur établissement il s'était dit huit mille deux cent trente-deux messes dans Saint Etienne et que les frères Mineurs attireraient la dévotion dans leur chapelle et la diminueraient dans Saint Etienne. La troisième, que le chapitre ne pouvait pas consentir à cette aliénation, d'autant qu'ils n'étaient pas assez en nombre, qu'ils avaient des chanoines cardinaux, d'autres qui estaient au service du Pape ou des Cardinaux, d'autres aux études. La quatrième, que les biens ecclésiastiques ne pouvaient pas

---

[1] On sait que le cloitre des chanoines de Saint-Etienne se trouvait au nord de l'église, sur la même ligne que la façade principale, entre elle et le clocher carré de pierre, récemment renversé. C'est l'emplacement actuel de l'hôtel Barras.

s'aliéner, que les papes Lucien III et Urbain II avaient mis leurs biens sous la protection du Saint-Siège, avec défense, sous peine de censure, de les engager. En dernier lieu, le chapitre disait qu'il n'était pas nécessaire que pour favoriser les Frères Mineurs, sous prétexte de domages qu'ils auraient souffert à cause de la guerre, ou le dépouillat de ses biens ; et que leur corps n'avait pas souffert de moindres incommodités de la guerre que les Frères Mineurs. (Le tout tiré du Protocole de Parent, notaire d'Agen.)

Quelque crédit et quelques faveurs que ces religieux eussent auprès des gouverneurs et de la Cour, il furent obligés de se retirer et de s'établir ailleurs [1].

En expropriant brutalement les Frères Mineurs, Philippe de Valois s'était bien engagé à leur payer une indemnité. Mais elle n'avait pas été déterminée. C'est au moment où les Franciscains n'eurent plus aucun local dans Agen à pouvoir habiter, qu'ils se retournèrent vers le roi de France et lui réclamèrent instamment quelques secours. Heureusement pour eux, son fils, Jean, duc de Normandie, se trouvait à ce moment en Guienne : il vint à Agen, fit estimer l'ancien couvent, et, par lettres datées de Cahors du 27 septembre 1344, il ordonna à Guillaume Balbet, trésorier du roi, de compter aux Frères Mineurs la somme de 5.000 livres tournois [2].

Cette somme, ainsi que les libéralités des Consuls, des bourgeois d'Agen et principalement du seigneur de Montpezat, dont les descendants conservèrent toujours un culte particulier pour le couvent des Cordeliers d'Agen, leur permirent de s'installer à *l'hôpital St Georges* que leur donna la ville, et plus tard de bâtir leur couvent [3]. Car Labénazie nous apprend « que l'hôpital Saint George subsistait encore en 1361, comme il paraît par une sentence que prononça dans cet hôpital, en cette année, l'évêque d'Agen, Deodat. La tradition d'Agen, ajoute-t-il, tient que l'hôpital Saint George

---

[1] Labénazie. Ms. T. II. Livre IV, Chapitre XIV, p. 372 et suiv.

[2] Labénazie. Ms. T. II. Liv. IV. Chap. XIV. p. 372. Voir aussi Labrunie, Saint Amans, l'abbé Barrère, etc.

[3] Annales des Frères Mineurs.

était la maison de Monsieur La Tour de Saubabère et qu'il aboutissait d'un côté à la place des Augustins. Ce qui donna lieu à un procès entre les Augustins et les Frères Mineurs à cause du trop grand voisinage. Cette querelle obligea les Frères Mineurs d'aller s'établir un peu plus loin du monastère des Augustins » [1].

C'est alors, en 1345, qu'ils s'installèrent près la porte Saint Georges, où ils sont restés jusqu'à la Révolution. Encore ne jouirent-ils pas à leurs débuts d'une tranquillité parfaite, les chanoines de Saint Etienne prétendant de nouveau avoir des droits sur cet emplacement. Mais cette fois le roi de France prit en main la cause des Cordeliers ; il fit taire définitivement le chapitre de la Cathédrale en lui ordonnant de se tenir tranquille et de se contenter dans cette affaire d'une honnête indemnité. Il autorisa en même temps les religieux à construire leur monastère et leur église sur l'emplacement qui leur avait été concédé, ou qu'ils avaient en partie acheté. Labénazie, qui reproduit in-extenso la lettre du roi de France à son sénéchal d'Agenais, la fait dater de l'année 1345, « apud Vergerium, en Anjou. » C'est alors, sans doute, que pour apaiser la colère des chanoines de Saint Etienne, les religieux leur donnèrent le marbre du cloître de leur première maison.

Le nouveau monastère ne tarda pas à s'élever. Il prit même pendant quelque temps le nom de *Couvent du Capitol*, c'est-à-dire du chapitre, et il le garda jusqu'au XVIIe siècle, où nous le trouvons encore ainsi dénommé par Darnalt. L'église fut construite à la même époque, et elle était achevée, affirme Labrunie [2], en 1348, année où les Cordeliers obtinrent d'Amanieu de Fargis, évêque d'Agen, l'autorisation de faire bénir leur cimetière par Frère Philippe, évêque d'Ajaccio, très probablement un des leurs.

Vers le même temps, les Cordeliers s'établissaient également dans la région, à Villeneuve, à Marmande et à Penne.

Examinons attentivement l'église des Cordeliers, une des plus intéressantes de la ville d'Agen, et décrivons, toujours d'après le

---

[1] Labenazie. Idem.
[2] Ms. d'Argenton et de Labrunie, *Episcopat de Saint Caprais* d'Agen, p. 3.

plan Lomet, dont nous donnons ici la reproduction partielle, l'agencement du couvent des Cordeliers.

— L'église des Cordeliers d'Agen appartient à ce groupe d'églises à une seule et large nef, bordée de chapelles latérales très basses et peu profondes, construites généralement entre les contre-forts et privées de transept. Ces églises, assez communes dans tout le Midi et le Sud-Ouest de la France, sont inconnues dans le Nord. On en trouve des exemples en Espagne, notamment à Girone, en Catalogne. Les églises d'Albi, de Carcassonne, de Saint-Bertrand de Comminges, de Mirande, de Moissac, de Condom, sont les types les plus remarquables dans nos pays de ce genre de construction. Dans une étude sur les *Églises du Haut Languedoc*, notre ami M. G. Tholin explique cette singularité de construction par la difficulté qu'éprouvaient les architectes à élever, en briques, des supports isolés, ayant solidité et en même temps légèreté. La pierre est rare, en effet, tout autour de Toulouse, où la brique domine. Donc « faute de matériaux convenables pour élever des colonnes ou des piliers sveltes, comme ceux des églises gothiques à trois ou cinq nefs, les architectes ont réduit leurs édifices à un seul grand vaisseau ». M. Tholin conclut pour notre pays, où cependant la pierre ne manque pas, à une simple imitation.

Ne pourrait-on pas donner en même temps une autre cause à ce genre de constructions ? Ne pourrait-on pas y voir un but essentiellement démocratique en même temps que religieux ? L'idée qui présidait à l'élévation de ce grand vaisseau unique ne consisterait-elle pas à permettre à toutes les classes de la société indistinctement de s'approcher, sans division aucune, de la chaire et de l'autel, de façon à jouir également de la parole de l'orateur comme de la vue des cérémonies catholiques, toutes pleines de lumières, d'or et d'encens, qui se célébraient autour du maître-autel. De plus, c'est dans les églises des couvents pauvres, et par suite populaires, que l'on retrouve presque toujours ce type particulier. Ne serait-ce pas là une nouvelle preuve à l'appui de notre opinion?

Mais laissons la parole au savant auteur des *Études sur l'Architecture religieuse de l'Agenais*, pour la description technique de l'église des Cordeliers d'Agen :

« La construction de l'église des Cordeliers d'Agen, nous dit-il [1] est mi-partie en briques et en pierres. La nef fort large a trois travées voûtées en grandes croisées d'ogives légèrement surhaussées. L'abside a sept pans, et ses compartiments de voûte sont relevés.

Ces voûtes sont relativement fort basses, tandis que les fermes du comble sont légèrement élancées.

Les arcs, ogives en plein cintre, doubleaux et formerets en tiers point obtus, sont revêtus de moulures prismatiques. Leurs sommiers reposent sur des consoles.

Des fenêtres assez hautes mais étroites s'ouvrent dans les travées et dans les cotés du chœur. Leur remplage a le style de la fin du XIV° siècle.

Les compartiments ménagés entre les contre-forts ne sont pas réguliers. Ceux du nord, moins larges que les autres, sont anciens. Ces constructions accessoires correspondent avec la nef par des arcatures géminées.

Dans une restauration récente, dont M. le curé Magen a fait l'œuvre de sa vie, on a remanié les supports, complété la ceinture de chapelles, refait tout le rez-de-chaussée du chœur actuellement orné de stalles et de deux credences. Les fenêtres, dont plusieurs étaient condamnées, ont été garnies de beaux vitraux. Tout l'intérieur a été décoré par des peintures. Le portail, la rosace, la tribune, la chaire, l'autel, l'appui de communion, la plupart des consoles sculptées appartiennent à cette restauration. Une flèche élégante à été construite à l'angle sud-ouest sur le plan de M. Verdier.

L'édifice ancien n'avait d'autre clocher qu'une petite tourelle en carré long, qui s'appuyait sur le haut des contre-forts dans l'angle sud-est (B sur notre plan). Une petite croix de fer en forme de T la surmontait. Les fenêtres jumelles ouvertes sur chaque face étaient en plein cintre. On voit encore de ce coté (et au sommet d'un con-

---

[1] *Etudes sur l'Architecture religieuse de l'Agenais*, par M. G. Tholin, page 243 et suiv.

(refort), une pierre sur laquelle sont représentées les mains stygmatisées de saint François.»

Il existait autrefois une flèche élancée, à l'angle oriental de l'abside, mais qui aujourd'hui est démolie comme le clocher principal. Ce clocher s'élevait au-dessus de l'élégante petite chapelle B, à deux travées de voûtes, que nous ne devons pas négliger d'indiquer. Le cordon de saint François, fort gracieusement sculpté en pierres, en forme partout les arêtes. Quant aux deux clefs de voûtes, très finement ciselées, elles représentent deux écussons : l'un, supporté par deux anges, reproduit la façade de l'église avec son grand portail, et au-dessus la cloche ; l'autre, enfermé dans une gracieuse rosace circulaire et à jour, semble sortir d'un cimier ; il est écartelé aux 1 et 4 de.... au cor de...et aux 2 et 3 de trois pals. Enfin, sur le rebord de la croisée, on en voit un troisième enchâssé dans le mur, qui porte de....au léopard de....coupé de....à une étoile accompagnée de trois clous.

Mais la partie capitale de l'église des Cordeliers d'Agen est son admirable charpente, qui, malheureusement, n'est pas apparente, et dont M. Tholin décrit minutieusement tous les détails [1]. « D'une contexture grandiose, elle reproduit l'image d'une carène de navire renversée, et est d'autant plus intéressante qu'elle restera, avec ses semblables, comme un modèle désormais sans copie. Le fer tend en effet à remplacer le bois. Et le déboisement des forêts ne permet plus de retrouver parmi des milliers de chênes ces longues pièces de bois droites, que l'on transformait en entraits et en poinçons biseautés et quelquefois aussi que l'on décorait de sculptures. L'église d'Agen est surmontée d'une charpente en berceau brisé, très élancée, dont la structure se rapproche beaucoup des églises de Mauvesin et d'Aiguillon. Les entraits et les poinçons sont chanfreinés sur leurs arêtes..... Elle n'était pas destinée à rester apparente.... Il faut donc admettre que tout en prodiguant ce luxe qui consiste dans le choix et dans l'ajustement des pièces de la charpente, les constructeurs ne tendaient qu'à donner à l'édifice un

---

[1] Id., page 251 et suiv.

pignon aigu pour façade, en même temps que des formes très inclinées, produisant un grand effet à l'extérieur.»

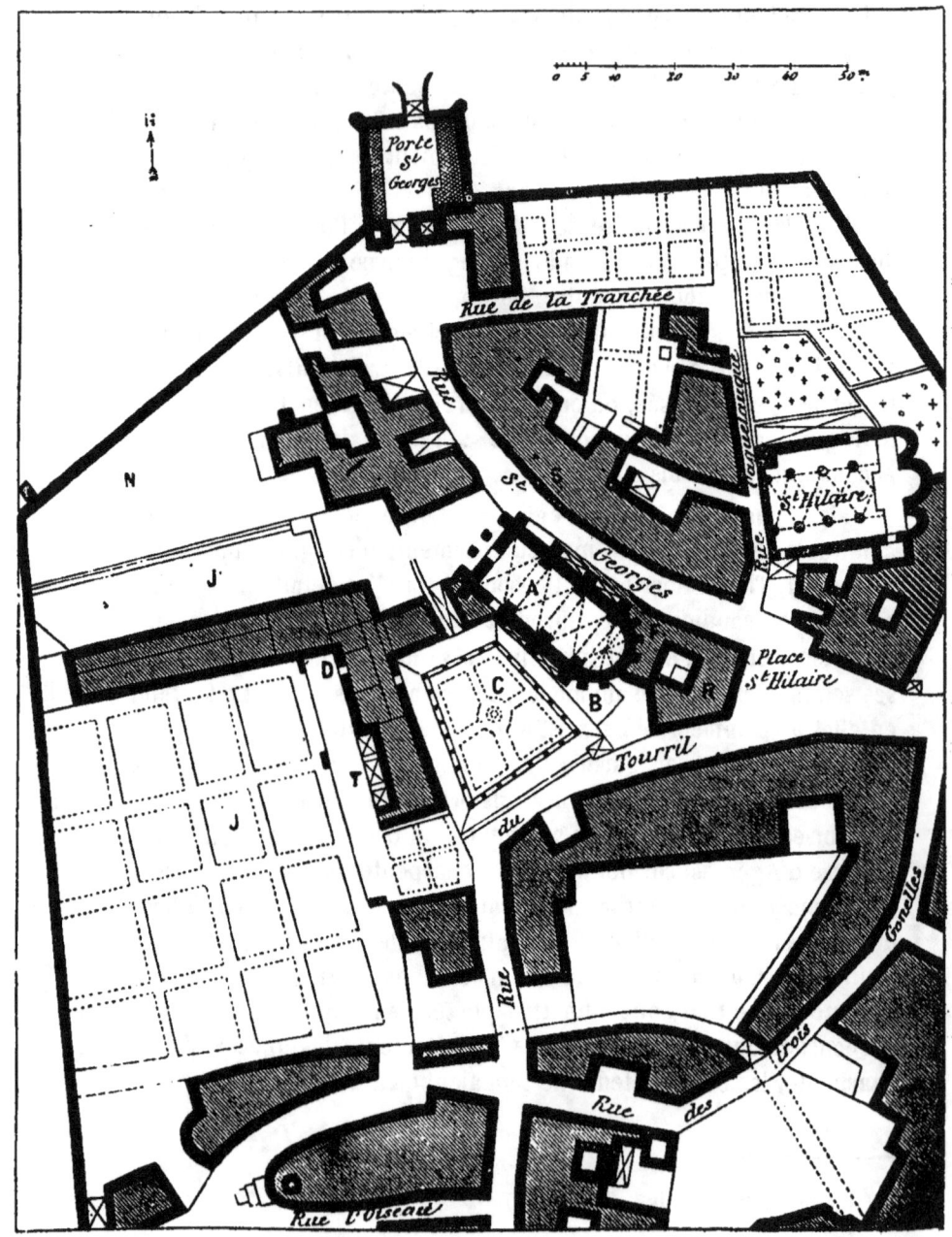

— Attenant à l'Eglise, le Couvent des Frères Mineurs occupait, avec ses dépendances, tout l'emplacement compris entre : au nord, un terrain vague N, le long du mur de ville, et diverses maisons particulières sises rue Saint-Georges; à l'est, cette même rue Saint-Georges qui longeait l'Eglise, la maison R en forme de trapèze qui s'appuie contre l'abside et constitue un des côtés de la place Saint-Hilaire, et toute la rue du Tourril; au sud, la rue Fon-de-Raché; à l'ouest, le mur de ville. On se rendra facilement compte de ces dispositions, en examinant la portion du plan Lomet que nous reproduisons dans ce chapitre, et que nous avons étendue au delà du périmètre du couvent, afin de pouvoir représenter, tout à fait à l'Est et dans la rue Cague-l'aouque, la vieille église Saint-Hilaire, à trois absides (aujourd'hui la droguerie Jaille et Thomas), et au Nord, la Porte Saint-Georges avec ses curieux et importants travaux de défense, démolie depuis le mois d'octobre 1796. Indiquons en même temps, en S, rue Saint-Georges, la maison qui appartenait à J.-C. Scaliger et qu'il habita durant son séjour à Agen.

La maison proprement dite du couvent des Cordeliers était le grand monument D, coupé à angle droit, situé à l'ouest de l'Eglise. En C, le séparant de cette église, se trouvait le cloître, en forme de trapèze avec une citerne au milieu.

« Ce cloître, nous dit Saint-Amans dans ses Antiquités du département de Lot-et-Garonne, était le plus propre et le mieux tenu de la ville. Il servait de promenade aux Agenais dans l'intervalle des offices et surtout pendant le sermon. Ses murailles offraient une suite de tableaux représentant les miracles de saint François. Dans l'un de ces tableaux on voyait des poissons qui élevaient leur tête hors de l'eau pour écouter le saint qui prêchait tout seul sur le bord d'une rivière; dans un autre, le saint portait l'Eucharistie, et un âne se mettait à genoux pour le voir passer, quoi qu'il fut entre deux boisseaux d'avoine. Il y avait encore dans ce cloître un grand portrait de saint Jean-Baptiste, absolument nu, à la réserve de la *nebris*, convenablement placée, et d'une énorme perruque à trois marteaux. J'ai vu tous ces tableaux dans ma jeunesse; les fidèles de cette époque en étaient très édifiés. »

De l'autre côté du couvent, une petite terrasse T, supportée par trois voûtes en forme de galerie, donnait sur le jardin J. Ce jardin très vaste isolait, ainsi que celui du nord J', le couvent des autres habitations avoisinantes ; et ils s'étendaient tous deux jusqu'au mur de ville qui les clôturait à l'ouest.

Bien que nous reproduisions sur notre plan certaines divisions intérieures, qui ne sont pas sur le plan primitif de Lomet, mais que nous avons prises sur d'autres plans, dressés toujours par le même ingénieur, à l'occasion de la transformation, en 1791, du couvent en casernes[1], nous n'avons pas assez de documents pour préciser quelle était la destination de ces diverses pièces. Démoli, du reste, entièrement de nos jours pour faire place soit à des voies nouvelles, soit à la caserne actuelle de gendarmerie, il est impossible de retrouver sur place le moindre vestige de ses dispositions d'autrefois.

—Vers le temps que Séguine de Goth, de l'illustre maison de Goth, rendit hommage, en 1363, au roi d'Angleterre pour son château de Goth, près la Garonne[2], dans l'Eglise des Cordeliers d'Agen, l'ordre de Frères Mineurs subissait une transformation que nous devons rappeler ici. Voyant de plus en plus les disciples de saint François s'éloigner de la règle si austère et si digne de l'illustre fondateur, Paulet de Foligno renouvela, en 1368 et avec un plein succès, la réforme déjà entreprise par Jean des Vallées et Gentil de Spolette, qui avait malheureusement échouée. Il reprit dans toute sa sévérité la règle de saint François et jeta les fondements de la Régulière Observance. Une lutte ardente, passionnée, s'engagea durant tout le xv° siècle entre les deux bras de la famille franciscaine, et le Schisme d'occident, qui surgit à cette époque, ne fit qu'aggraver encore la division de l'ordre. Les franciscains de France acceptèrent généralement la réforme que protégeait le pape avignonnais Clément VII, et la grande majorité de leurs couvents se rallia à la règle nouvelle de Paulet de Foligno. Néanmoins la querelle était encore assez vive au commencement du xvi° siècle et devenait même assez inquiétante, pour qu'en 1517 le pape Léon X s'en émût et

---

[1] Archives départementales de Lot-et-Garonne. Biens Nationaux.
[2] Aujourd'hui paroisse de Saint-Romain.

provoquât dans ce but un chapitre généralissime au couvent de l'*Ara Cœli* de Rome. Nous avons déjà vu que ses généreux efforts échouèrent et que le schisme s'accomplit définitivement entre les *Conventuels* et les Frères *Mineurs de la Régulière Observance* ou simplement *Observants*.

La lettre du gardien des Cordeliers à l'Evêque d'Agen, du 29 avril 1715, nous apprend formellement que les Frères du couvent d'Agen embrassèrent la réforme de la Régulière Observance ainsi, du reste, que nous les trouvons sans cesse dénommés dans les différents actes qui vont suivre. Elle constate en même temps qu'ils ne possèdent aucun bien et qu'ils ne retirent leur subsistance que des aumônes des fidèles et de la sacristie, dans laquelle on conserve une dent de sainte Apollonie, par la vertu de laquelle plusieurs malades reçoivent du soulagement.

Dans le curieux registre de l'Evêché d'Agen relatif à l'enquête qui fut faite en l'année 1537, par le grand Inquisiteur Jean de Rocheto, et dont nous avons déjà parlé au chapitre précédent, nous trouvons[1] trois religieux du couvent des frères Mineurs d'Agen, frère Jean de Saint-Remyet, frère Jean Barenguié et frère Jean Vergnandi, « *de l'Observance de saint François,* » qui viennent déposer tour à tour contre le fameux Michel de Nostredame. Le grand grief qu'on lui reproche est d'avoir dit à frère Jean de Saint-Remyet, un jour que ce dernier coulait une statue de la Vierge dans un moule d'étain, qu'en faisant de pareilles images il ne faisait que des diables ; » et une autre fois, à frère Barenguié, que s'il le pouvait, il ferait abattre toutes les images des églises. On sait que cette enquête fit plus de bruit que de mal et qu'en somme elle n'aboutit pas.

En 1552, nous trouvons aux archives municipales d'Agen, un acte de constitution de syndicat, fait par « les *Religieux observants* de l'Ordre de saint François [2]. »

---

[1] Archives de l'Evêché. Série F. — Voir aussi l'abbé Barrère, t. II, p. 202 et suiv.
[2] Archives municipales d'Agen. Série GG, liasse 196.

En 1561, et durant tout le temps que la ville d'Agen resta sous la domination des Huguenots, le couvent des Cordeliers d'Agen, ainsi que ses semblables, fut entièrement pillé, saccagé et brûlé par ceux de la religion prétendue réformée. C'est alors que disparurent ses archives, « ainsi que tous les titres et mémoires remarquables des choses qui s'étaient passées dans ce couvent. Il fut remis dans l'estat où il est à présent par les aumônes des fidèles [1]. »

Vingt ans après, en 1581, et alors que la paix de Fleix venait d'arrêter momentanément la fureur belliqueuse des deux partis, mais non pas attiédir leur zèle religieux, les Cordeliers, nous dit l'abbé Barrère d'après les registres consulaires de la ville, tinrent, au mois de mai, un chapitre général dans leur couvent d'Agen. « Il s'y rendit une centaine de religieux de la province, gens doctes et savants ; et tinrent disputes publiques, le jour de l'Ascension et le dimanche suivant, dans ledit couvent, où se trouvèrent beaucoup de gens doctes et savants pour disputer ». Invités à prendre part à ces solennelles discussions, les religionnaires refusèrent, paraît-il de se rendre à cette assemblée. Le cortège alla ensuite en procession à Saint-Etienne. Puis il revint à l'église des Cordeliers où un grand repas fut servi. Les Consuls donnèrent à cette occassion aux religieux la somme de quinze écus [2].

Le couvent des Cordeliers d'Agen fut toujours très en honneur dans les hautes classes de la société. De grands et illustres personnages le comblèrent d'aumônes et de bienfaits. Ainsi, vers cette époque, le petit fils de l'illustre maréchal Blaise de Monluc, Charles Blaise de Monluc, sénéchal d'Agenais, tué en 1596, au siège d'Ardres, en Picardie, qu'il défendait contre l'archiduc Charles d'Autriche, manifesta, dans son testament, son intention formelle de reposer après sa mort dans l'église des Cordeliers d'Agen. En conséquence de son vœu, un contrat fut passé, le 17 février 1597, à Bordeaux, entre Messire Florimond de Raymond, conseiller au Parlement, et Théodore de Hins, écuyer, d'un côté, au nom de haute et puissante dame douairière de Monluc, Jeanne de Balaguier,

---

[1] Lettre du Père Villate, gardien, à l'évêque d'Agen, du 20 avril 1715 (Archives de l'Evêché. Série F, liasse 20).

[2] Archives mun. BB. 33.

sa veuve, et deux maîtres maçons de l'autre, à l'effet de construire un tombeau en marbre, selon les dimensions spécifiées, et de le faire porter de Bordeaux dans l'église des Cordeliers d'Agen : il devait avoir cinq pieds huit pouces de long, deux pieds de large et deux pieds et demi de hauteur, et les côtés devaient être enrichis de trophées avec bandes de marbre de diverses couleurs [1]. Le contrat fut exécuté à peu près dans les conditions voulues, et Saint-Amans nous apprend que le tombeau exista dans ladite chapelle jusqu'à la Révolution. « Il consistait, nous dit-il [2], en une sorte de grande console ou d'encorbellement de pierre revêtu de plâtre qui supportait dans le sanctuaire, et à deux pieds de haut, la statue de notre sénéchal. Il était représenté à genoux, dans l'attitude de la prière, devant un livre ouvert. Son casque et son épée étaient à sa droite, quatre pyramides en obélisques de huit et douze pieds de haut, et en marbre noir, étaient au-dessous posées sur le pavé de l'église. Enfin une grande table du même marbre, encastrée dans le mur, contenait une longue et fastueuse épitaphe, où l'on voyait entre autres choses que Jeanne Balaguier, de l'illustre famille de Monsalès, avait fait élever ce monument à son époux. On jugera du style de cette épitaphe par ces mots qui la terminent : « *ô praeclari hominis, praeclarae vitae, praeclara mors ! Fortis Montlucius suae Aquitaniae anchora, suae familiae decus, terror hereticorum, sui regis spes, sui regni vita, vitam pro vita Galliae arduae deponit et reposuit in caelo vere victurus.* Anno à Virginis partu CIɔ. Iɔ. XƆIX. Le cœur du sénéchal fut trouvé dans la statue, lorsque le monument fut détruit pendant la Révolution : il était renfermé dans une boîte de plomb. Le corps, embaumé et transporté d'Ardres à Agen, avait été inhumé au pied du maître-autel de cette église [3]. »

Quelques années avant déjà, en 1576, les religieux permirent également par une faveur spéciale, et en reconnaissance des services rendus autrefois par un seigneur de Montpezat, lors de leur

---

[1] Archives historiques de la Gironde. Tome XIX. p. 287.

[2] Saint-Amams. *Antiquités du département de Lot-et-Garonne*, p. 142.

[3] Il ne reste plus de ce remarquable sarcophage que deux des pyramides qui l'entouraient et qui furent sauvées par M. de Cazenove de Pradines. Elles sont, encore croyons-nous, dans sa propriété de Rholde, commune de Birac, arrondissement de Marmande, Lot-et-Garonne.

second établissement, que François de Montpezat, seigneur de Laugnac, fit mettre son sépulcre au milieu du chœur de leur église et prit le titre de fondateur. Est-ce à l'enterrement de son fils François, ou plutôt de son autre fils Honorat, dit Laugnac, celui qui fut accusé d'avoir pris part à l'assassinat du duc de Guise, et qui, disgracié, mourut assassiné dans son château de Laugnac, après avoir testé le 15 novembre 1613, que, le 24 octobre 1617, à propos de sa sépulture dans l'église des Cordeliers, les Consuls et les Présidiaux, invités à la cérémonie funèbre, refusèrent de s'y rendre ? « Mais, à cause de la noblesse, nous n'y allasmes point, ny messieurs les Présidiaux. Nota que les Frères Mineurs ont permis qu'il a esté faict une seinture (litre) dans l'esglise, avec les armoiries de Laugniac, sans nostre consentement [1]. » Et Saint-Amans ajoute, toujours dans ses *Antiquités d'Agen*, qu'on voyait encore en 1789, dans l'église des Cordeliers, « une grande frise de bronze, représentant des guirlandes de fruits en relief, supportées à égales distances par des aigles. Cette frise, qui servait de socle au lutrin dont elle embrassait tous les accessoires, avait sans doute fait partie de quelque ancien monument. On a cru que ce pouvait être le reste du tombeau de quelque seigneur de la maison de Montpezat, très puissante jadis en Agenais et qui avait concouru à la fondation de cette église. »

Vers la fin du xvie et tout le commencement du xviie siècle, vécut à Agen, au couvent des Cordeliers, un religieux dont le nom et la réputation de sainteté se sont dans plusieurs documents transmis jusqu'à nous. Il s'appelait Frère Bernard Ruffus, ou Rufus, ou Ruffin. Nous le voyons une première fois, en 1603, épris des solitudes du coteau de Saint-Vincent, travailler à la réparation de l'Ermitage et de la grotte du saint, « où il allait de temps en temps passer quelques jours de solitude [2]. » C'est ce qui nous explique pourquoi, lorsque l'ermite Eyméric Roudilh vint à Agen reconstituer cet ermitage, le frère Bernard Ruffus ne cessa de l'encourager et de le fortifier dans son dessein [3]. Un acte du 4 août 1606 nous

---

[1] Archives municipales d'Agen. BB. 44.
[2] Archives de l'Evêché. Série F. liasse 20.
[3] L'Ermitage de Saint Vincent, par l'abbé Barrère, chap. IV.

apprend quel était son titre au couvent d'Agen. C'est le procès-verbal de l'ouverture du tombeau, dans le chœur de l'église des Cordeliers d'Agen, de Joachim de Palancherye, de la noble maison des Palancherye de Gouts [1], faite en présence de Bernard Ruffus, « qui signa au procès verbal, en se donnant la qualité de *vicaire*, qualité qui correspondait à celle de sous-prieur et le constituait en l'état d'administrateur temporel de la maison. » Monsieur Ad. Magen rend compte de cet acte, déposé dans les minutes de l'ancienne étude de M. Despans, notaire à Agen, à l'occasion d'un fort beau manuscrit, orné de riche miniatures, « l'*Oreloge de Dévotion* », décrit minutieusement par lui et qui fut donné au XVI° siècle par noble dame de Balaguié de Monsalès, belle-mère de Charles Blaise de Monluc, petit-fils du maréchal, habitant elle-même le château d'Estillac, à Frère Bernard Ruffus, en l'année 1592 [2]. Plusieurs *ex libris* qui se trouvent en marge de ce précieux volume, aujourd'hui perdu, portent le nom de Frère Bernard Ruffus. Il faut en conclure que ce religieux avait, ainsi du reste que ses confrères, de fréquentes relations avec les hauts personnages de son époque, et qu'il illustra la maison à laquelle il appartenait. Nous le retrouverons également en l'année 1606, et alors que nous nous occuperons du couvent des Orphelines, faire acheter à Jean Trouveau, dont il était le père spirituel, une maison, rue de l'Argenterie, « afin qu'elle fut affectée au logement de quatre orphelines qui feront résolution de vivre pudicquement et chastement tout le temps de leur vye.... et qu'elle porte le nom de Maison de chasteté [3]. »

De nombreuses contestations s'engagent à cette époque entre les Cordeliers et le corps de ville d'Agen au sujet des réparations du couvent. C'est ainsi qu'en 1596, il est décidé qu'il faut réparer et non pas démolir la flèche de leur couvent ; qu'en 1598, les Cordeliers sont autorisés par les consuls à ouvrir dans leur jardin deux

---

[1] Juridiction de Puymirol, Sénéchaussée d'Agen.

[2] *Notice sur un exemplaire en velin enluminé de l'Oreloge de Dévotion* par M. Ad. Magen. (Recueil des travaux de la Société d'Agriculture, Sciences et Arts d'Agen. Deuxième série. T. VI, 1879).

[3] Arch. dép. Série B. Reg. 37.

portes donnant sur le chemin de ronde ; enfin, qu'en 1624 « il est passé un contrat avec Pinèdre pour la reconstruction du couvent des Cordeliers qui sera remis à neuf en la même forme, largeur et hauteur qu'il était auparavant». Mais ce Pinèdre construisit mal le clocher, d'où, dans la suite, d'interminables discussions relatives à ses réparations successives et trop fréquentes [1].

Il était d'usage, à cette époque, que le corps de ville offrit annuellement un dîner au prédicateur qui prêchait le carême. L'état des recettes et dépenses consulaires de la ville, pour l'année 1620, nous a conservé le menu « du dîner offert cette année-là par les consuls, le premier dimanche de carême, 5 mars, au couvent des Cordeliers et au prédicateur du carême [2] ». Voici ce menu fort orthodoxe et bien digne du temps quadragésimal : Deux cens huîtres, qui coutèrent 12 sols, six gros barbeaux, une carpe, des sièges et autres poissons frais ; deux lamproies à 35 sols pièce, dix morues, cinq livres et demie de saumon salé, deux pâtés au beurre; des harengs rouges et deux douzaines et demie de harengs blancs, des pois verts et des pois vécus, du riz, de la salade, du pastenargue, deux tartes de raisin, deux tourteaux feuilletés, deux tartes de prunes, des compotes de dessert ; comme vins : du vin commun, neuf pots de vin clairet, et cinq pots de vin blanc. La dépense s'éleva à la somme totale de trente-quatre livres. Cet usage se maintint longtemps, car nous voyons plus d'un siècle après, pour l'année 1726, dans les comptes rendus par les consuls conjointement avec le trésorier, par devant les commissaires députés par la Communauté, que « le repas payé aux Cordeliers et aux prédicateurs, le premier dimanche de carême, se monta à la somme de soixante livres [3] ». La cherté des vivres augmentait.

La terrible épidémie de 1629, qui fit à Agen tant de victimes, trouva les Cordeliers fièrement à leur poste. Leur dévouement fut

---

[1] Archives municipales d'Agen. Série BB. Reg. 37, 46 et 49 et série DD. Reg. 24.
[2] Archives municipales. Série CC, 385.
[3] Id. CC. 425.

admirable ; et nos archives municipales reconnaissent que, de tous les ordres religieux d'Agen, ce furent ceux qui s'exposèrent le plus. « On les vit recouverts de sacs de toile grise, un crucifix à la main, parcourant les rues désertes, avec trois médecins, Argenton, Gouttes et Blavry [1]. » La peste dura plus d'un an; et pendant plus d'un an, ils restèrent fidèles à leur devoir, alors que la plus grande partie des habitants avait quitté la ville et que les consuls se voyaient dans la triste nécessité d'engager un procès contre l'Evêque et le haut clergé d'Agen « qui refusaient de contribuer à ces grandes dépenses que la ville faisait pour le recouvrement de la santé, et entre autres de celle quy conserne la nourriture des religieux exposés pour le salut des âmes [2]. » Un vœu solennel fut fait par les consuls qui promirent chacun un écu et une torche de cire à l'Ermitage de Saint-Vincent et une lampe d'argent à Notre-Dame de Bon-Encontre. C'est également à l'occasion de cette épidémie ou peut-être d'une peste antérieure que fut décidée une procession générale de la ville aux Cordeliers, le premier dimanche de carême. « Le prédicateur s'y transporta pour ouïr la grand messe et prononcer son discours. Cette procession se fait pour rendre grâce à Dieu d'avoir délivré la ville de la peste par l'intercession de saint François [3]. »

En 1648, Jean de La Cueye, conseiller au Présidial d'Agen, est nommé syndic temporel du Couvent des frères de la Grande Observance d'Agen [4].

Par son testament du 17 février 1662, Jean-Jacques de Laboulbène laisse des legs importants aux Pères de l'Observance de Saint-François d'Agen, dans l'église desquels il veut être inhumé, n'oubliant pas du reste les Jacobins, les Augustins, les Carmes, les Minimes, les Capucins, les Ermites, les Pénitents blancs, ainsi que les Orphelines [5].

---

[1] Abbé Barrère. T. II. p. 394.
[2] Archives municipales d'Agen. Série BB, 46.
[3] Lettre du Frère Vilatte, de 1715 (Arch. de l'Evêché. Série F, liasse 20).
[4] Archives départementales de Lot-et-Garonne. Série B. 64.
[5] Idem. B. 75.

Quelque temps après, meurt noble dame Serène de Durfort de Bajamont, épouse de Charles de Montpezat, comte de Laugnac. Dans son testament du 24 juillet 1653, elle veut également que son corps soit inhumé dans l'église des religieux de la Grande Observance d'Agen, au tombeau de famille de son mari, et que son cœur soit porté dans la chapelle de Lafox, au tombeau de ses ancêtres. Outre une somme d'argent pour fondation de messes qu'elle laisse aux religieux de l'Observance, elle leur lègue « un drap de velours qui demeurera sur son tombeau l'an de son décès, une chasuble avec ses courtibaulz et une chappe ou pluvial de mesme estoffe » ; suivent de nombreux legs à presque toutes les communautés masculines d'Agen [1].

L'arrivée de Mgr Claude Joly sur le trône épiscopal d'Agen fut, on le sait déjà, dès le 6 mai 1666, le signal de nombreuses réformes que ce digne prélat accomplit dans le clergé de son diocèse. En ce qui concernait les Réguliers, qui n'exerçaient que par commission le ministère de la confession, il voulut les astreindre à ne plus prêcher ni administrer le sacrement de la pénitence qu'en vertu d'approbations et de permissions accordées spécialement par lui. Après de longs pourparlers où intervinrent le Procureur général de Bordeaux, le Parlement de cette ville, l'Intendant, l'Archevêque et même le Roi, les religieux se soumirent, tant les Jacobins, que les Carmes, les Jésuites, les Cordeliers, les Minimes et ils obtinrent du nouvel évêque des autorisations limitées à un an. La tranquillité fut donc momentanément assurée. Mais ce délai passé, les religieux continuèrent leur ministère sans demander à leur chef une nouvelle approbation. En présence de l'esprit de résistance qui se manifesta parmi eux, Claude Joly rendit, le 2 août 1668, une nouvelle ordonnance qui mit le feu aux poudres et provoqua une véritable révolte. La ville d'Agen se partagea en deux camps, et la fermentation des esprits devint telle qu'on craignit quelque jours une émeute populaire. De toutes sortes de façon les religieux protestèrent. Vainement ils furent frappés par toutes les censures ecclésiastiques, monitions catholiques, sentences d'excomunication, etc. Il ne se

---

[1] Archives départementales de Lot-et-Garonne. Série B. 77.

découragèrent pas dans leurs prétentions et ils s'adressèrent au Parlement de Bordeaux, où l'affaire resta engagée de longs mois. De très violents écrits furent répandus de tous côtés par eux ; et ils allèrent jusqu'à s'adresser au Roi, qui, par *lettres de fatal*, du 24 décembre 1668, leur permit, « de se pourvoir en Cour de Rome contre l'ordonnance de l'Evêque d'Agen, qui leur avait retiré l'autorisation de prêcher et de confesser, défendant en même temps audit Evêque de rien entreprendre au préjudice de l'appel, pendant le délai du pourvoi [1]. » Le révérend Père Bernardin Gravel était alors grand gardien du Couvent de la Régulière Observance de saint François d'Agen. L'affaire alla si loin que Louis XIV lui-même intervint l'année suivante. Il évoqua l'affaire en son conseil, institua des commissaires enquêteurs, et rendit, le 4 mars 1669, un arrêt par lequel il fut ordonné : « 1° que les ecclésiastiques séculiers et réguliers de la ville d'Agen ne pourraient prêcher sans la permission de l'Evêque, non pas même les Réguliers dans les Eglises de leur ordre et les chapelles de leur communauté, sans s'être présentés en personne à l'Evêque, pour lui demander sa bénédiction et avoir obtenu son consentement. 2° L'Evêque pourra limiter et révoquer lesdites permissions comme bon lui semblera. 3° Les prêtres séculiers et réguliers ne pourront confesser sans avoir obtenu l'approbation de l'Evêque. 4° L'Evêque pourra leur accorder une approbation limitée pour le lieu, le temps, les personnes et les cas à lui réservés. Après quoi, une nouvelle approbation sera nécessaire. 5° Il pourra révoquer son approbation pour confesser avant même l'expiration du terme. 6°. Le présent arrêt sera observé et exécuté dans tous les autres diocèses. » C'est ainsi que cet arrêt servit de règle pour tout le royaume, et que, mettant fin à ces pénibles dissensions, il assura le triomphe de la juridiction épiscopale [2].

---

[1] Archives de l'Evêché. Série F. liasse 20.

[2] Voir à la Bibliothèque Nationale, aux Manuscrits, (supplément français, n° 11635) le volumineux *Recueil de pièces imprimées et manuscrites concernant l'affaire des Réguliers devant l'Evêché d'Agen*. Voir aussi les innombrables factums sur cette mémorable affaire, conservés aux Archives départementales et municipales d'Agen, ainsi qu'à celles de l'Evêché. Voir enfin le fort curieux volume, déposé à la Bibliothèque de la Ville d'Agen, *Essai historique et critique sur les Privilèges et exemptions des Réguliers* (par Biballier Ambroise, abbé, censeur royal) Venise et Paris. Desaut, rue du Foin. 1769 in-12. *Ex libris bibliothecæ de Moiraco*.

Durant le cours de ces divisions, Mgr Claude Joly fit cependant sa visite solennelle aux Cordeliers d'Agen, le 5 juin 1667 [1].

Mais le conflit ne s'arrêta point là ; et longtemps après, il y eut encore dans l'esprit des Cordeliers d'Agen des germes de discorde et de résistance. Cinq ans plus tard, nous voyons en effet le Maréchal d'Albret, gouverneur de la province, rendre une ordonnance, le 20 novembre 1674, prescrivant de forcer les Couvents des Cordeliers d'Agen, Marmande, Lamontjoie, etc., d'accepter les gardiens élus au chapitre général de Mont-de-Marsan : il se base « sur ce qu'il y a encore des religieux désobéissants, qui résistent et qui ne les veulent pas. » L'ordonnance fut mise à exécution, car le garde dudit Maréchal ordonna aux Consuls de lui prêter main forte à cet effet, « attendu le refus formel, fait par le Père gardien de l'Observance, de vouloir reconnaître le nouveau gardien élu au chapitre de Mont-de-Marsan. » Les Consuls obéirent avec respect, ce qui leur valut la lettre suivante du Maréchal : « de Bordeaux, ce 29 novembre 1674 : Messieurs les Consuls, je suis fort content des soins que vous avez pris du nouveau gardien des Cordeliers ; et, comme il pourrait arriver que les religieux désobéissants pourraient continuer leur séjour dans la ville au préjudice des obédiances de leur supérieur, il est important que vous les obligiez de se retirer, à moins qu'ils veuillent s'exposer d'estre traittez comme rebelles et d'estre conduicts de force dans le couvent de ceste ville. Je suis, Messieurs les Consuls, vostre bien affectionné à vous servir. Le Maréchal d'Albret [2]. »

En 1679, Pierre Gardès est nommé syndic et Père spirituel du Couvent des Frères Mineurs de l'Observance de saint Francois d'Agen [3].

En 1686, des lettres de surannation sont accordées aux Frères Mineurs de la Reg. Observance de la province de Guienne pour l'enregistrement au Parlement de Bordeaux de la confirmation de leurs privilèges [4].

---

[1] Archives de l'Evêché.
[2] Archives municipales d'Agen. Série GG, liasse 196.
[3] Archives départementales de Lot-et-Garonne, Série B. 88.
[4] Idem. B. 98

En 1697, M. le Marquis de Chazeron, chevalier des ordres du Roi, lieutenant-général et commandant en Roussillon, meurt à Agen, à son retour de Catalogne, et est enterré à l'Eglise des Cordeliers, dans le tombeau de Charles de Montpezat, comte de Laugnac, son gendre [1].

« En 1707, nous dit Labrunie, un sermon fut prêché le jour de sainte Jeanne, au couvent des Annonciades de Villeneuve, par le Père Revenac, cordelier, où Mgr Hébert trouva des propositions répréhensibles au sujet du culte que nous rendons à la Mère de Dieu. Ce Père mérita sa censure, ainsi que celle de l'Université de Cahors qui fut consultée. L'affaire coûta la vie au prédicateur opiniâtre, qui se tua dans un moment de désespoir. Elle fut, pendant plus de trois ans, un sujet de tracasserie pour ce prélat, qui eut à combattre ce corps entier des Franciscains de la province et qui ne fut qu'imparfaitement vaincu [2]. »

L'Eglise des Cordeliers d'Agen fut le théâtre, en 1726, de scènes singulières. Laissons parler à cet égard Labrunie, qui ne reproduit, du reste, que la chronique de M. Charrière et principalement le manuscrit des MM. Malebaysse [3]. « Le 4 juillet 1726, vint à Agen une espèce de vagabond de l'âge de trente à trente-cinq ans, porteur, disait-il, d'une précieuse relique, et qui se disait de la race de saint Hubert, apôtre des Ardennes, mort en 727 ou mieux en 718. Ce chevalier prétendait avoir la vertu de guérir toutes les maladies par l'imposition des mains et avec la formule : « Je te touche, Dieu te guérisse. » Il n'est pas concevable combien il fit d'impression sur les gens d'un certain rang, ainsi que sur des prêtres et sur des religieux. On se rendit de toutes parts à Agen, de sorte que, faute de logement, bien des gens furent obligés de coucher au Gravier, et que la ville eut manqué de pain sans la vigilance des Consuls.

---

[1] Notes de M. l'abbé Tournié, d'après les Ms. d'Argenton et de Labrunie.

[2] Abrégé chronologique des Antiquités d'Agen.

[3] Ce manuscrit de Malebaysse, fort précieux pour les Annales de la ville d'Agen, appartenait, il y a peu de temps encore à la famille Pozzy. Il vient d'être cédé aux Archives départementales de Lot-et-Garonne, où il se trouve désormais à la disposition de tous les travailleurs.

Cet imposteur venait de Thouars, de chez M. le marquis de Saintrailles : il portait des lettres de recommandation à M. de Sabouroux, lieutenant général du Sénéchal, qui le logea chez lui. Ce fut dans cette maison que, le 6 juillet, la Communauté des Cordeliers alla le prendre, la croix levée, avec la prétendue relique ; et ces religieux le conduisirent dans leur église qu'il avait choisie pour ses opérations. Il était habillé, ayant au cou une espèce d'étole, d'un ruban blanc de la largeur d'un doigt. L'église des Cordeliers ne se trouvant pas assez vaste, à raison de l'affluence de peuple, il prit ensuite celle des Petits Carmes et, à la fin, le Gravier, où des murmures éclatèrent ». Et le journal de Malebaysse ajoute : « Finalement, tous les miracles qu'on disait qu'il faisait se trouvèrent faux. Mgr l'Evêque de Condom ayant reçu une lettre à l'occasion de ce chevalier (qu'il avait eu la faiblesse de recevoir avec les plus grands honneurs) la fit passer tout de suite à Mgr l'Evêque d'Agen. Il était dit dans cette lettre que ce chevalier était un imposteur, qu'il n'était pas de la race de saint Hubert, et que ses reliques étaient fausses. Quand M. l'abbé de Saint-Paul, aumônier de Mgr d'Agen, eut fait lecture de cette lettre audit chevalier, celui-cy prit ses pistolets à la main, et suivi de ses valets en hardes, il s'en alla au plus vite du côté de Xaintrailles. Il trompa tout le monde. Quelques jours après on dit qu'on l'avait arrêté du côté de Dax, etc. »

En 1738, se tint à Agen le Chapitre provincial des Cordeliers. C'est ce que nous apprend une femme d'esprit qui, dans une lettre adressée à son père, le 9 mai de cette année, joint à cette nouvelle d'autres bruits qui circulaient en ville à l'occasion de la réunion, et apprécie à sa façon les incidents qui se passèrent à cette époque au Couvent des Cordeliers d'Agen. Voici un fragment de cette lettre, trop curieuse pour que nous ne l'insérions pas, de Madame la Marquise de Chateaurenard, née de Miran[1]. « Pour

---

[1] Cette lettre fait partie de la riche collection des *Archives du château de Cauzac*, que M. le Marquis d'Aymard de Chateaurenard, son propriétaire, a récemment, avec tant de générosité, donnée aux Archives départementales de Lot-et-Garonne. Supplément à la Série E, 343.

les nouvelles de la ville, il n'y en a d'autre que l'arrivée de l'Evêque [1] qui y vient pour y voir soutenir des thèses que les Cordeliers qui sont ici au nombre de cent, parcequ'ils y tiennent chapitre, lui ont dédiées. Il y eut même une grande querelle aux premières qui y ont été soutenues, sur la préséance que les Moines voulaient avoir sur les Lazaristes, pour argumenter les premiers. Un Carme, député du corps monastique, ne voulut jamais laisser argumenter le Lazariste le premier, quoique Mgr l'Evêque l'eut ordonné et eut envoyé M. l'Archidiacre pour le faire exécuter, qui voulut en imposer au Carme qui l'apostropha. Aussi Mgr l'Evêque, très piqué, a interdit tous les Carmes de son diocèse. Le Prieur des Grands Carmes fut à Monbran pour s'excuser auprès du Prélat et désavouer frère Guanet son inférieur. L'Evêque ne voulut point l'entendre et lui dit que, quand il aurait renvoyé le Carme de la Communauté d'Agen, il l'écouterait. Les autres communautés ont désavoué leur député : aussy ils disent qu'il avait passé les ordres. Il y eut des thèses aussi dédiées au premier président de Bordeaux qui écrivit au lieutenant général de lui faire le plaisir d'en être le Mescène pour y représenter pour lui, qui donna un grand repas à quarante personnes, où tout son corps était, et plusieurs Cordeliers qui officièrent très bien et qui eurent toujours une bonne poitrine. L'Evêque dina aux Cordeliers. Le Père Espert l'a très bien régalé et à tous les Cordeliers. Pendant le chapitre il a fait marché avec un traiteur à trois livres par tête, pendant le temps du Chapitre, pour douze personnes, soir et matin, et beaucoup de vin de Grave, des liqueurs qu'il a fait venir de Bordeaux. Il a fini toutes les réparations qu'il avait entreprises ici magnifiquement. Il a fait contribuer toutes les dévotes et servantes de la ville pour ça. Cet homme a des talents pour se procurer de l'argent admirables. On dit qu'on doit l'envoyer à Bordeaux pour y faire une batisse de 4,000 livres. Voilà toutes les nouvelles de la ville..., etc. Signé : Miran-Chateaurenard. »

Le 23 mai 1767, inhumation dans l'église des Cordeliers d'Agen, d'Antoine de Laville. Signé : P. Argenton, curé de Saint-Hilaire [2].

---

[1] Monseigneur Joseph-Gaspard-Gilbert de Chabannes (1735-1767).
[2] Archives municipales, BB, 83.

Dix ans plus tard, à la date du 4 juillet 1777, nous trouvons un inventaire, fait au couvent des Cordeliers d'Agen, dont la pièce principale est le catalogue très détaillé des livres contenus dans leur bibliothèque[1]. On compte jusqu'à deux cent soixante-six ouvrages : « encore, y est-il dit, ils ne sont pas tous indiqués, beaucoup ayant perdu leurs premières et dernières pages. » Citons entre autres ouvrages : tous les auteurs anciens, Cicéron, Platon, Sénèque, Aristote, etc., presque tous les Pères de l'Eglise, beaucoup d'ouvrages de théologie et de philosophie, Jansénius sur l'Evangile, Jean Elius contre Luther, des sermons, des livres de controverse, saint Thomas d'Aquin en dix gros volumes, les Antiquités gauloises, la médecine de Farnelius, la pierre philosophale, les Annales de l'ordre en trois volumes, la chronologie historique des Frères Mineurs, le Martyrologe franciscain, etc. Quelques-uns de ces volumes sont actuellement à la bibliothèque de la ville d'Agen ; les autres ont disparu à la Révolution.

— Comme tous les couvents d'Agen, celui des Frères Mineurs de la Régulière Observance, dut, en 1790, subir la loi commune et ouvrir ses portes aux commissaires délégués pour en faire la visite et en dresser l'inventaire. Ce fut le 4 mai de cette année que MM. Geraud Fontfrède et Pierre Magen, officiers municipaux, vinrent procéder à l'exécution de l'article V du décret du 20 mars de l'Assemblée nationale. En conséquence de quoi, tous les religieux rassemblés entendirent la lecture de ce décret, « puis représentèrent un livre couvert de parchemin intitulé le *Cahier des Dépenses et des Recettes du Couvent*, d'où il résulte que selon leur règle, ils n'ont d'autres biens fonds que le jardin contigu à leur maison, qui leur donne annuellement, distraction faite du jardinage et potager nécessaire à leur consommation, moins de ce qu'il leur en coûte pour les gages et nourriture des domestiques qu'ils tiennent pour le cultiver ; leur revenu ne consistant qu'en rentes obituaires, montant au total de 225 livres, 6 sols, 8 deniers, trois sacs de blé et deux barriques de vin. » Suit l'état et description de l'argenterie, argent monnayé,

---

[1] Archives départementales, H, liasse 8.

effets de sacristie, bibliothèque, et objets d'arts, dont six grands tableaux à l'église, vingt-quatre au cloître et quatorze au réfectoire. Leurs dettes actives s'élèvent à la somme de 829 livres, 6 sols, 8 deniers.

Voici l'état des religieux, à cette date :

Pierre Bertrand Noé Pardieu, prêtre, âgé de quarante-six ans. Interrogé sur ses intentions de rester au couvent ou d'en sortir, il déclare qu'il ne peut encore s'expliquer à cet égard.

Bazile Roujol, prêtre, soixante-six ans, absent, chez ses parents, pour cause de maladie.

Pierre Beaufils, prêtre, soixante-cinq ans, déclare qu'il restera si on maintient dans Agen une maison de son ordre.

Jean Capistrou Crochepierre, prêtre, soixante ans, déclare vouloir sortir.

Mathieu Monié, prêtre, cinquante-cinq ans, désire rester à Agen, sinon sortir.

Henry Landié, prêtre, trente-huit ans, même réponse.

Antoine Vallet, prêtre, prédicateur conventuel de la Maison, trente ans, même réponse.

Antoine Domergue, frère lai, trente-neuf ans, ne peut encore s'expliquer.

Jacques Picard, frère lai, trente-six ans, déclare vouloir rester.

Lesdits religieux déclarent en outre qu'il y a encore deux autres religieux affiliés à la maison, savoir : le père J.-B. Monié, prêtre, actuellement conventuel à Lectoure, et le père Vincent Ratier, clerc profès, à Toulouse ; plus un autre religieux profès, Auguste Pradié, âgé de soixante-quatorze ans, malade, à Granges, chez ses parents.

Les commissaires reconnaissent qu'il y a dans le couvent, trente chambres ou cellules habitables, avec un beau jardin, un cloître et toutes les dépendances nécessaires, de façon à pouvoir contenir trente sujets.

Pour l'année 1790, ils constatent enfin que les recettes se

montent à la somme de 2578 livres, 8 sols, tandis que les dépenses s'élèvent à la somme de 2600 livres, 5 sols [1].

Les religieux partirent. L'année suivante, les 19, 20 et 21 septembre 1791, on procéda à la vente des meubles et effets des ci-devant Cordeliers. Elle atteignit le chiffre de 1252 livres, 3 sols.

Mais le couvent ne fut pas exproprié. Il fut, ainsi que ses semblables de cette époque, réservé comme caserne, et nous trouvons un volumineux dossier le concernant, comprenant de 1791 à l'an IV, une foule de devis, de rapports, plans relatifs à sa transformation [2]. Citons entre autres : « Un toisé et détail estimatif des ouvrages à faire pour établir dans la maison des cy-devant Cordeliers de la ville d'Agen des cazernes pour le logement de 250 maîtres de cavalerie et des écuries pour cent deux chevaux : signé Lomet, du 24 mars 1791, le tout accompagné de deux plans fort nets, l'un du rez-de-chaussée et de l'entresol, l'autre du premier étage ; un devis des ouvrages à effectuer, de la même date ; un procès-verbal de visite définitive desdits ouvrages exécutés par le sieur Etienne Rousseau, conformément au devis précédent; un devis de construction de crèches, de 1793 ; enfin un devis estimatif de réparations à faire à la partie de l'ancien couvent des Cordeliers, parallèle au Gravier, pour y établir le logement des Invalides, du 27 pluviôse, an IV.

Déjà, dans l'*Etat des bâtiments et édifices nationaux invendus*, du 14 vendémiaire an III, nous lisons que le couvent des Cordeliers est employé au logement des troupes, tandis que le cloître et l'Eglise ont été convertis en écuries [3].

Mais ce ne fut qu'en décembre 1795, après de nombreuses modifications apportées au couvent des Cordeliers, que la gendarmerie y fut définitivement établie. Elle resta dans le vieux local jusque vers 1840, époque où on le renversa entièrement et où on construi-

---

[1] Archives départementales de Lot-et-Garonne. Biens Nationaux.
[2] Idem.
[3] Idem.

sit sur son emplacement la caserne de gendarmerie actuelle. Il ne reste donc plus rien, comme bâtisse, ni de l'ancien édifice ni du cloître.

L'Église seule est demeurée debout. Déjà, le 27 mai 1790, elle avait abrité l'assemblée électorale du département de Lot-et-Garonne, qui y tint sa première séance. Puis, quand les troupes et plus tard la gendarmerie furent établies dans le couvent, son carrèlement fut enlevé et elle servit d'abord d'écurie, puis de magasin à fourrage. C'est là que, pendant plus de vingt ans, les gendarmes enfermaient leur paille et le foin de leurs chevaux. Néanmoins l'église Saint-Hilaire, qui se trouvait à côté et où se faisait le service de la paroisse, était tellement insuffisante et peu solide avec ses piliers de bois vermoulus qui ne soutenaient que faiblement la voûte, que de tous cotés les habitants de la paroisse réclamaient le transfert de ce service dans la belle église des Cordeliers, intacte et d'une plus vaste dimension.

Ce fut à la fin de mai 1818, à la suite d'une mission qui avait attiré à Saint-Hilaire une foule considérable, que le Curé et le Conseil de fabrique, cédant enfin aux sollicitations des habitants, firent signer par leurs paroissiens une pétition qui, avec l'assentiment de l'Evêque, du Préfet et du Maire, fût envoyée au Gouvernement, afin d'obtenir l'église des Cordeliers et d'y transférer la paroisse. Après une longue procédure, cette pétition aboutit ; et la vieille église des Cordeliers devint enfin l'église de la paroisse de Saint-Hilaire. Elle l'est encore aujourd'hui.

CHAPITRE V.

LES GRANDS CARMES.

Chaque ordre religieux a été créé, au moins en Europe, pour répondre à des nécessités urgentes qui se faisaient sentir, soit dans un intérêt humanitaire, soit pour sauver l'Eglise d'un danger redoutable. Ainsi voyons-nous, de tous ceux dont nous venons de parler, les Antonins institués pour soigner les victimes du mal du feu ardent, les Templiers et les Hospitaliers de Saint Jean pour combattre au loin les infidèles, les Frères Prêcheurs et les Cordeliers pour extirper les diverses hérésies du xiiiᵉ siècle. Chacun a sa raison d'être ; chacun poursuit un but précis et distinct. Seuls les Carmes, dont nous avons à nous occuper en ce moment et qui eurent de bonne heure à Agen un important établissement, semblent échapper à cette règle générale. L'obscurité et le doute qui planent sur leur origine et sur leur mission les mettent en dehors des ordres occidentaux ; et, si nous en croyons leurs annales et la tradition d'après laquelle ils font remonter leur ancienneté jusqu'au temps des prophètes Elie et Elisée, qu'ils considèrent comme leurs premiers fondateurs, nous devons les rattacher de préférence à la longue série des ordres d'Orient, qui suivaient tous ou à peu près la règle de Saint Basile.

Nous n'entreprendrons pas de raconter ici, dans ses interminables détails, la mémorable lutte qui s'engagea à ce sujet, pendant tout le cours du xvii° siècle, entre les Carmes et les Jésuites, ni même de résumer les longs mémoires des PP. Hinchenius et Papebroch de la Compagnie de Jésus, soutenant que la fondation des Carmes ne remontait qu'à la fin du xii° siècle, et détruisant toutes leurs prétentions d'une origine plus ancienne. Nous dirons seulement que la querelle fut fort vive entre ces deux ordres qui ne sympathisèrent que rarement, et qu'il fallut, pour y mettre un terme et imposer silence aux deux partis, un bref du pape Innocent XII, à la date du 20 novembre 1698.

Ce qui est certain, c'est que les Carmes furent institués en Orient, où ils vécurent à leurs débuts dans une caverne du Mont-Carmel de la vie contemplative, et que leur règle primitive, inspirée de la règle de Saint Basile, leur fut donnée en 1205 par le patriarche de Jérusalem, Albert, leur véritable organisateur.

Cette règle contient seize articles. « Le premier traite de l'élection d'un prieur et de l'obéissance qu'on doit lui rendre. Le deuxième des cellules des frères qui doivent être séparées les unes des autres. Le troisième leur défend de changer de cellules sans permission. Le quatrième prescrit l'endroit où doit être située la cellule du prieur. Le cinquième leur ordonne de demeurer dans leurs cellules et d'y vaquer jour et nuit à la prière et à l'oraison, s'ils ne sont point légitimement occupés. Dans le sixième, il est traité des heures canoniales que doivent réciter ceux qui sont destinés pour le chœur. Par le septième, il est défendu aux frères d'avoir rien en propre. Le huitième ordonne de bâtir un oratoire au milieu des cellules où ils doivent tous s'assembler le matin pour dire la messe. Le neuvième parle de la tenue des chapitres locaux et de la correction des frères. Le dixième recommande l'observance du jeûne, depuis la fête de l'Exaltation de la Sainte Croix jusqu'à Pâques, excepté les dimanches. L'abstinence de la viande en tout temps est ordonnée dans le onzième. Le douzième les exhorte à se revêtir des armes spirituelles qui leur sont proposées. Le treizième les oblige au travail des mains. Le quatorzième leur impose un silence étroit depuis vêpres jusqu'à tierce du jour suivant. Le quinzième exhorte le prieur à être humble, et le seizième les religieux à respecter le prieur. [1] »

La règle des Carmes fut approuvée en 1224 par le pape Honorius III. Elle fut modifiée dans la suite, lors de leur passage en Europe, et appropriée aux besoins et aux exigences du temps. Innocent IV approuva en 1247 ces modifications. Depuis, cet ordre célèbre ne fit que prospérer, et il étendit bientôt ses rameaux dans toutes les provinces de l'Occident. En France, où le premier couvent fut fondé près de Marseille, le nouvel ordre religieux reçut le plus sympathique accueil.

A la tête de l'ordre est placé un général qui est élu tous les six ans et qui doit résider à Rome ; chaque province a son provincial qui dépend du général ; il a lui-même autorité absolue sur les prieurs ou gardiens qui se trouvent diriger les multiples maisons.

Quant au costume des Carmes, il varia souvent. Dès les débuts, ces religieux portaient une chape, barrée de blanc et de brun ; ils supprimèrent ces barres lors de leur passage en Europe et ne conservèrent que la chape blanche. C'est alors aussi qu'ils commencèrent à porter le scapulaire. Leur robe était noire, avec leur chape ou manteau blanc, auquel manteau était attaché un capuce également blanc.

Comme pour les Cordeliers, la division ne tarda pas à se mettre dans l'Ordre, qui fut par suite partagé en deux branches distinctes : les *Carmes Conventuels* et ceux de l'*Etroite Observance*. Mais cette division n'eut pas une importance bien sérieuse, n'ayant été motivée que pour de légers détails dans la règle. En France, les Carmes furent presque tous de l'*Etroite Observance*, et ils suivirent, dans ses grands principes, la règle que nous venons d'indiquer.

— Il est difficile de préciser la date exacte à laquelle les Carmes

---

[1] Encyclopédie théologique, par le P. Migne. T. 1. p. 685. Voir aussi le Père Hélyot. *Histoire des Ordres Religieux*.

vinrent s'établir dans la ville d'Agen. Voici ce que dit à ce sujet, lors des recherches faites par Mgr Hébert, le prieur gardien du Couvent, le Père Florent de La Croix, dans son importante lettre à l'Evêque, du 1er mai 1715 : « Nous ne scaurions produire un titre qui certifie de l'année de la fondation du Couvent, ny de son fondateur ; ce que nous avons lieu d'attribuer : 1° Aux fréquentes guerres qui ont esté entre les roys de France et les roys d'Angleterre pour le duché de Guyenne, depuis la fin du XIIIe siècle jusqu'au milieu du XVe ; 2e Aux guerres civiles et aux séditions, et particulièrement à la grande sédition d'Agen, du 3 juillet 1513, en laquelle deux mille hommes des séditieux s'emparèrent de notre Couvent, ainsi qu'il est rapporté par Me Boyer dans son livre des *Décisions Bourdelaises*[1] ; 3° Au soulèvement des Huguenots qui saccagèrent cette ville et s'en prirent particulièrement aux religieux et aux ecclésiastiques.

« Néanmoins, il conste assés de l'ancienneté de ce Couvent : 1° D'une transaction du 3 février 1282, passée dans Agen, retenue par Etienne Negro, notaire de ladite ville, qu'on voit dans les archives du Couvent d'Aiguillon. Elle fut passée sous le règne de Philippe, roi de France, Edouard, roy d'Angleterre et duc d'Aquitaine, le seigneur Jean étant évêque d'Agen, entre M. Pérégrin, prieur de Buzet et Pierre Sinati, recteur de l'église de Saint Félix dudit Ayguillon d'une part, et entre le Père Guillaume Delprat comme procureur constitué par le Père provincial des Carmes, d'autre part, au sujet du Couvent, oratoire et cimetière que lesdits religieux avaient commencé à bâtir pour leur établissement dans ladite ville d'Ayguillon ; disant et prétendant lesdits prieur et recteur que cet établissement préjudicie à l'église paroissiale. Car, dans cette transaction, il est faict expresse mention du prieur des Carmes d'Agen, en ce qu'il est dict que ladite transaction a été faite entre lesdites parties, du consentement exprès dudit Jean, évêque d'Agen, et de

---

[1] Nous reviendrons beaucoup plus au long dans ce chapitre, et lorsque nous arriverons au XVIe siècle, sur cette fameuse sédition.

l'advis du Père Arnaut Caillau, prieur du Couvent des Carmes d'Agen. D'où il s'ensuit que notre Couvent était fondé avant 1282. [1] »

Un autre acte, antérieur de dix années à la transaction précédente et daté du 7 décembre 1272, prouve également qu'à cette dernière date les Carmes étaient établis à Agen. Labénazie le rapporte en entier dans son manuscrit [2], comme tiré par lui-même des Archives de Saint-Caprais. C'est un accord passé entre frère Laurent, prieur provincial de l'Ordre de N.-D. du Mont-Carmel, et frère Pierre Arnaut, prieur du Couvent d'Agen, d'un côté, et le chapitre de Saint Etienne, de l'autre, à l'occasion de l'établissement des Carmes dans Agen. Le chapitre leur cède un terrain de sa mouvance dans la paroisse de Sainte-Foi, mais hors des murs de la ville, afin qu'ils puissent y construire leur église et y établir leur maison et cimetière. En revanche, les religieux partageront avec les chanoines par moitié toutes les offrandes qui seront faites soit du vivant des fidèles, soit à leur mort à l'occasion de leurs sépultures, qui ne se feront dans leur église que du consentement du chapitre. En outre, tous les nouveaux prieurs jureront à Saint Etienne et sur les Saints Evangiles, qu'ils observeront toujours l'accord ci-dessus. Ils se soumettront à la juridication de l'ordinaire. L'acte est signé : Pierre de Montpellier, prieur provincial de l'Ordre de la province d'Aquitaine, et Egidius Dassier ou d'Aspié, prieur du Couvent d'Agen [3]. »

Le Père Florent de la Croix, dans sa lettre, va même beaucoup plus loin :

« Le Couvent d'Agen, dit-il, tient, dans l'ordre des fondations, le deuxième rang entre les seize couvents que nous avons dans la province, et vient immédiatement après celui de Bordeaux qui vient

---

[1] Archives de l'Evêché, Série F. liasse 15.
[2] Labénazie, Ms. Tome II, livre IV, chap. X, p. 343.
[3] Nous avons déjà cité ces deux transactions au chapitre précédent, à l'occasion de la fondation des Cordeliers à Agen.

le premier. Or, le Couvent de Bordeaux fut fondé l'an 1100, suivant le huitain gravé dans un des piliers de l'église, en ces termes :

> L'an de grâce mille et cent
> Fonda premier un seigneur de Lalande
> Au Carme Vieil cette église et couvent,
> Pour ce qu'au lieu obtint victoire grande
> Contre un géant qui conduisait la bande
> Des Espagnols, pour Bordeaux assaillir.
> Le dessus dict luy fit payer l'amende ;
> Car il 'uy fit la tête à bas saillir.

De ces deux preuves on doit conclure que le Couvent d'Agen tenait le second rang dans l'ordre de fondation des seize couvents de la province, celui d'Aiguillon ne venant que le onzième. D'où on peut conclure que le couvent a été fondé vers le commencement du XIIIe siècle.

« La tradition peut en fournir une preuve, selon laquelle on veut que le seigneur de Revignan (ou Rovinha) soit notre fondateur. Nos anciens livres lui donnent cette qualité en 1518 et 1524, où il est fait mention d'un pré qu'il nous a donné, de la contenance de deux carterées et demie, que nous fûmes obligés de vendre, le 15 juin 1570, pour la somme de cent quatre vingts escus. Enfin nous disons des messes pendant l'année, pour le repos de son âme. Or, on trouve dans l'*Histoire des Albigeois et des exploits héroïques de noble Simon de Montfort, descrite par Pierre des Valées*, et traduite de latin en français par M. Arnaut Forbin, docteur en théologie et prédicateur du roy, que ledit comte de Montfort, d'amy qu'il était de Hugues de Rouvignan, frère du seigneur lors évêque d'Agen, étant devenu son ennemi, luy fit brûler son château en 1215 ; d'où on peut insérer que si le seigneur de Rouvignan fut notre fondateur, ce fut ou ledit Hugues, ou du moins son héritier, et qu'ainsy notre couvent doit avoir été fondé vers le commencement du XIIIe siècle. »

A l'appui de cette opinion, l'abbé Barrère[1] cite une jurade du

---

[1] Histoire religieuse et monumentale du diocèse d'Agen, t. II, p. 34.

corps de ville d'Agen, tenue le 11 octobre 1345 dans laquelle Mathieu de Rovinha, seigneur de Castelculier, étant mort et ayant désiré être enterré dans l'église du couvent des Carmes, les consuls et les jurats décident qu'ils assisteront en grande cérémonie au service funèbre, en souvenir des services rendus par lui à la ville d'Agen. Il en conclut que sa famille dut puissamment contribuer à l'établissement de ces religieux, puisqu'elle avait déjà, à cette époque, son tombeau dans leur église.

Sans remonter aussi haut que le père Florent de La Croix, nous croyons avec Labénazie, et surtout à cause de l'ordre de préséance réglé entre les religieux, que les Carmes ne vinrent à Agen qu'en 1272, époque qui, ainsi que nous l'avons vu, concorde avec celle de l'arrivée des Frères-Mineurs. Or ceux-ci marchaient avant les Carmes. Ce n'est donc qu'après 1262 qu'ils durent venir à Agen.

Ils s'établirent dans un fief du chapitre Saint-Etienne, près la Porte-du-Pin, dépendant de la paroisse Sainte-Foy. Ce terrain, qu'ils occupèrent jusqu'à la Révolution, s'étendait entre la rue des Arènes et la rue Saint-Jean, le long du ruisseau qui coulait contre la première enceinte de la ville, là où se trouve actuellemet la rue Lassaigne. L'église et une partie du couvent furent démolis en 1533, et restaurés aussitôt après, dans de plus vastes proportions. Lorsque nous arriverons à cette date, nous donnerons l'entière description du nouveau monument.

Revenant sur la transaction passée en 1272 entre les Carmes et le chapitre de Saint-Etienne, Labénazie nous apprend « que cet acte n'évita pas que, l'an 1334, les contractants n'eussent des contestations. Ils passèrent une autre transaction ou espèce de sentence arbitrale, parce que les Carmes se plaignaient que la première était injuste. Il fut réglé par celle-ci que la moitié du luminaire des paroisses de Saint-Etienne appartiendrait au chapitre de Saint-Etienne et que les religieux le leur rendraient en huit jours ; mais que les rétributions des paroisses des autres églises demeureraient entières aux Carmes, sans que le chapitre de Saint-Etienne y dût rien prétendre. Le troisième article est que les Carmes payeront dix sols de rente annuelle au chapitre Saint-Etienne, comme ils avaient accoutumé pour raison des oblations qui estaient offertes dans l'église des Carmes, pendant l'année entière, parce que le chapitre en estait frustré. De plus, ils s'obligeront à deux messes solennelles pour le chapitre, une de *Saint-Esprit* le mercredi après la Pentecoste, l'autre de *Requiem* pour les chanoines et bienfaiteurs de l'église de Saint-Etienne. Ils s'obligeront encore d'aller processionnellement à l'enterrement de chaque chanoine et d'y demeurer jusqu'après le service fait, moyennant quoi ils demeureront libres et quitte de toute autre sorte de redevance. Passé à Agen, dans la maison desdits Frères Carmes, l'an 1334 [1]. »

« En 1397, continue l'auteur de l'*Histoire en particulier du diocèse et de l'église d'Agen*, il y eut encore un accord dans lequel les Carmes, pour se délivrer de leur pansion annuelle de quarante sols qu'ils faisaient au chapitre de Saint-Etienne, pour les récompenser des offrandes et oblations qu'on faisait dans l'église des Carmes, leur donnèrent la seizième partie du dixme de Puymirol, qui leur avait été donnée par Arnaud de Durfort, seigneur de Bajamont. Cette donation et rachapt de pansion annuelle fut ratifié par le Père Général des Carmes, qui était dans Agen, le 16 août 1397. »

Nous avons vu, au chapitre des Dominicains, les difficultés qui surgirent entre les religieux et le haut clergé séculier, à l'occasion des sépultures dans leur église conventuelle, et comment fut réglée cette question. Les mêmes embarras furent suscités aux Frères-Mineurs et aux Carmes, qui durent se plier aux mêmes conditions que celles qui avaient été imposées aux Frères-Prêcheurs. « L'usage de porter les corps des décédés dans les églises paroissiales, ajoute Labénazie, avant d'être portés aux églises des religieux où ils avaient leur sépulture, fut supprimée, aussi bien à l'égard des Carmes qu'envers les autres réguliers, par un arrêt contradictoire donné en octobre 1540, dans la Chambre des Grands-Jours qui tenait ses séances à Agen. Les derniers règlements portent que la moitié du luminaire appartient aux chapitres et aux curés.

---

[1] Labénazie. Ms. t. II, l. IV, ch. X.

Les chapitres font l'office des funérailles dans les églises des religieux : les curés n'ont pas ce droit ; ils conduisent simplement les corps à l'église des religieux. Il est vrai que Monseigneur l'évêque Joli ordonna qu'on porterait les corps dans les paroisses avant de les porter dans les églises des religieux, conformément à l'usage marqué dans la sentence arbitrale, donnée contre les Jacobins en 1254. Cela se pratiqua pendant quelque temps : mais cet usage fut de courte durée, et aujourd'hui il ne se pratique plus. »

Placé dans un site reculé de la ville d'Agen, loin de toute église ou monastère quelconque, le Couvent des Carmes vit affluer autour du sanctuaire de son église la population pauvre et déshéritée de la ville, les ouvriers qui, alors comme aujourd'hui, cherchaient dans ce quartier lointain un logis moins cher qu'au centre de la cité. Aussi ses religieux devinrent-ils vite populaires et s'attachèrent-ils plus particulièrement cette population misérable et besogneuse. Ce fut surtout autour de la chaire où un jeune Carme agenais, Gérard de Cussac, doué d'un véritable talent oratoire, haranguait le clergé et le peuple, que, dans le milieu du XIVe siècle, toutes les classes de la société aimaient à se grouper. Le souvenir de ses sermons s'est transmis à la postérité, puisque nous savons que, vers 1345, il en fit imprimer soixante adressés au clergé et soixante adressés au peuple, et qu'il les dédia au cardinal Bernard de Saint-Cyriac[1].

Vers la même époque, le Couvent des Carmes d'Agen fut le théâtre d'un drame émouvant. On était en 1350, c'est-à-dire au début de la guerre de cent ans, alors que chacun prenait fait et cause soit pour l'Anglais, soit pour le Roi de France. La plus grande confusion régnait dans le royaume, et les villes qui voulaient se garder étaient obligées d'entretenir à leurs frais des troupes mercenaires. Agen était alors protégé par une garnison de soldats Lombards, véritables soudards qui ne respectaient rien et donnèrent plus d'une fois maille à partir aux Consuls, aux gages desquels ils se trouvaient.

---

[1] Labénazie, t. II, ch. XVI, p. 376.

C'est ainsi que nous les voyons une fois, pour insuffisance de solde, menacer les Consuls de se retirer à Castelsarrasin, et une autre fois, envoyés par eux au siège du château de Madaillan occupé par les Anglais, provoquer leurs alliés, les Gascons, et se livrer entre eux à des rixes sanglantes[1]. Or, en 1350, Amanieu et Bertrand de Fauguerolles étaient détenus dans les prisons d'Agen. Ils parvinrent à s'évader avec trois voleurs « *raubadores e malfaitos*, dit le texte patois du livre de Jurades », et ils vinrent chercher un refuge au Couvent des Carmes, où les soldats lombards les poursuivirent. « E se eran rescons sobra la gleia dels Carmes, e foron pres sus « ladita gleia, et los feron sautar a terra, lo dilus lo dia de San « Valenti, l'an 1350[2]. » Une plainte fut aussitôt portée par les Pères Carmes contre la garnison lombarde qui avait violé le droit sacré d'asile, tandis que de leur côté les Consuls, soutenant les soldats, intentèrent un procès aux Carmes pour avoir recélé des prisonniers qui leur appartenaient.

En 1488, le 11 décembre, noble Garsies de Mondenard, seigneur de Moncaut et de Sainte-Colombe, fonde par son testament, deux messes au Couvent des Carmes d'Agen. Quelques années plus tard, en 1516, nous voyons également dans le testament de Finette de Gaillet, épouse de Pierre de Gaillard, seigneur du Buscon, de nombreuses donations faites au même couvent[3].

— Le XVI° siècle fut riche en évènements pour le Couvent des Carmes. Le plus important fut la fameuse sédition de 1513, rapportée tout au long dans de nombreux documents jusqu'à présent inédits, et que nous demanderons à nos lecteurs la permission de résumer ici, le Couvent des Carmes d'Agen ayant servi aux séditieux de lieu principal de réunion, et, par suite, ayant joué un rôle signalé dans cette affaire. Darnalt, et après lui Labénazie, Labrunie, Saint-

---

[1] Arch. municipales d'Agen. BB. 16. — Voir aussi la remarquable étude de MM. Tholin et Bonouville sur le *Château de Madaillan* (Revue de l'Agenais, 1886.)

[2] Arch. municipales, BB. 16.

[3] Arch. départementales de Lot-et-Garonne, série II, 7.

Amans, l'abbé Barrère, c'est-à-dire presque tous nos chroniqueurs ont raconté plus ou moins en détail cette sédition agenaise. Tous se sont inspirés de l'ouvrage sur *Les Séditions*, de Nicolas Boyer, conseiller du grand conseil du Roi, envoyé à Agen avec plusieurs autres magistrats pour faire l'enquête et punir les coupables, ouvrage dans lequel il résume les principales phases de cette mémoble émeute [1]. Le dépouillement récent des archives municipales d'Agen par M. G. Tholin est venu compléter l'œuvre de N. Boyer, en mettant au jour de très nombreuses pièces relatives à cette affaire, telles que, les informations secrètes et l'audition des témoins, le récolement des aveux et dépositions à la charge de cent trente-deux accusés, la sentence solennelle rendue par les commissaires délégués contre les coupables, les actes de récidive de ces derniers, et enfin la contre-enquête qui fut faite contre les Consuls. Sans entrer dans ces nombreux détails qui demanderaient une monographie complète, nous mettrons sous les yeux de nos lecteurs les principaux passages du résumé de Nicolas Boyer, auxquels nous joindrons les faits les plus intéressants de l'enquête.

---

[1] « *Præclarus et elegans tractatus de Seditiosis omnium civitatum, villarum et castrorum, omnibus scabinis seu consulibus ac ceteris Reipublicæ administratoribus utilis, quotidianus ac necessarius, per Clarissimum Virum dominum Nicolaum Boherii. J. V, interpretem de Montepesullano Christianissimi domini nostri francorum principis in suo excelso consilio consiliarium ordinarium noviter editus. Venundantur Parisiis in Vico Sancti Jacobi, in intersigno Pellicani, cum gratia et privilegio* (1515) ». Cet ouvrage est devenu fort rare.

L'exemplaire dont nous nous sommes inspiré pour traduire ici cette sédition agenaise est précédé d'une gravure fort curieuse au verso du titre et reproduite au verso du folio 41, avant le texte de l'arrêt. Elle est ainsi décrite par notre savant collègue M. Jules Andrieu, dans sa remarquable *Bibliographie générale de l'Agenais*, tome I, page 111, article Nicolas Boyer. « C'est la représentation un peu naïve de la dernière séance du tribunal. A droite et à gauche du sénéchal B. d'Estissac figurent les huit juges et commissaires : Nicolas Boyer, B. de Chassaignes, Jacques Sevin, juge-mage, Martial Cortète, G. de Castillon, lieutenant du sénéchal, etc. Dix condam-

La sédition éclata dans Agen, le 2 juillet 1513. Elle était provoquée par une proposition des Consuls tendant à demander au roi l'autorisation de lever de nouveaux droits sur le vin, la viande et autres choses « venundandis », afin de pouvoir rembourser les quatorze cents livres prêtées par l'évêque de Mende, pour la construction du Pont sur la Garonne, et subvenir aux dépenses que nécessiterait la continuation des travaux. La Jurade fut orageuse ; néanmoins, la proposition des Consuls fut acceptée à la majorité. Seuls, trois ouvriers protestèrent, quittèrent la salle et allèrent soulever le peuple. Ils prétendirent que les privilèges et les coutumes de la Cité étaient violés par les Consuls ; que les élections de ces derniers depuis longtemps ne se faisaient plus régulièrement, qu'ils réélisaient leurs parents, leurs alliés, leurs amis, et qu'au lieu d'être librement élective ainsi que le voulait la Coutume, la charge consulaire était devenue héréditaire. Le peuple leur donna raison, et aussitôt l'émeute fut organisée. Le chef fut Pierre de la Sarre, surnommé Clerguet. Conduits par lui, les insurgés se dirigèrent sur la maison Commune, en criant : « Où sont ces voleurs de Consuls ? » Ne les rencontrant pas, ils pénétrèrent dans l'église Saint-Etienne, où ils en trouvèrent quatre : Roland, Jean Théobald, homme docte et de bien, Pierre Abbracombe, et un sieur Arminiac, qu'ils firent prisonniers et amenèrent à l'Hôtel-de-Ville. Ici, un incident comique. Le latin dans les mots bravant l'honnêteté, nous laissons la parole à M° Nicolas Boyer : « Quemdam alium, nomine Johannem

---

nés, cierge allumé en main, écoutent à genoux la lecture de la sentence. Deux d'entre eux, Clerguet et Bayonez, ont la corde au cou. »

L'édition de la *Bibliothèque Nationale* à Paris, que nous avons également consultée, est toute différente. Le volume qui nous a été communiqué, F. 1835, Venetiis Heredes Joannis Bonelli, MDLXX, contient des chapitres multiples et divers, parmi lesquels, à la page 68, le traité de Nicolas Boyer, et, à la page 74, le récit de la sédition agenaise, mais très altéré et avec de nombreuses interpositions du texte. Ce texte cependant nous a paru plus précis et plus clair que celui de l'édition de 1515. En revanche, les gravures n'y sont pas reproduites.

Archives municipales d'Agen, FF. 226, 227 et 228 (ensemble 840 feuillets).

« de Broha, publicum scribam, in vicini domo absconsum, per cri-
« nes extrabi jubent, qui, per timore mortis, in suas caligas se
« extercoravit, ex quo in derisum postea extercorator seu juxta
« eorum vulgare cacator vocatus fuit. » Maîtres de la ville, les
émeutiers s'en firent donner les clefs, et ils pénétrèrent dans la
chambre des Archives, afin de prendre communication de la Coutume, des privilèges de la Cité, et des comptes consulaires. La terreur était à son comble: « Itaque eo superbie processit populi fu-
« ror, ut omnes primores se mortuos esse crederent. » L'émeute
alla plus loin. Craignant d'être abandonnés par la populace, les
chefs firent appel aux habitants des villes voisines; et celles de
Saint-Clar et de Podio Mugio (sans doute Puymirol,) acquiescèrent
à leurs propositions. Vinrent donc s'ajouter aux séditieux d'Agen,
André de la Brosse, appelé Broset, et Gayraud de Pey-Loviel, amenant avec eux plus de mille individus.

Toute cette populace se promenait dans les rues de la ville,
criant partout : « Ubi sunt nunc isti latrones Consules, vectigal
« novum (quod ipsi rhevam appellant,) imponere volentes? Truci-
« dare enim eos oportet et altum communis plateœ puteum ex ca-
« daveribus ipsorum repleri, clamantesque, more Tuscarum et
« Apulorum : Vivat, vivat Rex et Communitas ! » Vainement les
consuls, les jurats, les conseillers, les officiers royaux essayèrent
de quitter la ville. Les portes étaient gardées nuit et jour par
Pierre de Peyloviel, Pierre Darqué, Jean Bastard dit Trompette, et
Pierre de Maison Neuve. Nul ne put s'échapper.

Le lendemain, 3 juillet, les émeutiers voulant s'organiser définitivement, s'emparèrent, au nombre de deux mille, du couvent des
Carmes et de la prairie qui y était attenante[1], et commencèrent à
sonner les cloches, aussi bien celle du couvent que celles de Saint-Hilaire, de Sainte-Foy et de Saint-Caprais. En vain, Pierre Gaillard,

---

[1] Nous avons déjà vu plus haut, dans sa lettre du 1ᵉʳ mai 1715, le Père
Florent de la Croix affirmer « qu'à la grande sédition d'Agen, du 3 juillet
1513, deux mille hommes des séditieux s'emparèrent du couvent et y détruisirent tous les titres ».

seigneur du Buscon, « civis plebi gratus », essaya de s'interposer, engageant les émeutiers à déléguer quelques-uns d'entre eux auprès des Consuls, pour leur exposer leurs griefs. La foule furieuse refusa, « declarans quia omnem plebem interesse velle », et elle envahit de nouveau la maison commune. D'après les dépositions de l'enquête, certains insurgés déclarèrent : « qu'il fallait déposer les Consuls et prendre leur place; d'autres auraient réclamé le partage des biens; d'autres auraient assuré qu'ils se feraient Anglais plûtôt que d'acccepter le nouveau subside. Dans le cas de meurtres, quelques séditieux proclamèrent qu'ils seraient tous solidaires, et que de la sorte, la justice ne pourrait frapper à la fois deux mille personnes. »

L'émeute se prolongea longtemps, quinze jours d'après l'enquête, deux mois d'après Me Boyer, qui ajoute que : « Ipsi Aginenses soliti sunt seditiones facere. » Y eut-il de nombreuses victimes ? Nous ne le pensons pas. Les dépositions de l'enquête n'en indiquent aucune. Cependant Saint-Amans ajoute dans une note, qui est confirmée par l'abbé Barrère, toujours d'après l'ouvrage de Me Nicolas Boyer, que « ce fut en ce temps-là, qu'ayant arraché du sanctuaire de la cathédrale Imbert de Cirey, archidiacre, les insurgés le jetèrent à la Garonne, où il se noya [1] ».

Il fallait bien pourtant qu'à la longue l'ordre fût rétabli. Aussi Louis XII envoya-t-il à Agen, pour commencer l'information et punir les coupables, Bertrand d'Estissac, chevalier, sénéchal d'Agenais et de Périgord, conseiller du roi, noble Bertrand de Chassaignes, seigneur d'Astaffort et conseiller au Parlement de Bordeaux, enfin Nicolas Boyer, conseiller au grand Conseil. Ces trois personnages se mirent à l'œuvre, calmèrent les esprits et commencèrent, dès la fin de 1514, cette interminable procédure, où furent entendus tant de témoins, à la charge de cent trente-deux accusés. Elle dura plus d'une année. Ce ne fut qu'en 1515 que fut rendue par eux et plusieurs autres magistrats d'Agen, tels que Joseph Sevin, juge

---

[1] Saint-Amans. *Histoire du département de Lot-et-Garonne*, T. I, page 306.

mage, Martial Cortète, Guillaume de Castillon, etc., la sentence finale rapportée par N. Boyer, et dont nous avons l'original même aux archives d'Agen [1]. D'après elle, Clerguet et le Bayonnès, les deux principaux coupables « furent condamnés à faire amende honorable, à être fouettés par les carrefours, puis conduits au gibet et bannis du royaume, avec défense d'y rentrer sous peine d'être pendus. Dix-sept autres accusés furent condamnés à être bannis, les uns du royaume, les autres de la sénéchaussée, soit pour toujours, soit pour un an, et à payer des amendes. Enfin la confiscation des biens fut ordonnée contre les plus coupables. »

On peut croire, après l'exécution de ce jugement, que l'ordre régna enfin dans Agen et que cette affaire n'eut pas d'autres suites. Il n'en fut rien. Par ces temps de troubles et de misères, où la police n'existait pas et où l'autorité du roi se faisait longtemps attendre, la canaille avait beau jeu. Aussi voyons-nous, la même année, le Sénéchal publier, à la date du 18 août, une ordonnance « contre les vagabonds, ruffiens, gens sans adveu, joyeurs, asardeurs, pippeurs, etc. », leur enjoignant de sortir de la ville dans les vingt quatre heures, et leur défendant de parcourir, souvent au nombre de trois cents, les rues d'Agen en armes. Bien plus, les chefs même de la sédition précédente, condamnés au bannissement du royaume, n'avaient pas dépassé le village de Sainte-Colombe et les environs d'Agen et étaient rentrés en ville dès le mois de juin 1515. On reprit Clerguet, Le Bayonnès et autres principaux meneurs; on les enferma dans le château de Castelculier et on leur fit subir un nouvel interrogatoire. Dans la minute de la délibération prise au logis du juge mage, nous lisons que « quant à ce qui touche Clerguet et Le Bayonnès, plusieurs magistrats opinent pour qu'ils soient pendus, « suspendentur » [2]. Mais nous ne croyons pas que l'éxécution ait eu lieu, car un retour de l'opinion se prononçait déjà en leur faveur. Les émeutiers, soutenus par plusieurs notables habitants d'Agen eurent même l'audace de provoquer une contre-

---

[1] Archives municipales, FF. 228.
[2] Archives municipales, FF. 228.

enquête contre les Consuls, maintenant leurs accusations premières et demandant une réforme générale. Ils furent écoutés, et on chargea maître Yrisson, notaire de Condom, qui fut à cet effet délégué par le Roi, de procéder à une information. Sur la déposition précise des témoins qui désignent par leur nom les magistrats incriminés, il fut obligé de reconnaître qu'il y avait eu, en effet, de leur part, des actes de concussion dans la gestion des deniers communs, des abus dans les élections consulaires, et même des fraudes pour l'entrée des diverses denrées dans la ville, etc. Dix ans après nous voyons encore quelques coupables, condamnés comme séditieux, tels que Antoine Riniac, Martial Redon et Jeanne Laville, obtenir des lettres de remission [1].

Mais revenons au couvent des Carmes et reprenons le fil de son histoire. Il était déjà, paraît-il, dans la première moitié du XVIᵉ siècle en fort mauvais état : « Notre église, dit le Père Florent de la Croix dans sa lettre du 1ᵉʳ May 1715 [2], ou peu solidement bâtie dans son commencement, ou ruinée par le tems et les guerres, tomba vers l'année 1533. Nos religieux employèrent ce qu'ils purent de leurs deniers pour la rebâtir et agrandir. Mais ne se voyant pas assez forts pour continuer l'ouvrage, ils exposèrent au pape Paul III leur pauvreté. Le pape eut égard à leur prière et leur expédia une bulle, le mois de novembre 1535, par laquelle, afin d'exciter la dévotion et la charité des fidèles à contribuer de leurs biens à la réédification et agrandissement de ladite église, il accorde indulgence plénière avec les mêmes pouvoirs qui s'accordent pour un Jubilé, et ce pendant l'espace de cinq ans seulement, « à tous ceux qui, confessés et communiés, visiteront ladite église depuis les premières vêpres jusqu'aux secondes inclusivement du jour et fête de l'Annonciation de la Vierge ; voulant que cette indulgence fût publiée dans les diocèses d'Agen, Auch, Montauban, Bordeaux, Lectoure, Sarlat, Cahors, Condom et Bazas. En conséquence de la publication de cette bulle, les charités du peuple furent si grandes

---

[1] Archives municipales, FF. 228 et 229.
[2] Archives de l'Evêché, série F. 15.

et des particuliers se signalèrent avec tant de libéralité que l'église fut achevée avec les trois quarts de la voûte, l'an 1539. Elle a été dû depuis achevée, en tant qu'elle est, par la pieuse libéralité et charité du seigneur Claude de Gelas, évêque d'Agen, qui mourut le 26 septembre 1633. Ses armes, gravées à la dernière clé de la voute, sont une lion rampant dans champ de gueules, la crosse et la mitre aux deux cotés. »

« Celui qui fit paraître le plus de zèle et de piété en cette occasion, dit Labénazie, qui ne fait que reproduire la lettre du gardien des Carmes, fut un marchand d'Agen appelé Jean Malbec, dit Tisserandi, qui laissa par son testament mil escus sur le meilleur et le plus net de tous ses biens, pour faire les voutes de ladite église qui furent bientôt achevées. Car on lit facilement autour de la clef de la nef qui est vis-à-vis des chappelles de Saint-Jean et de Saint-Cosme dont l'inscription porte qu'elle a été faite en 1539, au moyen du legs de Malbec Tisserandi. Il a même fondé une chapelle dans cette église qui est maintenant possédée par M. Rigal, curé de Tayrac. »

Nous trouvons, en effet, aux archives départementales de Lot-et-Garonne, H. 7, le testament et les donations pieuses en faveur de l'église des Carmes de ce Malbec Tisserandi, ainsi que diverses pièces relatives au procès qui s'engagea après sa mort, entre son héritière Jeanne Malbec et le syndic du couvent. Il y est même question plus tard d'un bail à ferme d'une maison consenti par Jean-Auguste de Narbonne-Pelet, chanoine de la métropole de Saint-Etienne de Bordeaux, chapelain de la chapellenie de Malbec-Thesserandi.

Nous sommes amené par là à décrire l'église des Grands Carmes, telle qu'elle demeura jusqu'à la Révolution et telle que nous la donne le plan Lomet, ainsi du reste que l'ensemble du Couvent [1].

---

[1] Au moment de mettre sous presse, communication nous est faite d'un plan fort détaillé du Couvent des Grands Carmes, dressé par Lomet lui-même, lors de la vente du Couvent en 1791. Sans être plus exact que celui que nous présentons ici à nos lecteurs, il a sur lui l'avantage de nous faire connaître les divisions et les principaux aménagements de l'intérieur du Couvent. Dans l'impossibilité où nous sommes d'obtenir un nouveau cliché, nous nous contenterons d'en signaler, dans notre texte, les diverses dispositions.

— Le Couvent des Grands-Carmes, ainsi dénommé au xviie siècle pour le distinguer de celui des Petits Carmes ou Carmes Déchaussés, qui vinrent s'installer à Agen dans le faubourg Porteneuve, était, au dire du Père Florent de la Croix et de Labénazie, un des plus beaux de la ville, « avec belle église, grand jardin en bon air, et renfermé presque seul entre quatre rues, ce qui est très propre à vivre religieusement solitaires ». Situé dans le quartier de la Porte-du-Pin, et autrefois hors des murs de la ville, alors que la rue du Pin et la rue Saint-Jean ne faisaient pas partie de son enceinte intérieure, il occupait tout le vaste emplacement compris entre : au nord, la fin de la rue des Arênes, la petite place des Carmes et le commencement de la rue du Pin ; à l'est, toute la rue Saint-Nauphary ; au sud la rue Saint-Jean ; à l'ouest, le Gourbau ou aqueduc de la ville, jadis les fossés qui longeaient la rue Bergès et la rue Lassaigne. Il garda tout cet emplacement jusqu'à la Révolution, sauf les maisons R, qui séparaient au sud le jardin de la rue Saint-Jean, que les Pères Carmes vendirent peu à peu, et qui, en 1792, appartenaient déjà à divers particuliers.

L'église A, orientée vers le sud-est, était une des plus vastes de la ville. Sur le même plan que l'église des Cordeliers, sa longueur mesurait environ quarante mètres, c'est-à-dire, dix mètres de plus que l'église Saint-Hilaire actuelle, et sa largeur intérieure douze mètres. Elle était à une seule nef, divisée en trois travées irrégulières et terminée d'un côté par une abside à sept pans, de l'autre par une tribune qui en occupait tout le fond. Entre chaque contrefort intérieur s'élevait une chapelle. D'après les dessins de Lomet, les travées de la nef devaient être voûtées en croisées d'ogives ; ce qui est fort naturel, l'église, comme nous venons de le voir, ayant été entièrement reconstruite de 1533 à 1539. La principale entrée se trouvait au nord dans la première travée latérale et donnait sur la rue du Pin. Une autre entrée, réservée aux moines, existait sur la façade méridionale, et donnait accès à la salle capitulaire qui, elle-même s'ouvrait sur le cloître C.

Ce cloître C, de dimension fort vaste, occupait tout le centre du couvent. Dans le plan de la ville que nous reproduisons ici, il se compose de chaque côté de quatre travées barlongues et paraît démuni de piliers ; tandis que, dans le plan beaucoup plus complet qui nous est communiqué, chacun de ses côtés comporte neuf piliers ronds. Les deux grands corps de logis B-D et D' qui le ferment de tous côtés, constituaient l'ensemble du Couvent.

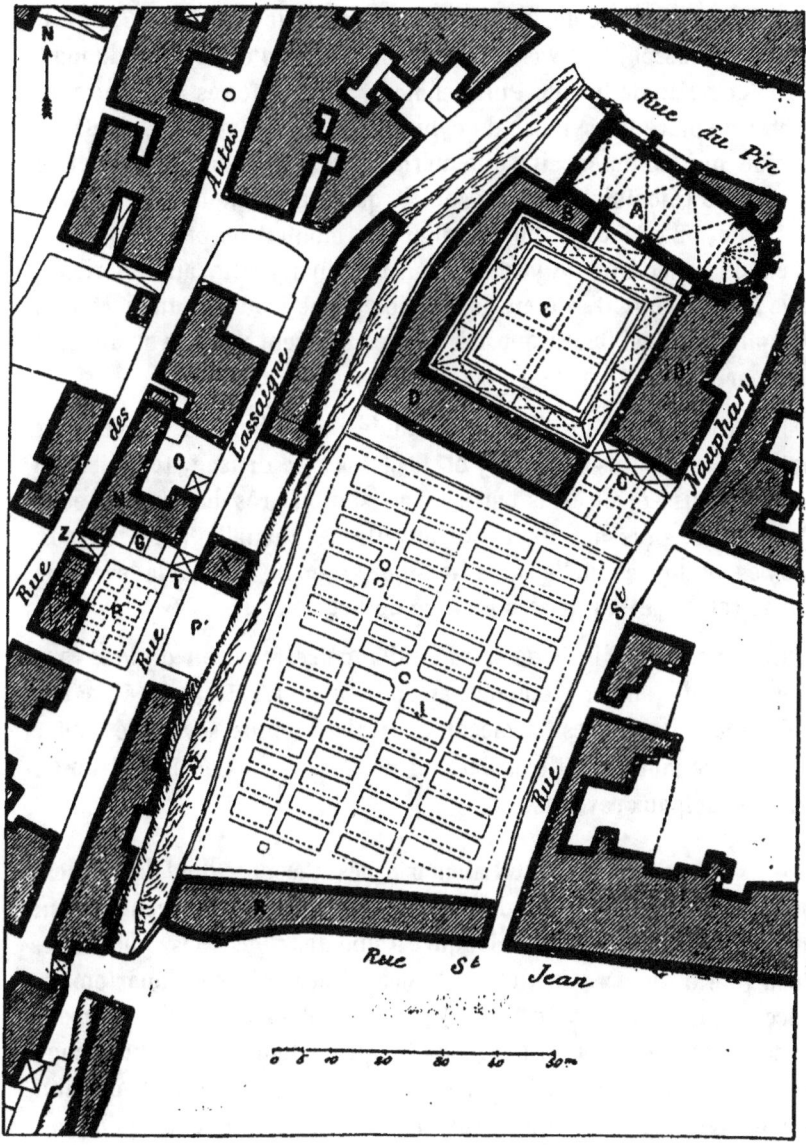

En B, en effet, c'est-à-dire dans l'aile septentrionale longeant une partie de l'église et la cour d'entrée du Couvent, dont la porte principale s'ouvrait sur la rue du Pin, se trouvaient deux pièces, la première servant de salle de pas perdus, la seconde de chambre du portier.

La majeure partie de l'aile occidentale renfermait en 1791, au rez-de-chaussée, une vaste écurie dont l'entrée extérieure donnait sur le gourbau de la ville. Puis venaient, toujours dans la même aile, une vaste pièce dite pièce du cylindre et enfin au coin, en D, la cuisine qui commençait l'aile méridionale. A la suite en effet se trouvait le réfectoire, puis un couloir qui communiquait du cloître au jardin, puis la cage d'un escalier qui montait au premier étage, et enfin la chambre du jardinier qui terminait cette aile méridionale D. La cour C' n'était pas bâtie. Là se trouvait un parterre, rempli de belles fleurs que les Carmes faisaient venir avec un soin tout particulier.

Le bâtiment D', qui comprenait toute l'aile orientale du couvent entre la rue Saint-Nauphary et le cloître, se divisait, toujours au rez-de-chaussée, en trois parties : au sud et près du parterre était l'infirmerie; puis au milieu se trouvait une chapelle réservée aux moines et dite chapelle saint Nauphary ; enfin venait la sacristie qui se rattachait au nord à l'abside de l'église.

Un superbe jardin J, de soixante-dix mètres environ de long sur cinquante de large, s'étendait au sud du couvent, jusqu'à la rue Saint-Jean. Les Pères Carmes y cultivaient toutes sortes de fruits, dont ils se montraient très fiers, et dont la vente constituait un de leurs principaux revenus.

— « En 1683, nous dit Labénazie, les Carmes, dont la principale préoccupation était d'enrichir leur église, placèrent à leur maître-autel ce beau rétable, qui est une des pièces les plus belles de la ville d'Agen ». Un titre fort curieux des archives départementales de Lot-et-Garonne (II, 6) est le « Mémoire des ornemens de sculpture, chapitaux, fleurons etc. qui restent à faire pour achever les ailes du rétable du grand autel de l'église des Carmes, fait par le frère Hélie ». Nous y voyons, entre autres détails, qu'il était orné de quinze basses-tailles représentant les mystères de la Vierge exposées a la façade des piédestaux et de l'arrière-corps et de six petits panneaux de fleurs interposées ; plus de dix autres basses tailles représentant les Saints de l'ordre du Mont-Carmel ; de douze grands festons de fleurs ; de quatorze chapitaux, pilastres d'ordre « Corenthe » taillés en feuilles de refend ; de vingt-six panneaux de feuilles de refend et branches de fleurs ; de quatre têtes de chérubins, ornant les quatre panneaux du milieu des quatre figures des Evangélistes ; de grandes flammes pour mettre au-dessus des lanternes de la corniche, etc. etc. Qu'est devenu ce beau retable ? Nous ne trouvons aucune trace de son existence dans les inventaires de la Révolution.

En 1533, les pères Carmes adressent une requête aux consuls, afin d'obtenir l'entrée de dix pipes de vin. Ils se basent sur ce que le vin qu'ils ont dans leur couvent est « gras comme huile » et que plusieurs de ceux qui en ont bu sont malades [1].

En 1578, la chambre du Parlement (chambre tripartie) étant venue à Agen, où on lui avait donné comme local l'Hôtel-de-Ville, la cour de la sénéchaussée fut transférée au couvent des Carmes ; elle passa de là dans la maison de Monrevel [2].

En 1593, les Carmes sont réduits à la plus extrême misère. Les Consuls décident qu'on leur enverra des aumônes et qu'on leur distribuera des secours [3].

A la date du 6 février 1601, une épave des archives des Carmes se trouve encore aux archives départementales de Lot-et-Garonne (H. 4). C'est la copie en français, par extraits, des bulles du grand cartulaire des Carmes d'Agen, rendues en faveur de l'ordre par les papes Innocent IV, Jean XXII, Alexandre IV, Pie II, Benoît XIII, Innocent VI, Clément VI, et qui règlent les obits et sépultures du

---

[1] Arch. munic. BB. 26.
[2] Idem. BB. 33.
[3] Idem. BB. 36.

couvent, avec le droit pour les Carmes d'entrer en procession dans les paroisses des défunts, sans autorisation préalable.

De nombreuses modifications furent apportées vers le commencment du xvii° siècle à l'agencement du couvent des Carmes. Dès 1615, une aile fut ajoutée au bâtiment primitif, et l'ancien portail du couvent fut démoli. En 1622, la clocher fut réparé, ainsi que l'horloge [1].

En 1628, les Carmes dédient l urs thèses aux Consuls ; ce qui leur vaut de la part de ces derniers une assez forte aumône. En échange, le supérieur général des Carmes donne aux Consuls la planche de cuivre où sont gravées les armes de la ville d'Agen et qui avait servi pour les thèses des religieux [2].

L'année suivante, le couvent des Carmes est le théâtre de scènes surnaturelles, racontées tout au long par l'abbé Barrère, d'après des manuscrits conservés encore à l'Evêché d'Agen, et auxquelles l'auteur de l'histoire religieuse et monumentale du diocèse d'Agen ajoute pleine foi [3].

Nous n'indiquerons, en passant et pour mémoire, que les principaux actes de ces ridicules comédies.

Deux pauvres folles, Guillemette et Marie, servantes de la comtesse de Laugnac, Sérène de Bajamont, se crurent, comme leur maîtresse d'ailleurs, possédées du malin esprit. L'église eut le grand tort, plutôt que de les laisser vivre en paix ou de les faire simplement enfermer à l'hôpital, d'abuser de leur faiblesse, de les exposer brutalement à la curiosité et à la malignité publique, et de les tourmenter chaque jour, pendant près d'un grand mois. La première scène d'exorcisme contre la malheureuse Guillaumette eut lieu le 30 mai 1619, au couvent de l'Ave Maria, sous la présidence de M. de Lescazes, chanoine de Saint Etienne, assisté de l'abbé de

---

[1] Arch. munic. BB. 42 et 46.
[2] Idem. BB. 51.
[3] Histoire rel. et mon. du diocèse d'Agen. T. II. p. 381 et suiv.

Saint-Maurice et des principaux ecclésiastiques de la ville. La seconde, toujours aussi solennelle, se fit à Saint-Caprais, le 1er juin suivant. La troisième, à Sainte-Foi, le 5 juin ; la quatrième, le 12, puis le 14, et le 16. La séance du 18 juin fut tenue au couvent des Carmes. Le père Prieur du monastère la présidait : il avait à côté de lui le vice-sénéchal et tous les grands personnages de la cité. Nous croyons tout à fait inutile de raconter ici, même sommairement, les scènes fantastiques et burlesques qui remplirent cette séance, où le nom de la comtesse de Laugnac se trouvait malheureusement trop souvent prononcé. Nous renvoyons aux pages, beaucoup trop volumineuses de l'abbé Barrère, ceux de nos lecteurs dont la curiosité ne serait pas suffisamment satisfaite sur ces étranges mystifications.

Le Prieur des Grands Carmes d'Agen, en 1625, était le R. P. Michel Lafourcade, docteur en théologie. Il représente le couvent, dans la donation d'une somme de mille livres tournois, faite audit couvent par Jeanne Sommeville, veuve d'Alphonse Cardou, hôtesse du logis où pend pour enseigne *les Trois-Maures*, en considération de la profession qu'Etienne Cardou, son fils, s'apprête à faire dans ledit ordre [1].

Comme leurs confrères, les Dominicains, les Cordeliers et autres réguliers de la ville, les Carmes se multiplient auprès des victimes de la peste de 1629. Aussi les Consuls leur prêtent-ils assistance, et augmentent-ils leurs pensions, « à raison des aliments qu'ils portent eux-mêmes aux pestiférés [2]. »

La séance générale des Trois Ordres, à l'effet de nommer des députés et de rédiger les cahiers des plaintes et doléances pour les Etats-Généraux, convoqués le 23 janvier 1649, se tint à Agen, le 26 février, dans le réfectoire des Grands Carmes. Elle devait, comme par le passé, avoir lieu dans la grande salle de l'Hôtel-de-Ville ; mais « le juge mage Boissonnade fit observer que ce local était insuffisant et d'une solidité douteuse. Il rappelait que pour

---

[1] Arch. dép. de Lot-et-Garonne. B. 50.
[2] Archives Municipales, 6G, 255.

ces motifs, l'assemblée de 1614 s'était réunie dans le réfectoire des Jacobins. Depuis cette époque, cette dernière salle ayant été divisée en deux par la construction d'un mur, il croyait devoir proposer le réfectoire des Carmes, comme estant le plus grand et commode de la ville. » Son opinion prévalut. Les hauts fonctionnaires comme le lieutenant général, le procureur du Roi et les Consuls se placèrent à l'extrémité du refectoire et firent face à l'assemblée ; les membres du clergé à droite, sur des chaises rangées en long ; ceux de la noblesse à gauche, de même ; enfin le tiers-état au centre, sur des bancs posés en travers [1].

La noblesse élut pour député le baron de Pujols ; le clergé, Mgr Barthelemi d'Elbène, évêque d'Agen ; enfin le Tiers-Etat, M. Michel de Maurès. Puis on commença la rédaction des Cahiers. Quant aux Pères Carmes, ainsi du reste que les autres religieux, c'est avec joie que, dans ces circonstances, ils prêtaient leur couvent, trop honorés de cette préférence ; ils ne demandaient du reste jamais nul salaire, ni indemnité pour une telle location.

Le 5 octobre 1668, les Consuls d'Agen rendent une ordonnance de police en faveur des Carmes, par laquelle ils défendent expressement « qu'on dépose des ordures et immondices quelconques, et qu'on attache et fasse manger le bétail contre les murailles du couvent et de l'église de Notre-Dame des Carmes, sous peine de trente livres d'amende et d'autres plus grandes peynes, s'il y échoit, à l'arbitrage des sieurs Consuls [2]. » Vers cette époque, un Carme du couvent d'Agen, le frère Rafal, avait comme spécialité la faculté de découvrir les sources. Consulté par les Consuls, il leur certifie qu'ils peuvent à tel et tel endroit établir trois fontaines. Sa prédiction parait avoir eu plein succès [3].

---

[1] Idem. BB. 59. — Voir aussi le remarquable travail de Monsieur G. Tholin : *Les Cahiers des Doléances du Tiers-Etat du Pays d'Agenais aux Etats-Généraux*. In-8° 1885, page 80 et suivantes.

[2] Archives départementales, II. 4.

[3] Archives municipales, BB. 63

C'est le temps où Claude Joly, cherchant à réformer les abus de son diocèse, enjoignit à tous les religieux de ne plus exercer sans son autorisation spéciale le sacrement de pénitence. Les Carmes, comme les Cordeliers et les autres, durent se soumettre à sa décision; mais ce ne fut pas sans protester. Témoin le Père Vincent, grand Carme, qui dans les deux sermons qu'il prononça dans la chapelle d'Aiguillon, traita, le premier dimanche de septembre, Monseigneur « de destructenr des Temples ; » et, dans son second discours, engagea les fidèles à venir quand même se confesser à lui, au mépris des prescriptions de son chef[1].

Dans la même liasse, nous trouvons, à la date du 17 avril 1673, un acte passé dans le couvent des Carmes de la porte du Pin, paroisse de Sainte-Foy, constituant le R. P. Louis de Saint-Lose religieux Carme.

Le 9 mai 1680, un nouveau bail à ferme du moulin de La Salève, en Bajaumont, est passé entre le P. Prosper de Saint-Elie, prieur du couvent des Carmes, et Jean Gendre, sergent royal[2].

Ce fut dans l'église de Notre-Dame des Carmes d'Agen, que fut instituée la confrérie de la Purification de la Sainte-Vierge et qu'eurent lieu toutes ses réunions et cérémonies. Une bulle papale du 20 mai 1684, « *sub annulo piscatoris* » (c'est-à-dire scellée, non plus en plomb, mais en cire rouge et de l'anneau du Pécheur, représentant saint Pierre dans sa barque,) fut rendue en faveur de cette confrérie: elle lui octroie des indulgences et d'importants privilèges[3]. Nous trouvons également dans la suite de nombreuses reconnaissances des habitants d'Agen et des environs en faveur de la confrérie de la Purification; une, entre autres, du 15 février 1694, où figurent les R. Pères Spiridion, prieur, Boniface, sous-prieur, Prosper de Saint-Elie, syndic, Maximin de Saint Fulgence et Irenée, prêtres, faisant tous partie de la communauté des Carmes.

---

[1] Archives de l'Evêché. Série F. liasse 15.
[2] Archives départementales, H, 5.
[3] Idem. II. 4.

C'est également alors, le 23 janvier 1715, que fut fondée au couvent des Carmes l'Oraison des quarante heures par Catherine Lafont, veuve de Jean Fleury. Dans l'acte de fondation figurent le R. P. Florent de La Croix, prieur, et Jérôme de Sainte Brigitte, syndic [1].

Voici du reste quelques-uns des Prieurs et Syndics, dont nous avons relevé les noms à cette époque, tels que nous les avons trouvés dans les actes qui sont passés sous nos yeux :

1669, Athanase de Saint-Jean ; — 1684 et 1692, Prosper de Saint Elie ; — 1686 et 1692, Bonaventure de Saint-Ignace ; — 1694 Spiridion Moysset ; — 1701, Jérôme de Sainte-Brigitte ; — 1704, Nicolas de Saint Charles ; — 1715, Florent de la Croix ; — 1722, Elisée de Saint-Thomas ; — 1743, Severin Ledemieux ; — 1769, Charles Poissel ; — 1774, Avertain Neuville ; — 1790, Simon Estoc du Casse.

La longue et intéressante lettre du Père Florent de la Croix, prieur des Carmes, à Mgr Hébert, à la date du 1er may 1715, nous fournit, outre les nombreux détails que nous avons déjà donnés, l'état exact à cette époque du couvent des Carmes d'Agen. Il peut être considéré comme un spécimen de l'état de tous les autres couvents. Nous ne saurions donc mieux faire que de laisser parler le Père prieur lui-même.

« Nos supérieurs ont tenu de mettre dans nos couvents autant de religieux qu'on peut y en nourrir et entretenir, parceque plus il y en a, plus on est en estat d'y mieux observer la règle, d'y vivre plus religieusement, d'y mieux faire les offices divins, d'y donner plus de secours spirituels aux fidèles, et d'y mieux remplir les obligations que nous ont imposées les défunts dans leurs legs pieux.

Nous étions, il y a quarante ans, dans ce couvent au nombre de seize à dix-huit religieux. Le temps était bon, les charités étaient grandes, le peuple était aisé : mais le temps est devenu misérable par bien des endroits que personne n'ignore, et le peuple pauvre ;

---

[1] Idem. H. 5.

les charités se sont refroidies ; tout est devenu d'une grande cherté. Nous avons été obligés de louer des capitaux pour vivre, l'insolvabilité des débiteurs nous en a fait perdre plusieurs ; d'autres, très mal dans leurs affaires, ne nous paient pas les rentes depuis nombre d'années, et nos capitaux sont en très grand péril entre leurs mains. Nos fonds de terre sont fort petits et produisent peu. C'est ce qui a obligé les supérieurs à diminuer le nombre des religieux dans ce couvent ; et on a toujours de la peine à y vivre sans s'endetter.

Nous sommes actuellement neuf religieux, un valet et un petit garçon pour la sacristie ; ils nous passe souvent des religieux, soit des notres, soit étrangers, qu'il faut recevoir avec charité et leur permettre le séjour dont ils ont besoin ; avoir soin des malades et surtout que rien ne manque dans la sacristie et dans l'église de ce qui est nécessaire et convenable pour la célébration des divers mystères et pour le service des autels ; entretenir les édifices du couvent, la chambre des religieux, en sorte que rien n'y manque ; faire travailler les biens. Tout cela entraîne bien de la dépense, quand on a des revenus ; mais l'expérience m'a appris que nous n'en avons pas assez.

Revenus du couvent : la sacristie, vu le quartier où nous sommes situés, ne nous donne pas grand casuel ; néanmoins elle en donne suffisamment pour entretenir l'église avec assez de propreté de tout ce qui est nécessaire au service divin, cierges, ornements, linge, huile pour la lampe, sans que le revenu du couvent y entre.

Pour fournir tous le reste, voici le revenu que nous possédons :

Notre bien fonds qui consiste en des terres labourables et des vignes, selon l'arpentement et sur le pié que nous en payons la taille, est de la contenance de dix quarterées ; les terres labourables nous donnent ordinairement, de notre part, six sacs de blé, un sac de légumes. Les vignes nous donnent, les meilleures années, de notre part, cinq barriques de vin. Je dis les meilleures années, car cette dernière récolte, elle ne nous en a donné que trois, cela est notoire.

Toutes ces pièces viennent de legs pieux et fondations d'obits ; si bien qu'ayant comparé la taille que nous payons au Roi, les droits seigneuriaux que nous payons d'une partie à Messieurs les chanoines de Saint-Caprasy, et les rétributions qui doivent nous revenir desdites messes, avec ce que nous retirons de ce bien fonds, il se trouve que les charges excèdent de beaucoup les revenus.

Nous avons une petite maison et jardin rue Bourrou, qui nous donne douze livres de louage. Nous avons encore, au fond de notre jardin, une maison délabrée et trois granges où personne ne vient. Nous n'en retirons aucun louage depuis près de trois ans. Tout le reste de notre revenu consiste en rentes dispersées soit en ville, soit à la campagne. Sur nonante deux familles, la plupart très dures au paiement, elles montent à la somme de neuf cent trente livres, dix sous. De cette somme il y a six cent cinquante livres de rentes obituaires, qui nous obligent à un nombre considérable de messes hautes et basses. La quête de la campagne ne nous a produit depuis trois ans que deux picotins de blé. La première année nos frères ne trouvant pas qui fut ou en état ou en volonté de leur faire quelques charité, ni même qui put leur donner du pain pour vivre, furent obligés de s'en revenir, et moy de ne plus les y envoyer, pour ne pas les fatiguer en pure perte. La quête de la ville nous donne tous les samedis régulièrement environ un quart d'huile pour la lampe de l'église et cinq petits pains qui nous viennent de la charité de MM. Sabourous et Dorée et des dames religieuses des couvents des Carmélites, de la Visitation et du Tiers ordre, et pas un denier d'argent ni un morceau de pain au delà. Enfin la quête de la Semaine Sainte nous donne de trois à quatre livres de chandelles qui servent au monument du Jeudi Saint. Le couvent a donc été toujours pauvre. Les revenus ne suffisent pas. Aussi avons-nous des dettes. »

Et à la fin : « Nous n'avons pas de privilège particulier dans ce Couvent. Nous n'avons qu'une petite relique de Saint Simon Stok, anglès, de nation, lequel mourut général de l'ordre, faisant la visite dans le couvent de Bordeaux, où ses reliques reposent dans une chasse d'argent et dans la chapelle dédiée à son honneur, et où on en faict la solennité avec grand concours de peuple qui l'honore singulièrement pour avoir reçu le scapulaire de la main de la Mère de Dieu » [1].

L'année suivante, le couvent des Carmes d'Agen s'enrichit des reliques de sainte Pacifique, martyre. L'authentique, du 3 septembre 1716, porte, en effet, que « par devant nous, vicaire général de Monseigneur l'Evêque et comte d'Agen, a comparu Frère Spiridion Moysset, prieur des Grands Carmes de cette ville, lequel nous a représenté une boete, liée d'un petit ruban rouge, cachetée de cire d'Espagne, au sceau de Mgr Gaspard, etc. » Permission est accordée au prieur de les garder et de les exposer dans son Couvent [2].

Deux inventaires du Couvent des Carmes d'Agen sont déposés aux archives départementales de Lot-et-Garonne, H, 6, l'un pour l'année 1763, l'autre pour l'année 1776. Tous deux constatent l'état d'extrême pauvreté dans lequel il se trouve et combien les dettes et les dépenses dépassent les revenus. Seule l'église a conservé son ancienne apparence. Le maître autel est comme il a toujours été, relate le premier inventaire, avec sa garniture ordinaire de six chandeliers dorés, une croix de bois, une vierge et trois petits reliquaires. Il y a toujours cinq chapelles dans l'église, garnies de leurs gradins et ornements pieux, et à la chapelle de la vierge, deux bustes, dans l'un desquels il y a la relique de Simon Stok. Le chœur a été remis dans son premier état, avec un lambris. Les Consuls ont donné cinquante livres pour cela. La tapisserie n'est plus dans l'église ; le R. P. Paulin l'enleva quelques jours après le chapitre ; il en donna au jardinier pour s'en faire une garniture de lit et à un tailleur nommé Toulouse pour en garnir sa boutique, etc. » Dans l'inventaire de l'argenterie, on remarque une belle custode avec son voile, un soleil, trois calices, un encensoir, etc. La bibliothèque manque de catalogue. Les diverses chambres sont pauvrement, mais proprement garnies. Le réfectoire est riche en nombreux plats d'étain. Comme revenus, le couvent possède : une petite métairie, au Puch Lavergne, d'un revenu annuel de cent quarante

---

[1] Archives de l'Evêché. Série F, liasse 15.
[2] Archives départementales. H. 4.

livres ; deux vignes, l'une à Sainte-Radegonde, l'autre au côteau de Saint-Vincent ; un moulin à Layrac, d'un rapport de trois cents livres ; et des rentes obituaires pour huit cent quarante cinq livres. Total : 1,380 livres de revenus, alors que les emprunts du couvent faits à l'hôpital, aux Ermites, aux chanoines de Saint-Etienne, aux Dames du Chapelet, etc., s'élèvent à la somme de 4950 livres.

Dans l'inventaire de 1776, même pauvreté. L'état de l'église est semblable à celui de 1763, sauf que des deux chapelles de la Vierge et de Saint-Roch, on a fait une sacristie dans laquelle on remarque une jolie fontaine d'étain. Les ornements sont un peu plus nombreux et plus riches. Outre les propriétés rurales précédentes, on trouve en plus une terre à Péchabou, et une maison, en ville, rue Bourrou, louée cinquante francs. Le jardin rapporte cent francs. Cette année, les recettes s'élèvent à la somme de 14,016 livres, 6 sols, 6 deniers ; les dépenses à la somme de 13,812 livres, 13 sols, 4 deniers. Il reste pour vivre, 203 livres, 13 sols, 2 deniers. Ce qui est absolument insuffisant.

Le neuf février 1774, dans une quittance à Guillaume Nouguès [1], nous ne rencontrons plus que trois Carmes habitant le Couvent d'Agen, Avertain Neuville, prieur et syndic, Lambert Bouvet, sous-prieur, et Hilaire Montauson.

Le 25 novembre 1783, ils sont au nombre de six : R. P. André Lavergne, prieur et syndic, Hilaire de Montozon, sous-prieur; F. Lambert Bouvet, F. Thomas Chevassier, F. Clement Demenat, et F. Jean Casabonnet. De nombreuses ventes, résultant de l'extrême misère du Couvent, sont effectuées à cette époque par les Grands Carmes d'Agen. Notons, entre autres, celle du 9 mai 1784, consentie en faveur du sieur Richard aîné, d'un terrain de quatre toises de largeur sur trente-trois pieds de long, rue Saint-Jean, moyennant une rente foncière annuelle et perpétuelle de cent soixante livres, qui doit être affectée aux réparations et autres besoins du Couvent [2].

---

[1] Archives départementales. H. 5.
[2] Archives départementales. Idem.

La Révolution arrive. Le 5 mai 1790, les officiers municipaux se présentent au Couvent des Carmes pour en dresser l'inventaire. Il est à peu près semblable aux deux précédents. Les revenus annuels sont : Un huitième du revenu d'un moulin de Layrac, affermé annuellement 400 livres ; la métairie de Pech Lavergne, près Foulayronnes, rapportant 330 livres ; la maison de la rue Bourrou, 60 livres ; une vigne à Roste, paroisse de Sainte-Foy, 80 livres ; la vigne de Saint-Vincent, 20 livres ; deux pièces de terre, à Sainte-Radegonde et à Pechabou, 50 livres ; le jardin contigu à la maison, 300 livres. Comme rentes obituaires, 211 livres ; comme rentes foncières, 68 livres. Total des revenus : 1678 livres, 6 sols, 9 deniers. Les dettes s'élèvent à la somme de 1,235 livres, 12 sols. Six religieux habitent le Couvent : Le R. P. Simon Estoc du Casse, prieur, âgé de quarante-huit ans ; il demande à rester, s'il lui est permis de se réunir à la communauté des Grands Carmes de Bordeaux, dont il est profès ; sinon il déclare vouloir sortir.

Le P. Hilaire Montozon, prêtre, sous-prieur ; soixante-quinze ans. Il déclare vouloir rester, pourvu que la communauté soit conservée en cette ville, sinon sortir.

Le P. Ignace Carayre, prêtre ; soixante-six ans ; il veut sortir.

Le P. Clément Demena, prêtre, procureur syndic ; quarante-quatre ans ; il déclare vouloir rester, pourvu que la communauté soit conservée en cette ville, et « ne pas vouloir se séparer du *Régiment patriotique* de ladite ville, dont il est l'aumônier » ; sinon sortir. C'est lui qui le lendemain dimanche, 6 mai, célébra solennellement la messe, sur l'autel de la Patrie, au Gravier à l'occasion de la prestation du serment civique par la garde nationale d'Agen [1].

Le P. Jacques Elisée Itier, prêtre ; vingt-huit ans ; il désire sortir, à moins que la communauté ne soit conservée dans Agen [2].

Le Frère Gabriel Bihel, profès ; trente-quatre ans ; il déclare vouloir sortir [3].

---

[1] *Journal de Lot-et-Garonne*, année 1790.
[2] Archives départ. de Lot-et-Garonne. Biens nationaux.
[3] Idem.

L'année suivante, le 20 janvier 1791, M. Thomas Noguères, administrateur et membre du directoire du district d'Agen, se rend au couvent des Carmes, pour lire aux religieux et faire exécuter le décret du 8 novembre 1790, et les avertir qu'ils aient à quitter le couvent. Ce qu'ils firent incontinent. Les scellées furent apposées aussitôt sur toutes les portes.

Un mois après, le 26 février 1791, les habitants du quartier du Pin, privés de leur église, rédigent une pétition, tendant à ce que l'église des Grands Carmes soit ouverte et que le service divin y soit de nouveau célébré : « considérant qu'il n'est d'autre issue et communication praticable pour descendre dans ladite église qu'une ouverture communiquant à la tribune par nous scellée ; considérant encore que le service peut être provisoirement fait sans attenter encore aux scellées de la sacristie qui renferme beaucoup d'autres effets que ceux propres au service divin et qu'il n'est pas possible de déplacer encore, nous Thomas Noguères, membre du directoire du département, avons estimé qu'il était opportun de faire descendre un serrurier au moyen d'un cordage qui serait jeté dans ladite église. Ce qui a été exécuté. Ledit serrurier descendu a ouvert la grande porte de l'église, et nous sommes entré avec MM. Lamouroux, curé de Sainte-Foy, Barsalou, Chaubard, habitants de ladite paroisse, Jean Lacoste, Etienne Noé, fabriciens, etc. »

Mais l'église des Carmes ne resta pas longtemps ouverte au culte, et elle subit, comme ses semblables, la loi commune.

Les religieux partis, on procéda, les 3 et 4 octobre 1791, à la vente des meubles et effets du couvent. Elle produisit la somme totale de 663 livres, 12 sols.

Le 1er février 1792 eut lieu l'estimation définitive du couvent des Grands Carmes d'Agen, c'est-à-dire « de la maison, du cloître, du jardin et de toutes les appartenances et dépendances, tel qu'en jouissaient les cy-devant religieux Grands Carmes, à la réserve de l'église, sacristie, petit réduit en entrant dans le cloître et chapelles qui se trouvent dans l'intérieur de ladite église, etc. »

Les bâtiments furent estimés 4200 livres, 13 sols, 4 deniers, et le jardin, cloître, dépendances, etc., d'une superficie de seize cents toises, deux pieds, à raison de 9 livres la toise, 14403 livres : ce qui fit, comme valeur totale du couvent, 18609 livres, 13 sols, 4 deniers [1]. Ils furent vendus pour la somme de 27,521 fr. 50 c.

Les ventes continuèrent pendant toute l'année 1792 ; aussi bien celle de la maison de la rue Bourrou, de la vigne de Rooz ou Rosthe qui atteignit la somme de 1898 livres, 13 sols, que celle de tous les matériaux, briques, carreaux, pierres, moëllons, provenant de la démolition du couvent, etc. [2].

Dans l'*Etat des bâtiments et édifices nationaux invendus* et employés à des objets d'utilité publique, nous voyons qu'à la date du 14 vendémiaire an III, l'église des Grands Carmes avait été déjà convertie en écurie militaire.

Enfin, le 1er prairial, an VI, (20 mai 1798), après procès-verbal d'estimation, à la date du 19 pluviôse de la même année, de l'église et sacristie, et d'après lequel « l'église avait vingt toises de longueur hors œuvre, et sept toises, deux pieds de largeur, aussi hors œuvre y compris les chapelles, » eurent lieu l'adjudication et la vente définitive de l'église des Grands Carmes avec toutes ses appartenances et dépendances. Elle se monta, avec les frais, à la somme totale de 151.000 fr. [3] L'église fut démolie quelque temps après, comme le couvent l'avait été précédemment ; et « un vaste et beau jardin, nous dit Proché, s'éleva à sa place. »

Dans la suite, tous ces terrains furent vendus à divers particuliers, qui y construisirent les maisons que l'on voit encore de nos jours. Les Orphelines, proches voisines des Grands Carmes, profitèrent de ces ventes successives, et purent acquérir une portion importante du jardin du couvent pour agrandir leur si modeste et si utile maison. Enfin la rue de Belfort, nouvellement percée entre la rue Las-

---

[1] Archives départ. Biens nationaux.
[2] Idem.
[3] Idem.

saigne et la rue Saint-Nauphary, est venue dernièrement transformer totalement le vieil aspect de ce quartier. Car, elle traverse dans toute sa longueur, la première travée de l'ancienne église, le milieu du cloître, le milieu du logis principal et elle s'étend jusqu'à la rue Saint Jean, en coupant à peu près en deux parties égales tout le jardin des Grands Carmes.

Il est donc fort difficile de se rendre compte aujourd'hui de l'emplacement de ce couvent, qui, pendant cinq siècles, avait été l'un des plus considérables et des plus beaux d'Agen.

CHAPITRE VI

LES AUGUSTINS

Les Ermites de Saint Augustin eurent, de même que les Frères-Prêcheurs, les Cordeliers et les Grands Carmes, à la suite desquels ils forment le quatrième ordre mendiant, un établissement dans Agen.

Cet ordre fait remonter son origine à Saint Augustin lui-même et à ses disciples, dont quelques uns, quittant l'Afrique pour venir s'installer en Italie, en Espagne, en France, auraient fondé plus tard leurs premières maisons sous la règle du grand évêque d'Hippone. Ces prétentions des Ermites ont toujours été contestées par les Chanoines Réguliers, qui se disent seuls continuateurs de l'ordre fondé par Saint Augustin. Quoiqu'il en soit, cette question, qui dans les siècles passés a bruyamment agité le monde religieux, n'a jamais été, croyons-nous, définitivement tranchée. L'opinion la plus accréditée est que jusqu'au XIIIe siècle, les Ermites de Saint Augustin, disséminés un peu partout, n'eurent aucune règle précise, et que ce fut le pape Innocent IV, qui, en 1244, donna aux Ermites de Toscane la règle de Saint Augustin [1].

---

[1] *Dictionnaire des Ordres religieux* par M. l'abbé Migne. Voir aussi le Père Hélyot : *Histoire des Ordres Monastiques*.

Un différend s'éleva même, vers cette époque, entre ces Ermites et les Frères-Mineurs, qui leur reprochaient de leur avoir pris leur costume. Le pape dut s'en mêler ; et Grégoire IX ordonna aux Augustins, les derniers arrivés, « de porter à l'avenir un habit noir et blanc, avec des manches larges et longues, en forme de coule, ceint d'une ceinture de cuir par dessus, assez longue pour être vue ; d'avoir toujours à la main des bâtons hauts de cinq palmes, faits en forme de béquilles ; de dire de quel ordre ils étaient en recevant les aumônes des fidèles, et enfin de porter leur robe de telle longueur qu'on put voir leurs souliers, afin de les distinguer des Frères-Mineurs qui étaient déchaussés [1]. »

Ces prescriptions furent généralement mal suivies. Il fallut que, dès 1254, le pape Alexandre IV s'occupât de ces moines et les groupât sous le même ordre et sous la même discipline. La réunion générale se tint à Rome, le 1er mars 1256, dans le couvent de Sainte Marie du Peuple. On y élut un général, et on se répartit en quatre provinces : la France, l'Allemagne, l'Espagne et l'Italie. Dans sa bulle de confirmation du mois d'avril de la même année, Alexandre IV exempta les Augustins de la juridiction des ordinaires, les dispensa de porter le bâton et ordonna que, dans leur habit, les coules seraient noires, afin qu'il n'y ait plus aucune confusion avec le costume des Franciscains. Plus tard, il fut décidé que leurs chapitres généraux se tiendraient tous les six ans ; la règle fut rendue plus sévère en ce qui touche les jeûnes et l'abstinence, et la laine seule leur fut permise comme chemise et comme couverture.

Lorsque, en 1567, le pape Pie V eut à régler la fameuse question de préséance entre les Réguliers, il mit les Ermites de Saint Augustin au nombre des Ordres mendiants ; mais ils ne durent marcher qu'après les Grands-Carmes, ceux-ci étant déjà précédés par les Cordeliers et les Frères-Prêcheurs. Leur costume fut aussi alors définitivement arrêté. « Dans la maison il consistait en une robe et un scapulaire blanc ; au chœur et quand ils sortaient, en une espèce

---

[1] *Dictionnaire des Ordres religieux* par M. l'abbé Migne. Voir aussi le Père Hélyot : *Histoire des Ordres Monastiques*.

de coule noire et par dessus un grand capuce, se terminant en rond par devant et en pointe par derrière, jusqu'à la ceinture qui est de cuir noir. »

L'ordre des Augustins devint cependant prospère grâce aux aumônes des fidèles et aux nombreux privilèges dont les papes les gratifièrent. En France, toutes les diverses maisons dépendaient des Grands Augustins de Paris. Plus tard, plusieurs réformes s'opérèrent. Citons parmi les principales : la réforme de la Communauté de Bourges, qui enfanta, à Paris, le couvent des Petits Augustins, fondé par les pieuses libéralités de la reine Marguerite de Valois.

— De même que pour les Cordeliers et les Grands-Carmes, on ne sait au juste l'époque où les Augustins vinrent s'établir à Agen. « Comme le Couvent fust brûlé par les Huguenots au commencement de leur hérésie, nous dit le Père supérieur dans sa lettre de 1715 à Mgr Hébert [1], et qu'ils enlevèrent la plupart de nos anciens titres, nous n'avons pu découvrir ni le jour de la fondation, ni le nom du fondateur. Nos pères le firent rebatir sur les ruines. Il est à présent assés beau, mais placé dans un lieu malsain près des remparts de la ville. »

Labénazie est plus explicite et plus précis : « Les Augustins, dit-il [2], à qui le pape Alexandre IV permit de quitter leurs hermitages et de venir demeurer dans les villes, avec les Jacobins et les Cordeliers, furent aussi établis à Agen dans ce siècle, mais un peu plus tard, car leur tradition dit qu'ils furent établis à Agen après ceulx de Bourdeaux. Le Couvent de Bourdeaux fut establi l'an 1287, à la prière de Robert Bornel, évêque de Bath et de Wilts en Angleterre et chancelier d'Edouard premier, comme il paraît par un titre rapporté dans l'histoire de Saint André de Bordeaux, à l'article de Guillaume III, archevêque. Il y a quelque tradition que ce mesme evesque Robert

---

[1] Archives de l'Evêché d'Agen, série F. liasse 5.
[2] Labénazie. *Histoire en particulier du diocèse et des églises d'Agen*. Ms, Tome II, livre IV, chap. X, p. 345.

Bornel sacra l'église des Pères Augustins d'Agen, comme il paraissait, il n'y a pas bien longtemps, en une inscription painte à la muraille de leur église. Dans la suite, les seigneurs de Montpezat se rendirent fondateurs de cette maison, où parcequ'ils fournirent à la batisse du cloître ou de l'ancien couvent qui a esté basti de notre tems à la moderne, où ces bons religieux ont fait une des belles maisons de leur province et une église des mieux ornées, où ils ont, par les soins du père Bergues, leur prieur, fait faire un des beaux restables à leur maître autel.

« La maison et l'église des Augustins sont bastis dans le fief du chapitre de Saint Caprasy et dans leur paroisse. Les premiers religieux en firent reconnaissance au chapitre qui a changé la rante en un homage qu'ils font et rendent à chaque procession générale. Ils viennent à l'Eglise Saint Caprasy pour accompagner le chapitre au lieu où la procession commence, qui est ordinairement l'église Cathédrale. »

L'abbé Barrère croit qu'ils durent, dès les débuts, « occuper une ancienne église, et employer à la construction de la leur les débris de quelque vieux monument chrétien, comme on peut en juger par une sculpture que nous avons vue chez M. de Saint-Amans, provenant des ruines de ce monastère. C'est un chapiteau roman qui représente la Sainte Famille et le songe mystérieux de Saint Joseph. L'ange semble sortir des nuages pour lui dire : « Levez-vous ; prenez l'enfant et sa mère, et fuyez en Egypte. Dans le second tableau, Joseph parait menant en laisse la monture qui porte la Vierge tenant dans ses bras le sauveur d'Israël [1]. »

Quoiqu'il en soit de la date exacte de leur arrivée à Agen, il est à peu près sûr qu'ils s'y trouvaient dès les dernières années du XIIIe siècle; et, comme nous venons de le voir, leur couvent fut fondé presque aussitôt après celui de Bordeaux, c'est-à-dire après l'année 1287.

---

[1] *Histoire relig. et mon. du diocèse d'Agen.* — T. II. p. 36.

— Le couvent des Augustins avec son église, son cloître et ses dé-

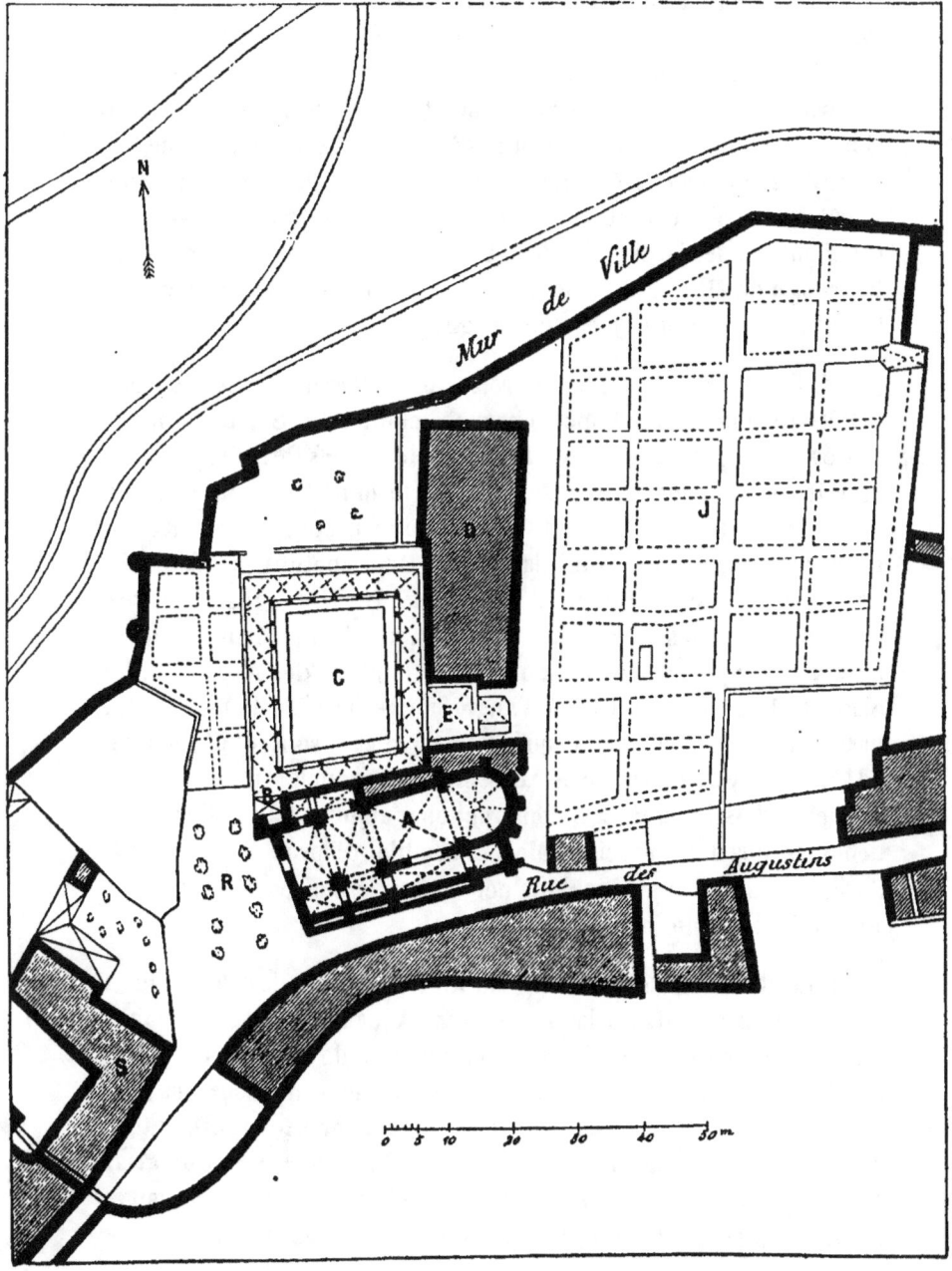

pendances, occupait, avant la Révolution, tout le terrain compris entre le mur de ville, au nord, dans toute sa longueur ; à l'est, les jardins de MM. Thomasson et Pélissier aîné, qui touchaient eux-mêmes à la rue Fon-Nouvelle ; au midi, la rue des Augustins ; à l'ouest, la petite place des Augustins R et les jardins de M. Belbèze, négociant. C'est l'emplacement actuel du couvent des Filles de Marie. La maison S, sise de l'autre côté de la place et de la rue des Augustins, dépendait également du couvent. Elle servit en 89 de salpêtrerie et était limitée, au nord par le jardin de M. Boissié, au couchant par les jardins de MM. Rivière et Bellecombe, au midi par la grange de Mme Laboulbène et le jardin de la veuve Olivier, au levant par la rue et la place des Augustins.

L'église A, bâtie, comme le croit l'abbé Barrère, avec les vieux matériaux d'un ancien temple chrétien, était, en 1789, telle que la représente le plan ci-joint de Lomet, à deux nefs fort inégales, de trois travées chacune. La grande nef se terminait par un chevet à cinq pans. La petite, formant bas coté au sud, était fermée au contraire par une chapelle sur plan carré. Deux petites travées inégales communiquaient au nord avec le cloître C. L'église était recouverte de voûtes en croisées d'ogives. La façade était à l'ouest avec la principale entrée qui donnait sur la place des Augustins. Le clocher B devait se trouver à l'angle nord-ouest de la façade. La base paraît carrée, alors que, dans la vue cavalière d'Agen de 1648, sa partie supérieure est dessinée hexagonale. Il est difficile d'ailleurs d'assigner à ces constructions, aujourd'hui entièrement démolies, des dates précises. Mais il semble, d'après le plan, qu'à l'origine l'église n'avait qu'une nef et que le bas-coté du sud est une addition postérieure.

Au nord de l'église, attenant, était le cloître C, un des plus beau et des plus intéressants de la ville d'Agen. A peu près rectangulaire, il était voûté en croisées d'ogives, et sur trois de ses faces il occupait huit travées. Les arcatures extérieures reposaient sur des supports composés chacun de deux élégantes colonettes, surmontées de chapiteaux géminés, le tout en beau marbre blanc, teinté de gris, des carrières de Saint-Béat. Ces piliers correspondaient, croyons-nous, à des supports pareils formant dosseret. Les motifs d'ornementation des chapitaux sont en général empruntés à la flore ou au blason: quelques-uns mêmes semblent par leur élégance se rapprocher de la meilleure époque de la Renaissance. Bien qu'on ne puisse leur donner exactement une origine précise, nous pensons avec M. G. Tholin que leur style est celui de la fin du xiv° ou du commencement du xv° siècle. Le Musée d'Agen en possède plus de la moitié. Les autres sont restés dans la cour du couvent des Filles de Marie ou engagés dans les constructions modernes de ce monastère.

Au nord-est du cloître était le corps principal du couvent, D. Il communiquait avec l'église par un arceau E, voûté probablement en croisée d'ogives. Enfin en J était le jardin fort beau, fort spacieux, qui se prolongeait jusqu'au mur de ville.

Le couvent des Augustins fut plusieurs fois détruit, ainsi que son église, notamment lors de la prise d'Agen par les Huguenots en 1561. Le père supérieur, qui nous l'a déjà appris dans sa lettre de 1715, ajoute: « Pour ce qui est de notre Eglise, elle est assez vaste et bien voutée. Il y a au milieu un chœur à hautes et basses formes. On voit au côté droit du maître-autel, dans le creux de la muraille, le tombeau de J. César Scaliger, qui était de la maison des princes de Vérone (sic). Son crâne, que nous gardons dans une armoire, comme curiosité, est double et d'une grandeur plus qu'ordinaire. Il y a dans cette ville une famille de ce nom qui en descend en droite ligne [1]. » Et Saint-Amans ajoute dans ses Antiquités : « Une simple pierre offrit d'abord sur ce tombeau l'inscription qui suit, placée par ordre exprès de Scaliger:

Julii Cœsaris Scaligeri quod fuit,
Obiit anno 1558, XII Kal. Novembris.

Joseph Charrier, son arrière petit-fils, transporta cette épitaphe modeste sur une grande plaque de bronze et y ajouta divers accessoires [2] »

---

[1] Archive de l'Evêché. Série F. liasse 5.

[2] Saint Amans. *Essai sur les Antiquités du département de Lot-et-Garonne*, p. 141. Voir pour plus amples détails sur J. César Scaliger : *Documents sur J. César Scaliger et sa famille*, par M. Ad. Magen. (Recueil des travaux de la Société d'Agriculture, Sciences et Arts d'Agen. In-8° 1873.)

« Nous avons, ajoute le Père Supérieur, une Sainte Epine de la couronne de Jésus-Christ et quelques autres petites reliques. Nous ne jouissons que des privilèges qui nous sont communs avec le reste des Religieux mendiants. » Quant à ces reliques, Labénazie nous les énumère tout au long : « C'est une des églises les plus riches en reliques de la province. Ils ont des reliques de la Sainte Epine, de saint Louis, de sainte Eutrope, de saint Jean-Baptiste, de saint Loup, de saint Etienne, de saint Urbain, de saint Remi, de saint Vincent, de saint Antoine, de saint Auraille, évêque d'Arles, de saint Claude, de saint Mesme, de saint Cosme, de saint Gervais, de sainte Roze, de sainte Raffine, de sainte Barbe, de sainte Anne, de sainte Catherine et de sainte Quitterie. »

En avril 1339, le Pape Benoit XII adresse d'Avignon, où il résidait, aux Ermites de Saint Augustin un bref pour leur prescrire de relever de l'excommunication prononcée par l'évêque plusieurs personnes qui étaient allées à l'encontre d'un règlement sur les mœurs et la religion, édicté par les Consuls [1].

Durant le XV° siècle, nous n'avons aucun document sur l'histoire de ce couvent. Tous ont dû disparaitre, lors de l'incendie de la maison et de la prise d'Agen par les Huguenots.

Ce n'est qu'à partir du XVI° que nous trouvons les Augustins en rapports constants avec les Consuls. C'est ainsi que, en 1507, ceux-ci leur ordonnent d'abattre la nouvelle construction qu'ils ont adossée aux murailles de la ville, et que, en 1535, les Consuls mentionnent dans le livres de leurs mémoires, « qu'il devront faire visite au procureur des Augustins, quand il sera arrivé ; l'élection de de deux prieurs ayant amené des troubles qui pourraient perdre le Couvent. » Quels sont ces troubles ? Malheureusement les notes des livres des Consuls sont très brèves sur toutes les questions, et celui-ci ne nous en dit pas davantage.

Nous avons déjà parlé au chapitre des Frères-Prêcheurs des scènes d'inquisition qui eurent lieu à Agen, dans leur Couvent, en

---

[1] Archives municipales d'Agen, GG, 193.

1538, et dont le précieux registre est encore déposé inédit aux Archives de l'Evêché d'Agen, sous le titre : *Révélations de témoins sur un monitoire publié dans la ville d'Agen contre certains personnages qui enseignent la doctrine de Luther*[1]. Le prieur des Augustins fut soupçonné et immédiatement dénoncé. Voici le fait tel que le résume fort exactement d'ailleurs l'abbé Barrère . « Sire Jean Briancourt, bourgeois et marchand d'Agen, dit qu'après avoir entendu le monitoire et le sermon de l'inquisiteur dans l'église de saint Phébade, il est venu déposer pour la décharge de sa conscience. Il y a un an environ, sans qu'il puisse se rappeler ni le mois, ni le jour, il entendit devant sa maison frère Marc, qui se disait Prieur des Augustins d'Agen, adresser des reproches à un religieux de ce monastère, nommé Arnaud Mitaine, et lui commander, sous peine d'excommunication, de rentrer dans son couvent. Le frère refuse d'obéir. Une altercation s'engage, et celui-ci répond au prétendu prieur : « Allez, luthérien, je n'en feray rien pour vous. » Etonné de cette apostophe, Briancourt en demande compte au religieux. « Monsieur, c'est ung des vray luthériens du monde et, s'il ne s'en fust fuy, il eust esté brulé. » Ce même registre contient un peu plus loin de nouvelles dépositions contre ce frère Marc Ricard, prieur des Augustins. Elles furent si accablantes qu'on finit par le faire prisonnier. Il ressort de l'enquête, qu'après avoir habité longtemps le Couvent d'Agen, il était parti pour Paris, puis revenu dans notre ville où il s'était fait nommer prieur. Il se lia avec le fameux Philibert Sarrazin, considéré comme un des chefs du nouveau parti, et il avait assez son franc-parler pour venir déclarer entre autres choses « qu'il n'y avait pas plus de mal à commettre un crime dans une église que dans tout autre lieu. » Bref, sa défense parut assez peu suffisante pour qu'on n'hésitât pas à l'enfermer dans la *Gabio* de l'Evêché. Mais son existence y était relativement douce, car on lui permettait de recevoir les visites de son ami Philibert ; et le registre nous apprend « qu'un soir qu'il avait

---

[1] Archives de l'Evêché d'Agen, Série G, n° 29.
[2] Tome II, page 196.

été admis à sa table, on avait préposé à la garde du prieur maître Guillaume Chandeau, praticien, lequel dans sa déposition, raconte avec complaisance la gaieté des convives. » On sait, du reste, que toute cette enquête de Louis Rocheto fit plus de bruit que de mal, et qu'il n'y eut d'autre mort que celle du pauvre inquisiteur lui-même, qui, accusé à son tour, ne put trouver grâce auprès de ses juges, ses anciens confrères.

Le 12 novembre 1558 mourait Jules César Scaliger. « En premier lieu, je veux, dit-il dans son testament du 15 septembre de la même année[1], quand serai décédé, que mon corps soit enseveli en l'église Saint Augustin d'Agen, là où j'ay demandé ma tombe, à un bout du grand autel, laquelle je veux que mon héritier universel, avec l'exécuteur de mon testament, soit tenu de faire faire de six pans ou plus de profond, toute bastie de pierre autour et au fondz avec quatre barres de fer fichées pour soutenir la quaisse en laquelle sera mon corps, et sur ladicte tombe pour couvercle avec une pierre de marbre d'une pièce, engravée de mes armoiries et de lettres romaines antiques, qui seront telles: *Julii Cezaris Scaligeri quod fuit*, etc. » Suivent diverses sommes qu'il laisse aux Augustins, soit pour entretenir sa tombe, soit pour les rémunérer des frais de ses funérailles, soit pour qu'il lui soit dit des messes obituaires. Nous avons vu, en décrivant l'église, que ses vœux furent exaucés. Sa tombe, nous apprend Labrunie, fut violée à la Révolution ; mais les curieux n'y trouvèrent guère leur compte : « Car un très petit ossement de cet homme, que son fils dit avoir été d'une haute stature et très robuste, fut tout ce que la terre n'avait pas encore consumé. » On sait que le crâne avait été pieusement conservé dans une armoire. Il a été donné depuis à la Société des Sciences, Lettres et Arts d'Agen, qui le possède actuellement.

Lors de la seconde prise d'Agen par les Huguenots, commandés, au nombre de huit cents hommes, par le capitaine Truelle, le

---

[1] Testament de J. C. Scaliger. Voir *Documents sur J. C. Scaliger et sa famille*, par M. Ad. Magen, p. 56 du tirage à part.

15 avril 1562, le Couvent des Augustins fut brûlé et l'église à moitié détruite. Ses titres furent tous dispersés. C'est du moins ce que nous affirme le père Prieur dans sa lettre de 1715. C'est alors que les cendres de nos martyrs Agenais furent transportées secrètement au château de Lalande, où elles restèrent quatre ans, jusqu'au 13 octobre 1566, jour où elles rentrèrent triomphalement en ville. « Les frères religieux du Couvent des Augustins les sont allez prendre et recepvoir en procession, bien avant la porte du Pin, les apportant de la maison dudit sieur Lalande, appelée la Mothe-Cantal, auprès de la ville, à laquelle procession y avait une grande multitude de peuple qui pleurèrent de joie quand ils virent les reliques. Le clergé chantait le *Te Deum laudamus*, et emportèrent les reliques processionnellement dans l'église de Saint-Caprais[1]. »

La pauvreté du Couvent était fort grande à la fin du xvie siècle. Aussi voyons-nous les Augustins, bien que sur le rôle des tailles ils ne soient inscrits que pour 1 sou, 8 deniers, demander aux Consuls à être déchargés des impôts, « attendu que les ennemis leur ont pris tous les revenus, et à être exemptés des tailles pour les biens roturiers qu'ils possèdent malgré leur profession de religieux mendians[2]. » Les Consuls leur achètent en réponse la petite pièce de terre appelée le *Tap Foundut*, près le coteau de Saint Vincent « qui servira de carrière ». Sont cités dans l'acte, à la date du 18 mai 1584, Frères Philippe Ysac, prieur du Couvent, Charles Sirizac, Juan Vaures, Juan Dumeur, et Arnaud Dutrey, tous religieux Augustins d'Agen.

On sait par le dépouillement du registre BB, 37, des archives municipales d'Agen (livre des Jurades et des Assemblées des Trois Ordres), ainsi que par le remarquable travail de M. A. Magen : « *La ville d'Agen sous le Sénéchalat de Pierre de Peyronenc, seigneur de Saint-Chamarand* » *(1588-1591)*, combien notre ville eut à se repentir d'avoir embrassé la cause de la Ligue et dans quelles séries de transes et d'émeutes elle vécut, durant ces tristes années. La

---

[1] Livre capitulaire de Miremont. Voir aussi l'abbé Barrère, t. II, p. 304.
[2] Archives municipales, CC. 18. CC. 84 et BB. 35.

fameuse affaire du 4 janvier 1591, où la ville, prise par les Huguenots, fut livrée au pillage et au massacre, ne mit pas fin, comme on peut le croire, aux craintes des Consuls. On ne voyait que traîtres dans les rues, on ne parlait que de dénonciations et de trahisons. Fortement soupçonné d'avoir des relations avec les ennemis du dehors, on s'empara vers la fin de cette année du prieur des Augustins d'Agen, et on le mena prisonnier à l'Evêque, Nicolas de Villars, le fougueux ligueur, qui le détint assez longtemps dans sa tour de l'Escuragno ou Gabio[1]. Nous ne pouvons dire si les soupçons des Agenais étaient fondés.

Mademoiselle de Secondat de Roques se fit enterrer dans l'église des Augustins. Grande affluence et belle cérémonie. Seulement les Augustins portèrent plainte le lendemain contre diverses personnes qui avaient fait brûler dans leur chapelle, à cette occasion, des torches résineuses qui avaient détérioré les murailles. Ils invoquent un fait pareil qui s'était passé dans l'église des Cordeliers pour les funérailles d'Henri de Ladagne, sieur de La Cassaigne. Les Consuls dans leur livre d'audience (1605-1611) condamnèrent le marchand qui avait fourni ces torches de mauvaise qualité à dix livres d'amende[2].

Deux des principaux habitants d'Agen désirent également à cette époque être inhumés dans l'église des Augustins: l'un est Jean de Vigouroux, docteur en médecine, qui charge du soin de ses funérailles son fils Guillaume, archiprêtre de Marmande, et qui laisse de nombreux legs aux Pères Augustins (1619); l'autre est Jacob de Secondat, chevalier de l'ordre du roi, gentilhomme ordinaire de sa chambre, lieutenant colonel du régiment du sieur de Chastillon entretenu en Hollande, seigneur et baron de Montesquieu, Castelnoubel, Goulard, qui veut être inhumé dans l'église des Pères Augustins d'Agen, au tombeau de ses ancêtres, et qui lègue à leur couvent la somme de cent cinquante livres[3] (1620).

---

[1] Archives municipales, BB. 37.
[2] Idem. FF. 44.
[3] Archives départementales de Lot-et-Garonne, B. 44 et 45.

Dans les tristes séances d'exorcismes de l'année 1619, dont nous avons parlé au chapitre des Carmes et que raconte trop complaisamment l'abbé Barrère, nous trouvons mêlé aux divers ecclésiastiques chargés d'interroger les victimes le prieur des Augustins d'Agen. Il se nommait le Père Lendebourc.

C'est vers ce temps là (1626) que fut érigée, dans l'église des Augustins d'Agen, la confrérie de Sainte Anne, dite confrérie des menuisiers. Les archives de l'Evêché renferment encore « les statuts pour les confrères de la confrérie, errigée en la ville d'Agen et en l'église des RR. PP. Augustins, pour la plus grande gloire et l'honneur de Madame Saincte-Anne, par les maîtres menuisiers de la présente ville. » Ils contiennent vingt-deux articles, auxquels sont jointes la lettre des confrères à Monseigneur d'Agen pour qu'il donne son approbation, ainsi que l'approbation de Baltazar de Gélas, grand archidiacre et vicaire général, délégué par son évêque, à la date du 25 août 1626. Ils obtinrent également celles du Présidial et du Corps Consulaire[1].

Un jour de samedi du mois de juin 1627, un violent orage s'abattit sur Agen. Il détériora assez sérieusement l'église et le cloître des Augustins. A cette occasion le Père Augustin écrit aux Consuls : « Comme quoy le grand orage de sabmedi dernier esbranla tellement les grands piliers qui soutiennent la voulte de l'église, qu'un d'iceux, ou la plupart d'iceluy, cheut sur le toict du cloistre, qu'il enfonça bois et tuile. » C'est une réparation urgente « qu'ils ne sauraient faire sans l'assentiment de vos religieuses libéralités, à cause de l'extrême pauvreté du Couvent, lequel est en tant à raison du nombre notable des religieux que de la presse des passants, etc. » Les Consuls y consentent et décident qu'ils enverront quelques aumônes aux Augustins pour la réparation de leur cloître[2].

Lors de la terrible épidémie de peste qui désola la ville d'Agen en 1629, nous trouvons les Augustins, à côté des autres ordres mendiants, porter des secours aux malades et dédaigner les dangers

---

[1] Archives de l'évêché. Série F. liasse 5.
[2] Archives municipales. GG. 195 et BB. 44.

qui les menaçaient. Seul le Père prieur, épouvanté, s'était réfugié à Artigues. Mais l'épidémie se déclarant en ce lieu, et d'ailleurs comprenant bien vite que son devoir l'appelait à Agen pour se mettre à la tête de ses frères, il demanda à rentrer en ville. Les Consuls se réunirent et « a esté délibéré que si ledict Prieur se presente à la porte de la ville où à leur mesterie, il n'y sera reçu qu'il n'aye faict sa quarantaine et rapporté attestation vallable du jour de son despart et de son séjour et du jour qu'il aura commencé sa dicte quarantaine ; et sera faict deffense tant aux portiers de la présente ville et au mestayer de ladicte mestairie de lui permettre l'entrée de ladicte ville ni de ladicte mestairie [1] ».

En 1634, grand tapage et grande réforme aux Augustins d'Agen. « Le 15 février, nous apprend Labénazie dans sa *Chronique Agenaise*, le provincial des Augustins étant arrivé pour établir la réforme de son ordre, les anciens Pères s'y opposèrent ; et quoique le présidial y fut en corps, le Père provincial ne put venir à bout des anciens Pères. Il en fut fait un procès-verbal sur lequel le provincial obtint un arrêt au Parlement, qui obligeait les anciens d'obéir. La chose fut exécutée, et le provincial renvoya ailleurs les anciens et mit des religieux réformés, qui vivent exemplairement à l'édification du peuple et à l'honneur de leur ordre. »

Le 6 juin 1642, les Augustins adressent une requête au Parlement de Bordeaux, se plaignant « que le sieur Rossel, de sa plaine autorité, leur aurait pris de la pierre apportée à grands frais au couvent pour y réparer quelque ruine. » Il ajoutent que l'an passé déjà, en 1641, on leur avait volé une tente de belle tapisserie de Flandres [2].

Les archives départementales de Lot-et-Garonne contiennent, à la série H. R. 1 et 2, deux précieux registres de l'ancien couvent

---

[1] Archives municipales, GG., 255.
[2] Idem. GG. 195.

des Augustins d'Agen, où sont renfermés les inventaires de toutes les reconnaissances, cens, obits, rentes, etc, dont jouissent les Pères Augustins d'Agen, le premier depuis 1412 jusqu'en 1634, le second, dont nous parlerons dans la suite, de 1676 à 1737. Ils constituent, à bien des points de vue, le vrai journal du Couvent. Dans le premier de ces registres il nous faut relever les noms de Mlle Marguerite de Sevin, Toinette de Peycheri, comte d'Estrades, Marie Goudail, Jean de Raymond, et de tous les Secondat de Montesquieu, qui continuent la pieuse tradition de leur famille en protégeant et en dotant généreusement le couvent des Augustins. Au chapitre du rôle des sépultures dans leur église, notons au premier rang les caveaux de MM. de Rocques, de Saiges, de Montesquieu, de Lescale, capitaine au régiment de M. de Candale « dans laquelle tombe est enseveli Scaliger, » puis de M. Du Repaire et d'un grand nombre de bourgeois riches d'Agen, soit MM. Dausac, Gilardin, de Laurans, de Laygues, de Minda, Boissonade, Besson, Argenton, Malebaysse, Saulveur, etc., répartis dans les chapelles de saint Nicolas, de la Trinité, de Notre Dame et des cinq plaies. Dans le cloître, le caveau de la famille Labrunie. Puis vient le chapitre des archives, où sont détaillés toutes les donations testamentaire faites au couvent de 1412 à 1662, les achats de 1406 à 1656, les échanges de 1418 à 1644, les transactions, les appointements, sentences et arrêts de 1532 à 1654, les bulles et indulgences des Papes rendues en faveur des Augustins du 21 août 1526 à 1645, etc., etc. Suit enfin une table fort précieuse de tous les noms contenus dans les actes précédents.

Vers cette époque parut à Agen, où il semble être demeuré assez longtemps et où il fit suffisamment parler de lui, le fameux Père Germain Cortade, religieux Augustin, dont plusieurs écrivains, MM. Tamizey de Larroque, Léonce Couture, Ad. Magen entre autres, se sont plus ou moins longuement entretenu. Le dernier mot qui semble avoir été dit sur son compte est encore de notre savant compatriote de Gontaud. Dans sa remarquable brochure : *Le Père Cortade, notes et extraits*, (*Sauveterre de Guyenne*, 1881), à laquelle nous renvoyons nos lecteurs pour plus amples renseignements, Monsieur Ph. Tamizey de Larroque étudie dans le Père Cortade *l'historien, l'orateur* et le *poète*; et, après avoir énuméré [1] et finement critiqué son œuvre, il termine sa notice en nous donnant sur la biographie du personnage les quelques renseignements suivants : « Je ne saurais dire où et quand naquit le bon moine et où et quand il mourut. Il serait plutôt, ce me semble, languedocien qu'aquitain. En 1626, il étudiait la théologie à Toulouse dans le Couvent des Augustins, sous le P. André Landon, qui a publié un cours de philosophie et a laissé plusieurs traités théologiques manuscrits. Il reçut le sous-diaconat et le diaconat en 1635. Il fit vers cette époque profession dans le couvent de Toulouse entre les mains du prieur, qui était alors le P. Simplicien de Saint-Martin. Il fut appliqué au ministère de la prédication dans lequel il paraît avoir eu du succès. Il prêcha les stations de l'Avent et du Carême à Couserans, à Figeac, à Saint-Michel de Bordeaux, à Limoges, à Carcassonne, et aussi comme nous l'avons vu à Bayonne et *très probablement à Agen*. Tout indique du reste que ce fut un digne et saint religieux. »

L'éminent directeur de la *Revue de Gascogne*, M. Léonce Couture, répondant à une question posée par M. Tamizey de Larroque

---

[1] Voici les principaux ouvrages du Père Cortade que nous cite M. Tamizey de Larroque : *Les sept Saints tutélaires de l'Agenais ou ce qu'a recueilly d'assuré de leurs vies dans les auteurs fidèles le R. P. Germain Cortade, religieux Augustin, avec les sept sonnets du sieur D. P. L. S. et la liste chronologique de tous les évêques d'Agen*. A Agen, par Jean Gayau, marchand-libraire et imprimeur du Roy, de la ville et du clergé, 1664. Dans ses *livres liturgiques de l'église d'Agen*, Monsieur Ad. Magen a très spirituellement rendu compte de ce livre bizarre. (Recueil de la Société d'Agriculture, Sciences et Arts d'Agen, t. I, deuxième partie 1860, p. 241, note 41.) ; — *L'octave du Saint-Sacrement ou le Soleil de Justice caché sous la nuée de l'espèce.* (Tolose, Bernard Bosc.); — *Panégyriques des Saints choisis de tous les ordres et estats de l'église.* Paris, Pierre Josse, 1668 ; — *Marial ou Panégyriques de toutes les festes de la Sainte Vierge, avec les sermons des quatre confrairies des Mendians et du nom de Marie.* Toulouse, Bernard Bosc, 1676 ; — Enfin le *Calendrier Spirituel, composé d'autant de madrigaux en l'honneur de nos saints qu'il y a de jours en l'année pour la consolation des âmes dévotes et curieuses, par le R. P. Germain Cortade, définiteur et prédicateur Augustin.* A Bayonne, par P. Bosc 1665. C'est l'ouvrage le plus curieux de cet excellent religieux.

et lui énumérant quelques uns des ouvrages du Père Cortade, ajoute à la fin de sa note: « J'ai encore sous les yeux... *huit sermons dédiés à Claude Joly*, où l'auteur parle de « *notre Agen* » ; ce qui montre qu'il habitait cette ville, s'il n'en était pas originaire; question que je laisse à décider aux savants agenais [1]. »

N'ayant aucun droit pour nous ranger dans cette dernière catégorie, nous n'avons pas aussi la prétention de trancher ici cette question. Nous viendrons seulement à notre tour apporter notre humble pierre, extraite d'un document nouveau, entièrement inédit, et qui, confirmant l'opinion de M. L. Couture, montrera que le Père Cortade, surtout sur la fin de son existence, avait choisi pour lieu habituel de sa résidence le couvent des Augustins d'Agen.

C'est à l'occasion de la bruyante querelle entre l'Evêque d'Agen et les Réguliers que nous voyons surgir le Père Cortade. Les Augustins, pas plus que les autres ordres religieux d'Agen, n'avaient tenu compte des prescriptions de l'Evêque Claude Joly, et, sans avoir fait renouveler leurs permissions, avaient continué à prêcher et à confesser. Voici, telle que nous la trouvons aux Archives de l'évêché d'Agen[2], l'ordonnance par laquelle Claude Joly répond aux Augustins : « Claude, par la miséricorde de Dieu et par la grâce du Saint Siège apostolique, évêque et comte d'Agen, etc., ayant eu advis que contre notre ordonnance générale du 2 du mois d'août dernier, par laquelle nous faisions inhibition aux Augustins de la présente ville et même dans l'église de leur ordre et à peine de suspense de prescher, confesser etc.; que les frères *Louys, Lapeyre* et *Impérial*, tous trois prêtres et religieux Augustins, ayant entendu la confession dans l'église de leur ordre et que le Frère *Courtade*, prêtre du même ordre, aurait presché le premier jour de la présente année en l'église du collèges des Jésuites..., à ces causes : déclarons lesdits quatre frères avoir encouru la suspense portée par nosdites défenses du 26 août dernier, leur faisant interdire inhibition et défense de confesser et de prescher en notre diocèse et même dans

---

[1] *Revue de Gascogne*. N° de janvier 1876, tome XVII, p. 143-144.
[2] Archives de l'évêché, Série F. liasse 5,

les églises de leur ordre, à peine d'excommunication ; et enjoignons au frère Boniface Peyren, prieur du monastère des Augustins de la présente ville, de faire rendre à tout religieux l'obéissance due à nos ordonnances. Donné le 4 janvier 1669. »

Il faut que cette suspense ait été bien sensible au Père Cortade et qu'il ait fait intervenir des personnages bien influents auprès de l'inflexible Evêque d'Agen, pour que celui-ci soit revenu un an après sur sa décision. Nous trouvons en effet, dans la même liasse des archives de l'évêché, la levée de suspense suivante en faveur du Frère G. Cortade, à la date du 29 août 1670 : « Claude, par la miséricorde de Dieu et par la grâce du Saint-Siège apostolique, Evêque et comte d'Agen, à tous ceux qu'il appartiendra, salut en nostre Seigneur. Nous déclarons et certifions qu'aujourd'huy vingt-neuvième du mois d'aoust de l'année mil six cens soixante-dix, nous avons levé au frère Germain Cortade, de l'ordre des Hermites de Saint-Augustin, la suspense que nous avions décerné contre luy, selon les formes canoniques, pour avoir contrevenu à nos deffenses, à luy faites et dûment signifiées, de prescher et d'entendre les confessions en nostre diocèse, sans nostre permission expresse et par escrit, ledit frère Germain Cortade nous ayant très humblement et à genoux demandé pardon, tesmoigné la douleur qu'il avait de sa désobéissance et demandé la levée de sa suspense, avec promesse de faire la pénitence que nous luy avons enjoincte et d'observer exactement à l'avenir les statuts et ordonnances de nostre diocèse et celles des évêques des lieux où il se trouvera. Donné à Agen, dans nostre palais épiscopal, les jours et an que dessus, signé de nostre main, scellé de nostre sceau et fait contresigner par l'un de nos secrétaires : Claude, E. et C. d'Agen. Du mandement de Monseigneur, Lalanne, second. »

Mascaron remplaça Claude Joly sur le trône épiscopal d'Agen, et durant les vingt-quatre années de son épiscopat, il ne cessa, comme on le sait, de consacrer tout son temps à l'apaisement des querelles religieuses, à la conversion des protestants, à la défense des droits méconnus. Nous le voyons deux fois s'occuper du couvent des Augustins. « Mascaron, nous dit Labénazie [1], fut nommé commissaire de la part du Roi pour assister au chapitre des Pères Augustins [2]. Le provincial y fut fait, suivant les intentions de la Cour, et quoique la pluralité des voix eût nommé le Père Danros, docteur, professeur, conventuel de Tolose, pour être provincial, comme il avait l'exclusion dans l'ordre du Roi, on procéda, suivant l'intention de Mgr l'évêque, à une autre élection, et le Père Despeyroux, professeur de l'université de Cahors, fut élu provincial, le 21 mai 1686. Le Père Danros, quoiqu'il eut la pluralité des voix, se démit de sa prétention et se départit de l'acte qu'il avait fait à Mgr l'Evêque. Ce n'est pas la seule chose que Mgr l'Evêque obtint. Il fit justifier par ordre du Roi le Père Cabrol, religieux Augustin, que la congrégation avait condamné. Le roi qui avait commis Mgr l'Archevêque de Paris et le Père Lachèse, jésuite, confesseur de S. M, pour revoir la procédure qui fut trouvée nulle, ordonna, pour l'honneur de l'ordre, que la procédure serait mise au feu, que le Père Cabrol se démettrait de son appel et se soumettrait à ses supérieurs, qu'ensuite il serait remis au premier état et l'affaire demeura assoupie. Le fait est assez particulier, ce religieux, au lieu de poursuivre son appel au général, se pourvut par le crédit de Mgr d'Agen vers sa Magesté, qui a fait connaître par ses commissaires de la justice du jugement de la congrégation et fait déclarer le religieux prévenu innocent du crime qu'on lui imputait, et ordonne que le Père Cabrol serait rétabli dans le même état qu'il était avant l'accusation. Enfin, dit le même auteur dans sa chronique, Mgr d'Agen fit révoquer un décret que les Augustins avaient fait longtemps auparavant, d'enseigner et de suivre les sentiments d'Egidius Romanus et de combattre les Molinistes, sous peine d'être exclus de toute charge et de voix active et passive. Les sentiments d'Egidius Romanus n'étant pas agréables à Sa Magesté,

---

[1] Labénazie, Ms. T. II, l. V. chap. XXV, p. 527.

[2] Ce chapitre se tint à Agen le 10 et le 11 mai 1686, non sans quelques difficultés antérieures. « Il y eut, nous dit le même auteur dans sa chronique, deux Augustins renvoyés par ordre du Roi avant l'assemblée du chapitre. »

Mgr d'Agen fit révoquer ce décret dans le même chapitre du 11 mai 1686. »

Les ordres religieux d'Agen étaient en général exempts du logement des gens de guerre. Néanmoins, les Augustins de notre ville se plaignent à l'intendant de Bordeaux que « quoique ils doivent être exempts du logement de gens de guerre et de toute contribution, on a tiré sur eux un billet pour la contribution du fourrage pour une compagnie de dragons du régiment du Breuil. » L'intendant Bazin de Besons écrit à ce sujet, le 29 août 1691, aux consuls d'Agen, et il leur demande le pourquoi de cette irrégularité [1].

Bien que les ordres mendiants ne dussent rien posséder en commun, les Augustins, ainsi du reste que les Carmes et les Frères-Prêcheurs, se relâchèrent bien vite, à Agen comme partout, de cette règle. « Nous possédons un domaine, nous dit le Père Prieur en 1715 [2], qui dans les années abondantes nous fournit à peu près notre provision de pain et une vigne qui ne nous donne que quatre ou cinq barriques de vin. Tout notre revenu en argent consiste en cinq ou six cent livres, provenant des obits, rentes constituées et quelques pièces de terre données en locaterie perpétuelle et à terme. La communauté est pour l'ordinaire composée de douze religieux. »

Le 30 octobre 1720, les consuls signifient aux Augustins qu'ils réduisent au denier cinquante, suivant l'arrêt du conseil du Roi, la rente de cent cinquante livres à eux due par la communauté de ladite ville [3].

Malgré tout, le couvent des Augustins d'Agen était encore au commencement du dernier siècle un des plus riches de la ville, celui du moins où les legs et donations pieuses affluaient le plus. Le Livre Rouge des Augustins [4], de 1676 à 1733, en fait foi. On peut

---

[1] Archives municipales. GG. 195.
[2] Archives de l'Evêché. F. liasse 5.
[3] Archives municipales, GG, 195.
[4] Archives départementales, H, 2. Registre.

y relever deux cent treize actes de reconnaissance aux noms de Marie Dufort, Bertrand Buard, avocat au Parlement, Jean Denuse, marinier, Guillaume d'Artigues, etc., pour biens à Monbran, à Sainte-Radegonde, à Saint-Romain, à La Roqual, au Passage, à Monbusq, etc., plus de nombreuses fondations faites par Marthe de Maurelle, Anne Martinelli, de la Prade, maire de la citadelle de Besançon, etc., etc. Suit du reste une table de tous les actes contenus au Livre Rouge.

Quel assez grand danger menaça le couvent des Augustins d'Agen, en 1767, pour que le R.P. Laharrague, provincial des Augustins de la province d'Aquitaine et de Toulouse, en résidence à Bordeaux, écrivit aux consuls une lettre fort pressante, où il les suppliait d'intervenir pour la conservation du couvent d'Agen [1] ? « Il sera désormais, disait-il, composé de huit religieux ». Etait-il en butte aux persécutions de l'Evêque, des autres ordres religieux, trop nombreux et trop jaloux, ou de l'Intendant, qui, les voyant en si petit nombre, voulut les supprimer ? Nos archives sont muettes à cet égard. En tous cas, ils obtinrent gain de cause, puisque nous les trouvons encore à Agen au moment de la Révolution.

Le 16 avril 1770, sur une requête présentée à Mgr l'Evêque par Messieurs les syndics des chapitres de Saint-Etienne et de Saint-Caprais et les échevins de la ville d'Agen, Messieurs les vicaires généraux rendent une ordonnance « portant transformation provisoire de la procession générale, qui va ordinairement à l'église des Augustins, le mardy d'après Pâques, pour chanter la grand messe et assister à la prédication, dans l'église du Chapelet ; attendu les dégradations faites par les débordemens de la rivière de la Garonne à ladite église des Augustins, qui ne permettent point qu'on y célèbre le service divin. »

— La Révolution fut plus cruelle encore que la Garonne. Elle apparut au couvent des Augustins, le 3 mai 1790, sous la forme des

---

[1] Archives municipales, GG, 195.

officiers municipaux et des magistrats du moment, qui, en vertu de l'article V du décret de l'Assemblée Nationale du 20 mars 1790, vinrent lui faire leur première visite et dresser l'inventaire de tout ce qui se trouvait dans ses murs. Sommés de présenter l'état de leurs recettes et de leurs dépenses, les trois religieux qui se trouvaient au couvent exhibèrent, fort obligeamment du reste, leur *livre de procure*, commencé le 1er juillet 1773, et d'où il résultait que les revenus annuels du couvent se montaient à la somme de 2,363 livres, 19 sols, provenant de :

Une métairie appelée Séailles, située au lieu de Berdalou dans la paroisse de Saint-Amans et de Sainte-Radegonde et affermée par an 1,200 livres ; une faisande, affermée 355 livres ; une rente de 90 livres ; un jardin, attenant à la maison, affermé 100 livres ; un autre jardin, 30 livres ; une maison dans Agen, 90 livres ; une autre maison, 40 livres ; un jardin, rue des Augustins, 18 livres ; une autre rente, 3 livres ; enfin plusieurs rentes obituaires, dont la somme s'élevait à 416 livres. Total : 2,363 livres, 19 sols.

Suit l'état descriptif de l'argenterie, argent monnayé, effets et linges de sacristie, meubles, « dont un très beau buffet, au milieu duquel est une fontaine d'étaing avec sa cuvette du même métal, renfermant de belles faïences » ; linge de table et de corps, bibliothèque où se trouve la collection de tous les Pères, dix barriques de vin rouge vieux, sept tableaux, « mais de mauvaise peinture », etc.

Suit l'état des religieux, au nombre de trois seulement :

Le R. P. Pierre Rouaix, prieur, cinquante-deux ans. Interrogé sur ses intentions, il demande à rester, à condition que la maison soit conservée à Agen.

Le P. Sébastien Janson, sacristain, soixante-cinq ans, demande à sortir.

Le P. Joseph-Jean Peytou, conventuel, demande à sortir ; tous trois prêtres et religieux profès. Pas d'affiliés. Les commissaires trouvent cinq cellules habitables, sept à huit absolument en ruines[1].

---

[1] Archives départementales de Lot-et-Garonne. Biens nationaux.

D'où il ressort que le couvent des Augustins était à cette époque dans un état déplorable.

Ce ne fut pas l'avis de la société des Amis de la Constitution, qui, au dire de Proché, s'établit, dès le mois suivant, le 25 juin 1790, dans le couvent des Augustins[1]. Il est vrai que, quelque jours après, ces Messieurs émigrèrent dans le local beaucoup plus convenable de l'église des Pénitents Gris, rue Fon-Nouvelle.

Le 13 novembre 1790, il fut procédé à l'estimation de la maison, cour et jardin, où était la Salpêtrerie, qui était une dépendance du couvent, et qui était affermée au profit de Claude Monié et de Marie Monié, veuve Richard, par acte passé devant M° Favé, notaire à Agen, le 18 janvier 1782, pour l'espace de neuf ans, moyennant la somme de 90 livres pour chacune desdites années. D'une superficie de 161 toises, 2 pieds, les commissaires l'estiment 3,300 livres.

Ils estiment en même temps 800 livres une petite chambre et un jardin, situés près le cloître des Augustins, et dépendants desdits religieux, d'une superficie de 122 toises, deux pieds, et confrontant, du levant audit cloître, du midi à place des Augustins, du couchant au mur de ville, et du nord également au mur de ville[2].

Trois mois après, le 12 février 1791, nouvelle visite au couvent, pour procéder au recolement du dernier inventaire, à la prise des effets, et signifier en même temps aux religieux qu'ils aient à déguerpir au plus vite, en vertu du décret du 8 octobre 1790. Les deux pères Janson et Peytou obéissent et quittent le couvent, le lendemain 13. Les scellées sont apposées partout. Seul le Père prieur Rouaix demande à rester encore un jour, attendu qu'il existe au rez-de-chaussée du couvent un atelier de peinture appartenant au sieur Laboubée, ainsi que vingt-deux pièces de belles tapisseries d'Aubusson, et qu'il s'en considère responsable jusqu'à

---

[1] Proché. *Annales de la ville d'Agen*, p. 6.
[2] Arch. départ. Biens nationaux.

l'arrivée du propriétaire. On lui accorde ce délai. Mais, le lendemain, le sieur Laboubée n'étant pas venu, on appose les scellées sur son atelier et le père Prieur quitte à l'instant même le couvent [1].

Le 28 septembre 1791, on procède à la vente aux enchères publiques de tous les meubles et effets du couvent des Augustins. Elle atteignit la somme totale de 1,247 livres, 4 sols. Le beau buffet fut vendu 101 livres, la fontaine d'étain, 37 livres, 10 sols, etc [2].

En conséquence « d'une soumission en date du 30 novembre 1791, tendant à faire l'acquisition de la maison, église, jardin, cloître et enfin de toutes les appartenances et dépendances, tels qu'en jouissaient les cy-devant religieux Augustins, à la réserve de la Salpêtrerie et d'un petit jardin que l'administration du district a déjà vendu à divers particuliers, » il fut procédé, le 15 janvier 1792, à l'estimation définitive et arpentement du couvent, « sans rien excepter que les stalles, hôtels confessionnaux et chère à prêcher. » On reconnut que le bâtiment était d'une valeur de 9,964 livres, 16 sols, 3 deniers, et que le jardin et cloître, d'une superficie de 1,675 toises, 4 pieds, valaient, à raison de 3 livres la toise, 5,027 livres. Total de l'ensemble : 14,991 livres, 16 sols, 3 deniers [3].

Enfin, le 12 juin de la même année, les derniers restes du couvent furent vendus également aux enchères. La chaire fut livrée au prix de 14 livres ; les stalles du chœur, qui, paraît-il, étaient assez remarquables, montèrent à 55 livres ; enfin la fabrique de l'église de Saint-Jean-de-Thurac, en échange de ses deux cloches cassées, acquit la grande cloche des Augustins, « du poids de 825 livres [4]. »

---

[1] Archives départementales. Biens nationaux.
[2] Idem.
[3] Idem.
[4] Idem.

De ce moment le couvent des Augustins avait entièrement cessé d'exister.

Lorsque vingt-trois ans après (1815) Proché écrivit ses trop courtes notes sur les anciens couvent d'Agen, il nous dit que « l'église et le couvent des Augustins sont presque entièrement détruits; on y a bâti dessus plusieurs maisons. Il y a un très beau jardin qui appartient aujourd'hui à madame veuve Boë, droguiste, qui avait acheté tout ce local. Son mari en fit plusieurs lots qu'il vendit. Il se réserva la partie de la maison qui regarde le levant et donne sur le jardin, borné au nord par le mur de ville, et au midi par un autre mur qui borde la rue allant à la Fon-Nouvelle ».

— Il semblerait que notre travail dût s'arrêter ici. Cependant nous avons une page à ajouter, non plus sur l'histoire du couvent des Augustins, mais sur celle de son emplacement. Les maisons laïques ne sont pas restées longtemps debout sur ces antiques ruines. Moins de trente ans après l'orage révolutionnaire, une nouvelle communauté, mais cette fois de femmes, s'établit sur les vieux débris du couvent des Augustins. Nous voulons parler des Filles de Marie.

Fondé à Agen, le 8 juin 1816, par la Révérende Mère Adèle de Trenquelléon, issue de l'ancienne et si charitable famille des de Batz de Trenquelléon, et née elle-même au château de Trenquelléon près Feugarolles, le 9 juillet 1789, du baron de Batz et d'Ursule de Peyronneng de Saint-Chamarand, l'Ordre des Filles de Marie eut pour premier abri la vieille maison du Refuge, autrefois Sainte-Quitterie. Mais les adeptes augmentant en même temps que le nombre des enfants pauvres, à l'enseignement duquel devaient se consacrer les nouvelles sœurs, la Mère de Trenquelléon eut à chercher un local plus vaste et plus indépendant. Aidée par la piété et la charité de quelques familles de la ville, et par la bienveillance de Monseigneur Jacoupy, elle acheta l'ancienne église, absolument en ruines, du couvent des Augustins, ainsi qu'une partie de ce couvent. L'autre partie lui fut donnée. C'est à la suite de cette acquisition qu'elle vint s'établir rue et place des Augustins, le 6 septembre 1820[1].

Les Filles de Marie y sont demeurées depuis cette époque jusqu'à aujourd'hui, où elles exercent toujours l'enseignement et voient chaque jour augmenter le nombre de leurs élèves. Aussi ont-elles pu peu à peu, à force d'intelligence et d'économies, agrandir leur local et transformer entièrement la disposition primitive. Le corps de logis D, qui seul existait au temps des Augustins, a été complètement remanié et même prolongé jusqu'au delà du mur de ville. Un autre corps de logis, à peu près parallèle, s'est élevé en 1864, le long de la rue qui mène au boulevard, relié avec le précédent par un troisième bâtiment qui touche à l'église du côté du nord. Enfin la chapelle actuelle, terminée au mois de mars 1860, a été bâtie absolument sur l'emplacement de l'ancienne église des Augustins ; mais elle est plus petite, son élévation ayant été réduite à peu près à la moitié. Quant au cloître, détruit lors de la Révolution, il n'a pas été reconstruit. Une belle et vaste cour, plantée d'arbres, existe à sa place : elle est ouverte du côté du nord et se relie au magnifique jardin clôturé par le mur qui longe actuellement le boulevard Scaliger.

La maison des Filles de Marie d'Agen est la maison-mère de l'ordre. Décédée le 10 janvier 1828, à l'âge de trente-huit ans, la Mère de Trenquelléon, première supérieure, a été remplacée, d'abord par la Mère Saint-Vincent Cornier de Labastide (1828-1856), puis par la Mère Marie-Joseph de Castéras (1856-1874), enfin par la Mère Marie-Sophie Baud, supérieure actuelle, à l'obligeance de laquelle nous devons ces derniers renseignements. Qu'elle nous permette de lui adresser ici, à cet égard, l'expression de notre plus respectueuse gratitude.

---

[1] Voir pour plus amples renseignements : la « *Vie de la Révérende Mère de Trenquelléon, fondatrice et supérieure de l'Institut des Filles de Marie, avec ses avis spirituels et ses lettres, par un Bénédictin de la congrégation de France.* Poitiers, Oudin. In-8°. 1861.

CHAPITRE VII

LES JÉSUITES. — LES ORATORIENS.

Etudier l'histoire de la maison fondée à Agen par l'Ordre des Jésuites, c'est étudier en même temps l'histoire du Collège de cette ville. Or, les documents abondent tellement durant deux siècles, depuis la première heure de son établissement jusqu'à la Révolution, qu'il est fort difficile de les grouper et même de les résumer dans un simple article de revue. Leur nombre, leur importance réclameraient un volume. C'est pourquoi nous éprouvons quelque embarras à traiter sommairement, ainsi que notre cadre l'exige, un sujet aussi vaste et aussi intéressant que celui-ci. Aussi demanderons-nous à nos lecteurs la permission de dépasser, pour cette fois, les limites que nous nous sommes imposées dans ce travail et de continuer jusqu'à aujourd'hui l'étude du Collège d'Agen.

Nous ferons un choix entre toutes ces pièces, qui, malgré les orages révolutionnaires et l'incurie des derniers temps, nous sont parvenues intactes comme à leur origine; et, jetant un rapide coup d'œil sur la naissance de l'ordre si célèbre des Jésuites, la vie de son fondateur et les constitutions qui le régirent, nous exposerons quels furent à Agen, au seizième siècle, les premiers essais d'instruction publique; par qui les disciples de Loyola furent appelés dans cette ville; quelles difficultés ils eurent à surmonter pour s'y établir, et avec quelle habileté ils conservèrent, pendant deux siècles, le monopole de l'enseignement ; à la suite de quelles jalousies haineuses ils tombèrent, tant à Agen que dans les autres provinces ; comment les Dominicains les remplacèrent, et, après eux, une corporation de prêtres séculiers ; de quelle manière fut organisé le Collège d'Agen sous les Pères de l'Oratoire, témoins et peut-être causes de son agonie et de sa fin ; comment, en dernier lieu, après le pénible et infructueux essai de l'Ecole centrale, il se releva sous la vigoureuse impulsion que lui donna l'Empereur Napoléon Ier et continua, d'abord sous le nom de Collège communal, puis sous celui de Lycée, de prospérer jusqu'à nos jours.

— Depuis la création des Ordres religieux dont nous avons eu à parler dans les chapitres précédents jusqu'à l'époque qui va nous occuper, trois siècles se sont passés. Un monde absolument nouveau a surgi ; des idées différentes, inconnues jusqu'alors, ont eu cours et semblent vouloir dominer ; d'impérieux besoins se sont fait universellement sentir. Toute une génération turbulente, emportée, pleine de sève et d'ardeur est venue, assoifée de changement, d'indépendance et de liberté ; et c'est à peine si, du haut de leur trône, les chefs du pouvoir existant, Papes et Rois, peuvent faire face à la tempête qui gronde et éclate de toutes parts. Attardée dans sa toute-puissance, en butte en même temps aux attaques furieuses qui sont dirigées contre elle, l'Eglise un instant se sent perdue. Que peuvent faire désormais pour elle ses anciens défenseurs, vieillis ou déconsidérés ? Nul apôtre ne se lève plus, comme autrefois, du fond des cloîtres Dominicains ou Mendiants pour prêcher en sa faveur. Trop scrupuleusement dépositaires d'idées rétrogrades, les Frères-Prêcheurs et les Frères-Mineurs ne sont plus écoutés par la foule, ou bien leurs arguments démodés sont insuffisants à combattre l'esprit de réforme et à détourner le vent d'hérésie qui souffle de tous côtés. A qui confier en outre l'instruction et l'éducation de la jeunesse ? Le temps est venu où toute intelligence jusque-là comprimée veut prendre son essor ; et les efforts des monarques, jadis rebelles, aujourd'hui mieux disposés, sont impuissants à satisfaire ce monde, avide qu'on lui enseigne les nouvelles conquêtes de la science, de l'art et de la raison. Les maîtres manquent. Qui donc entendra le cri qui sort de toutes les poitrines ? Qui satisfera à l'attente générale ? C'est encore l'Espagne qui, comme au temps de Saint Dominique, répondit, en ces heures troublées, à l'appel pressant de la Papauté et présenta comme son sauveur au monde catholique en détresse un de ses enfants, Ignace de Loyola.

I. LES JÉSUITES. (1581-1762).

On connait suffisamment la vie du célèbre fondateur de l'Ordre des Jésuites[1]. On sait qu'issu, en 1491, d'une famille noble de la Biscaye espagnole, il embrassa de bonne heure le métier des armes et se signala dans plusieurs rencontres. Ce fut au siège de Pampelune en 1521 qu'il fut blessé, et que, pendant sa convalescence et à la suite d'une lecture de la Vie des Saints, il se convertit. Après un pieux pèlerinage au Montserrat, il partit, en 1523, pour Rome et la Palestine et en revint l'année suivante, ayant fait vœu de se consacrer à la religion et d'embrasser la vie monastique. Il employa une dizaine d'années à l'étude des questions religieuses et des controverses qui divisaient l'Eglise, et c'est en 1534 qu'il fonda avec quelques disciples une association en vue de prêcher partout l'Evangile et de combattre l'hérésie naissante. Après de nombreuses vicissitudes et plusieurs voyages, dont un à Rome, Ignace de Loyola rédigea ses fameuses *Constitutions* et les soumit au Pape Paul III en 1540, qui aussitôt les approuva. L'Ordre des Jésuites ou clercs de la Compagnie de Jésus était désormais fondé. Ignace en fut nommé le premier général, et il eut la satisfaction de le voir rapidement prospérer durant les quinze années qu'il vécut encore. De nombreuses maisons surgirent aussitôt, en Italie, en Portugal et en Espagne ; mais ce n'est qu'en 1554 et après de longues hésitations qu'il fut enfin permis au nouvel Ordre de s'établir en France, à l'hôtel de Clermont, et de fonder un collège à Paris, malgré l'avis

---

[1] Voir : *Vie de Saint Ignace* par le Père Bouhours (1679). Idem, par le Père Mattei ; Idem, par le P. Daniel Bartoli. (Paris 1844) etc., etc.

défavorable de l'Evêque, de l'Université et du Parlement. On peut donc dire que, dès son entrée en France, l'Ordre des Jésuites eut des ennemis, qui, ainsi qu'on le verra dans la suite et malgré les services immenses qu'il rendit, ne désarmèrent jamais.

Les *Constitutions* qu'Ignace de Loyala écrivit, comme règle de son Ordre, sont un chef-d'œuvre d'organisation et de gouvernement. C'est grâce à elles et à l'admirable discipline de ses soldats, que la nouvelle congrégation arriva à cette puissance formidable qu'elle exerça, non seulement en Europe, mais dans le monde entier. Elles sont divisées en dix chapitres qui prévoient tout et règlent tout. Une part importante est consacrée aux novices et à la manière de les recevoir et de les former. Un examen des plus rigoureux leur est imposé à leur arrivée; puis, après leur réception, ils doivent être éprouvés par les exercices spirituels les plus sévères, les soins les plus minutieux donnés aux malades dans les hôpitaux, et un pèlerinage en demandant l'aumône. Ils peuvent prendre alors l'habit de la Compagnie, qui ne diffère en rien de celui des autres ecclésiastiques. Il consiste en une soutane noire, un manteau long de même couleur, sans rabat, les prêtres ordinaires n'en portant pas à cette époque [1], et le chapeau à larges bords dit *sombrero*, usité encore en Espagne et en Italie. Seuls, des anciennes règles d'autrefois, sont conservés les trois vœux de chasteté, de pauvreté et d'obéissance; le silence, les fatigues du chœur pendant la nuit, les jeûnes, les macérations de la chair sont supprimés, Saint Ignace voulant avant tout que ses disciples soient toujours sur la brèche, et, par la prédication comme par l'enseignement, aient assez de forces physiques et intellectuelles pour lutter sans relâche contre les ennemis de l'Eglise. Saint Ignace aimait la pauvreté; aussi défend-il aux maisons professes d'avoir des revenus. Il ne les permet qu'aux collèges et aux maisons de probation.

Six états sont créés par lui dans la Compagnie: les *Novices*; les

---

[1] Voir l'*Histoire des Ordres religieux*, par le Père Hélyot, t. VII, ch. 59, p. 452. Voir aussi le *Dictionnaire des Ordres religieux*, par l'abbé Migne, t. II, p. 628 et suiv.

Frères temporels formés, c'est-à-dire ceux qui servent la communauté comme sacristains, cuisiniers, portiers; les *Scolastiques approuvés,* ceux qui, leur noviciat fini, continuent leurs épreuves soit dans l'enseignement, soit dans les études privées ; les *coadjuteurs spirituels formés,* qui peuvent déjà diriger un collège et partir pour les missions ; les *Profès des trois vœux,* dont les attributions sont les mêmes que les précédents, bien que par leurs qualités et leurs vertus, ils aient mérité un grade supérieur; enfin les *Profès des quatre vœux,* qui sont les chefs, et seuls peuvent être nommés provinciaux ou général.

Car, c'est un général que Saint Ignace place à la tête de son Ordre. Perpétuel, tout-puissant, il est maître absolu de la Compagnie. Nommé par la Congrégation générale, il réside à Rome, à la maison mère, et a seul autorité pour imposer des règles et en dispenser. Sous ses ordres sont les provinciaux, les supérieurs des maisons professes, les recteurs des collèges, qui lui doivent une obéissance absolue. C'est lui qui correspond, pour les diriger, avec les chefs des missions lointaines, et qui tient dans ses mains toutes les rênes de l'administration et du gouvernement [1].

Etabli sur d'aussi solides bases, l'Ordre des jésuites, répondant si bien aux besoins du moment, ne pouvait que brillamment se développer ; et c'est bien moins encore par la prédication que par l'enseignement, auquel ils se consacrèrent presque entièrement, que ses religieux durent d'être recherchés dans toutes les villes du monde civilisé, pour diriger la jeunesse, la former, l'élever et l'instruire.

C'est dans ce but que, moins de trente ans après avoir été autorisés à s'établir en France, ils furent mandés à Agen, aussi bien par l'Évêque et les Consuls que par la population tout entière, et qu'ils y fondèrent le premier collège sérieux dont nous ayons à nous

---

[1] Voir, pour tous ces détails sur l'organisation de la Compagnie de Jésus, le remarquable ouvrage de M. Cretineau-Joly: *Histoire religieuse, politique et littéraire de la Compagnie de Jésus,* t. I, chap. II.

occuper. Néanmoins, avant d'entrer dans les multiples détails de sa formation, voyons si quelques essais, pour la plupart infructueux, n'avaient pas été tentés auparavant, pour arriver à la création d'une école publique.

— Nous avons déjà dit au chapitre que nous avons consacré au couvent des Dominicains, que, lorsque ces religieux s'établirent à Agen, au milieu du XIII° siècle, ils fondèrent, à côté des hautes classes réservées aux novices et aux clercs de leur ordre, une basse classe populaire, destinée aux enfants de la ville, dans laquelle on leur enseignait la lecture, l'écriture, la grammaire, en un mot les premiers rudiments. Ce fut même une des principales causes de la popularité dont jouit cet Ordre à ses débuts. Nous ne savons combien de temps cette classe fonctionna. Nos archives locales sont absolument muettes sur tout ce qui concerne l'enseignement pendant le XIV° siècle et une partie du XV°.

A cette époque, un mémoire des consuls, relatif à la fondation du collège, nous dit bien que « la ville d'Agen fut une de celles de la Province qui s'occupa le plus tôt de l'enseignement de la jeunesse. Car, dès le XV° siècle, les Consuls avaient une maison destinée pour le collège et faisaient instruire les jeunes gens par différents maîtres [1] ». Mais ce n'est que vers le commencement du XVI° siècle que nous trouvons des traces sérieuses de cette première « escholle » et des premiers « régents ».

En 1512 en effet, nous voyons dans le livre des Jurades [2] que l'Ecole-Vieille devient insuffisante et que « en raison de l'affluence des écoliers, est besoing leur avoir une autre maison et mesmement la maison de Monrevel à ce propice ». C'est la mention la plus ancienne que nous trouvons relative à l'enseignement public à Agen.

---

[1] Archives municipales d'Agen. Série GG., 216.
[2] Idem. BB., 23 (22 octobre).

Quelques années plus tard, en 1535, le corps municipal agenais revient sur cette importante question, et il décide qu'il achètera une maison « où doivent se tenir les escholles ». Il vend en même temps la maison des Ecoles-Vieilles au sieur de Nort, bourgeois, moyennant trois cents livres tournois, et achète, moyennant quatre cents livres tournois, une maison qui appartient au sieur Bergon et dont l'emplacement doit servir à la construction de la chapelle du collège.

Cette première démarche aboutit-elle ? L'école qui dut être fondée à cette époque réussit-elle ? Il est à présumer que non, puisque quelques années après, vers le milieu de 1560, les Consuls adressent au Roi la supplique suivante, que nous reproduisons *in extenso* à cause des curieux détails qu'elle donne sur l'état de l'instruction à ce moment et les besoins qui se faisaient si impérieusement sentir.

« Siré,

« Les consuls de vostre ville d'Agen vous remonstrent très humblement que laditte ville est capitalle du païs d'Agennois où il y a une sénéchaussée, siège présidial, grand traffic et commerce de marchandises, pour être ladite ville située en bon et fertil païs sur la rivière de Garonne, entre les villes de Thoulouse et de Bourdeaux, au moyen de quoy elle est grandement peuplée ; et de jour à autre s'y retirent beaucoup de gens des païs circonvoisins, lesquels sont contraints envoyer leurs enfans en la ville de Paris et Poitiers et autres lieux lointains pour les faire instruire aux bonnes lettres, en quoy ils dépensent et employent la plupart de leur bien, et le plus souvent sont contraints de les retirer auparavant qu'ils ayent peu apprendre quelque chose pour n'avoir le moyen de les entretenir. D'autres n'ayant la puissance d'entretenir leurs enfans aux écoles hors de leurs maisons ne les peuvent faire étudier, qui est cause que beaucoup de bons esprits se perdent qui pourraient volontiers servir et à la république.

Ce considéré, Sire, il vous plaise de votre grâce de créer et établir un collège en votre ville d'Agen pour instituer la jeunesse en grammaire et autres arts libéraux avec droit d'université, ainsi qu'il a pleu au feu Roy, vostre très honoré Sire et père, ès villes d'Aix, Tournon, Nimes et autres, avec parcilles libertés, exemptions et privilèges que ont les autres Universités de votre royaume, permettant auxdits suppliants faire bastir et edifier ledit collège en tel lieu et endroit de lad. ville plus commode que par eux sera avisé. Et pour ce faire, prendre et s'accommoder des maisons et autres terres que besoin sera, en satisfaisant les propriétaires de la juste valeur d'icelles qu'il vous plaira indemniser et amortir, à la charge que vous en serés patron et fondateur et que lad. ville sera tenue en élèves et entretenir à jamais, sur la porte dudit collège, monument solennel, en témoignage. Et pour aider à supporter les frais dud. bâtiment, stipendier et entretenir les regens et subvenir aux autres frais nécessaires, ordonner que l'Eveque dudit Agen, qui prend douze ou quinze mil livres par chacun an audit païs, y contribuera la somme de cinq cens livres par chacun an, et les chapitres de S. Etienne et S. Caprais, qui prennent pareillement la somme de huit à neuf mille livres chacun, par chacun an, contribueront la somme de trois cens livres chacun par chacun an, jusques à ce que lesd. Eveque et chapitres aient pourveu ledit collège et fait unir à la table d'iceluy un benefice de pareille valeur. Ainsy que en cas semblable ledit feu Sire Roy a voulu et ordonné être fait auxd. collèges d'Aix, Tournon, Nîmes et autres Universités par luy instituées : et les suppléants prieront Dieu pour Vostre Magesté[1]. »

A cette requête le Roi répondit aussitôt par une lettre, datée de Fontainebleau du 7 août 1560, ordonnant que ladite demande serait renvoyée au Sénéchal d'Agenais, afin qu'il procédat à une enquête de *commodo et incommodo*.

Du reste, de tous côtés arrivaient à la Cour des suppliques de ce genre, si bien que le Roi Charles IX, à peine monté sur le trône, dut satisfaire sur le champ aux demandes de tant d'intéressés. C'est ainsi qu'il présenta, dès cette même année 1560, aux Etats d'Orléans un édit, en vertu duquel il ordonnait qu'il fût créé

---

[1] La copie de cette lettre inédite, dont l'original existe aux *Archives départementales de la Gironde. Série C*, n° 2895, a été transmise par les soins obligeants de M. Roborel de Climens, archiviste-adjoint, aux Archives de l'Évêché d'Agen, F. 69.

dans chaque province des collèges publics. L'article 9 est formel :
« En chascune Eglise Cathedrale ou Collégiale qui aura plus de dix prébendes, oultre les principales dignités, sera prinse une prébende ou le revenu d'ycelle, qui demeurera destinée et affectée pour l'entretenement d'ung précepteur, lequel sera tenu, moiennant ce, instruire les jeunes gens de la ville, *gratuitement et sans salaire*. Et sera ledict précepteur esleu par l'archevesque ou evesque du lieu, appelez les chanoines de leur église, et les maire, eschevins, conseillers et capitouls de la ville, et destituable par ledict archevesque ou evesque, par l'advis des susdicts[1]. »

L'édit était applicable à Agen où les deux chapitres de la cathédrale et de la collégiale possedaient à cette époque chacun plus de dix prébendes. Mais le fut-il immédiatement ? Les dissensions intestines et les guerres religieuses qui ravagèrent en ces années notre malheureux pays apportèrent quelque retard à la future institution. Néanmoins, un collège dut être fondé vers cette époque, au moins si nous en croyons Labénazie : « Il y avait un collège établi dans Agen, avant celui des Jésuites. Il était dépendant du chapitre de Saint-Caprais, suivant tous les anciens actes. Ce chapitre y nommait le principal. Ce chapitre avait même ce droit que personne n'était admis ou à enseigner ou estre reçu licencié en droit civil que du consentement du chapitre de S. Caprais. Les revenus que la ville donnait à ce collège furent unis plus tard à celui des Jésuites[2]. » Les archives municipales d'Agen sont même plus explicites et plus formelles. Dès l'année 1562, ordre est donné aux Eglises de Saint-Etienne et de Saint-Caprais d'avoir à fournir une prébende pour l'entretien du collège[3]. Trois ans après, le 13 avril 1565, nouvelle ordonnance du Roi « pour l'établissement de deux prébendes en faveur du collège. » Nos vieux registres nous apprennent même que ce collège prit le nom de « collège du Saint-Esprit » et qu'il fut installé « dans l'ancien couvent de La Madeleine ou des Filles

---

[1] Code Henry, par Charondas le Caron, 1715.
[2] Labénazie, Ms. Tome II, livre V, chap. XIV, p. 455.
[3] Archives municipales, BB., 30.

Repenties[1]. » Enfin nous voyons de nombreuses donations venir en aide à son développement. Citons, entre autres, celle de Françoise de Grave, veuve de Guilhem Michel, dit Ferrou, qui, par son testament du 22 février 1567, lègue deux cents francs bordelais au collège d'Agen[2], et un peu plus tard celle de François Danglars, d'autant plus importante qu'elle nécessita, en 1576, un « dénombrement de tous les biens qu'il donnait au collège[3]. » En dernier lieu nous trouvons qu'en 1569 Robert Gondard, qui a quitté le collège de Lectoure dont il était le principal, est nommé par les consuls régent du collège d'Agen[4].

Ces régents, qui jouèrent un rôle important au début des dissensions religieuses du xvie siècle, et dont quelques-uns, devinrent même de fougueux prédicateurs protestants, étaient presque tous étrangers au pays. Leur savoir contrastait fort avec l'ignorance de nos ecclésiastiques à cette époque ; et nous connaissons plus d'une ville où les consuls n'hésitèrent pas à leur confier l'enseignement de la jeunesse, malgré leur nouvelle religion hautement professée. Bien plus, et alors que pour la plupart ces régents étaient laïques, le Tiers État ne se gênait pas pour demander aux gens d'église de contribuer à leur entretien. A Agen, les régents étaient presque toujours catholiques ; les uns libres, les autres aux gages des consuls. Vers le milieu du xvie siècle les régents salariés, à Agen, se trouvaient au nombre de trois. Ils enseignaient le latin, le français et les sciences, et préparaient les enfants aux études plus sérieuses enseignées dans les Universités. Dix ans après l'arrivée des Jésuites à Agen, nous voyons, en effet, que les consuls « augmentent les gages du régent chargé d'apprendre à lire aux enfants pour les

---

[1] Archives municipales, BB. 30 : f° 131, 137, 233. Ce couvent se trouvait rue Saint-Jérôme et rue du Cat, là où plus tard s'établiront les Pénitents bleus.
[2] Archives municipales, BB. 30.
[3] Idem., GG. 211 (Livre rouge des Jésuites).
[4] Idem., BB. 30.

préparer à entrer au nouveau collège. » Les élèves sont à ce moment là au nombre de près de deux cents [1].

Néanmoins, malgré l'existence de ces maîtres d'école et la bonne volonté du corps municipal, ce premier essai d'enseignement public resta infructueux. La question pécuniaire en fut-elle la cause ? Les troubles religieux absorbèrent-ils à ce point l'attention que les parents négligèrent d'envoyer leurs enfants à l'école ? Les différents régents nommés ne leur inspiraient-ils qu'une médiocre confiance ? Bref, tout le monde se plaignait de l'insuffisance de ces premiers établissements; la population demandait autre chose. C'est alors que, le 11 septembre 1576, Madame de Secondat fit des offres aux consuls pour la fondation d'un collège sérieux que dirigerait le nouvel ordre religieux des Jésuites. Ceux-ci s'établissaient partout, mandés, qui par l'Evêque, qui par le Corps municipal; et partout l'éloge qu'on faisait de ces nouveaux maîtres ne tarissait pas. L'idée de Madame de Secondat fit son chemin dans la population agenaise; de nombreuses réunions se tinrent qui discutèrent sa proposition. Ce ne fût toutefois que cinq ans plus tard qu'elle fut définitivement acceptée, et qu'il fut décidé qu'un collège serait fondé à Agen dont la direction appartiendrait aux Jésuites.

— Cette grave question de l'enseignement agita tellement les esprits dans notre ville à la fin du XVIᵉ siècle, l'arrivée des Jésuites et la fondation du collège firent une telle sensation dans les diverses classes de la société, que, même à cette époque si mouvementée de la vie politique, aux heures les plus graves de la Ligue et des prétentions du Roi de Navarre, elle semble dominer chez nous toutes les autres préoccupations. Pendant neuf ans, de 1582 à 1591, depuis l'appel que l'on fit à la célèbre compagnie jusqu'au jour de son établissement définitif, il n'est pas de mois où cette affaire n'ait été discutée, et c'est à foison que nous trouvons dans nos Archives départementales et municipales, comme dans celles de l'Evêché et

---

[1] Archives municipales, BB. 38.

les manuscrits de nos anciens annalistes, les pièces et les titres relatifs à cette fondation. Nous ne citerons que les plus importants.

Le 21 février 1582, une nombreuse et imposante réunion, dont le procès-verbal nous est conservé[1], est tenue au Palais épiscopal par tout le clergé, les magistrats, les consuls[2] et les jurats d'Agen. Relevons entre autres personnages célèbres présents : MM. Janus de Frégose, évêque et comte d'Agen, Bernard de Lacombe, abbé de Blasimont, grand archidiacre en l'Eglise cathédrale et prieur de Saint-Caprais, Dominique Cabasse, vicaire général, Antoine de Nort, président, juge-mage de la sénéchaussée, Bernard d'Aspremont, de Nargassier, Jehan de Cambefort, Gardès, François Jauffrion, etc. Tous manifestèrent le vif regret que, dans l'intérêt du pays, il n'existât pas encore une école sérieusement organisée. Tous décidèrent qu'il était de la plus grande nécessité de fonder au plus tôt un collège en ville, qui serait confié aux Pères Jésuites déjà installés à Bordeaux. On adresserait pour cela une requête au Roi afin qu'il permît d'imposer trois mille écus sur le pays pour l'achat d'un local.

Cette question était d'une importance capitale. Sa solution se fit attendre un an. Après de nombreux pourparlers et à la suite d'une jurade fort nombreuse qui se tint le 15 avril 1583, il fut décidé qu'on achèterait la maison noble de La Cassaigne La-Dague, située derrière la Grande Horloge, vaste, spacieuse, aérée et convenant en tous points à l'usage que l'on voulait en faire[3]. Le contrat d'acqui-

---

[1] Archives municipales, GG. 209.

[2] Les Consuls d'Agen, en 1582, étaient MM. Michel Boyssonnade, avocat, Me Antoine de La Roque, notaire royal, Louis Bourguignon, procureur, sire Guillaume Mailher, bourgeois, sire Estienne Baulac, bourgeois, et Me Pierre Chabrières, procureur (Journal des Consuls). Archives municipales d'Agen.

[3] C'est actuellement, ainsi que nous le verrons dans la suite, quand nous en donnerons le plan et la description complète, tout l'emplacement occupé par la place de la République et les maisons circonvoisines.

sition fut signé le 21 avril de cette même année, par MM. Jean Camus, advocat, Laurent de Loubatery, receveur des domaines, Géraud Boissonnade docteur-médecin, Jean Lauriseshes, procureur, Jacques Bondonier, marchand, et Crespin Trinque, tous six consuls d'Agen. La maison, avec toutes ses dépendances, cour, basse-cour, jardin, patus, coûta 2,333 écus, soit à raison de trois livres par écu, la somme ronde de 7,000 livres. Suivent, dans le Livre rouge des Jésuites, intact aux Archives municipales de notre ville [1], les procurations, ratifications, enregistrement, etc. de ladite vente, ainsi que les échanges et mutations qui se produisirent longtemps après, à l'égard de cette maison.

Pour payer cette somme de 7,000 livres, ainsi que pour procéder aux premiers frais de l'installation, il fallait de l'argent. Evêque, prêtres, magistrats, notables, nobles, bourgeois de la ville, tout le monde en un mot eut à cœur d'apporter son obole. C'est ainsi que, le 19 novembre 1583, un contrat d'accord est passé entre les consuls et les deux chapitres de Saint-Etienne et de Saint-Caprais, au sujet de l'obligation imposée jadis à ces derniers de consacrer les revenus de deux prébendes à l'entretien des anciennes écoles. Les chapitres s'engagent dorénavant à payer chaque année la somme de cent trente trois écus et un tiers, plus une certaine quantité de grain jusqu'à concurrence de la même valeur, le tout applicable à l'entretien du nouveau collège et des régents [2].

Quatre mois après, le 19 mars 1584, une réunion est tenue des Etats du pays d'Agenais, où il est décidé qu'on attribuera au col-

---

[1] Ce très joli registre, relié en parchemin et écrit avec de l'encre rouge, conservé précieusement aux Archives municipales d'Agen dans la série GG, sous le numéro 211, a pour titre : « *Livre où sont escripts tous les contrats touchant l'acquisition de la maison noble de La Cassaigne pour en icelle eddiffier un coullège en la presante ville d'Agen, pour l'instruction de la jeunesse, fait par permission du Roy par Messieurs les syndics du païs d'Agenois et consuls de la ville d'Agen, faisant pour l'université d'icelle, en l'année 1583.* » In-folio, 46 feuillets.

[2] Archives municipales, GG. 209.

lège une rente de mille livres, et qu'on demandera en même temps au Roi l'autorisation de percevoir cette somme au moyen des droits imposés sur le sel. Le clergé se reunit en assemblée, qui approuva ladite décision [1] : et le Roi rendit aussitôt des lettres patentes « accordant la crue de 500 sous par livre sur les tailles du pays pour appliquer ladite somme à la fondation du collège. » En même temps fut fournie par le receveur du taillon la curieuse attestation, comme quoi « la creue de cinq sous pour tiers d'escu qui est le parisis du tournois sur le principal du taillon imposé sur le pays et recepte d'Agenois, l'année dernière 1583, et dont le Roy fit don à Messieurs les Consulz et habitants de la présante ville d'Agen, en ladite année dernière, pour la perfection et construction d'ung collège en ladite ville, monte la somme de doutze cens quinze escuz, trente ung sous, neuf deniers [2]. »

En vue des constructions nouvelles et réparations à faire à la maison La Cassaigne, les Consuls achetèrent alors, le 18 mai 1584, aux Pères Augustins, une pièce de vigne au rocher de Saint-Vincent, au lieu dit « Al Tap foundut, » afin d'y établir une carrière dont les matériaux serviraient à la construction de l'Eglise des Jésuites.

Mais la donation la plus importante, celle surtout dont l'exécution dans la suite souleva le plus de difficultés et donna lieu à une série de correspondances et de procès dont les pièces encombrent véritablement les Archives municipales d'Agen, fut celle de la Reine Marguerite. On sait qu'en échange des soixante sept mille cinq cens livres de rente, que la sœur de Charles IX avait reçues en dot, lors de son mariage avec le Roi de Navarre, et qui ne lui furent que très imparfaitement payées, le Roi lui donna, six ans après, le 18 mars 1578, le domaine d'Agenais dont elle devint comtesse ainsi que le Rouergue, le Quercy, les quatre jugeries de Verdun, Rieux, Rivière et Albigeois, etc. D'un autre côté, après les péripéties sans nombre

---

[1] Archives municipales, GG. 209.
[2] Idem, 209 et 211.

qu'eut à subir l'existence orageuse de cette princesse, retirée en cette année 1584 à Nérac, où ne la supportait que difficilement son mari Henri de Navarre, Marguerite de Valois, qui aspirait à jouer un rôle politique et qui déjà se trouvait engagée dans la Ligue en souvenir d'Henri de Guise et en haine de son mari, avait jeté son dévolu sur sa bonne ville d'Agen, dont les sentiments ligueurs et catholiques semblaient répondre à ses idées. Sollicitée par les Consuls de contribuer, comme comtesse d'Agenois, à la fondation du collège, la Reine de Navarre s'empressa d'accorder une pension de cinq cent livres, ainsi qu'il ressort des lettres patentes suivantes, du 23 février 1584.

« Marguerite, par la grâce de Dieu, Reine de Navarre, sœur unique du Roi, duchesse de Valois et d'Estampes, (elle prenait cette qualité parce qu'elle avait fait eschange du Querci avec le duché de Valois), comtesse d'Agenais, Rouergue, Senlis et Marle, Dame de la Fère et des jugeries de Rieux, Rivière, Verdun, Albigeois, à tous ceux qui ces presentes lettres verront, salut. Scavoir faisons qu'ayant esté notre intention d'assister à ce qui est du service de Dieu, avancement de son nom, et considération de la religion catholique romaine, et reconneu combien les Jésuites, religieux de la Compagnie de Jésus, aportent de bonne doctrine et enseignement à la jeunesse en leurs collèges, laquelle, estant nourrie au commencement de la cognoissance du Verbe divin, ne peut raporter pour le reste de la vie qu'une grande impression et sainte érudition pour ne tomber aux erreurs et hérésies, comme quelques-uns ont fait par le passé, aux quelles désirant estre pour à nostre possible, même pour la jeunesse de cette ville d'Agen, aux habitans de laquelle portons un singulier bon vouloir et dilection poussée de désir à l'honneur de Dieu de gratifier et faire du bien à la susdite Compagnie des Jésuites et leur donner plus de moyen d'entretenir à leur collège de cette ville des bons prédicateurs et bon nombre des régens pour l'instruction de la susdite jeunesse ; Nous, à ces causes et autres bonnes considérations, avons par dévotion, donné, légué, donnons et octroyons par ces présentes audit Collège des Jésuites par eux teneu et dessaisi en cette ville d'Agen, de pansion annuelle et perpétuelle pour chascun an la somme de huit vingt six escus, deux tiers, revenant à *cinq cens livres*, à prendre et percevoir sur les premiers et plus clairs deniers de tous et chacuns les droits et revenus à nous apartenans en nostre comté d'Agenois. Donné à Agen, le 23 febvrier 1584[1].

Marguerite déclare en plus entendre que cette pension soit rachetable pour la somme de deux mille écus et elle en remet l'administration à Mgr l'Evêque d'Agen, ainsi qu'aux Consuls de la ville. Les lettres furent enregistrées le 22 octobre de cette même année.

Cependant, les malheurs du temps empêchant les Jésuites de venir s'installer dans la ville, d'un autre côté les bâtiments destinés à les loger n'étant pas suffisamment aménagés pour les recevoir, la Reine de Navarre, déclare qu'en attendant l'arrivée desdits Pères, la rente de cinq cent livres qu'elle leur promet, sera dès ce moment payée entre les mains des Consuls, afin qu'ils l'employent à l'aménagement du bâtiment acheté. Cette clause ne reçut malheureusement pas son application. Nous voyons, en effet, bientôt les Consuls être obligés d'exercer une requête contre le trésorier de la Reine dans son domaine d'Agenais, afin qu'il exécutât l'ordre de sa maîtresse. Il en fut de même les années suivantes, où, malgré son bon vouloir, Marguerite, toujours à court d'argent, ne put que très rarement faire face à ses engagements.

Serait-ce pour donner le change et faire patienter ses créanciers que, le 15 février 1585, elle leur octroya ce brevet singulier, mentionné dans l'*Inventaire des titres des Jésuites*, en vertu duquel elle fait « don de l'abbaye de Condom pour être unie au Collège des Jésuites d'Agen[2] »? Outre qu'en réalité cette donation ne fut jamais effectuée, puisque dans aucun compte du Collège des Jésuites nous ne les voyons, non seulement s'attribuer les revenus de cette importante abbaye, mais même mentionner une seule fois son nom, nous croyons que le copiste de l'inventaire a commis ici une faute

---

[1] Archives municipales. GG. 209. Voir aussi Labénazie, Ms.
[2] Archives municipales. GG. 216.

d'ortographe. A-t-il écrit Condom pour Gondon [1] ? A-t-il voulu parler plutôt de « *la baillie de Condom,* » et entendre par là qu'en sa qualité d'engagiste du Condomois, Marguerite ait eu l'intention de disposer des revenus de justice du Condomois, droits de lods et vente, droit de pugnère, etc.? Nous ne pouvons donner là-dessus aucun éclaircissement. Tout ce que nous devons dire, c'est que depuis la création de l'Evêché (1317), l'abbaye de Condom n'existait plus, et, qu'en cette année 1585, Marguerite n'avait et ne pouvait avoir aucun droit sur ses revenus dont jouissait légalement et très paisiblement du reste l'Evêque Jean Duchemin [2].

La rente de cinq cents livres de revenu octroyée par la Reine de Navarre ne fut, croyons-nous, payée qu'une seule fois, la première année, en 1585. Il fut alors décidé que cette somme serait employée à acheter la maison des hoirs de feu Raymond Delrieu, attenant à la maison de La Cassaigne, et que l'on s'en servirait pour y établir l'église du Collège. Mgr Frégose donna son consentement le 1er février 1585; et, à la suite de la requête du syndic du pays d'Agenais au Sénéchal pour obtenir l'expropriation, si besoin était, de ladite maison, le contrat d'achat fut passé le 9 mars de la même année [3]. On se mit immédiatement à l'œuvre.

Quelques jours après, une donation importante fut faite également au Collège d'Agen. Nous voulons parler des meubles précieux qui lui furent envoyés par Madame de Lisse, et au nombre desquels nous relevons, sur l'inventaire dressé le 10 juillet 1585, des bahuts, armoires, coffrets, linceuls de toile, nappes d'autel, linges, ornements d'église et de sacristie, etc., et enfin « cinq jolis tableaux de cuivre, couvert d'esmal, à l'ung desquels est peint un Ecce Homo, à l'autre l'image de Notre Dame, à l'autre la Nativité, à l'autre un

---

[1] Ancienne abbaye bénédictine sise en Agenais, actuellement dans la commune de Monbahus, canton de Cancon, Lot-et-Garonne.
[2] Voir à cet égard la note que nous avons publiée à la page 31 de nos *Lettres inédites de Marguerite de Valois, tirées de la Bibliothèque Impériale de Saint-Pétersbourg.* (Archives historiques de la Gascogne, fascicule onzième.)
[3] Archives municipales GG. 209 et 211.

Crucifix, et à l'autre est peint l'image de Jésus-Christ descendu de la croix [1]. »

Les évènements politiques qui alors se précipitaient et sans doute aussi la mort de Janus Frégose, arrivée en 1586, mirent un temps d'arrêt dans l'œuvre de l'établissement du collège, durant cette année 1586 et celle de 1587. Néanmoins elle fut reprise avec plus d'ardeur que jamais dès 1588, pour aboutir trois années après sous l'épiscopat de Nicolas de Villars (1587-1608).

Le 5 avril 1588, les trois ordres se réunissent et décident d'établir un bureau qui sera chargé spécialement de l'administration et de la surveillance du collège. Il devra être composé de « ces Messieurs de l'Eglise, de la Justice et desdicts sieurs Consulz ». Furent élus : pour Messieurs de l'Eglise, Messieurs de Myremont, chanoine, de Gélas, chanoine, et de Ribeirenq, également chanoine. Pour Messieurs de la Justice, Messieurs de Courtète, juge criminel, de la Roche, conseiller, et de Nargassier, conseiller. Deux Consuls furent désignés. Enfin la Jurade choisit MM. Mathieu et de Landas, avocats et jurats [2]. Aussitôt constitué, ce bureau se mit à l'œuvre, et il prit, dès cette année et la suivante, d'importantes décisions relatives au paiement des diverses pensions, aux réparations

---

[1] Archives municipales, GG. 210. Cette Madame de Lisse était noble dame Marguerite de Pellegrue, dame de Casseneuil et de Lisse, fille de François de Pellegrue, seigneur de Casseneuil. Elle habitait ordinairement la ville de Condom, où déjà, par acte du 2 septembre 1579, elle avait fondé « pour l'instruction de la jeunesse, à l'honneur et gloire de Dieu, ung Collège que dès longtemps elle a eu volonté d'ériger et ordonner en cette ville de Condom, » voulant que ledit collège fût appelé de *Cassaneuilh* et composé d'un régent principal et de six autres régents. Malheureusement cette fondation ne put être exécutée, la succession de cette noble dame ayant donné lieu à de nombreuses contestations que soulevèrent ses trop avides héritiers. Voir à ce sujet l'importante monographie que M. J. Gardère consacre au *Collège de Condom* dans la *Revue de Gascogne*, 1880, et notamment le chapitre intitulé « *Le Collège de Condom avant les Oratoriens*. » (*Revue de Gascogne*, tome XXVII, 1re livraison, janvier 1886.)

[2] Archives municipales GG. 210.

à exécuter, enfin à l'enregistrement des contrats, legs, donations, titres de rente, intéressant le collège et qui affluaient de toutes parts[1].

Une impulsion nouvelle est donnée par le bureau dans l'année 1590. Les détails les plus minutieux sont examinés par lui, et il jette, avant de les soumettre définitivement aux Jésuites, toutes les bases de cette importante fondation. C'est ainsi que, le 21 mars 1590, il arrête de cette façon le règlement des classes qui fut adopté tel quel : « Davantaige, a esté resouleu, arresté et ordonné que les enfans viendront audict colliège ung peu avant l'heure de huict heures du matin, et après qu'ils seront venus feront prières à Dieu et estudieront leurs leçons. Les leçons se commanseront et feront despuis huict heures jusques à dix le matin; après midy les leçons se fairont despuis trois heures jusques à cinq, et les régens entreront bien tost après que le dernier sera sonné. Et leur sera baillié ung petit argumen pour composer en vers deux fois la sepmaine, le mercredy et le vendredy avant sourtir de la classe, et en oraison une fois la sepmaine et ce en la première classe. En Advans et en Caresme, lesdites leçons se commanseront despuis neufz heures jusques à douze à cause du sermon. Auquel sermon les enfans se trouveront ensemble, les pedagogues au pied de la chère et les dicts enfans affin qu'ilz ne facent insolances. Les enfans de la première, seconde et troisième classe et dans le Collège parleront latin congreu; en la quatrième comme ilz pourront; en la cinquiesme françois. Et en chescune classe il y aura normateurs pour prandre garde a ceulx qui deffandront aulx leçons. Et le mesme ordre et régime se tiendra qui est au colliège de Guiene à Bourdeaux. Les disputes se feront tous les samedis après digner et ce fera leçons tous les jours non fériés. » Suit la liste des jours fériés où les régens ne pourront faire leurs classes. Ce sont, au nombre de quarante neuf : « En janvier: La Circoncision, les Rois, saint Hilaire, saint Antoine, saint Fabien et saint Sébastien, saint Vincent; — en février: La Purification, saint Mattias; — en mars : L'Annonciation; — en avril : saint Georges, saint Marc; — en may: saint Philippe

---

[1] Archives municipales, GG. 210.

et saint Jacques, saint Jehan ; — en juin : saint Clair, saint Barnabé, la Nativité de saint Jean-Baptiste, saint Pierre et saint Pol, saint Martial ; — en juillet : la Visitation, sainte Marie Madeleine, saint Jacques, sainte Anne ; — en août : saint Pierre, saint Etienne, saint Laurans, l'Assomption, saint Roc, saint Barthélemy ; — en septembre : la Nativité de Notre-Dame, sainte Croix, saint Mathieu, saint Michel ; — en octobre : saint Rémy, saint François, sainte Foy, saint Luc, saint Caprasy, saint Siméon et saint Jude ; — en novembre : La Toussaint, le jour des Morts, sainte Catherine, saint André ; — en décembre : La Conception, saint Nicolas, saint Thomas, la Noël, saint Etienne, saint Jehan, les Innocents. » Les mêmes soins précis sont apportés à tous les autres détails d'organisation.

— Tout étant prêt et la maison La Cassaigne suffisamment aménagée[1], les Consuls s'adressèrent au collège de Bordeaux, fondé déjà depuis quelques années, et prièrent le Père Dupuy, provincial de la Compagnie de Jésus en Guienne, de venir à Agen pour approuver ledit règlement, y faire toutes modifications qu'il jugera convenables, passer avec eux le contrat de fondation, et enfin installer les nouveaux régents. Un échange très actif de lettres, dont la plupart sont conservées, s'établit entre les deux parties, vers la fin de cette année 1590 et le commencement de l'année suivante. On envoya au Père Dupuy tous les projets de règlement ; on lui soumit tous les titres de rente promis, etc. Si bien, qu'au mois de juillet 1591, le Père Dupuy, estimant que tout était en règle, vint lui-même à Agen pour terminer l'affaire.

Après plusieurs formalités d'usage, comme notamment « la remise par les Consuls de tous les meubles dudit collège ez mains de Monsieur le Père Dupuy, avec l'inventaire desdits meubles à la

---

[1] Labrunie nous dit dans son Abrégé Chronologique, « qu'on y employa tous les matériaux de la démolition de l'Eglise de Saint Phébade, que le peuple avait détruite parce qu'elle avait servi de prêcho aux protestants, en 1562. »

suite[1], » le contrat de fondation du collège d'Agen fut enfin solennellement passé, le 23 juillet 1591, par devant M⁰ Duran, notaire royal, entre la Reine de Navarre, l'Evêque d'Agen, les Chapitres, les Consuls et plusieurs Jurats d'une part, et les Pères Jésuites d'autre part.

Voici le résumé exact ainsi que certains fragments de cet acte, dont l'importance n'échappera à personne, mais que sa longueur nous empêche malheureusement de reproduire ici *in extenso*[2].

« Ce jourd'huy vingt-troisième jour du mois de juillet, mil cinq cent quatre vingt onze, après Midy, en l'hostel episcopal de la ville et citté d'Agen, par devant nous, notaire royaux, etc. ont été présens : Reverend Père en Dieu, Messire Nicolas de Villars, évêque et comte d'Agen, vénérables personnes Messires Simon Vallery, Jules de Nort, Hélias de Rebeyrenq et Bernard Barthe, chanoines députés pour les chapitres de Saint-Etienne et de Saint-Caprais, M. Florimond de Redon, lieutenant principal, comme procureur de très haulte et puissante princesse Marguerite, Reyne de Navarre, comtesse d'Agenais, etc. Messieurs M⁰ˢ Jehan Camus, licencié ès droit et avocat, Sixte Arnauld Albinhac, Crespin Trinque, Jean et Pierre Mathieu, et M⁰ Jehan Cayron, consuls de ladite ville, Messieurs Jehan Dorty, président et juge mage, François de Courtete, juge et magistrat criminel, Arnaud Delpech, procureur du Roi en la Cour présidiale de la Sénéchaussée, Michel Boissonnade, Jehan de Lescazes, Laurent Loubatery, Jacques Loubatery, Jacques Langelié, jurats, d'une part ; — et Révérend Père Clément Dupuy, provincial de la Compagnie de Jésus en Guyenne, assisté du Père Jehan Geutery, recteur d'icelle, Père Denis Capin et Père Edouard Mole, prêtres de ladite Compagnie, d'autre part. » La ville et le

---

[1] Archives municipales, GG. 210.
[2] Il existe dans nos Archives locales de nombreuses copies de ce document. Celle que nous reproduisons provient des *Archives départementales de Lot-et-Garonne*, (*Série D. 1.*) qui en possèdent deux exemplaires. Nous en trouvons également cinq exemplaires aux *Archives municipales d'Agen*, *Série BB*. 35, 37, 38 et *Série GG*, 210 et 212. Enfin une autre copie se trouve aux *Archives de l'Evêché d'Agen*, *Série F.*, liasse 33.

pays d'Agenais depuis longtemps désirent l'établissement d'un collège. « Considérant d'un côté que le plus grand bien qui puisse avenir à un pays, ville et république, et le principal moyen de la mectre en repos et assurance à l'avenir, est la bonne, sainte, et diligente instruction de la jeunesse ou la piété et crainte de Dieu et bonnes mœurs, principalement en ce tems auquel sont glissées les erreurs et hérésies, nommément en ce royaume de France et sur toutes les provinces d'icelui en cette Guyenne qui aurait été de longue main plus gattée et infectée de cette contagion que les autres, dont serait à craindre que les tendres esprits de la jeunesse ne vinssent peu à peu à y recevoir et humer le venin, eu égard au danger auquel souvent elle est exposée d'être instruite par maîtres et pédagogues hérétiques, qui par feintise et hypocrisie, empruntant le nom de catholiques, la trompent secrètement de leur méchante doctrine; et voyant de l'autre côté la fidélité, suffisance et bon devoir de ceux de la Compagnie de Jésus, en l'instruction de la jeunesse, tant en la religion catholique, piété, bonnes mœurs qu'en la doctrine et étude des letres, comme l'expérience leur a fait voir et apprendre en plusieurs villes de ce royaume, où ils ont collège, etc., » pour ces raisons, et après de nombreuses réunions et assemblées générales, la ville aurait acheté la maison de La Cassaigne pour la somme de 7,000 fr., ainsi que quelques petites maisons avoisinantes, grâce aux libéralités de la Reine Marguerite et de Mgr Janus de Frégose, alors évêque d'Agen; et elle aurait enfin appelé les Pères Jésuites, avec lesquels elle passe le présent contrat.

Article 1er. Le collège sera régi et gouverné par ceux de la Compagnie de Jésus, selon la forme des autres collèges qu'ils ont dans le royaume de France.

Article 2. « Seront tenus lesdictz de la Compagnie de Jésus entretenir six régens en six classes diverses, à sçavoir cinq en humanité tant en grammaire que rhétorique, ès quelle sera enseignée la langue grecque et latine, et la sixième, logique et philozofie, pour rendre capables les escolliers de prendre le degré de maîtres ès arts. »

Article 3. Il sera choisi près du collège un lieu pour y enseigner à lire, soit en latin, soit en français, par un maître à ce député et aux gages desdits Consuls, les Pères Jésuites n'étant pas tenus d'apprendre à lire.

Article 4. Pour l'entretien dudit collège, les fondateurs le dotent de la rente annuelle de mille écus, répartie ainsi qu'il suit : la Reine Marguerite promet annuellement la somme de 500 livres; l'Evêque d'Agen, celle de 700 livres; les chapitres de Saint-Etienne et de Saint-Caprais, en vertu des prébendes accordées antérieurement, celle de 500 livres; les Consuls et Communauté d'Agen, celle de 1,200 livres, plus quelques autres modiques sommes en vertu d'échanges réciproques.

Article 5. Les fondateurs abandonnent aux Pères Jésuites la maison de La Cassaigne, avec toutes ses dépendances, ainsi que les meubles donnés par Madame de Lisse à leur intention.

Article 6. En ce qui concerne les réparations, constructions, ameublements du collège, etc. les Consuls donnent la somme de trois mille écus payables à différents termes, soit mille écus dès à présent, dont le Père Dupuy donne quittance, et les deux autres mille écus dans les quatre années suivantes.

Article 7. Les Pères Jésuites sont déclarés être à perpétuité « francs, quittes et déchargés de toutes tailles, emprunts, subsides, entrées de ville, contributions quelconques, etc. »

Article 8. Ils s'engagent en revanche à ne plus rien jamais demander à la ville ni aux fondateurs, « s'offrant librement et de leur plein gré d'aider le peuple, selon leur pouvoir, par prédications, catéchismes, confessions, visitations des malades et autres œuvres de charité. Ils dédient le collège à la Reine Marguerite : Sur la grande porte duquel collège sera gravée sa fondation sous le nom de ladite dame Reine et des sieurs fondateurs. »

Article 9. Enfin, pour garantie desdites conditions, les donateurs engagent tous leurs biens propres tant présents qu'à venir, ainsi que les donataires tous les biens et revenus du collège.

En foi de quoy, « ils ont promis et juré moyennant serment », et ont signé le présent acte.

— Ainsi constitué, le collège d'Agen prospéra rapidement. Toutes les rentes furent régulièrement payées, sauf les cinq cents livres de la Reine Marguerite. Chassée d'Agen en septembre 1585, et réfugiée depuis la fin de l'année 1586 dans la sombre forteresse d'Usson, en Auvergne, cette Reine, malgré l'offense qu'elle avait reçue des Agenais, ne se montra pas vindicative à leur égard. Nous en donnons comme preuve, la lettre suivante, autographe, conservée précieusement dans nos archives municipales, qu'elle écrivit, toujours au sujet du collège, aux consuls d'Agen [1] :

« Messieurs les Consulz, je suis tres aise que aiés peu obtenir de monsieur le provincial des Jésuites d'avoir le coliege de leur ordre que j'ay toujours désiré establir en vostre ville ; j'escris à ceux de mon conseil pour effectuer la volonté que j'ay di ayder. Si je puis quelque autre chose pour le bien et avansemant de vostre ditte ville, je vous prie crère que je n'i espargnerai se qui dependera de mes moiens et de ma puissanse, et en pouves faire entier estat, désirant vous témoigner ma bonne volonté en toutes les occasions quy m'en seront offertes ; priant Dieu, Messieurs les Consulz, vous avoir en sa sainte garde.

« D'Usson, se 19 décembre, 1590. Vostre plus parfaite amie.

« MARGUERITE. »

Elle donna ordre, en effet, le même jour, par mandement spécial à son receveur en Agenais, Coudoing, ainsi que six mois après à Jehan de Cambefort, de payer au collège « lesdits arrérages dus jusqu'à l'année présante ». Mais tout porte à croire que sa volonté ne fut pas exécutée et que la caisse était vide, tellement nous voyons les Consuls et avec eux les Jésuites intenter cette année et toutes celles qui suivent, jusqu'à sa mort (1615), actions et procès contre elle, ses fermiers et ses receveurs [2]. Nous ne les suivrons pas dans tous les détails de cette trop longue affaire et nous retournerons bien vite à l'histoire du nouveau collège.

---

[1] Archives municipales, GG, 212.
[2] Archives municipales, BB. 35, 37, 38 et GG. 210, 211, 212, 213, etc.

De tous côtés arrivaient chez les Jésuites, avec de nombreux élèves, des félicitations « pour ce qu'ils avaient accepté de se mettre à la tête de l'enseignement de la province » et des encouragements à persévérer et à bien faire. Le 17 février 1591, les Consuls d'Agen reçoivent du Père Jésuite, Claude P..., résidant à Rome, une fort jolie lettre en latin, où ce religieux les complimente d'avoir fondé un collège de son ordre [1]. Quelque temps après, c'est le Pape Clément VIII, qui, par sa bulle du 12 décembre 1592, confirme en faveur du collège la pension annuelle de 700 livres que doit lui payer l'Evêché d'Agen [2]. Dans un procès relatif à certaines exécutions de paiement et demandes en garantie, le Présidial rend un jugement par lequel le syndic du collège est relaxé des conclusions prises contre lui par le syndic des Frères-Prêcheurs. Un peu plus tard, quand les consuls veulent leur imposer certaines tailles et que les Jésuites se refusent à les payer, prétendant en être exempts, les tribunaux leur donnent gain de cause, etc. Bref, la compagnie de Jésus acquit à ses débuts, à Agen, une popularité telle que n'en eurent jamais les autres ordres religieux, et nous pouvons affirmer que par les services immenses qu'elle rendit à toutes les classes de la population agenaise, comme aussi par sa méthode si sûre d'enseignement, elle la conserva jusqu'à la fin. Aussi est-ce très justement que notre vieil annaliste Labénazie, qui les connut personnellement, écrit : « Grâce aux circonstances de la Ligue et à la faveur de l'Evêque d'Agen, Nicolas de Villars, les Jésuites surent profiter de l'attachement que leur porta la ville d'Agen ; et ils se rendirent si soudainement maîtres des esprits, que lorsque ils furent disgraciés de la Cour et bannis du royaume, ils firent tant qu'Agen ne mit pas cet arrêt en exécution. Dans toutes les autres villes du royaume ils reçurent bien des traverses ; mais Agen leur servit d'asile dans leur malheur. Ces circonstances font bien voir combien les Agenais ont eu de la considération et de l'affection pour les Jésuites

---

[1] Archives municipales, GG, 212.
[2] Idem.

et combien ils se sont rendus dignes de quelque retour d'amitié de ces bons Pères [1] ».

En revanche, les Agenais n'eurent jamais une affection bien tendre et bien franche pour Henri IV. Ils se souvenaient de l'année 1577, où le jeune roi de Navarre avait tout bouleversé chez eux, et ils étaient trop sincèrement catholiques pour ne pas chercher à le combattre, soit d'abord en recevant dans leurs murs sa femme Marguerite, soit surtout en embrassant plus tard la cause de la Ligue. Ils partageaient en cela les sentiments de la Compagie de Jésus, et cette même conformité de vues ne fut pas une des moindres causes de la sympathie qu'ils montrèrent au nouveau collège. Il n'entre pas dans notre cadre de raconter ici quelle fut à l'égard d'Henri IV l'attitude des Jésuites pendant cette fin du siècle, ni les mesures diverses qui furent prises, soit en leur faveur, soit contre eux, par ce grand Roi. Indiquons seulement ce qu'avance Saint-Amans au sujet du Père Gautier, alors recteur du collège d'Agen. Lorsque Henri de Navarre fut devenu roi de France et que la Ligue agonisait, les Agenais lui firent solennellement leur soumission (1594). Seul, d'après l'auteur de l'*Histoire du département de Lot-et-Garonne*, le Père Gautier, recteur du collège, aurait énergiquement protesté, si bien qu'il fallut un commandement formel du général de l'ordre, le Père Aquaviva, pour lui imposer silence. Saint-Amans croit que ce Père Gautier ou Gauterius est le même que Gautery « continuateur de l'historien de Thou, qui, prêchant en 1610 devant Henri IV à Saint-Gervais, lui demandait au nom du ciel l'extermination de tous les protestants [2] ». L'abbé Barrère [3] conteste formellement ces faits, qui, d'après lui, ne reposent sur aucune base sérieuse. Quoi qu'il en soit, lorsque Henri IV signa, le 7

---

[1] Labénazie, Ms, T. II, livre V, chapitre XIV, p. 455 et suiv. Labénazie qui mourut dans la première moitié du xviiie siècle ne fait allusion ici, bien entendu, qu'à l'exil des Jésuites sous Henri IV.
[2] Saint-Amans, *Histoire du département de Lot-et-Garonne*, T. I, p. 455.
[3] Tome II, p. 371.

septembre 1603, l'édit de Rouen qui rétablissait légalement l'Ordre des Jésuites, déjà supprimé une fois à la suite de la tentative d'assassinat de Jean Chastel, dans le ressort des Parlements de Guienne, de Languedoc et de Bourgogne, il n'oublia pas de mentionner spécialement les villes de Bordeaux, de Toulouse et d'*Agen*. Nous ne croyons pas d'ailleurs qu'ils eussent jamais quitté cette dernière ville.

C'est en effet de 1591, date de leur arrivée, jusqu'aux premières années du xvii° siècle, que les Pères Jésuites s'organisèrent dans notre ville et consacrèrent tous leurs soins à l'achèvement du collège ainsi qu'à la construction de leur église. On sait que la maison La Cassaigne, où ils s'installèrent, était située dans le quartier Saint-Hilaire, derrière la tour de la Grande Horloge, et qu'elle occupait tout l'emplacement représenté aujourd'hui par la place de la République et les maisons circonvoisines. L'Eglise avait été élevée sur les terrains de la maison Delrieu, et elle comprenait toute la partie nord de la cour, c'est-à-dire qu'elle s'étendait le long de la rue Grand-Horloge, depuis la rue Maillé jusqu'au grand portail d'entrée. Nous donnerons du reste plus loin la description très détaillée des divers aménagements du collège d'Agen, lorsque les Jésuites le quittèrent et que les Oratoriens en prirent la direction. Ceux ci, en effet, en firent relever le plan en 1781, plan dont l'original se trouve aux Archives Nationales à Paris. C'est ce plan, qui ne modifie en rien les premières et anciennes dispositions prises par les Jésuites, que nous offrirons à nos lecteurs.

Nous trouvons à foison dans nos Archives municipales les nombreux actes d'achat faits en ces temps-là par les Jésuites pour agrandir leur collège. Tels sont : le 27 octobre 1592, une cession de maison et jardin faite par Jehan Londrade, marchant, à Messieurs les Consuls, en faveur du collège des Jésuites ; — le 20 mars 1597, la vente judiciaire de la maison de feu Pierre Chabrié, faite au syndic du collège pour être jointe à l'église et aux classes, moyennant la somme de 300 francs [1] ; — un peu plus tard, le 20

---

[1] Archives municipales, GG. 210.

janvier 1623, l'achat par Pierre Jehan Pitard et Antoine Fous, supérieur et syndic du collège, à Rose de Cahuzières, demoiselle de Ricaud, de la terre de Bellevue, consistant en champs et vignes, au coteau de Saint-Vincent [1]; — enfin l'achat de toute une série de petites maisons attenant au collège, rue Maillé.

Vers cette époque mourut le sieur Darel, chanoine théologal de l'Eglise Cathédrale d'Agen, qui, par son testament du 22 mars 1600, institua « pour son héritier en tous ses biens » le collège des Jésuites d'Agen [2]. Une clause de ce testament est assez curieuse pour que nous la reproduisions : « Item, je donne et lègue à mon bien-aimé disciple, M° Antoine de Lascazes, bachelier en droict canon, faisant a presant le cours en théologie en l'Université de Thoulouse, tous et chescuns mes livres et meubles qui sont dans mon estude pour d'iceux en faire à son plaisir et volonté après mon décès ; et au cas que je décède de la presant maladie et que je ne puisse parachever l'œuvre que j'ay bien avant avancé *De Triompho Crucis*, en vers elegiacques, et lequel je luy ay souvent communiqué, je prie ledit Lescazes de le parfaire et le mettre en lumière soulz mon nom, sans pour cela lui imposer charge ny necessité audit legat. » Par cette libéralité le collège se trouva de suite propriétaire, soit qu'il provint en partie du chanoine Darel, soit qu'il eût été agrandi plus tard par les Pères, d'un domaine important, situé à cinq kilomètres environ au nord-est d'Agen, sur les hauteurs qui dominent le vallon du Pont-du-Casse, qui portait le nom de Darel et qui consistait en maison, jardins, prairies, vignes, terres et bois. Nous relevons dans l'inventaire si précieux des titres des Jésuites de nombreux actes consentis dans la suite par les Pères concernant cette propriété [3].

A ce moment également, les Jésuites reçurent du Corps de ville, pour parfaire la somme qui leur avait été promise, la jouissance emphytéotique de la terre du Bedat, près d'Agen dont la nue propriété appartenait aux chevaliers de Saint-Jean de Jérusalem ; ce

---

[1] Archives municipales, GG. 210.
[2] Idem, GG. 210.
[3] Idem, GG. 210.

qui occasionna dans la suite, en 1690, un long procès entre ces chevaliers, les Jésuites et les Consuls d'Agen. Il semble, du reste, que ces derniers aient pu difficilement tenir à cette heure leurs engagements envers le collège, témoins : la lettre du duc de Mayenne « mandant aux trésoriers généraux de la province de Guienne de lever sur le païs d'Agenois la somme de 1500 écus à rembourser aux Consuls d'Agen qui ont avancé pareille somme pour la construction du collège » ; et un peu plus tard les demandes réitérées des Consuls au Roi de répartir, en l'augmentant, « sur le pays d'Agenais qui ne paie rien, la pension de 1,300 livres payée uniquement par la ville d'Agen au collège, quoy que le bien d'iceluy soit général et réussit au bien public, les enfans d'Agen et autres qu'ils soient de la religion prétandue reformée estant instruits en iceluy. » Le Roi répondait par lettres patentes, enregistrées au Parlement de Bordeaux le 27 mai 1606, en autorisant les Consuls d'Agen à imposer exceptionnellement sur la ville la somme de 1300 livres due par eux au collège. Il les renouvelait en 1609[1].

Quelques années avant, le 4 août 1600, ce même Parlement rendait un arrêt sur la requête du syndic du collège, par lequel il décidait qu'une somme de 2,000 écus serait prise sur les revenus de la Reine Marguerite, pour l'extinction de la rente de 500 livres, octroyée par elle au collège et qu'elle ne pouvait pas payer. Un dépôt de 1,950 écus fut aussitôt fait, le 11 octobre, au nom de la Reine Marguerite, pour l'extinction de ladite rente[2].

D'un autre côté, l'Evêché d'Agen se déchargeait, quelques années plus tard, de la pension de 700 livres qu'il payait régulièrement au collège, moyennant la cession de la cure de Lougratte, « devenue vacante par suite de la démission de M° Pierre Lachaume, prêtre, dernier recteur d'icelle, faite par Mgr d'Elbène, Evêque d'Agen, aux R. P. Barthélemy Jacquinot, provincial de la Compagnie en Guienne, Fronton Gadanet et Louis Conald, recteur et

---

[1] Archives municipales, GG. 213.
[2] Idem, GG. 210.

syndic du collège d'Agen[1]. » En même temps, le syndic du collège prenait possession, le 25 février 1608, de la cure de Preyssas, acte que reconnut officiellement par une bulle le Pape Paul V[2].

La puissance des Jésuites grandissait chaque jour davantage ; mais ce n'était pas sans traîner après elle la médisance, la calomnie et de sourdes jalousies. L'assassinat d'Henri IV, crime dont longtemps on les accusa, sembla arrêter un moment leur marche toujours croissante. Ils eurent à soutenir un redoublement de haine de la part des Parlements, de la Sorbonne et de l'Université. Mais de cette lutte violente ils sortirent vainqueurs, plus forts que jamais Les Etats-généraux de 1613 se prononcèrent en leur faveur, et, avec Richelieu qui s'en servit et les protégea, ils arrivèrent au faite des grandeurs. A Agen, comme partout ailleurs, ils eurent à se plaindre dès leurs débuts d'insinuations malveillantes et de basses calomnies répandues contre eux, principalement par les autres ordres religieux. Dès 1598, ceux-ci les accusèrent ouvertement de ne pas prier pour le Roi. L'Assemblée des Trois-Ordres prit en mains leur défense et protesta énergiquement contre cette accusation[3]. Ils eurent bien aussi à subir vers cette époque quelques vexations de la part des Consuls qui se plaignirent à plusieurs reprises de n'être pas invités aux séances publiques, ou bien de ne pas recevoir leurs visites, ou celles du Provincial quand il venait à Agen. Ils cherchèrent même à les imposer outre mesure pour le paiement des tailles. Mais le peuple et les grands se prononcèrent toujours en leur faveur. Lorsque le duc de Mayenne, récemment nommé duc d'Aiguillon, vint, le 25 septembre 1618, faire son entrée solennelle, par la Porte-du-Pin, dans sa bonne ville d'Agen, comme gouverneur de la province, les Jésuites s'unirent aux Consuls pour fêter cette solennité; et, entre autres revues, fêtes pu-

---

[1] Idem, 210. Lougratte est encore une paroisse située dans le canton de Castillonnès, arrondissement de Villeneuve.
[2] Archives municipales, GG. 216. De nombreuses pièces existent dans cette liasse, relatives à cette union de la cure de Prayssas.
[3] Archives municipales, BB. 37.

bliques, musique et réjouissances de toutes sortes, ils firent représenter en son honneur, « par les escoliers une fort belle action, pour sa bien-venue, sur le subject de l'arrivée d'Eneas en la ville de Didon, et ayant sur le frontispice du théâtre ceste inscription en deux vers, qui dénotait tout le subject de l'action :

Punica regna vides, Tyrios et Agenoris urbem,
Vasconium fines, genus intractabile bello[1]. »

Grande solennité religieuse également au collège des Jésuites, le 7 août 1622, à l'occasion de la canonisation de saint Ignace, leur fondateur. Tous les ordres religieux et paroisses de la ville y assistèrent, ainsi que les deux chapitres de Saint-Etienne et de Saint-Caprais. Monseigneur de Gélas y dit la messe, après que tout le collège eut été le chercher processionnellement à son Palais épiscopal : « Puis un feu de joie fut allumé sur le Gravier où les écoliers étaient par bandes, avec des enseignes et sans armes. Il y eut le soir quantité de feux d'artifices[2]. » Enfin, c'est également dans l'église des Jésuites que fut prononcé solennellement, en 1629, par les autorités municipales d'Agen, le vœu de consacrer une lampe d'argent en l'église de Bon-Encontre, si la sainte Madone obtenait la cessation de la peste qui ravagea, on le sait, si cruellement nos contrées.

Le commencement du XVIIe siècle fut pour les Pères Jésuites l'époque la plus riche en hommes éminents. C'est le temps où brillent : le Père Arnoux, confesseur influent de Louis XIII, qui veut pousser le monarque dans la voie de la tolérance, et l'engage à se réconcilier avec sa mère, comme aussi à ne pas combattre les Protestants; du célèbre Père Coton qui contribua si puissamment à la prospérité de l'ordre; des Pères de Suffren, Caussin, etc.; enfin du fameux Père Garasse, qui, croyons-nous, vint prêcher à Agen et y

---

[1] Archives municipales, BB. 42.
[2] Labénazie, *Chronique Agenaise.*

faire apprécier ses qualités de critique acerbe, souvent injuste, toujours original [1].

Cependant les donations en faveur du Collège des Jésuites d'Agen continuaient toujours. Dans son testament du 24 novembre 1625 et son codicille du 27 mai 1629, dame Elisabeth Dupuy, épouse de François de Barrau, sieur d'Anferrus, institue pour son héritier son mari, et, après son décès, le collège des Jésuites d'Agen, « pour jouir de ladite hérédité à perpétuité, à la charge d'une fondation de résidence ou mission de ladite Compagnie à Nérac ; et de plus donne audit collège une maison, près la commanderie d'Argentens [2] ». Le 6 janvier 1630, c'est Jeanne Clavié, épouse du sieur Bertrand Salabert, qui donne au Collège quelques vignes sur le coteau de Saint-Vincent, « plus un jardin joignant ce Collège, au dessous de la chapelle de la Congrégation [3] ». Le vénérable Père P. Deschamps était alors recteur du Collège d'Agen. Mais la libéralité la plus importante dont fut gratifiée en ces temps-là la nouvelle institution du Collège fut la série de donations que Pierre Saulveur, chanoine théologal de Saint Etienne, fit, de son vivant, au Collège des Jésuites, qu'il semble avoir affectionné tout particulièrement.

---

[1] Nous lisons dans le manuscrit de Malebaysse, qui note avec une parfaite exactitude les différents prédicateurs qui vinrent prêcher à Saint Etienne soit le carême, soit l'avant : « Les advent de Noël 1619 et le Caresme 1620, prescha à Sainct Etienne le Père Crasse, jésuiste. » Nous croyons fort que notre vieil annaliste s'est trompé seulement d'orthographe et qu'il a voulu désigner ici le Père Garasse, qui était vers cette époque professeur de rhétorique à Bordeaux. Le Père Garasse est célèbre par la violence de ses discours et l'acrimonie de ses attaques contre tous ceux qui combattaient son ordre, notamment contre Etienne Pasquier et notre compatriote Théophile de Viaud. Il se fit de nombreux ennemis et laissa en mourant de curieux écrits, parmi lesquels ses Mémoires. Si dans ses invectives il a souvent dépassé le but, on doit rappeler à sa louange, que c'est en soignant des pestiférés qu'il fut atteint, en 1671, de la maladie dont il mourut.

[2] GG. 216

[3] Idem.

Le 16 août 1629, il dispose déjà de tous ses biens, à la réserve de ses meubles, parmi lesquels figure « son petit orgue, » quelques rentes et mille livres de capital, en faveur du R. P. Jordain Forestier et Pierre Dubois, recteur et syndic du collège des Jésuites. Le 21 décembre 1636, il constitue une rente de 90 livres pour être employée à une distribution de prix annuelle : « Sachent tous que dans la ville et cité d'Agen, collège des Révérends Pères Jésuites de la Compagie du nom de Jésus, ce jourd'hui, 21° du mois de décembre 1636, a été présent : M° Pierre Saulveur, chanoine théologal en l'église Cathédrale Saint-Etienne, lequel donne aux Pères Jésuites la somme de 1440 livres pour être mise en fonds solvable en telle personne assurée, pour en retirer la rente annuelle de 90 livres, et icelle être convertie à l'achat et distribution des livres de prix pour les cinq classes, suivant leur ordre accoutumé ez autres collèges; et ce chacun an, avec une action publique de tragédie ou autres, ou, pour le moins, cela ne se pouvant commodément faire, il y aura quelque déclamation solennelle avec autres solennités que lesdits Pères aviseront, lesquels livres de prix seront marqués des armes et devises du sieur Saulveur : (Ex Munificentiâ Domini de Saulveur); laquelle susdite donation ledit sieur Saulveur affecte audit collège, ez personnes des Révérends Pères Fronton Gadault et Antoine Petit, recteur et syndic dudit collège, présans et acceptans ; et suivant l'avis de M** Géraud de Lescazes et Bernard de Faure, avocats en la Cour du Parlement de Bordeaux, etc.[1]. » Enfin le 14 janvier 1645, quelques jours avant sa mort, il renouvelle en faveur du collège d'Agen sa première donation « de tous et ung chacun ses biens meubles et immeubles sous la rézervation de la somme de 1,500 livres d'une part que ledit Sauveur donne à Pierre Touanille, demeurant à son service, et 600 livres d'autre part pour être payées au sieur Cunolio, chanoine de l'église Saint Etienne d'Agen[2]. » Pierre Saulveur, mourut le 31 janvier 1646. Il fut, ainsi qu'ont peut le voir, un des plus grands bienfaiteurs des

---

[1] Archives municipales, GG. 210, 214, 216, etc.
[2] Archives municipales, GG. 216. Inventaire des titres des Jésuites.

Jésuites. Aussi fut-il enterré dans le sanctuaire même de leur église.

Esprit indépendant, un peu frondeur, il conserva toute sa vie sa liberté d'action et de parole et fut un des champions les plus fervents qui se prononça contre l'épiscopat de saint Caprais. Citons, à cet égard, l'anecdote suivante que rapporte, dans un style assez naïf, le bon curé Labrunie, et le tour que lui jouèrent les Agenais, furieux de ce que Saulveur avait fait casser l'ordonnance des Consuls prescrivant qu'en l'honneur de saint Caprais on chômerait le jour de sa fête : « Saulveur prêcha l'avent de 1623 et le carême de 1624. C'était l'usage, avant la Révolution, que les prédicateurs de l'avent allassent prêcher le sermon des Innocents à la collégiale. Ce jour-là Saulveur ne manqua pas d'aller à Saint-Caprais. Les corps rendus, le peuple assis, le théologal veut commencer son discours. Mais voilà l'organiste qui commence un tintamarre sur son orgue dont il fait résonner les jeux les plus bruyants. Comme cela ne finissait pas et que les Consuls qui étaient présents n'imposaient pas silence au carillonneur, ni à ceux qui l'avaient mis en jeu, ce vénérable ecclésiastique, aussi indécemment joué, se précipita de la chaire ; car on en avait enlevé le marchepied[1]. » L'exécution de ses dernières

---

[1] *Abrégé chronologique des antiquités d'Agen*. Saint-Amans dans sa *Biographie Agenaise*, tirée de celle de Labrunie, manuscrit encore inédit, qui faisait partie autrefois de la précieuse collection de manuscrits conservés à la bibliothèque du château, consacre une douzaine de pages à Pierre Saulveur. Il le fait naître à Toulouse l'an 1573 et venir en 1597 à Agen, où il acquit tous ses grades en théologie et devint grand vicaire de Nicolas de Villars. Ce ne fut que pendant l'épiscopat de Claude Gélas que, par l'imprudence de sa parole comme par l'audace de ses écrits, il s'attira la haine des Consuls et de la population. Ses disours contre l'épiscopat de Saint Caprais, ainsi que son *Brief Recueil de l'histoire de Saint Caprais d'Agen*, où il soutenait que ce saint n'avait jamais été Evêque d'Agen, lui suscitèrent toutes sortes de misères et de déboires. Il n'est pas de calomnies que ses ennemis n'aient inventées contre lui. Saint-Amans prend en main sa défense. L'abbé Barrère au contraire, dans sa nouvelle *Dissertation sur l'épiscopat de saint Caprais* (appendice à son ouvrage de l'*Ermitage de Saint-Vincent de Pompejac*,) l'attaque violemment et se fait l'écho trop fidèle des insultes répandues jadis, peut-être à tort, contre lui. Laissons, quant à nous, dormir en paix sa mémoire, et ne nous rappelons ici que les bienfaits dont il combla le Collège d'Agen.

volontés ne laissa pas que de créer quelques difficultés aux Pères Jésuites: nous en avons pour preuve la convention qui fut passée, le 8 mai de cette année, entre l'abbé de Clérac et le collège d'Agen « pour les sommes dues par l'abbaye de Clérac à feu M⁰ Saulveur, donateur du Collège ». Signèrent: MM. Paul Garganty, chanoine du chapitre de Saint-Jean de Latran, pour l'abbaye de Clérac, et les Pères Pierre Pelleprat et Jean La Rhède, syndic et recteur du Collège d'Agen[1].

Nous trouvons du reste à cette époque de nombreuses pièces intéressant l'administration du Collège. Citons entre autres: la requête présentée au Roi par le syndic, dans laquelle il expose la prochaine ruine des bâtiments du Collège, et, en réponse, l'arrêt du Conseil et la lettre d'assiette de Sa Majesté, portant permission d'imposer la somme de 6,000 livres sur les taillables du pays d'Agenois pour être employée aux réparations de ladite maison, des 23 septembre 1634 et 19 mars 1655[2]; plus, d'autres lettres patentes de Louis XIII, du 20 mai 1637, portant permission au Collège d'Agen « de pouvoir, jusqu'à 4,000 livres de revenus annuels, accepter, prendre et recevoir toute donation de bien, meubles et immeubles etc., pour son entretien, en plus des 4,000 livres qu'il possède déjà, attendu que le Collège d'Agen, une des principales villes de notre province de Guienne, a été établi, il y a quarante ans, sans avoir, jusqu'à présent, suffisamment été doté pour y pouvoir instruire la jeunesse, comme les Pères le désirent, travailler à la conversion des âmes dévoyées des lieux circonvoisins, cultiver celles des fidèles, et porter les ecclésiastiques du diocèze par leurs bons exemples à bien et dignement exercer leur ministère[3] ».

Louis XIII, on le voit, et avec lui son grand ministre Richelieu, ne cessa de protéger le Collège des Jésuites d'Agen. C'est que tous deux reconnurent de bonne heure l'excellence de la méthode de la

---

[1] Achives municipales, GG. 210.
[2] Archives municipales, GG. 216.
[3] Archives de l'Evêché, F. 69; (Archives de la Gironde, 3295.)

Compagnie de Jésus et la perfection de son enseignement. Seuls directeurs de la jeunesse d'alors, les pères Jésuites façonnèrent à leur guise cette pleiade de grands hommes qui illustrèrent la France au xvii° siècle ; et on peut dire véritablement que c'est grâce à eux, et à eux seuls, que s'épanouit si brillamment, quelques années plus tard, le siècle de Louis XIV.

On a depuis longtemps fait connaître le programme des études des Jésuites sous l'ancienne monarchie. On sait quelle place importante le célèbre fondateur de l'Ordre, dans ses Constitutions, donna « aux lettres, à la grammaire, à la rhétorique des diverses langues, à la logique, à la philosophie naturelle et morale, à la métaphysique, à la théologie, au droit canon, à l'histoire, à l'Ecriture Sainte ». Outre ces matières qui étaient enseignées de la cinquième à la première classe, les sciences exactes comme la physique, les mathématiques, l'astronomie, et jusqu'à la médecine n'étaient nullement dédaignées. Mais la dialectique, les compositions, les dissertations faisaient, avec la langue latine qui était couramment parlée par les élèves, le fond de cet enseignement unique jusque-là. Tout était à créer. Aussi les Jésuites furent-ils les premiers à écrire et à publier eux-mêmes les livres classiques qu'ils apprenaient à leurs élèves. Des milliers d'ouvrages sur toutes les branches de l'enseignement parurent au xvii° siècle, composés par les Pères Jésuites, dont quelques-uns sont encore universellement appréciés. Gratuite pour tous, l'instruction était des plus sévères ; et c'est encore un point discutable que de savoir si les châtiments corporels, qui furent dès les débuts de l'Ordre infligés aux élèves, ne constituent pas un défaut dans cette admirable organisation. Pour ceux de nos lecteurs, qui, avides de connaître le plan et l'ordre des études des Jésuites, voudraient approfondir cette si intéressante question que le cadre malheureusement trop restreint de notre travail nous empêche de traiter ici, nous les renvoyons au texte même si détaillé des *Constitutions de l'Ordre par Ignace de Loyola*, ou au travail si remarquable et déjà cité de M. Crétineau-Joly[1]. Disons

---

[1] Histoire religieuse, politique et littéraire de la Compagnie de Jésus. T. IV in-8°, p. 183 et suiv.

seulement qu'à côté des fortes et sévères leçons qu'ils apprenaient à leurs élèves, les Jésuites n'excluaient pas de leur programme les distractions aimables, comme les beaux-arts, la musique, la danse, l'escrime et tous les exercices du corps, et qu'il était d'usage, dans tous les collèges, de clore chaque année scolaire par une représentation théâtrale, à laquelle étaient conviés non seulement les parents, mais toutes les autorités religieuses, civiles et militaires, et les personnes les plus marquantes de la ville. Le collège d'Agen resta toujours fidèle à cette règle, qui lui avait du reste été imposée, on le sait, par le testament du chanoine théologal Sauveur. Nous sommes heureux, bien qu'il soit postérieur de plus d'un siècle à l'époque qui nous occupe, de pouvoir ici donner, comme preuve, le programme suivant de la tragédie et de la comédie qui furent représentées au Collège des Jésuites d'Agen, en l'année 1757, à l'occasion de la distribution des prix :

MAHOMET SECOND

Tragédie en trois actes,

Sera représentée le xvii et le xix aoust, à trois heures après Midi, avec

LE MONDE DÉMASQUÉ

Comédie en trois actes,

Par les écoliers du Collège de la Compagnie de Jésus.

I. — ACTEURS DE LA TRAGÉDIE :

Messieurs :

Mahomet second.	*Delpech.*
David Comnène, empereur de Trébizonde.	*Barennes.*
Zizim, fils de Mahomet.	*Meydieu.*
Antonin, fils de Comnène	*De Montpezat.*
Théodore, neveu de Comnène	*Laboissière.*
Nicetas, confident de Comnène.	*Descamps.*
Lisandre, gouverneur de Théodore	*Laplace.*
Acomat, confident de Mahomet.	*Meteau.*
Dervis.	*Desfaures.*

Un janissaire. — Troupe de soldats.

La scène est à Trébizonde.

II. — ACTEURS DE LA COMÉDIE :

                  Messieurs :

Longuevue, faux niais.	*Desfaures.*
Grosfin, frère de Longuevue, faux rusé	*Labarthe.*
Piocheville, faux marquis	*Rozières.*
Bellemontre, faux riche.	*De Navelet.*
Richet, faux pauvre	*Vergnes.*
Content, faux heureux.	*Delber.*
Sucret, faux ami	*Fabre, cadet.*
Rude-Epée, faux brave.	*Fabre, l'aîné.*
Vantardius, faux savant.	*Trérieux.*
Furet, valet de Longuevue	*Cases.*
Lubin, valet de Bellemontre.	*L'Eglise.*
Simon Pioche, païsan.	*Gassou.*

La scène est à Vires.

Danseront au Ballet, de la composition du sieur Mignot,

   Messieurs :

Marliac, l'aîné.	*Costebarterre.*
Cabasse.	*Maurin.*
Rozières.	*Le chevalier de Redon.*
De Redon des Fosses.	*Guitard.*
Marliac, cadet.	*Seycheron.*
Astié.	*Gimbrèdes.*
Mignot.	

A Agen, chez Raymond Gayau, libr.-imp. du Collège. — 1757[1].

---

[1] Cette curieuse pièce se trouve aux Archives dép. de Lot-et-Gar. (Fonds non classé.)

Depuis le milieu du xvii° siècle, époque où fut définitivement organisé le Collège d'Agen, jusqu'en 1762, année du départ des Jésuites, les renseignements sur leur compte se font plus rares. C'est que tout marchait à souhait chez eux et que le fonctionnement régulier des études n'eut à recevoir, durant ce laps de temps, aucun contre-coup des évènements extérieurs. Aussi ne citerons-nous, pour ne pas fatiguer le lecteur, que les faits les plus importants qui ressortent de cet amas de titres, pour la plupart insignifiants.

Il semble toutefois qu'un vent d'orage et de sédition ait soufflé plus ou moins fortement, mais cependant d'une façon continue, sur le Collège d'Agen durant les quinze ou vingt années qui précédèrent la Fronde. A cette époque, les écoliers n'étaient pas tenus comme de nos jours. Ils n'étaient pas enfermés la nuit au Collège, et la plupart, contrairement à ce qui se passe de notre temps, étaient externes, soupaient et couchaient en ville. Ils se réunissaient le soir aux mêmes endroits, et ils formaient comme une véritable corporation, jalouse de son indépendance et de ses privilèges. Inutile d'ajouter que celui auquel ils tenaient le plus était de pouvoir, la nuit, courir librement les rues, faire du tapage, et « chercher noise aux honnestes dames comme aux paisibles bourgeois ». Les choses allèrent si loin que, le 23 avril 1636, les consuls se réunirent « pour faire deffense aux eschollicrs de porter des armes, de s'assembler, d'élire des chefs. C'est l'arrest donné par Messieurs de la Cour et Chambre de l'Edict par lequel est faict inhibition et defense à toutes sortes de personnes de faire aucun monopole ny assemblées, ny battre le pavé de nuict, et particulièrement aux escolliers, auxquels est aussi deffendu de faire eslection d'aucun prieur parmy eux, ny porter armes, et à peine de mille livres et d'estre punis comme perturbateurs du repos public. Et aussi est adjoint aux escolliers qui n'étudient pas en la présente ville de se retirer en leur pays. Et lendemain, la publication a esté faite aux lieux ordinaires et devant le Collège [1] ». Deux ans plus tard,

---

[1] Archives municipales, Journal des Consuls. BB. 55.

et à l'occasion de l'entrée de M. de Foule, magistrat au Parlement de Bordeaux, les Consuls défendent aux écoliers de former une compagnie à part. En 1641, de graves désordres se produisent au Collège, et les Pères Jésuites sont obligés d'avoir recours aux Consuls pour que ceux-ci fassent détenir deux jours, à la maison de ville, un élève de philosophie qui avait refusé de leur obéir [1]. Enfin, en 1651, le scandale est si grand que Messieurs les Consuls sortants se croient obligés d'appeler tout particulièrement l'attention de leurs successeurs sur la conduite et la tenue de Messieurs les écoliers. « En troisième lieu, nous vous exhortons d'avoir un soin tout particulier du Collège et de visiter parfois les classes, pour prévenir les *monopoles des eschalliers* qui se sont grandement émancipés par la licence du temps, jusqu'à vouloir donner la loi à leurs maîtres et faire des ligues contre eux, pour ne pas observer les règles du Collège : à quoy nous avons fort insisté ; et mesme à ce que, despuis ces désordres du temps, quelques uns desdits eschalliers et particulièrement quelques Montaignards avaient entrepris, sans nostre adveu ny permission, de faire une Compagnie où ils estaient desjà une cinquantaine d'enrollés. Ce qui est de très perilheuse conséquence ». Et un peu plus loin, ils les adjurent encore « de faire très expresses deffences aux eschalliers et autre jeunesse de ceste ville de fréquenter tant lesdits brelans que autres lieux infames, où elle se perd et prend de très mauvaises impressions [2] ». Il est probable que les Pères Jésuites eurent facilement raison de ces jeunes cervelles, enfiévrées par les idées et le tourbillon de la Fronde, quand l'orage de 1652 se fut apaisé ; car depuis cette époque il n'est plus relaté dans nos archives aucun fait de ce genre, pas plus qu'aucune nouvelle plainte n'est formulée contre la conduite de Messieurs les écoliers.

— L'an 1648, M. l'abbé d'Estrades, nous dit Labénazie dans sa chronique agenaise, fut sacré évêque de Condom par Monsei-

---

[1] Archives municipales, BB. 55.
[2] Archives municipales, Journal des Consuls. BB. 58, p. 83 et suivantes.

gneur d'Elbène, assisté de MM. de Cahors, de Bazas et de Cominges. La cérémonie se passait dans l'église des Jésuites d'Agen.

La série des donations en faveur du Collège ne se ralentissait pas. Par son testament du 15 novembre 1644, demoiselle Nicole de Veaux, veuve de M. de Sevin, lègue au Collège d'Agen la somme de 9,000 livres « afin qu'il soit fondé tous les ans, durant trois mois, une mission dans l'Agenais, le Condomois ou tel autre lieu qu'il plaira au R. P. Provincial ». Suivent les copies authentiques des Lettres Patentes du R. P. Général Vincent Caraffa, en exécution de cette fondation [1]. Le 26 septembre 1653, M° Pierre Lisse, sergent royal, lègue au même Collège « sa maison qui est vis à vis, appelée la *maison de Lisse*, à la charge par les Jésuites de dire dans leur église quatre messes de *Requiem* tous les ans et à perpétuité, une le jour de son décès, et les autres le jour de Saint-Jean-Baptiste [2]. » Un peu plus tard le 1er août 1680, c'est une « Police portant échange de latrines entre les R. P. Ignace Tartas et Pascal Mouleau, recteur et syndic du Collège, et demoiselle Elisabeth de Redon, veuve de M. de Sevin » dont la maison était, on le sait, voisine du Collège [3]. Le 22 mars 1660 une transaction est passée entre le syndic du Collège et les Consuls d'Agen « portant restriction de l'intérêt du capital de l'argent donné par la reine Marguerite, du denier douze qu'il était au denier quinze [4] ». En 1668, Claude Joli comprend dans son interdiction de confesser et de prêcher sans son autorisation les Pères Jésuites aussi bien que les autres religieux de la ville. Il eut même quelques démêlés assez sérieux avec le P. Blanchard, alors recteur du Collège d'Agen [5]. Cinq ans plus tard, le Père Sevin, recteur dudit collège, obtient du même évêque un visa d'indulgence qu'il avait demandé.

Voici une lettre qui nous donne d'intéressants détails sur l'état

---

[1] Archives municipales: Inventaire des titres des Jésuites. GG. 210.
[2] Idem.
[3] Idem.
[4] Idem.
[5] Archives de l'Evêché, F. 33.

de notre pays à cette époque, et que le Père Viledon, recteur du Collège d'Agen, en 1677, écrivit le 27 août de cette année au fameux Père Lachaise, confesseur de Louis XIV, alors tout puissant sur l'esprit du Roi :

« Agen, ce 27 août 1677.

« Mon Révérend Père,

« Je ne sçaurais partir de cette ville sans témoigner à V. R. la profonde reconnaissance que j'ay, et que je conserverai toutte ma vie, pour l'égard qu'elle a eu la bonté d'avoir aux lettres que je me suis cru obligé de lui escrire. La bonté et la charité qui sont le fonds de V. R. me donne le courage de joindre à tous les très humbles remerciments que je lui fais la demande d'une nouvelle grace pour cette ville, où je suis depuis près de quatre ans. Je la puis assurer que dans les troubles derniers de Bordeaux, tout le monde eut icy une fidélité merveilleuse et digne de bons sujets de sa Majesté. Tous les jours et encore plus touttes les nuits, tous les principaux estaient dans une continuelle vigilance. Je les en felicitais à toute heure, et je les en louerai toujours. Depuis ce temps le continuel passage des gens de guerre et surtout le quartier d'hyver dernier, ce quartier dis-je qui a duré six mois entiers, ont extrememment incommodé cette ville. Cette année nous y avons eu presque famine ; bien deux mille pauvres, avec des visages à faire peur. La récolte est encore beaucoup moindre que la précédente. Et l'on y aura grand besoin de la présence de Monseigneur l'Evêque, et bien plus de la descharge d'un quartier d'hyver, et de tant de logements. J'ay esté en beaucoup de villes ; mais je n'ay jamais veu plus de pauvreté. Et l'assiduité que j'ay cüe aux confessions m'a fait connaistre cette grande indigence. J'ose donc recommander à la charité de V. R. la cause des miserables, dont un quartier d'hyver causerait la ruine. Je recommande au confesseur du plus grand et du meilleur Roy du monde la cause d'une ville certainement très-fidelle. Je recommande à un si grand Jésuite une ville intimement affectionnée à nostre Compagnie. Et je recommande au soin de sa charité une ville fort affligée par la stérilité et par beaucoup de maladies. Monsieur de l'Age qui lui presentera cette lettre est un gentilhomme de qualité, qui a esté très longtemps dans le service, qui est nostre fort bon amy et qui est beau-frere du R. P. Rhedon, recteur d'Angoulème. Je pars ce matin même pour Bourdeaux où j'auray l'honneur de saluer Monsieur nostre Gouverneur, et je suis assuré que je lui ferai plaisir en lui marquant les sentiments de V. R. Cependant je la prie de croire que je suis avec un profond respect, etc. [1] »

Le diocèse d'Agen doit s'enorgueillir de compter au rang de ses évêques Jules de Mascaron (1679-1703). Le célèbre prédicateur de la Cour fit son entrée solennelle dans la ville d'Agen le 1er mai 1680, et, depuis ce moment jusqu'au jour de sa mort, il ne cessa de se prodiguer, aussi bien dans l'intérêt des fidèles que dans celui de la religion, qu'il était chargé de défendre. Au milieu des nombreuses visites pastorales qu'il fit dans son diocèse et où son zèle, sa charité, sa douceur opérèrent de nombreuses conversions, Mascaron n'oublia pas de protéger le collège des Jésuites. Dès son arrivée, il le prit en grande affection et il le visitait souvent. Le 21 juillet 1682, il voulut y établir un régent de logique, et, à cette intention, il unit un bénéfice au collège, ordonnant que tous les ans le professeur ferait son cours. Labénazie ajoute, que « bien que l'union ne lui ait pas survécu, le cours n'en continue pas moins depuis ce temps-là. »

D'un esprit plus pratique et d'un cœur moins enthousiaste, Mgr Hébert, qui succéda à Mascaron sur le trône épiscopal d'Agen, et qui passe, à tort ou à raison, pour avoir embrassé la cause Janséniste, ne partagea pas, à l'égard des Jésuites d'Agen, les sentiments de jalousie et de haine que professèrent l'un contre l'autre, pendant tout le XVIIe siècle, ces deux grands partis religieux. Il continua au contraire envers le collège l'œuvre de son prédécesseur, et ce fut pendant son épiscopat et grâce à son zèle que les Jésuites d'Agen accrurent considérablement leurs revenus, du reste insuffisants. Dès l'année 1713 et sur la

---

[1] Archives municipales. AA. 38.

prière du père Louis Le Comte, recteur du Collège d'Agen et du père Jean Hazera, syndic, Mgr Hebert consentit à écrire au Roi pour l'informer que les revenus du Collège ne pouvaient suffire à l'entretien des régents, et pour lui représenter combien il était utile qu'il vînt en aide à cette œuvre dont l'utilité était incontestablement reconnue. Sa demande fut écoutée ; et, le 3 juin 1713, le roi octroyait au collège d'Agen les Prieurés de Marmande, Puiguiraud, Clermont-Dessous, Tombebœuf et Marsac, dépendants de l'ancienne abbaye de Clairac, qui avait été unie au chapitre de Saint Jean de Latran de Rome, prieurés dont la collation et la disposition toutefois appartenaient au Roi. Voici du reste le texte de cet important brevet d'union ; nous le reproduisons in extenso :

« Aujourd'huy 3ᵉ du mois de juin 1713, le Roi étant à Versailles, ayant été informé par le sieur Evêque d'Agen de la necessité de conserver le Collège que les Jésuites possèdent dans la ville d'Agen pour le bien et l'utilité que son diocèse et les provinces voisines en retirent, et que ledit Collège n'est pas suffisant pour l'entretien des régens et autres personnes qui y sont nécessaires ; Sa Majesté voulant par ces considérations gratifier lesdits Pères Jesuites et contribuer au bien public en augmentant la fondation dudit Collège, leur a fait don des prieurés de Marmande, de Puyguiraud, de Clermont, de Tombebœuf et de Marsac, dépendants cy-devant de l'abbaye de Clairac, de l'ordre de saint Benoit, du diocèse d'Agen, à present unie au chapitre de saint Jean de Latran de Rome ; desquels prieurés situés dans ledit diocèse d'Agen, la collation et toute autre disposition appartient à Sa Magesté, laquelle, par ce présent brevet, consent à la suppression et extinction des titres desdits prieurés et à l'union des fruits, revenus, émoluments, droits et privilèges qui en dépendent, audit Collège des Jesuites d'Agen, pour en augmenter la fondation et dotation ; laquelle union n'aura néanmoins son effet que lorsque lesdits prieurés viendront à vaquer par mort, démission ou autrement, sans que les possesseurs d'iceux les puissent résigner, permuter ni autrement en disposer, à la charge que, quand ladite union aura son exécution et que ledit Collège sera en possession et puissance des revenus desdits prieurés, il sera obligé d'acquitter ou faire acquitter toutes les charges et fondations dont ils peuvent être tenus ; à l'effet de quoy seront expediées toutes les lettres sur ce necessaires, m'ayant Sa Majesté pour témoignage de sa volonté, commandé d'en expédier ledit present brevet qu'elle a signé de sa main et fait contresigner par moy, conseiller-secrétaire d'Etat et de ses commandemens et finances ; ainsi signé Louis et plus bas Voysin [1]. »

Suivent les nombreuses pièces à l'appui de ce don, telles que le procès-verbal des enquêtes *de commodo et incommodo* fait par Mgr Hébert à la date du 12 décembre 1713, le décret d'union desdits prieurés rendu par l'Evêque d'Agen, le 5 janvier 1714, les Lettres patentes du 17 avril, enfin l'acte de prise de possession desdits prieurés par le syndic du Collège, du 13 avril de la même année [2]. Nous ne relèverons dans ce volumineux dossier, où nous voyons que cette union ne se fit pas sans soulever de nombreuses protestations, que les noms de : Rolland Hébert, diacre du diocèse de Paris, prieur de Clermont Dessous, Jean Antoine de Maroules, clerc tonsuré, prieur de N.-D. de Marmande, Firmin de la Cour, prieur de Tombebœuf, Charles Dusault, prieur de Puyguiraud, et enfin Paul Annet de Montesquiou-Saintrailles, prieur de Marsac, avec lequel les Jésuites engagèrent un assez long procès. Suit enfin comme preuve de l'insuffisance des ressources du Collège d'Agen, l'état des revenus et charges dudit collège en l'année 1713. Les revenus consistent dans : les métairies de Darel et du Bedat, qui rapportent annuellement 600 livres. ; les faisandes de Saint Joseph et de Bellevue, 300 l. ; la vigne et le pré de Vacqué et les fossés du fort de Clairac, 100 l. ; les loyers des maisons de ville et provenance des fours, 300 l. ; les cures de Lougratte, de Prayssas et de Scandaillac, 2800 l. ; la pension de la ville, 1200 l. : la pension du chapitre de Saint Etienne, 300 l. ; celle du chapitre de Saint Caprais, 290 l. ; la rente constituée par l'abbé de Clairac, 319 l. ; enfin celle constituée par le marquis de Marin, 137 l. Total des revenus, 6346 l.

---

[1] Archives de l'Evêché d'Agen. F. 33. Voir aussi Archives municipales GG, 210 et 216, Inventaire des titres des Jésuites.
[2] Idem.

Les charges se montent à la somme totale de 4712 livres. Revenus nets, 1634 livres, sur lesquelles il faut nourrir et entretenir dix-sept Jésuites, pères ou frères, nécessaires au fonctionnement du Collège. Ce qui est tout à fait insuffisant [1]. Aussi, lorsque cette union fut effectuée, et que deux ans après, en 1715, le recteur du Collège d'Agen eut à transmettre à Mgr Hébert, avec tous les supérieurs des autres Ordres religieux de la ville, l'état des revenus et charges de son Couvent, il reconnaît que, toutes les charges étant déduites, il reste encore, comme revenus, la somme de 2300 livres, « bien nécessaire, ajoute-t-il, pour l'entretien des dix-huit à vingt Jésuites, qui occupent le Collège [2] ».

Nous ne trouvons plus, depuis cette époque jusqu'au moment de la suppression des Jésuites, aucun acte important à signaler, dans les archives du Collège. Les études suivaient paisiblement leur cours. Les classes étaient fréquentées par la plupart des jeunes gens de la ville et des environs, dont quelques-uns, comme le Maréchal d'Estrades au commencement du xviie siècle et bien d'autres plus tard, devinrent la gloire de leur pays. Les animosités des autres Ordres religieux contre les Jésuites s'étaient éteintes depuis longtemps, et leur popularité restait toujours aussi grande dans l'esprit de la population agenaise. Leur église était le rendez-vous habituel de l'élite de la société d'Agen. Mgr de Chabannes, qui occupa le siège épiscopal de cette ville de 1735 à 1767, aimait souvent à s'y rendre et à y célébrer les saints offices. C'est là qu'il prononça, le dimanche de quinquagésime, 28 février 1740, un important discours que les presses de R. Gayau nous ont conservé, ainsi qu'en l'année suivante un très remarquable panégyrique de saint François Xavier de la Compagnie de Jésus.

D'un autre côté les consuls, dans leurs livres de comptes comme dans leur journal, ne parlent des Pères Jésuites qu'avec éloges et respect. Nous avons pour preuve de la bonne intelligence qui ne cessa de régner entre eux l'offre que ces derniers firent, en 1745,

---

[1] Archives de l'Evêché. F. 33.
[2] Idem.

à l'occasion de la dédicace d'une thèse, d'un grand dîner dont les frais se montèrent à la somme de 70 livres [1]. Rien ne faisait donc prévoir, à Agen, la crise qui se préparait ; rien ne semblait y annoncer l'orage, qui déjà cependant, dès le milieu du xviii° siècle, grondait sourdement au dehors.

— On comprendra facilement que nous ne pouvons faire entrer dans le cadre si restreint de cette notice l'histoire de la suppression des Jésuites, ni même seulement en indiquer les causes. De nombreux ouvrages ont du reste été écrits sur cette matière, auxquels nous renvoyons nos lecteurs [2]. La coalition des Jansénistes, des philosophes, des Parlements, de l'Université, de la Sorbonne, contre les disciples d'Ignace de Loyola, la faillite retentissante du Père La Valette à la Martinique, la jalousie du haut clergé et des autres Ordres religieux, la faiblesse des Bourbons sur tous les trônes qu'ils occupaient en Europe, la marche toujours plus envahissante et exigeante de l'esprit public, furent autant d'obstacles opposés aux Jésuites et que ceux-ci ne purent vaincre ; si bien que, commencée en Portugal contre eux par le marquis de Pombal dès l'année 1754, la lutte s'étendit rapidement en Europe partout où ils avaient établi leur puissance, et que, atteints en 1761 en France, ils succombèrent sans seulement se défendre, l'année suivante, et se virent définitivement expulsés par tous les Parlements déchaînés contre eux. En vain, le 1er mai 1762, le clergé de France se réunit-il à Paris en assemblée extraordinaire pour obtenir le maintien en France de la Compagnie de Jésus. Les parlements furent inexorables ; et chacun dans sa province, poussé par les philosophes, rendit bientôt un arrêt final. Le Parlement de Bordeaux fut un des premiers qui crut tenir à honneur d'expulser les Jésuites de son ressort. Le 26 mai 1762, c'est-à-dire plus de deux mois avant l'arrêt du Parlement de Paris

---

[1] Archives municipales. CC, 439.
[2] *Histoire religieuse, politique et littéraire des Jésuites* par Cretineau-Joly. Tome V. — *Histoire de la suppression des Jésuites au* xviii° *siècle* par Collombet. — *Histoire impartiale des Jésuites* par Linguet. — *L'Eglise et les philosophes au* xviii° *siècle* par Lanfrey, etc., etc.

(6 août), il prononçait sa sentence, et dès le lendemain il donnait des ordres pour qu'elle fût partout rapidement exécutée. La nouvelle fut accueillie à Agen avec une véritable douleur ; et nous voyons l'Intendant de Bordeaux être obligé d'écrire plusieurs fois aux consuls, notamment le 5 juin 1762, pour leur envoyer « plusieurs exemplaires de l'arrêt de la Cour, afin qu'ils s'y conforment et aussi à ce qui convient le mieux pour l'éducation de la jeunesse [1]. » Les Agenais gardèrent les Jésuites dans leur ville deux mois encore après qu'eut été rendu l'arrêt de la Cour de Bordeaux. Néanmoins il fallut céder aux ordres supérieurs et s'incliner devant la volonté du Roi.

Ce fut le 1er août 1762 que les Jésuites évacuèrent définitivement le Collège d'Agen. Ils l'avaient occupé cent soixante et onze ans.

Un inventaire fort détaillé de l'état du Collège, la veille du départ des Jésuites, nous donne les noms de tous les Pères qui l'occupaient à cette époque, avec quelques notes sur leur situation respective. Nous croyons devoir reproduire ici cette pièce intéressante :

Faisaient partie du Collège des Jésuites d'Agen, le 31 juillet 1762 au soir :

Le R. P. *Jean Carmagnac*, recteur ; né à Angoulême le 12 février 1713, entré en religion le 2 octobre 1728. « Retiré dans son pays. N'a aucune ressource ; ses parents n'ont qu'une fortune très médiocre. »

Le R. P. *Jean-Raymond Massonneau* [2] ; né à Marmande le 6 juin 1708, entré en religion le 26 décembre 1724. « Actuellement à

---

[1] Archives municipales. GG. 214.
[2] A propos de l'arrêt rendu par le Parlement de Bordeaux, ordonnant aux Pères Jésuites de renoncer par abjuration à tout ce qui était contenu dans leurs constitutions, Malebaysse nous apprend, à la page 492 de son manuscrit, que pas un des Jésuites du Collège d'Agen ne prononça cette abjuration, « à l'exception d'un nommé Massonau de Marmande, qui, même après l'avoir faite, voulut par remords de conscience faire sa rétractation ; mais elle ne fut point reçue de M. le Procureur général du Parlement, qui lui conseilla au contraire de rester fort tranquille chez luy. »

Marmande. N'a qu'un frère, lequel est chargé d'une nombreuse famille avec un bien médiocre. »

Le R. P. *François-René Rasseteau* ; né à... le 3 août 1676, entré en religion le 2 septembre 1695. « Actuellement à Agen ; ce religieux, âgé de 87 ans, est sans parents et sans aucune ressource ; M. Charrière à Agen l'a reçu chez lui par charité. »

Le R. P. *Bernard Daubas* ; né à Agen le 17 juillet 1687, entré en religion le 16 octobre 1708. Mort à Agen environ deux mois après sa sortie du Collège.

Le R. P. *Louis Mirat*; né à Tulle le 16 juin 1700, entré en religion le 7 septembre 1718. « Retiré dans son pays, ne peut rien exiger de ses parents : mais, comme ils sont à leur aise, il y a apparence qu'ils ne le laisseront pas manquer de nécessaire. »

Le R. P. *Bertrand Laborde*, professeur de théologie ; né à Périgueux le 15 novembre 1711, entré en religion le 23 octobre 1731. « Retiré chez les Pères Recollets à Sarlat. N'a aucune ressource du côté de ses parents qui sont très mal à leur aise. »

Le R. P. *François Roby*, professeur de théologie scolastique ; né à Limoges le 26 décembre 1714, entré en religion le 29 novembre 1732. « Retiré à Limoges. Appartient à des parents pauvres et n'a d'ailleurs aucune ressource. »

Le R. P. *Sicaire Boissat*, préfet du Collège ; né à Clermont en Auvergne le 19 décembre 1726, entré en religion le 4 août 1746. « Retiré chez lui. N'a aucune ressource, ses parents étant pauvres. »

Le R. P. *Jean Chaufour*, professeur de physique ; né à Tulle le 19 juin 1728, entré en religion le 19 octobre 1746. « Retiré dans son pays. N'a aucune espèce de ressource. »

Le R. P. *Jacques-Thomas Bridault*, professeur de logique ; né à La Rochelle le 3 avril 1730, entré en religion le 16 septembre 1749. « Retiré dans son pays, ce religieux n'a pas fait encore ses derniers vœux et peut rentrer dans ses biens. »

Le R. P. *Pierre-Raphaël Joubert*, procureur ; né à Saintes le 28 janvier 1729, entré en religion le 18 janvier 1745. « Retiré dans son pays, ce religieux a des parents riches. M. l'Evêque de Saintes lui a donné un logement et la table et fera sans doute quelque chose pour luy, aussitôt que les circonstances le permettront. »

Les susdits onze Jésuites étaient prêtres ; les cinq suivants étaient régents des basses classes :

Le *P. Antoine Desvignes* ; né à... le 5 janvier 1737, entré en religion le 20 décembre 1752. Il était professeur de rhétorique. « Peut rentrer dans ses biens. »

Le *P. Paschal Vidal*, régent second ; né à... le 28 may 1838, entré en religion le 6 septembre 1755. « Peut rentrer dans ses biens. »

Le *P. Pierre-Xavier Robert*, régent troisième ; né à... le 12 octobre 1737, entré en religion le 7 septembre 1755. « Peut rentrer dans ses biens. »

Le *P. Jacques Lachaud*, régent quatrième ; né à... le 19 janvier 1740, entré en religion le 13 novembre 1756. « Peut rentrer dans ses biens. »

Le *P. Guillaume Minard*, régent cinquième ; né à... le 15 octobre 1740, entré en religion le 21 septembre 1758. « Peut rentrer dans ses biens. »

Le frère *Pierre Javarsat*, portier ; né à... le... entré en religion le 7 septembre 1752.

Le frère *Bernard Haurat*, proviseur ; né à..... le 15 août 1729 ; entré en religion le 4 décembre 1759.

Le frère *Martin Bonneau*, cuisinier ; né à...... le 1er janvier 1735 ; entré en religion le 12 mars 1753.

Il y avait un quatrième frère, qui est encore à Agen, dont on ne sait ny le nom, ny l'âge, ny de quel païs il est.

Les Jésuites étaient au nombre de vingt dans le Collège, lors de la sortie, quoique ordinairement ils ne fussent que seize ou dix-huit au plus. Ils fermèrent leurs classes d'abord après Pentecôte [1] ».

II. — LES DOMINICAINS (1762-1767.)

En même temps qu'il expulsait les Jésuites de toutes les maisons et Collèges de son ressort, le Parlement de Bordeaux se préoccupait de leur remplacement [2]. Après de nombreux pourparlers avec les Consuls d'Agen, ces derniers finirent par s'entendre avec les Jacobins. Le Parlement rendit, le 6 août, une première ordonnance en vertu de laquelle il autorisait la ville d'Agen à passer un accord avec les religieux Dominicains ; puis, le 3 septembre 1762, un second arrêt « qui ordonnait une Assemblée générale des Trois-Ordres à Agen pour autoriser à passer avec les Dominicains tels accords, traités, concordances nécessaires pour l'instruction de la jeunesse et le remplacement des cy-devant Jésuites [3] ». Afin d'éviter tout retard pour la rentrée des classes, les Consuls prirent aussitôt l'affaire en mains, et, le 18 septembre de cette même année, ils passaient solennellement dans le palais épiscopal un contrat avec les Dominicains, qui se chargeaient de continuer l'œuvre des Jésuites.

Nous avons déjà donné au chapitre III de cet ouvrage, chapitre relatif aux Dominicains, l'analyse détaillée du contrat du 18 septembre. Nous prions nos lecteurs de vouloir bien s'y reporter. Rappelons seulement ici que le contrat fut passé entre Mgr Gaspard

---

[1] Archives de l'Evêché d'Agen. Série F. 69. (Archives de la Gironde. 3295).

[2] Voir in-extenso l'*Arrêt du Parlement de Bordeaux du 26 mai 1762*, soit aux Archives départementales de la Gironde, soit à la Bibliothèque nationale de Paris. Impr. Lg 39, n° 476.)

[3] Archives de l'Evêché. F. 69.

Gilbert de Chabannes, évêque et comte d'Agen, MM. M⁰ Philippe Buard, Claude-Caprais Barbier, François Michel de Lamothe-Vedel, Alexis Rozier, chanoines et députés des chapitres de St-Etienne et de St-Caprais, et Messsieurs les Consuls: Sébastien de Redon des Fosses, écuyer, François Mazet, Jérome Malebaysse, Bernard Dayries, procureur, Raymond Lamothe, avocat, et Joseph Marcot, d'une part ; et Très Révérend Père Raymond Garralon, docteur en théologie, provincial de la province occitaine de l'Ordre des Frères-Prêcheurs, assisté des R. P. Alexis Fauché, docteur en théologie, et Jean Thomas Danglade, prieur du couvent des Dominicains d'Agen, et un nombre considérable de hauts ecclésiastiques. Les dispositions prises furent les mêmes que pour les Jésuites ; l'ordre et l'objet des classes ne furent pas changés, non plus que la méthode d'enseignement ni les multiples détails de l'ancienne organisation. L'instruction resta également gratuite. Si bien, qu'à part le changement de l'Ordre, le Collège d'Agen fonctionna avec les Dominicains de la même manière et aussi bien qu'avec les Jésuites [1].

Néanmoins l'administration centrale sembla vouloir surveiller de plus près les nouveaux Collèges. Pour ceux qui ne dépendaient pas des Universités, un Edit du roi, de février 1763, les règlementa tout particulièrement [2]. De plus, des contestations ne tardèrent pas à s'élever au sujet du paiement des rentes qui étaient dues autrefois aux Jésuites et que réclamèrent les nouveaux professeurs. Une longue correspondance fut échangée à cet égard entre les différents administrateurs de la province, concernant notamment les 1,200 livres annuelles que de tout temps les Consuls avaient payées aux Pères Jésuites et que les Dominicains, qui leur furent en tous points subrogés, revendiquèrent énergiquement. Dans une longue lettre au président Dormessan, du 22 février 1763, M. de Boutin, intendant de Guienne, résume toute cette affaire ; il en fait

---

[1] Archives municipales GG, 214. Voir aussi Archives de l'Evêché, F. 69.
[2] Archives municipales, GG, 214.

l'historique, et, en terminant, il semble incliner en faveur des Jacobins [1]. M. de La Tour fut chargé d'envoyer d'Agen toutes les pièces à l'appui, parmi lesquelles un état complet des charges et revenus du Collège à cette époque.

Les charges avaient considérablement augmenté depuis 1713. Nous relevons comme revenus, 1° en biens fonds : la métairie de Darel, 1,500 livres; celle du Bedat, 650 ; celle de Bellevue, 200 ; plus le loyer de huit petites maisons en ville, pour la plupart attenantes au Collège, 354 ; 2° en bénéfices : le Prieuré de Marmande affermé, 2,380 livres ; celui de Puyguiraud, 620 ; Tombebœuf, 2,150 ; Praissas, 1,900 ; Lougratte, 800 ; Escandaillac, 70 ; 3° comme pensions : celle de la Ville, 1,200 livres ; du Chapitre St-Etienne, 300 ; de St-Caprais, 290 ; plus une pension sur l'abbaye de St-Waast d'Arras, 3,000 livres ; enfin une rente sur l'Hôtel de Ville de Paris, de 20 livres ; total des revenus, 15,434 livres. Les charges sont plus considérables encore ; les dettes ont augmenté, si bien que le total se monte à la somme de 15,625 livres. Dans ces conditions, les Pères Dominicains ne peuvent y suffire ; le Collège ne peut continuer d'exister. Il faut y pourvoir au plus vite [2]. De leur côté, et afin d'avoir quelques revenus de plus, les Dominicains demandent à avoir des pensionnaires, ce qui n'a jamais existé du temps des Jésuites, faute de place : « Il en résulte que les Jacobins refusent un nombre considérable de pensionnaires qu'on leur a présentés ; d'où un tort considérable. Ils n'ont pu en recevoir que sept, dont six sont dans le Collège, et le septième au Couvent pour n'avoir pu le loger avec les autres. » Suit enfin un plan fort détaillé du Collège d'Agen, que M. de La Tour envoie aux ministres dans son volumineux dossier. Il est en tous points semblable à celui que nous

---

[1] Il existe aux Archives de l'Evêché d'Agen, série F. 69, tout un volumineux cahier, copié in extenso dans le fonds des Archives départementales de la Gironde, n° 3295, que M. Roborel de Climens, archiviste-adjoint à Bordeaux, envoya, il y a quelques années, à Mgr Fonteneau, alors évêque d'Agen. C'est grâce à cet important dossier, largement mis à notre disposition par Mgr Cœuret, actuellement évêque d'Agen et son secrétaire général M. le chanoine Mouran, que nous pouvons résumer ici cette crise assez difficile que traversa le Collège d'Agen, lors du départ des Jésuites.

[2] Archives de l'Evêché. F. 69. (Arch. de la Gironde. 3295.)

avons trouvé aux Archives nationales, et qui fut dressé quelques années après par les soins des Oratoriens, lorsque ceux-ci, en 1781, prirent la direction du Collège. Sans attendre jusqu'à cette époque, nous croyons qu'il est bon de le donner ici, et, nous arrêtant un instant au milieu des difficultés que rencontrèrent dès leurs débuts les Dominicains, de faire enfin connaître à nos lecteurs quelles étaient les dispositions extérieures et intérieures, aussi bien au rez-de-chaussée qu'au premier étage, de l'ancien Collège d'Agen.

—Nous avons déjà dit au cours de ce récit que les Consuls, en faisant de la maison La Cassagne le bâtiment principal du Collège, avaient par conséquent élevé cet établissement dans le quartier Saint-Hilaire, derrière la Tour de la Grande-Horloge. Limité au Nord par la rue de ce nom, à l'Est par la rue des Jésuites, plus tard rue Maillé, au Sud par les jardins de M. de Rangouze, de Mme de la Prade et la rue Caillou, à l'Ouest par la maison et le jardin de la famille de Sevin, il occupait tout l'emplacement de la place de la Volaille (actuellement place de la République [1]) ainsi que des nombreuses maisons qui l'entourent de tous côtés.

L'entrée principale, n° 1 sur notre plan, donnait sur la rue Grande-Horloge. C'était un couloir servant de vestibule que surmontait le clocher de l'église, située à gauche sur tout le prolongement de la rue, jusqu'à la rue Maillé. L'église des Jésuites, n° 18, bâtie en pierres et moellons était assez vaste. Elle ne formait qu'une nef, partagée en trois travées inégales. Son entrée principale, n° 19, se trouvait, nous dit Proché [2], « au coin des deux rues Maillé et Grande-Horloge. » Elle fut détruite seulement au mois de juillet 1815 [3].

---

[1] Cette place a pris successivement les noms de : place du *Roi de Rome*, sous le premier Empire ; *Place Bourbon* à la Restauration ; place *d'Orléans* en 1830 ; *Place de la République*, en 1848, et *Place Louis Napoléon* en 1852.

[2] Annales de la ville d'Agen, page 215.

[3] Disons à ce sujet que c'est dans l'Eglise des Jésuites que les condamnés à mort, avant d'être livrés au bourreau, étaient conduits pour faire amende honorable, et que, escortés par tous les Pénitents qui portaient des torches, ils passaient de là sous la voûte de la Grande Horloge, tandis que toutes les cloches de la ville sonnaient le glas funèbre, pour être exécutés sur la place du Marché.

— 245 —

Derrière et le long du couloir d'entrée était, au n° 20, la sacristie, terminée au n° 21 par un escalier tournant qui conduisait au deuxième étage. Enfin, à droite du couloir, au 22, les Pères Jésuites avaient

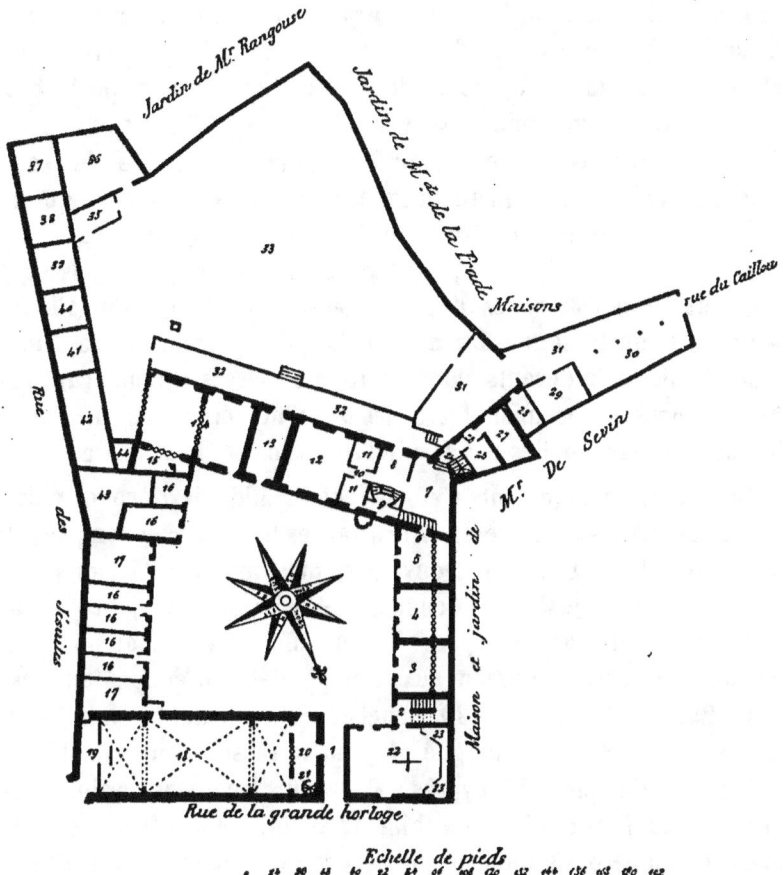

aménagé, pour eux seuls, une chapelle particulière[1], terminée par deux petites sacristies, 23 ; de telle façon que l'église, le cou-

---

[1] C'est actuellement la maison qu'occupe M. Vincent Gendre, sur la façade de laquelle on a retrouvé récemment ces jolies fenêtres ogivales trilobées que l'on voit de la rue Grande-Horloge.

loir d'entrée et la chapelle occupaient à eux seuls toute l'aile septentrionale donnant sur la rue Grande-Horloge.

Si nous pénétrons maintenant par le couloir 1 dans la grande cour du Collège, nous trouvons successivement au rez-de-chaussée, à droite, au nº 2, la cage du grand escalier de pierre qui conduisait au premier et au deuxième étage ; 3, la porterie ; 4, la classe de théologie ; 5, celle de philosophie ; 6, une porte toujours murée communiquant avec la cuisine ; 7, la cuisine ; en face, au numéro 8, un vestibule ; 9, un perron et la cage d'un escalier qui n'aboutissait qu'au premier étage[1] ; 10, un passage menant au réfectoire ; à droite et à gauche de ce passage, aux numéros 11, les dépenses ; 12, le réfectoire ; 13, un passage ; 14, deux grandes « salles d'actes ; » enfin à gauche, au nº 15, une lanterne et un petit escalier menant jusqu'au premier étage seulement ; puis aux différents numéros 16, six classes commençant par la rhétorique et occupant, avec les deux numéros 17, qui étaient les classes personnelles des Jésuites, tout le côté Est de la cour.

De nombreux logements s'étendaient au Midi derrière les pièces que nous venons d'énumérer. Ainsi, après la cuisine et longeant le jardin de M. de Sevin, se trouvaient, aux numéros 24, un grand escalier montant jusqu'au deuxième étage ; 25, chambre de domestiques ; 26, passage pour le chauffoir ; 27, chauffoir ; 28, chambre qui sert de caveau aux commodités qui étaient au-dessus ; 29, décharge ; et 30, bucher. Puis venaient, aux 31, la basse cour ; 32, une longue et jolie terrasse « où étaient, dit la légende du plan, les cyprès ; » 33, un très beau jardin potager ; 34, le puits ; 35, les cabinets ; enfin, depuis le numéro 36 jusqu'au numéro 43 inclusivement, de petites maisons qui étaient louées et dont les entrées donnaient toutes sur la rue Maillé.

A côté du plan principal du rez-de-chaussée que nous venons de décrire et de reproduire ici, se trouve, sur l'original qui est déposé aux Archives nationales, le plan du premier étage. Bien que moins important, nous croyons devoir y relever les pièces sui-

---

[1] Ce perron existe encore ; il appartient à la maison qu'occupe actuellement Mᵉ Benquet, notaire.

vantes : au dessus du n° 20, qui est la sacristie, une chambre occupée par le Chapitre ; au-dessus de la chapelle 22, la bibliothèque qui était fort riche et fort considérable ; puis des chambres diverses sur tout le prolongement de l'aile droite ; au premier étage du bâtiment méridional, un vaste corridor donnant sur différentes salles « qui contenaient deux étages d'alcoves adossées à la cloison ; » enfin d'autres chambres attribuées à divers, au-dessus des classes n° 16, c'est-à-dire sur tout le parcours du bâtiment de gauche.

Le second étage présentait à peu de choses près les mêmes dispositions que le premier.

— Bien qu'ils fussent soutenus énergiquement par l'évêque et les autorités municipales de la ville, les Dominicains éprouvaient néanmoins, tant comme ressources pécuniaires que comme obstacles apportés par le gouvernement central, de sérieuses difficultés dans la direction du collège. L'Edit de février 1763, que nous avons déjà indiqué, ordonnait « que tous les biens et revenus appartenant aux collèges précédemment tenus par les Jésuites, seraient administrés par un bureau composé de personnes choisies dans le clergé, dans le corps municipal et parmi les autres notables de la ville. » Ce bureau avait un pouvoir presque absolu. Le principal et les professeurs étaient nommés et révoqués par lui. Il régissait les biens et les revenus de la maison; il arrêtait en outre les règlements généraux d'études et de discipline, mais sous condition d'homologation du Parlement du ressort. C'était substituer à l'élément religieux l'élément civil. C'était donner pleine satisfaction aux bruyantes réclamations des encyclopédistes et des philosophes. Il fut même question au sein de ce gouvernement pusillanime d'interdire à tout Ordre religieux d'ériger des maisons d'éducation. Mgr de Chabannes, alors évêque d'Agen, s'émut de cet état de choses, et, dans trois lettres remarquables que les Archives de l'Evêché nous ont conservées[1], il proteste éloquemment contre les mesures prises:

---

[1] Archives de l'Evêché d'Agen, F, 69. (Archives de la Gironde, 3295).

« Je ne vous cacherai point, Monseigneur, écrit-il dans une première lettre du 17 février 1765 à l'archevêque de Reims, Charles-Antoine de La Roche-Aimon, que vous m'avez causé une grande inquiétude par la lettre que vous m'avez fait l'honneur de m'écrire, où vous m'apprenés le système de la commission pour le remplacement des collèges, lequel est opposé à l'introduction des Réguliers dans ces maisons. Je crois y voir évidemment la ruine de toutes les écoles et les suites affreuses de l'ignorance qui s'emparera de la nation[1]. Si l'autorité de tous les siècles, si l'usage de toutes les nations doit être compté pour quelque chose, s'il faut s'en tenir à tout ce qui a été fait de tous temps, à ce qui se fait aujourd'huy partout, le parti que l'on prend à cet égard ne peut être que pernicieux à l'éducation. » Suit un magnifique exposé du rôle joué en Europe par les Ordres religieux dans l'éducation de la jeunesse. Depuis la suppression des Jésuites et leur remplacement soit par des laïques, soit par des séculiers, pas un collège n'a pu réussir. A Bordeaux, à Toulouse, ils ont tous échoué, après des scènes graves de désordre et de rebellion. « Le mien à Agen, ajoute le vénérable prélat, est, grâce aux Dominicains, en plein exercice et n'a fait que se perfectionner depuis qu'il existe. On y a fait l'augmentation d'un pensionnat. Tout s'y fait comme il s'y faisait du temps des Jésuites. »

Et dans sa seconde lettre du 21 février, écrite au même archevêque de Reims, il rappelle comment il jeta le premier les yeux sur les

---

[1] Mgr de Chabannes ne croyait pas être si bon prophète ! C'est en effet de 1765 à 1775 environ, c'est-à-dire après le départ des Jésuites, et alors que les Collèges de France étaient dirigés par des prêtres séculiers ou par les Oratoriens, que fut élevée en très grande partie cette génération qui devait, en 1793, usurper le pouvoir, et, par ses utopies insensées, faire couler tant de sang. Camille Desmoulins, Hébert, Danton, Robespierre, sans nommer Tallien et Saint-Just plus jeunes, et avec eux les plus hideux personnages de la Terreur, entraient alors, vers 1770, dans les divers Collèges. Il ne faut donc plus dire, comme on a essayé de le faire, que ce sont les Jésuites qui ont été leurs premiers maîtres et que c'est dans leurs maisons qu'ils puisèrent leurs fameux principes et leur remarquable éducation !

Dominicains : « Ils étaient connus, aimés et estimés dans la ville, au fait de nos mœurs et de nos usages, du caractère des esprits : toutes raisons qui me parurent très importantes dans cette conjoncture. » Malgré tout, le Parlement manifesta un vif mécontentement ; ce ne fut que sur ses instances réitérées qu'il se décida à les accepter. Mais depuis on leur cherche chicane, et c'est par force qu'on les tolère. « Et cependant, en dehors des religieux, où chercher des professeurs dignes de former la jeunesse : point de sujets, point de revenus, par conséquent point de collège. Les sujets, où les prendre ? Le clergé séculier n'est point tourné aux belles-lettres ; il ne s'y exerce point ; il ne les a jamais apprises. Et ce n'est point en faisant le catéchisme à des paysans, à des artisans et même à des bourgeois, que l'on apprend Cicéron et Quintilien ! » En outre les revenus manquent de plus en plus. Il faut au moins 1,200 livres par an à un séculier et encore ne peut-il y suffire ; tandis que, avec des religieux, cette somme est plus que suffisante : « Or, j'ai douze prêtres dans mon collège, lesquels à 1,200 livres font près de 15,000 livres. Je feray mon collège à moitié moins si j'ay des religieux. » D'ailleurs la population agenaise accepte les Dominicains. « Alors, pourquoy nous troubler à Agen, dans l'état tranquille où nous sommes ? Pourquoy vouloir renverser un établissement formé par le concours des deux autorités ; chose malheureusement si rare dans le siècle présent. » Qu'on maintienne donc l'ordre de choses établi.

Enfin, le 24 février 1765, l'évêque d'Agen écrit cette troisième lettre sur le même sujet à M. Boutin, intendant de Guienne de 1760 à 1766, alors à Paris. « J'ai appris, Monsieur, par l'Archevêque de Rheims que la commission établie pour le remplacement des collèges n'était point d'avis d'y mettre des religieux, ce qui m'a paru de la dernière importance pour les collèges et en particulier pour le nôtre. J'ai écrit deux lettres à ce prélat dont j'ai l'honneur de vous envoyer copie vous priant de faire valoir nos raisons. J'ay aussi instruit M. le duc de Choiseul de tout ce qui regarde cette affaire dont je vous serai très obligé de luy parler ainsi qu'à Mgr l'Archevêque. Je ne vous cache point que je suis dans la plus grande inquiétude à cette occasion, parce que je ne conçois point qu'il soit possible de fournir par d'autres moyens à l'éducation de la jeunesse. Vous connaissez depuis longtemps les sentiments d'attachement et de respect avec lesquels je suis, Monsieur, votre très humble et très obéissant serviteur.   G. Evêque d'Agen [1]. »

III. — LES PRÊTRES SÉCULIERS (1767-1781).

Les suppliques de Mgr de Chabannes ne furent pas écoutées [2]. Après cinq années de luttes incessantes, d'abnégation et de dévouement de la part des Dominicains, de mauvais vouloir de la part de l'administration centrale, celle-ci leur créa tant d'entraves, leur suscita tant de difficultés, que les Pères durent une seconde fois, faute de ressources, abandonner la direction du Collège. Ils se retirèrent dans le premier semestre de 1767, laissant l'administration du collège entre les mains du fameux bureau, créé par l'édit de 1763 et dont les pouvoirs, on le sait, étaient souverains. Ses membres [3] appelèrent alors des prêtres séculiers ; et, dès le 2 mai 1767, le Collège fonctionnait avec ses nouveaux maîtres. Les lettres-patentes du Roi, qui furent rendues ce jour-là à Versailles, « portent confirmation de l'établissement ancien du Collège d'Agen, la forme et la manière de son administration [4]. » En voici le ré-

---

[1] Archives de l'Evêché d'Agen, F. 69.

[2] Non seulement ses requêtes n'aboutirent pas, mais il ne put même obtenir du Roi des lettre-spatentes portant confirmation de la direction du Collège d'Agen par les Dominicains. (Manuscrit Malebaysse.)

[3] Le bureau d'administration du Collège était ainsi composé : M. de Laville, lieutenant général, président ; M. l'abbé Couzin, chanoine de la Cathédrale choisi et commis à cet effet par Mgr l'Evêque qui n'était pas bien remis de la première attaque d'apoplexie qui l'enleva quelques jours après ; M. Boudon, procureur du Roi ; MM. Uchard et Darribeau, jurats, députés du corps de ville ; M. de Ganet, écuyer, seigneur de Fontirou et M. de Labolbène, chevalier de l'ordre du Roi et de Saint Louis. (Manuscrit de Malebaysse.)

[4] Archives municipales. GG. 214 et 216, et B, 137. (Lettres patentes imprimées à Agen chez Jean Noubel, 8 pages.

sumé : le Collège d'Agen sera conservé. Il sera composé d'un principal, un sous-principal, deux professeurs de philosophie, deux professeurs de théologie, un professeur de rhétorique et un régent pour chacune des classes de deuxième, troisième, quatrième, cinquième et sixième. Le principal recevra, comme honoraires, douze cents livres ; le sous-principal, les deux professeurs de théologie et de philosophie et celui de rhétorique, chacun, mille livres ; le régent de seconde, huit cents livres ; celui de troisième, sept cents ; de quatrième, six cents ; de cinquième, cinq cents ; et de sixième, quatre cents. Ces places seront remplies par des personnes ecclésiastiques ou séculières, et l'enseignement, qui sera gratuit, conforme aux usages et méthodes de l'Université de Bordeaux. En ce qui concerne les revenus, les cures de Lougratte et de Sainte-Eutrope, ainsi que les prieurés de Marmande, Puiguiraud, Clermont, Tombebœuf et Marsac resteront unis audit collège.

Une note de la main de Labrunie, insérée dans le manuscrit original de Malebaysse, page 493, nous donne la liste des premiers prêtres séculiers qui, en 1767, remplacèrent les Dominicains. Ce furent : MM. Babie principal, Labrunie professeur de rhétorique[1], Carrière de seconde, Gardelle de troisième, Vidouze de quatrième, Sicard de cinquième et Désalons de sixième. Faute de ressources, on ne nomma la première année ni professeur de théologie, ni professeur de philosophie. M. Cazade fut cependant désigné peu après pour occuper la chaire de philosophie et M. Nauton, docteur, pour celle de théologie.

Il nous est resté assez peu de documents sur l'histoire du Collège pendant la direction des prêtres séculiers, c'est-à-dire de 1767 à 1781 ; seulement quelques pièces concernant des intérêts d'ordre purement intérieur, des détails d'administration, des devis de réparations, des comptes, des états des revenus, tout un dossier relatif à un procès avec le curé de Tombebœuf, etc. etc[2]. Nous ne nous

---

[1] Dans son *Abrégé Chronologique*, Labrunie rappelle également ce fait : « J'eus l'honneur, dit-il, de faire l'ouverture du Collège des Prêtres séculiers en ma qualité de professeur de rhétorique, le 3 novembre 1767. »

[2] Archives Nationales ; G^8, n° 2454, p. 386.

y arrêterons pas. Relevons uniquement une lettre que M. le chancelier de Maupeou écrivit, le 22 mars 1771, au procureur général du Parlement de Bordeaux, concernant sa décision sur les dissensions fort vives qui s'étaient élevées entre l'avocat du Roi, les officiers municipaux et le représentant de Monseigneur, au sein du bureau d'administration du Collège et relatives à la présidence de ce bureau. Il le charge de faire savoir au procureur du Roi du sénéchalat d'Agen : 1° que le représentant de l'Evêque ne peut dans aucun cas avoir la présidence ; 2° que le lieutenant général et le procureur du Roi n'ont pas le droit de se faire représenter au bureau, la présidence dans l'espèce appartenant à l'avocat du Roi [1].

Notons également le compte-rendu des recettes et des dépenses du 15 octobre 1780 au 31 août 1781, rendu par Charles Fontanié, notaire et régisseur des biens du collège et qui se monte, pour les dépenses effectives à la somme de 18,611 livres, 13 sols, 6 deniers ; et pour les recettes effectives, distraction faite au profit du trésorier de la somme de cinquante livres portée en trop, à celle de 22,434 livres, 9 sols, 8 deniers. Les principaux revenus se décomposent ainsi : location des huit petites maisons, 500 livres ; ferme de la cure de Prayssas, 3,481 livres ; pensions du chapitre cathédral, 300 livres ; du chapitre de Saint-Caprais, 290 livres ; fermes de Marmande et de Puyguiraud, 6,656 livres : de Darel, 1774 livres ; du prieuré de Tombebœuf, 3,942 livres ; de la cure de Lougrate, 2,099 livres ; rente des Consuls, 1,200 livres ; coupes des bois du Bedat, 1,065 livres ; cure de Saint-Eutrope d'Escandaillac, 70 livres ; revenus de Bellevue et rentes diverses, 250 livres, etc.

Enfin indiquons les noms des professeurs du collège, en cette année scolaire 1780-81, qui fut la dernière pour les prêtres séculiers. Nous les trouvons énumérés dans un « état des pensions que Sa Magesté à jugé à propos de leur accorder par forme de récompense à compter du 1er septembre 1781, » c'est-à-dire du jour

---

[1] Archives municipales, BB. 83.

où ils furent remplacés par les Pères de l'Oratoire : MM. Bourdelle, principal, entré le 26 juillet 1770 ; pension 500 livres ; — Coras, sous-principal, entré le 16 août 1775 ; pension 200 livres [1] ; — Nauton, professeur de théologie, en cas de retraite ; pension 400 livres [2] ;—Dordé de Millac, professeur de philosophie, entré le 14 août 1777 ; pension 200 livres ;—Paganel, professeur de rhétorique, entré professeur de cinquième le 27 octobre 1772, passé professeur de rhétorique, le 31 août 1778 ; pension, 400 livres [3] ; — Désalons,

---

[1] Ce Coras était-il un descendant de Jacques de Coras (1630-1677), le pasteur protestant de Tonneins à qui M. Ph. Tamizey de Larroque a consacré un article biographique dans la *Revue de Gascogne* (Tome xv, 1874, p. 459 et suiv.) ?

[2] Nauton Joseph était originaire de Mézin. Quand il eut quitté le Collège d'Agen, il se retira à Condom, où il est qualifié d'instituteur secondaire de cette ville dans la liste des Associés non résidens, membres, avant 1791, de la Société d'Agriculture, Sciences et Arts d'Agen, tome 1er, p. 33. Quoique n'habitant pas Agen, l'abbé Nauton prit une vive part aux travaux de cette Société, dont il devint membre quelque temps après sa fondation (1776) et aux séances de laquelle il lut de nombreux mémoires de cosmographie et de géographie physique, notamment : (1776) Un *Nouveau système physique de l'Univers* et un *Mémoire sur l'attraction* ; — (1784). *Mémoire sur la théorie du mouvement de la Lune pour servir de supplément aux principes mathématiques de la philosophie naturelle de Newton* : —(1785) *Nouvelle théorie des éléments primitifs, secondaires etc. et des différentes affinités chimiques et physiques — Nouvelles vues snr la théorie des Comètes*, etc. D'après Samazeuilh (Biographie de l'arrondissement de Nérac, p. 665). l'abbé Nauton quitta la prêtrise à la Révolution, se maria et fut président en 1793 de l'administration du district de Nérac. Il mourut à Paris, où il s'était retiré.

[3] Paganel est célèbre dans l'histoire du département de Lot-et-Garonne. Pierre Paganel naquit à Villeneuve d'Agen en 1745. D'abord professeur de rhétorique au Collège des prêtres séculiers d'Agen, puis procureur syndic à Villeneuve, il embrassa très chaudement la cause de la Révolution. Il fut nommé député du département de Lot-et-Garonne à la Législative, puis à la Convention, où il joua un rôle des plus militants. Membre du Comité Central, membre du Comité des secours publics, il fut souvent envoyé en mission soit dans les départements, soit auprès des armées, et il y montra toujours autant de zèle et de courage que de désintéressement. Il fut secrétaire général aux relations extérieures, et plus tard, sous l'Empire, chef de division à la Légion d'honneur. Exilé en 1815, il mourut à Bruxelles, laissant un fils Camille Paganel, plus tard maître des requêtes au Conseil d'Etat sous la

régent de seconde, entré régent de sixième en 1767, passé régent de troisième en 1769, puis de seconde en 1773 ; pension, 400 livres ; — Treignac, régent de troisième, entré le 31 octobre 1771 ; pension, 200 livres ;—enfin Fourestié, Peyret et Pinson, régents de quatrième, de cinquième et de sixième [1].

Que se passa-t-il donc, en cette année 1781, entre les prêtres séculiers chargés du Collège et le bureau d'administration qui le régissait ? Saint-Amans, qui copie ici encore textuellement Labrunie, nous dit dans son Histoire du Calvinisme : « Quelques sujets de mécontentement, qu'il est inutile de rapporter ici, engagèrent le bureau d'administration, de concert avec Mgr de Bonnac, à appeler, en 1781, les Pères de l'Oratoire. » Un mémoire fort long, rédigé par l'ordre et en faveur des consuls, contre les prétentions du Sénéchalat et du Présidial, touchant la présidence et la surveillance du Collège, est plus explicite sur cette question. « Enfin Mgr d'Usson de Bonnac, dit-il dans un rapide exposé de l'historique du Collège d'Agen, Evêque d'Agen, toujours zélé à procurer à ses diocésains tout ce qui peut tendre à leur plus grand avantage, s'apercevant des *inconvénients qui résultent de l'instabilité des professeurs, régents et préposés à l'enseignement et de la difficulté de les remplacer au besoin*, proposa que le moyen de les éviter serait, sous le bon

---

monarchie de Juillet, député du Lot-et-Garonne pour l'arrondissement de Villeneuve du 15 mai 1834 au 6 juillet 1846, conseiller d'Etat, secrétaire général au Ministère de l'agriculture et du commerce, officier de la Légion d'honneur etc., et une fille, Sophie Paganel, mariée à Jean Lamouroux, docteur en médecine à Paris. Un des fondateurs de la Société académique d'Agen, et nommé secrétaire dès la première séance, on a de Pierre Paganel : (1776) *Réflexions sur l'art dramatique* ; — *Discours sur l'histoire de France* ; — *Une héroïde* ; (1785) *Discours sur l'harmonie comme faisant une partie essentielle du style* ; — (1789) *Des changements arrivés dans la monarchie française depuis Clovis jusqu'à Charlemagne, etc. etc.* Plus tard il publia, en 1810, *un essai historique sur la Révolution Française*, qui fut mis au pilori ; *une histoire de Napoléon Bonaparte* (1815), *une traduction des animaux parlants de Casti*, très fidèle et fort estimée etc., etc.

[1] Archives municipales, GG, 216.

plaisir de Sa Majesté, de mettre le Collège sur la tête de la Congrégation de l'Oratoire ou de quelque autre également propre à élever la jeunesse à la religion et à l'instruire dans les sciences et belles-lettres [1]. » A cet effet il convoqua une Assemblée des trois ordres et leur fit part de son projet, « les priant de délibérer chacun séparément sur cet objet et sur le choix du corps auquel ils trouvaient à propos de donner la préférence.» Après une courte délibération, les chapitres, le clergé, les trois ordres, les Consuls et les officiers du Presidial acceptèrent à l'unanimité la proposition de l'Evêque et décidèrent qu'on entrerait immédiatement en pourparlers avec les Pères de l'Oratoire, pour leur confier la direction du Collège. Mgr de Bonnac se rendit à cet effet à Paris, et il engagea lui-même avec le nouvel ordre les premières négociations.

IV. — LES ORATORIENS (1781-1793)

L'Ordre des Oratoriens fut fondé, on le sait, en France, en 1611, par le cardinal Pierre de Bérulle, sur le modèle de la *Confrérie de la Trinité*, établie déjà à Rome par Saint Philippe de Neri, dès l'an 1550. Son but était d'instruire la jeunesse, d'élever des clercs en vue des séminaires, de prêcher et d'organiser des missions. Semblable en cela à l'Ordre des Jésuites, ces derniers ne virent pas d'un bon œil la nouvelle institution, et ils lui suscitèrent, dès ses débuts, de nombreux embarras. Ils furent cependant levés, grâce à l'appui que son fondateur trouva auprès de Louis XIII et qui lui permit de mener son œuvre à bonne fin [2]. Mais une sourde rivalité exista toujours entre les deux Ordres religieux. Les Pères de l'Oratoire déclaraient hautement que leur Ordre n'était pas régulier et qu'ils

---

[1] Archives municipales, GG, 216.
[2] Voir : La *Vie du cardinal de Bérulle*, par M. Nourrisson, Paris, 1856. — Voir aussi l'abbé Migne, Tome III, et l'*Histoire des Ordres religieux* du Père Helyot, T. VIII, Chap. X.

étaient de simples ecclésiastiques, associés entre eux, et ne prononçant aucun des vœux habituels, spéciaux aux autres Ordres. Ils partagèrent la plupart des opinions des Jansénistes, et quand les Jésuites furent expulsés de France, ils héritèrent soit immédiatement, soit au bout d'un court laps de temps, de la plupart des Collèges qui étaient confiés à leur garde. Ce sont eux qui véritablement ont formé la plupart des hommes de la Révolution, et c'est en grande partie à leurs idées libérales et souvent même révolutionnaires qu'il faut attribuer la chute de l'ancien régime. C'est du reste dans la maison même de l'Oratoire à Paris, qu'eut lieu le sacre des premiers évêques constitutionnels. Enfin, quand la Convention eut décrété la fermeture des églises et l'abolition de tous les Ordres religieux, il est à noter que la majeure partie des prêtres de cette Congrégation contracta mariage et embrassa même avec ardeur les idées du moment.

Dans de semblables dispositions, l'Ordre de l'Oratoire ne pouvait être que bien accueilli par la population Agenaise, déjà imbue des nouveaux principes, et tout heureuse de lui confier l'éducation de ses enfants. Les démarches de Mgr de Bonnac eurent un plein succès. — Déjà, le 18 novembre 1780, le Supérieur général de l'Oratoire à Paris, le R. Père Moisset, pressenti par l'évêque d'Agen, sur ses intentions de venir dans cette ville, lui avait répondu une lettre des plus reconnaissantes : « Nous ne pouvons qu'être infiniment flattés des sentiments dont vous honorez notre Congrégation, de la confiance que vous nous témoignez, et du désir que vous nous avez inspiré de voir bientôt le collège de votre ville gouverné par nos confrères... Nous nous en rendrons aussi dignes que possible. » Les revenus qu'on leur propose paraissent suffisants : « Nous ne demandons pas l'opulence ; elle nous serait nuisible : mais il faut à des gens d'étude une certaine aisance qui suffise à tous leurs vrais besoins. » Du reste ces revenus semblent susceptibles d'augmentation. Aussi le nombre des professeurs pourra-t-il s'accroître. « Nous espérons même pouvoir, dans la suite y entretenir quelques anciens professeurs... Car, nous désirons qu'il y ait en chaque collège deux ou trois professeurs émérites qui servent de modèle et de conseil aux jeunes régens, qui leur forment le goût et les dirigent dans leurs études ; outre qu'il est de la justice que des sujets, qui ont employé les plus belles années de leur vie et souvent épuisé leurs forces dans les travaux de l'enseignement, trouvent dans ces mêmes Collèges le repos qu'ils ont mérité, repos d'ailleurs aussi utile aux autres que nécessaire à eux-mêmes. » Il prie en terminant Monseigneur d'être l'interprète de sa reconnaissance auprès des corps respectables auxquels ce prélat a inspiré une si bonne opinion de l'Ordre des Oratoriens [1].

Deux mois après, le 30 janvier 1781, le Conseil général de l'Ordre à Paris donne procuration aux deux Pères François Dye de Gaudry, assistant du Père général, et Louis Marcou Lety, supérieur de la maison de Toulouse, de s'entendre avec les Consuls d'Agen. Ceux-ci réunirent aussitôt les trois ordres et adressèrent même au sujet de la présidence de cette assemblée, et en l'absence de l'Evêque, une requête au Parlement de Bordeaux ; ce qui fit naître un long conflit avec le Présidial, qui, au lieu et place des Consuls, réclamait cette présidence [2]. Mais on passa outre, malgré l'avis défavorable de quatre de ses membres, et, après un projet de contrat dont nous retrouvons la minute annotée diversement par les consuls, les membres du Présidial, les bureaux de l'Intendance, et les Pères de l'Oratoire, on tomba d'accord sur tous les points. Le roi accorda en conséquence, le 20 juillet 1781, des lettres patentes, « portant établissement des prêtres de l'Oratoire pour instruire et enseigner gratuitement la jeunesse au Collège d'Agen, en faveur de Jean-Louis d'Usson de Bonnac, évêque dudit Agen, et les officiers municipaux ». Ces lettres furent enregistrées le 17 août de la même année au Parlement de Bordeaux [3]; et deux mois après, le contrat fut définitivement passé entre les Consuls d'Agen [4] et les Oratoriens,

---

[1] Lettre du Père Moisset, supérieur général de l'Oratoire, à Mgr l'évêque d'Agen. (Archives municipales, BB. 83, p. 160.)

[2] Archives municipales, GG. 216.

[3] Idem.

[4] Le corps municipal d'Agen se composait, en 1781, de MM. Gilbert de Raymond, maire, Raignac de Varennes, lieutenant de maire, et de MM. Florimond de S. Amans, Paquin, Tarry, Lafont du Cujula, Cambes et Roux-Lassalle.

pour l'établissement de ces derniers à la tête du Collège. Voici quelles en furent les principales clauses :

L'enseignement sera gratuit comme par le passé.—La Congrégation de l'Oratoire sera tenue d'établir un pensionnat durant le cours de la seconde année classique, avec maîtres et sous-maîtres suffisants. — Le Collège sera composé d'un supérieur, d'un préfet des classes, d'un professeur de théologie, de deux professeurs de philosophie, d'un professeur de rhétorique, et de quatre régents pour les autres classes. — Il sera établi spécialement un professeur de mathématiques[1]. — Le bureau d'administration, qui jusqu'ici avait régi le Collège, cessera d'exister à partir du 1er octobre 1781 ; et les Pères de l'Oratoire auront, à ce moment, la libre et entière administration et jouissance de tous les biens, fruits et revenus du Collège, tels que ceux provenant des cures de Prayssas. Lougratte, Sainte-Eutrope, des prieurés de Marmande, Puyguiraud, Clermont, Tombebœuf et Marsac, des domaines de Darel, du Bedat, Bellevue, etc., ainsi que des diverses rentes à lui dues. — L'ancien bureau d'administration remettra également aux nouveaux Pères les vases sacrés, ornements d'église, archives, titres et contrats qu'il détenait. — D'un autre côté, la nouvelle Congrégation sera tenue de payer annuellement 1,800 livres de pensions aux différents professeurs qui ont régi jusqu'à ce jour le Collège, et cela à titre de récompense. — Elle sera tenue de se pourvoir de tous les meubles et ustensiles qui lui seront nécessaires, et il lui sera permis même d'emprunter, s'il le faut, la somme de 50,000 livres à cet effet. — Elle sera maîtresse de la police et discipline inférieure du Collège ; mais elle sera soumise à la juridiction des juges ordinaires pour les affaires contentieuses et à celle des officiers municipaux pour la police générale. — La méthode suivie sera celle de l'Université de Paris. — L'ouverture des classes se fera le 3 novembre. Elle sera précédée d'une messe du Saint-Esprit, à laquelle les Consuls seront invités. Les classes seront fermées la veille de Notre-Dame de septembre. Il n'y aura de vacances, pendant la tenue des classes, que

---

[1] Les Dominicains, et après eux les prêtres séculiers, n'avaient pas établi dans leur Collège de chaire de mathématiques, que réclamait avec instance le bureau d'administration. Ce fut une des causes qui contribuèrent à leur renvoi.

le jeudi aprés midi depuis la Toussaint jusqu'à Pâques, et le jeudi en entier, depuis Pâques jusqu'aux vacances. — Lorsque les officiers municipaux iront en corps au Collège, ils seront reçus à la porte par le supérieur, qui les conduira dans les classes et les réaccompagnera. — Selon le legs du Théologal Sauveur, la somme de 90 livres, à laquelle on ajoutera celle de 110 livres aux frais du Collège, sera consacrée annuellement à l'achat de volumes pour la distribution des prix. On invitera toujours les consuls à cette solennité. — Enfin il ne sera fait aucune aliénation des biens du Collège, sans l'autorisation expresse du corps municipal[1].

Les Pères de l'Oratoire prirent solennellement possession du Collège d'Agen, le 30 septembre 1781, en la personne du Père Claude de Parades, leur supérieur[2], et en présence de Messieurs de Raymond, maire, de Varennes, de Saint-Amans, Lafon de Cujula, Paquin, Cambes, Tarry, Roux-Lassalle, consuls, et des principaux notables de la ville. Ce jour là fut rédigé un procès-verbal fort

---

[1] Archives municipales, GG. 216.

[2] Claude de Parades, qui fonda à Agen la maison de l'Oratoire, naquit à Riom (Puy-de-Dôme), le 22 mai 1744. Il était fils de Jean de Parades, avocat au Parlement et de Gilberte Lucquet. Après de brillantes études au collège des Oratoriens de sa ville natale, ses maîtres, reconnaissant en lui un sujet des plus distingués, l'engagèrent à entrer dans leur Ordre; ce qu'il fit en 1762, au collège de Montmorency. Reçu confrère, il fut nommé presque aussitôt après régent, et fut chargé d'une classe, d'abord au collège de Porigny, puis, en 1763, à celui de Lyon, où son Ordre remplaça les Jésuites.

La correspondance du Père Claude de Parades, conservée avec un soin jaloux par les membres actuels de sa famille, et entièrement inédite, nous fournit d'intéressants détails sur les phases diverses de sa destinée. « Le peuple de Lyon, dit-il dans une lettre du 10 octobre 1763, ne nous donnera peut-être pas d'abord sa confiance ; mais pour cela il suffit de savoir combien il avait de préjugés ». Et plus tard, en juin 1764: « Nous sommes toujours haïs ou méprisés dans cette ville. Peut-être, quand nous serons mieux connus, nous rendra-t-on justice ». Poussé irrésistiblement par la vocation religieuse, Claude de Parades ne se contenta pas du titre de confrère ; il se fit ordonner prêtre, le 12 novembre 1764.

En 1770, le Père de Parades fut nommé supérieur du collège de Beaune en Bourgogne. Il y resta jusqu'en 1781, époque à laquelle il dut, sur l'ordre de ses supérieurs, se rendre à Agen. Quatre jours après son arrivée dans notre ville, le 4 octobre 1781, il écrit à sa famille une lettre où il se montre

détaillé, contenant : un état estimatif de tout le mobilier s'élevant à la somme de 6,472 livres, 16 sols; plus « *Un Inventaire des titres et papiers utiles du Collège d'Agen* » parmi lesquels tous les anciens contrats de fondation, de ventes et d'achats, les diverses lettres pa-

---

effrayé de la tâche qui lui incombe : « Je suis dans l'embarras par-dessus les oreilles. Cette régie qui consiste en trois gros domaines et quatre prieurés, en dîmes et maisons, sera bien plus difficile que celle de Beaune où il n'y avait que des pensions à toucher.... Je presse le Conseil pour avoir un économe. Les cy-devant tiraient bien parti de ce collège.... Nous n'avons pas leur savoir faire. Cependant, j'ai été reçu à bras ouverts. On me comble partout d'honnêtetés ».

Et trois mois après, le 30 décembre 1781 : « La terrible chose de monter une vaste maison ! Je n'ai plus affaire aux Bourguignons. La trempe du caractère de ces gens-ci est bien différente ! » Ce qui le réconforte un peu, « c'est que, dit-il, ma communauté est on ne peut mieux composée. Je trouve au dedans ce que le dehors me refuse. C'est ma grande consolation. Si les deux y étaient, cela vaudrait encore mieux. Avec le temps cela pourrait revenir. Mais on nous regarde comme des moines ! Ceux qui nous ont précédé n'avaient pas donné du métier une haute idée. Ce n'est qu'à la longue que nous pourrons jouir de la considération que mérite la Congrégation. »

Ainsi qu'on le verra dans le texte, Claude de Parades, qui avait été nommé, en 1770, grand-vicaire de l'archevêque de Reims, resta à la tête du collège d'Agen jusqu'aux plus mauvais jours de la Révolution. En 1792, il fut de ceux qui n'acceptèrent pas la Constitution civile du clergé, et il se refusa à prêter le serment civique. Forcé par suite de quitter la France, il se réfugia en Espagne, avec le chanoine Daubas, et il se fixa en un lieu appelé La Puebla de Montalban. Dans ses lettres d'exil, fort rares, et qu'il n'écrit qu'avec la plus extrême réserve, il se loue fort de l'accueil que lui fait le clergé espagnol.

Claude de Parades rentra en France en 1802, et plutôt que d'habiter l'Auvergne, sa patrie, il préféra revenir à Agen, où un membre de sa famille, marié à une demoiselle de Bazon, habitait le bel hôtel de la rue Saint-Jérôme qu'elle lui avait apporté, et où l'appelaient également ses anciennes relations. A peine installé dans notre ville, il fut nommé chanoine par Mgr Jacoupy, qui appréciait à leur juste valeur ses hautes qualités, et il occupa ce poste jusqu'à sa mort, arrivée le 11 novembre 1817.

Hâtons-nous de dire en terminant que c'est à l'extrême obligeance de M. Charles de Parades, ancien conseiller à la Cour d'Appel d'Agen, que nous devons tous ces renseignements sur son grand-oncle, qu'il a puisés lui-même à la source pure des archives de sa famille. Qu'il nous permette de lui adresser ici l'expression bien vive de nos remerciments.

tentes des rois, etc., en un mot toutes les archives de la maison [1]; enfin un état des réparations à faire tant au Collège qu'aux métairies, fermes et bâtiments qui en dépendent, et dont le devis s'élève à la somme de 27,549 livres, 15 sols [2].

Les classes s'ouvrirent en novembre, aussitôt qu'eut été rédigé et arrêté le règlement suivant, relatif à l'administration et au régime intérieur du Collège :

« Aujourd'hui, 14 novembre, 1781, Nous Jean-Louis d'Usson de Bonnac, évêque et comte d'Agen, de La Fite, lieutenant-général, de Raymond, chevalier de Saint-Louis, maire, et Claude de Parades, supérieur, assemblés dans une des salles du Collège, pour régler, conformément à l'article 12 des lettres patentes du 20 juillet de la présente année, les heures et la durée des classes, et fixer le temps des vacances, avons statué et arrêté les articles suivants :

— Article premier : La rentrée des classes se fera le 3 novembre, conformément à l'article 12 des lettres patentes. Le lendemain de la rentrée, les classes seront tenues une heure le matin et une heure le soir; dès le surlendemain, elles seront tenues le temps prescrit par l'article suivant. — Article 2 : L'entrée des classes se fera à la même heure pour tous les écoliers : à huit heures, le matin, jusqu'à la messe qui se dira à dix heures et quart, et le soir depuis deux heures et quart jusqu'à quatre heures et demie. — Article 3 : Depuis la Toussaint jusqu'à Pâques, on vaquera le mercredi et le samedi au soir; depuis Pâques jusqu'aux vacances, il sera donné congé le mercredi tout le jour et le samedi après dîner. — Article 4 : Une fête ou un congé arrivant le mardi tiendra lieu du congé du mercredi, et le congé du samedi sera placé le jeudi au soir. Une fête ou congé arrivant le jeudi tiendra lieu du congé du mercredi, et le congé du samedi sera placé le mardi soir. Si la fête ou congé tombe le ven-

---

[1] C'est grâce à cet inventaire que nous avons pu donner la plupart des renseignements qui précèdent.
[2] Archives municipales GG. 216.

dredi, on entrera tout le samedi. — Article 5 : On ne donnera jamais de congé extraordinaire, si ce n'est lorsque MM. les officiers municipaux feront la visite des classes, ou dans les grands évènements. On vaquera le jour de la fête du R. P. supérieur, le jeudi gras, le jeudi de la mi-carême, le jour de la St-Nicolas, le jour de la distribution solennelle des prix, les veilles de Noël, des grandeurs de Jésus, de Pentecôte, de l'Assomption; les semaines du jeudi gras, de la mi-carême et de St-Nicolas, on entrera le samedi au soir. — Article 6 : On n'abrègera jamais le temps de la classe, si ce n'est dans les grands froids, où le père préfet pourra donner ou le quart ou la demie. On aura également la demie, les 25 de chaque mois au soir, et toutes les fois qu'il y aura bénédiction. — Article 7 : Pendant l'année, aucune classe ne vaquera sans les autres classes, à moins qu'elle ne soutienne ou quelque thèse ou quelque exercice. La classe qui donnera l'acte vaquera le soir seulement. — Article 8 : A Noël, on vaquera depuis la veille inclusivement jusqu'après les fêtes. Les classes auront congé les trois jours gras et le Mercredi Saint inclusivement jusqu'au mercredi après Pâques exclusivement. Le jeudi de la semaine de Pâques sera congé, mais on entrera tout le samedi. Le mardi des rogations, congé; le samedi, après classe, on vaquera depuis la veille de la Pentecôte inclusivement jusqu'après les fêtes. Le jeudi après, il sera congé; mais on entrera le samedi toute la journée. — Article 9 : Les deux compositions générales que le père préfet est dans l'usage de faire à Noël et à Pâques se feront le matin; le soir, le Collège vaquera. Il en sera de même pour les compositions de prix. — Article 10 : Le 25 août, jour anniversaire de la naissance du Roi, on vaquera. Il sera dit une messe à laquelle le Collège assistera. Chaque jour, à la fin de la messe du Collège, on chantera le : *Domine, Salvum fac Regem.* — Article 11 : Les théologiens vaqueront le dernier juillet; les philosophes, le 2 août; les rhétoriciens, le 6; les seconds, le 10; les autres classes le 25. — Fait et arrêté dans l'une des salles du Collège royal d'Agen, le 14 novembre 1781. Ont signé : Jean-Louis, évêque et comte d'Agen ; Laffite, lieutenant général; Raymond, maire ; et de Parades, prêtre de l'Oratoire [1]. »

---

[1] **Archives** municipales, GG., 216.

Sous les Pères de l'Oratoire, comme autrefois sous les Jésuites, la vie studieuse reprit dès cette époque son cours calme et monotone au Collège d'Agen. Rien de saillant ne s'impose à l'attention, depuis leur arrivée jusqu'à la Révolution. Les archives locales sont pauvres pendant cette période de temps; elles ne nous ont même pas conservé, comme ailleurs [1], les procès-verbaux des différentes visites faites au Collège d'Agen par les inspecteurs de l'Ordre. On sait en effet que le Père de Bérulle, dans ses règlements sur l'Oratoire avait ordonné « que tous les ans, un Visiteur viendrait contrôler l'administration de chaque maison et veiller sur l'observance des règlements ». Ce n'est qu'aux Archives nationales, à Paris, que nous trouvons le seul acte de visite faite « à la maison de l'Oratoire de Jésus à Agen, commencé le 12 et finie le 15 avril 1788, par le Père Gabriel Jean Beaudoux, nommé visiteur du troisième département, par ordre du Très Révérend Père général et de son Conseil, en date d'avril 1787 [2]. » Nous y relevons les noms suivants des différents professeurs, en cette année 1788. Le Révérend Père Claude de Parades, régisseur ; le Père François Goiran de la Mottière, préfet du Collège ; le Père Laurent Roche, théologien [3]; le Père André Paquelin, rhétoricien ; le Père Joseph Roulhac de Crouzel, à la pension; le confrère François Daignestous, physicien ; le confrère Jean Davaux, sous diacre, logicien ; le confrère Pierre de Parades ; le confrère Lachaud, professeur de seconde; le confrère Antoine Florens, de troisième ; le confrère Joseph Beraud, tonsuré, de quatrième ; le confrère Jean-Joseph Hyacinthe Paul, tonsuré, de cinquième ; le confrère Joseph Marcelin, tonsuré, de sixième ; et le confrère Antoine Joachim Gros, tonsuré, à la pension. Le Collège possède en outre cinquante trois pensionnaires, un cuisinier, un aide,

---

[1] Les Archives si précieuses de Condom ont, entre autres villes, conservé avec soin les procès-verbaux de la plupart des visites faites au Collège de cette ville, collège qui fut dirigé par les Oratoriens de 1628 à 1792. Notre savant ami M. J. Gardère publie en ce moment même, dans la *Revue de Gascogne* (tome XXVII), l'histoire complète du Collège de Condom.
[2] Archives nationales. Domaines ecclésiastiques. S. 6774.
[3] Voir plus loin, à la date de 1811, la note biographique que nous consacrons au Père L. Roche.

deux portiers, un jardinier, deux domestiques de pension, une infirmière, un lecteur. Au spirituel tout est dans l'ordre requis. Les messes de fondation sont au nombre de deux cent vingt-sept. On en dit par an sept cent cinq. Les revenus provenant des différents biens (déjà nommés), des rentes foncières, des recettes casuelles ordinaires, des recettes extraordinaires, etc., tant perçus qu'à percevoir, se montent à la somme totale de 52,746 livres. Les dépenses, aussi bien les charges fixes annuelles que les dépenses extraordinaires et domestiques, atteignent le total de 48.988 livres. L'excédant n'est donc que de 3,758 livres. Le Père Visiteur termine ainsi son rapport: «C'est toujours avec une satisfaction nouvelle que nous visitons cette maison d'Agen. Le bon ordre, l'union et la paix en forment l'agrément. La régularité, l'application au travail et les succès soutiennent sa réputation et nous conservent dans cette ville l'estime dont le public nous honore. Nous pouvons justement espérer qu'il nous la continuera, d'autant plus volontiers qu'il verra continuer à la tête de la maison celui qui l'a gouvernée jusque icy avec tant de prudence. Tels étaient nos vœux l'année dernière. Ils sont aujourd'huy exaucés. Que le Seigneur daigne rendre aussi efficace ceux que nous formons avec l'apôtre: *Impleat vos Dominus omni gaudio et pace incredendo ut abundetis in spe et virtute Spiritus Sancti.* »

— Lorsque la Révolution arriva, les Pères de l'Oratoire, ainsi que nous l'avons déjà dit, accueillirent favorablement les nouvelles doctrines. C'est ainsi que leur supérieur le Père de Parades et le Père Goiran, vinrent avec les chefs des autres communautés religieuses, le 25 juillet 1789, adhérer à l'adresse rédigée par la municipalité agenaise, pour l'Assemblée Nationale, approuvant le maintien de l'autorité royale et la défense des libertés publiques. Néanmoins pour les Oratoriens, comme pour les autres Ordres religieux de la ville, les formalités à remplir furent les mêmes, et l'administration municipale dut, dès le 7 septembre 1790, et en vertu de l'article 5 du décret du 20 mars 1790, procéder à un inventaire en règle de l'état, biens, charges, revenus, etc., du Collège.

Cet acte fort long [1] nous apprend, entre autres choses, que les re-

---

[1] Archives départementales. Biens Nationaux.

venus du Collège ne s'élèvent plus qu'à la somme de 21,091 livres, 10 sols, provenant des métairies du Bédat près Monbran, de Bellevue sur le rocher de Saint-Vincent, de Darel dans la paroisse de Merens, du loyer de huit petites maisons attenant au collège dans la rue Maillé, des fruits décimaux des prieurés de Marmande, Puiguiraud, Tombebœuf, Prayssas, Pédegat etc., plus des diverses rentes payées soit par la ville, soit par les chapitres, soit par des particuliers. Les charges, tant en messes, que dettes, décimes, impôts, tailles, anciennes pensions des Jésuites, réparations, entretien des métairies, honoraires des professeurs qui se montent à 2,000 fr. atteignent la somme de 16,552 livres, 2 sols, 3 deniers. Les bénéfices nets ne sont donc que de 4,539 livres, 7 sols, 9 deniers. Suit l'état détaillé du mobilier du Collège. Nous y relevons l'indication de précieux ornements d'église ainsi que d'une quantité considérable de vases sacrés, calices, ostensoirs, ciboires. Les chambres sont au nombre de quatorze, suffisamment garnies. Il existe soixante deux couchettes de pensionnaires. Enfin le linge y est en bon état. En ce qui concerne les archives, l'inventaire est le même que celui qui fut fait lors de la prise de possession des Pères de l'Oratoire. La bibliothèque, bien fournie, est celle des Pères Jésuites à laquelle les Oratoriens ont ajouté de nombreux livres de mathématiques, de sciences, et de philosophie. Enfin voici quel est l'état actuel des prêtres, professeurs et frères coadjuteurs, à cette date du 7 septembre 1790 : Le Père Claude Parades, prêtre, âgé de 47 ans, supérieur; le Père André Paquelin, 31 ans, préfet du Collège ; le Père François Daignestous, 33 ans, professeur de physique ; le Père Gabriel Besançon, 38 ans, professeur de rhétorique ; le Père Gabriel Montus, 28 ans, professeur de seconde ; le Père Antoine Joachim Gros, 24 ans, professeur de cinquième; le Père Augustin Vialli, 22 ans, professeur de sixième ; le Père Pierre Parades, 33 ans, préfet de pension, ainsi que le Père Philippe Roche, 21 ans, tous présents. Plus se trouvent le Père Laurent Roche, 33 ans, professeur de théologie, absent; le Père Joseph Esparia, 30 ans, professeur de logique, absent; le Père Joseph Paul, 28 ans, professeur de troisième, absent; le Père Jean Farcit Calbiac, 24 ans, professeur de quatrième, absent; enfin le Frère Jean Antoine Guérin, 35 ans, présent. « Consultés pour savoir quelles sont leurs intentions de rester ou de sortir des maisons de leur congrégation, lesdits Pères de l'Oratoire déclarent qu'ils ne sont pas obligés de les faire connaître, attendu qu'ils ne sont liés par aucune espèce de vœux. »

Rien de saillant ne surgit dans l'histoire du collège d'Agen jusque à la fin de l'année 1792, époque où déjà nous le trouvons tombé, en moins de deux ans, dans une profonde décadence. Le nombre des élèves avait sensiblement diminué. La confiance en ces prêtres, qui presque tous avaient prêté le serment constitutionnel[1] et dont beaucoup se marièrent quelques années plus tard, s'affaiblissait chaque jour davantage, et ce n'est pas en enfermant « les ci-devant nobles dans une salle du Collège, transformé en prison, » ainsi que nous l'apprend Proché[2], qu'on pouvait donner aux études une bien forte impulsion. L'esprit du reste était tourné vers des préoccupations plus graves. En ces heures tourmentées où la Révolution enfiévrait tous les cœurs, où les honnêtes gens vivaient dans une crainte continuelle d'être dénoncés, où régnaient en maîtresses absolues la loi des suspects et la Terreur, quel père de famille pouvait songer à faire élever tranquillement son enfant? Les collèges de France, comme toutes les autres institutions d'alors subirent en ces moments une rude atteinte, et, les choses devenant pires, ils ne s'en relevèrent pas.

—Déjà, le 18 août 1792, un décret de l'Assemblée législative établit que tous les biens qui formaient la dotation des collèges desservis par des Congrégations seraient vendus comme biens nationaux. Un mois après, le décret était mis à exécution à Agen et toutes les fermes et métairies des Pères de l'Oratoire expropriées. Entre autres pièces conservées à nos archives départementales, consignons ici l'estimation faite, le 4 octobre 1792, par les experts municipaux

---

[1] Nous avons vu précédemment, à la note biographique consacrée au Père Claude de Parades, que le supérieur du Collège d'Agen n'accepta pas la Constitution civile du clergé, et, sur son refus de prêter le serment civique, dut prendre le chemin de l'exil.

[2] Proché, Annales de la ville d'Agen, p. 21.

d'Agen, de la maison et métairie de Bellevue, sise sur le rocher de Saint-Vincent et dépendant du Collège d'Agen. La terre est portée à la valeur de 7,251 livres, 18 sols, et la maison à celle de 2,500 livres. Estimation générale 9,751 livres 18 sols[1].

Deux semaines après, le 19 octobre 1792, c'est le récollement de l'inventaire des meubles et effets de la maison du Collège. Rien n'a été changé dans le mobilier depuis la date du 7 septembre 1790. Seul l'état du personnel est sensiblement modifié. Le Père Claude Parades n'est plus supérieur. C'est le citoyen François Daignestous, ancien professeur de physique, qui l'a remplacé à la tête de l'établissement. « Ledit Daignestous, ainsi que les citoyens Gabriel Besançon, Joseph Créchent, Gabriel Montus, Jean-Baptiste Pérès, Laurent Roche, Antoine-Joachim Gros, Jean-Honoré Jourdan, Jean Laurent Fauché et Joseph-André Tardieu nous ont déclaré vouloir continuer le service du Collège à titre individuel ; tandis que les citoyens Jean Calbiac, Farcit, Parades, Lachaud et Guérin ont déclaré, qu'attendu le défaut d'emploi dans ledit Collège, ils entendent se retirer dans leur famille[2]. » Suit un tableau indicatif des mêmes ci-devant prêtres de l'Oratoire, avec leur âge et la date de leur entrée dans la congrégation, tableau qui fut dressé au moment de la fermeture du Collège, le 5 mars 1793[3], ainsi que « l'état de fixation du traitement des divers congrégationnaires de ladite maison de l'Oratoire d'Agen.[4] » On accorde 930 l. au citoyen Parades, qui a 31 ans de congrégation ; 480 l. au citoyen Daignestous qui en a 16 ; 540 l. au citoyen Laurent Roche, qui en a 18 ; 200 l. à Louis Paschal Roche, qui en a 10 ; 390 l. à Joseph Créchent, qui en a 15, etc.

Le Collège continua donc de fonctionner en ces conditions, durant toute l'année 1792. Une note conservée dans le calendrier national du département de Lot-et-Garonne, (année

---

[1] Archives départementales. Biens nationaux. Collège.
[2] Archives départementales. Biens nationaux. Collège.
[3] Archives nationales. S. 7482. Carton. Diocèse d'Agen.
[4] Archives départementales. Biens nationaux.

bissextile 1792, Agen, chez la veuve Noubel et fils aîné), exemplaire devenus fort rare, nous apprend que « le Collège est composé d'un supérieur, le citoyen Daignestous, d'un préfet des classes, de deux professeurs de philosophie, d'un professeur de rhétorique, d'un professeur de seconde, d'un régent de troisième, de quatrième, de cinquième et de sixième. Les objets de l'éducation que l'on y donne sont la religion, la grammaire française et latine, la géographie, l'histoire, la poésie, l'éloquence, les mathématiques et les diverses branches de la philosophie. L'état d'incertitude où l'Assemblée Nationale a laissé les congrégations sur leur sort a fait suspendre la pension qui existait dans ce Collège et où l'on a pu recevoir de soixante à soixante-dix pensionnaires. Il a été ouvert cette année un cours public et gratuit de mathématiques, qui a lieu chaque jour à la sortie des classes du matin. »

Quoiqu'il en fût, et malgré leur bonne volonté « de continuer le service du Collège à titre individuel », les derniers Oratoriens d'Agen durent, en moins de deux ans, se courber de nouveau sous la tyrannie révolutionnaire et disparaître avec les débris du vieux Collège d'Agen.

Le 15 septembre 1793, la Convention prononçait en effet la suppression de tous les Collèges et Universités de France, et elle ordonnait en même temps la vente de tous les biens qui en formaient la dotation «sous quelque dénomination qu'ils fussent connus ». Le Collège d'Agen fut aussitôt fermé. Six jours après, le 21 septembre, son église servait de lieu de réunion à la nouvelle société populaire d'Agen, d'où les modérés venaient d'être expulsés, et qui décida qu'une fête solennelle serait célébrée le dimanche suivant en l'honneur de la Convention et de la Montagne. Proché, qui nous en donne tous les détails [1], ajoute qu'elle eut lieu en effet « aux cris de vive la Montagne ! vivent les sans-culottes ! à bas les royalistes et les girondins ! », qu'on y « porta en triomphe le tableau de Marat tué par Charlotte Corday, et qu'on livra au bûcher tous les tableaux qu'on avait retirés des églises ou du chateau d'Aiguillon, et dont

---

[1] Annales de la ville d'Agen. p. 30.

quelques-uns étaient des chefs-d'œuvre ! » Il nous apprend en même temps que depuis cette année 1793 jusqu'à la vente de l'an VII, « les assemblées décadaires se tinrent dans l'église de l'ancien Collège ; mais que ce local ayant été vendu à divers particuliers, le temple décadaire fut transféré à Saint-Caprais, où se faisait aussi le service divin, à des heures différentes [1] ».

L'instruction publique fut donc, à partir du mois de septembre 1793, entièrement supprimée, ou à peu près, dans toute la France. Dix-neuf universités, dont quelques-unes comme celle de Paris qui remontait au commencement du XIII° siècle, disparurent tout à coup de par la volonté de quelques sectaires imbéciles, et avec elles 562 collèges « qui réunissaient, en 1789, 72,747 élèves, sur une population de vingt-quatre millions, nombre supérieur de 18,445 à celui que présentaient en 1840 les 485 lycées, collèges communaux et petits séminaires dans leur ensemble, alors que la population de la France s'était accrue de près de dix millions [2]. »

A Agen, il ne restait plus que l'ombre du Collège, transporté dans un local provisoire et dirigé encore par les quelques Oratoriens qui avaient prêté le serment constitutionnel, qui depuis avaient repris l'habit laïque, et qui étaient « les citoyens François Daignestous, âgé de 37 ans, ex-congrégationnaire, professeur de physique et de mathématiques ; Joseph Tardieu, âgé de 33 ans, ex-congrégationnaire, professeur de physique et de mathématiques ; Gabriel Montus, âgé de 35 ans, ex-congrégationnaire ; Gabriel Besançon, âgé de 42 ans, ex-congrégationnaire, professeur de rhétorique ; Créchent âgé de 30 ans ; Joachim Gros, de 28 ans ; Laurent Fauchier, de 28 ans ; Jourdan, de 22 ans, tous ex-congrégationnaires, ayant professé autrefois les basses classes. » C'est ce que nous apprend, *une Réponse de l'administration du district d'Agen aux questions que la commission de l'instruction publique lui a adressées, le 6 brumaire an III*

---

[1] Annales de la ville d'Agen, page 74.

[2] Nous empruntons ces chiffres à la remarquable « *Notice sur le collège de Saintes*, par M. Pierre Stanislas Moufflet (Saintes M. Z. Mortreuil, rue Eschassériaux, 42, in-8°).

(27 octobre 1794) *et datée elle-même du 23 brumaire de la même année* [1]. « Malgré la bonne volonté des instituteurs, y est-il dit, le Collège est par l'effet des circonstances qu'a amenées le nouvel ordre de choses dans un état de décrépitude qui fait désirer à l'administration et à tous les citoyens qu'il soit remplacé par une nouvelle institution. Néanmoins elle se croit obligée de l'entretenir jusqu'à ce que la suppression ait été prononcée. » Et plus loin : « On y enseigne : les droits de l'homme et la Constitution, les langues française et latine, l'histoire ancienne et moderne, la géographie, les mathématiques et la physique, la philosophie et *la morale républicaine* [2] ».

Un programme aussi vague, une méthode aussi élastique, ne pouvaient ramener au Collège la faveur et le succès. Aussi ce dernier semblant d'institution régulière disparut-il rapidement, avant la fin de l'année, avec ses derniers professeurs. Nous ne trouvons plus, depuis cette époque jusqu'à la création de l'Ecole Centrale, trace d'un enseignement public quelconque, si ce n'est toutefois dans quelques maisons privées d'instituteurs. Nous voyons, au contraire, pendant ces trois années de désordre et de confusion extrêmes, s'émietter peu à peu les derniers souvenirs de notre ancien établissement d'instruction. C'est ainsi que dans « l'Etat des bâtiments invendus, du 14 vendémiaire, an III », nous lisons, que « la maison du collège renferme, à cette date, les détenus par mesure de sûreté générale, et que l'église sert de magasin à fourrage ». Mais, sans doute par une exception et une attention délicates, « elle a été destinée par le représentant du peuple Monestier à devenir un temple à l'Etre Suprême ! » L'année suivante, en Prairial et en Messidor an IV, c'est la visite et estimation des huit petites maisons, sises rue de la Liberté, dépendantes de l'ancien Collège et dont chacune a déjà son soumission-

---

[1] Archives départementales de Lot-et-Garonne. Fonds non classé. (Lettre publiée par M. Ad. Magen dans la *Revue de l'Agenais*. T. IX, 1882)

[2] Elle était jolie la morale républicaine d'alors, à l'heure où, sur l'échafaud, tombaient les têtes des victimes, toutes parfaitement innocentes, et où, dans la rue,

« ..... la Tallien, soulevant sa tunique,
Faisait de ses pieds nus craquer ses anneaux d'or ! »

naire [1]. Le 19 Fructidor an VI, c'est un décret décidant que le ci-devant Collège d'Agen sera vendu comme bien national. Enfin, le 5 Brumaire an VII, c'est son partage définitif en neuf lots : « Avons en effet reconnu, disent les experts municipaux, que le party le plus avantageux à la vente de la maison de l'ancien Collège est de la diviser en neuf lots. On pourrait diviser la cour en trois lots du côté du midi, mais il vaut mieux la laisser commune aux neufs lots. » La vente eut lieu, définitive, le 1er Floréal an VII. Entrons à cet égard dans quelques détails sur le dernier document qui nous reste concernant l'ancien Collège d'Agen [2].

Le premier lot consistait « dans les bâtiments qui composent l'aile droite en entrant, depuis l'escalier en pierre jusqu'au mur de façade du principal corps de logis ». Il fut vendu le 1er Floréal an VII, moyennant la somme de 400.000 fr. (valeur du temps).

Le second lot fut réservé ; il ne fut vendu que plus tard, le 24 Vendémiaire an IX.

Le troisième lot, « comprenant le vestibule, la cuisine et trois grandes chambres au rez-de-chaussée sur le jardin avec les caves au-dessous, la cour, grange et morceaux de jardin, avec les étages supérieurs au-dessus des bâtiments susdits, » atteignit la somme de 450.000 fr. (toujours valeur du temps).

Le 4e lot, qui, ainsi que tous les autres, fut vendu le 1er floréal an VII, consistait « en une grange attenant au 3e lot, avec un hangard et une cour fermée par un grand portail, donnant sur la rue Caillou ». Il fut vendu 122,000 francs.

Le 5e lot, consistant « dans son rez-de-chaussée en une grande salle à gauche du vestibule, coupée de trois cloisons, une chambre à la suite, cave au-dessous, terrasse et jardin, plus les étages supérieurs », fut vendu 600,000 francs.

---

[1] Archives départementales. Biens nationaux
[2] Idem. Collège.

Le 6e lot, consistant « en une grande salle appelée, la *salle d'armes*, avec une autre en retour, coupée d'une cloison, avec un petit escalier, les étages supérieurs, les caves, la terrasse et le jardin », vendu 404,000 francs.

Le 7e lot, consistant « en six basses classes à prendre derrière le huitième lot jusqu'au n° 7 », vendu 200,000 francs.

Le 8e lot, consistant « en une basse classe à la suite du n° 7 et une petite partie de l'église servant de temple décadaire », vendu 115,000 francs.

Enfin, le 9e lot, « comprenant la plus grande partie de l'église, servant de temple décadaire, plus la sacristie attenant à l'église avec le clocher », vendu 70,000 francs.

Ainsi disparut entièrement l'ancien collège d'Agen, dont il ne resta bientôt plus, à la suite des nouveaux aménagements faits par les divers acquéreurs de l'an VII, aucune trace matérielle. Seule fut conservée, nous dit encore Proché [1], la porte de l'église, placée au coin des deux rues Maillé et Grande-Horloge. Elle ne fut détruite qu'au mois de juillet 1815. « M. Faucon, négociant, avait acquis ce local et y avait fait bâtir une maison qu'il a vendue au sieur Currius, imprimeur, qui y a établi sa demeure et son magasin ». C'est actuellement la maison de M. Droul-Sigalas, fabricant de fleurs artificielles.

V. — L'ECOLE CENTRALE (1796-1802).

Nous avons déjà vu que la Convention, par un décret du 15 septembre 1793, avait prononcé la suppression de tous les collèges et universités de France. Trois mois après, par décret du 10 décembre de la même année, elle proclamait la liberté absolue de l'enseignement, « ne reconnaissant comme fonctionnaires publics avec

---

[1] Annales de la ville d'Agen, p. 215.

traitement de l'Etat que les instituteurs qui se bornent à enseigner la lecture, l'écriture et les premières notions d'arithmétique ». C'était n'autoriser que l'enseignement primaire et supprimer du coup l'enseignement secondaire. Par un nouveau décret du 25 février 1795, elle confirma la suppression de tous les collèges ; mais elle comprit bientôt qu'elle ne pouvait laisser plus longtemps la France dans un état aussi complet d'ignorance et d'abrutissement, et elle décida que, dans chaque chef-lieu de département, il serait créé une *Ecole Centrale*, sorte de faculté chargée de distribuer un enseignement général, encyclopédique. C'était par trop vague. Aussi ce décret ne fut-il jamais appliqué. Il fallut attendre le 25 octobre suivant, jour où fut votée une loi d'organisation générale de l'instruction publique, établissant une école primaire par canton et une école centrale par département. La nouvelle loi répartissait l'enseignement en trois sections : la première section, dans laquelle ne pouvaient entrer que les élèves âgés de moins de douze ans, comprenait le dessin, l'histoire naturelle, les langues anciennes et les langues vivantes, ces dernières restant facultatives suivant les localités. La deuxième section, ouverte aux élèves de quatorze à seize ans, embrassait les mathématiques, la physique et la chimie expérimentales. Enfin, dans la troisième section, pour laquelle il fallait avoir seize ans au moins, on enseignait la grammaire générale, les belles-lettres, l'histoire et la législation. Une bibliothèque était créée, sous la surveillance d'un bibliothécaire, qui était fonctionnaire de l'école. Enfin un jury spécial examinait et choisissait les professeurs, dont le traitement était le même que celui des administrateurs de département, et qui se partageaient en outre le produit d'une rétribution annuelle fixée par le département et ne devant pas dépasser vingt-cinq francs pour chaque élève.

A Agen, l'école centrale fut immédiatement organisée. Le jury chargé de choisir les professeurs fut composé du général de brigade Duvigneau, de M. de Saint-Amans et de M. de Sevin, l'aîné. Se conformant à la loi récemment votée, ils arrêtèrent le programme des études et nommèrent pour la première année (an V) :

1re section : Dessin : le citoyen Parfait-Lumière, élève de David. Histoire naturelle : Saint-Amans, « qui devra s'inspirer des méthodes de Daubenton pour les minéraux, de Linné pour les végétaux, et de Linné et de Geoffroy pour les animaux [1] ».Langues anciennes: Pérès, ancien oratorien [2].

2ᵉ section : Mathématiques : Louis Puissant [3], « qui apprendra

---

[1] Le nom de Saint-Amans est tellement connu, sa biographie a été si souvent écrite, ses ouvrages sont actuellement si universellement répandus, que nous croirions faire injure à nos lecteurs, en lui consacrant ici une note bio-bibliographique, pour aussi sommaire qu'elle fût.

[2] J. B. Pérès naquit le 15 décembre 1752 à Valence d'Agen. Il fit ses études au collège de Condom, tenu par les Oratoriens, et il entra, aussitôt après, dans cette congrégation où il ne tarda pas à passer maître. Si nous en croyons M. Joseph Gardère, il professa même trois ou quatre ans à Condom, d'où il fut envoyé en Bretagne, puis à Lyon. Nous ne serions pas surpris que, dès l'arrivée des Oratoriens à Agen, il ait même rempli quelque emploi au collège de cette ville ; mais nous ne pouvons fournir aucune preuve exacte à l'appui de cette assertion. A la Révolution, Pérès quitta l'habit religieux, et on le trouve en 1793 avocat à Lyon ; puis il vint à Agen, où il fut désigné pour occuper, en l'an V, la chaire des langues anciennes à l'école centrale. Il y resta trois ans ; après quoi il dut se retirer devant la malveillance et la basse jalousie de son collègue, le citoyen Parfait-Lumière, qui l'accusait « de manquer de la saine philosophie et du zèle nécessaires pour les institutions républicaines ». C'est alors qu'il se retira chez son frère à Malauze, où il ne s'occupa plus que de droit, d'histoire et de philosophie. Pérès remplit bien encore quelques fonctions dans la magistrature ; mais ce ne fut que passagèrement. En 1826 cependant, il revint à Agen où on lui confia le soin d'administrer la bibliothèque de la ville. Il occupa cette fonction jusqu'à sa mort, arrivée le 6 janvier 1840. Outre de nombreux mémoires et dissertations philosophiques, tels que : *Dissertation sur le miracle de Josué* ; *Leçons du prophète Elie* ; *Entretiens d'Ariste et d'Eugène* ; *l'Apocalypse dévoilée ou le livre de l'avenir appuyé du présent et du passé en matière religieuse et politique* ; etc. Pérès est l'auteur du « *Grand Erratum* » opuscule anonyme de 42 pages, in-32, paru à Agen en 1835, et que l'on a réimprimé en 1838 (Paris, Risler, rue de l'Oratoire), sous le fameux titre de : *Comme quoi Napoléon n'a jamais existé*. (Voir pour plus amples renseignements sur Pérès, la remarquable étude que lui a consacrée M. Ad. Magen dans ses *Souvenirs d'un bibliophile* (*Revue de l'Agenais*, tome III, p. 201 et suiv., année 1876).

[3] Louis Puissant, professeur à l'école centrale d'Agen, plus tard membre de l'Institut, est l'auteur des *Tables de comparaison entre les mesures anciennes du département de Lot-et-Garonne et celles qui les remplacent dans le nouveau système métrique*. In-8°. Agen, Imprimerie du département. An VII. Voir la notice que lui consacre M. Andrieu dans le Tome II, page 220, de sa Bibliographie Agenaise ; Agen, 1887.

l'arithmétique, l'algèbre, la géométrie, la trigonométrie.— Physique et chimie expérimentale, Lomet [1].

3ᵉ section : Grammaire générale : Godailh [2]. Législation : Caylar. Belles-lettres : Jarente.

Le professeur d'histoire ne fut pas désigné cette année-là. Le bibliothécaire fut le citoyen Delsoert.

Le local manquait. Aussi l'école centrale de Lot-et-Garonne ne commença-t-elle véritablement à fonctionner que l'année suivante, lorsque, par décret du 19 fructidor an VI, l'évêché d'Agen (préfecture actuelle), l'enclos qui en dépendait et le jardin du Grand Séminaire furent affectés à ladite école. Voici le texte même de cette loi qui autorise la translation de l'école centrale du département de Lot-et-Garonne au ci-devant évêché d'Agen :

« Du 18 thermidor an VI.

Le Conseil des Cinq Cents, après avoir entendu, dans ses séances des 19 messidor dernier, 1ᵉʳ thermidor courant et de ce jour, la lecture d'un projet de résolution qui lui a été présenté par une

---

[1] Nous avons déjà donné, dans la préface même de cet ouvrage sur les couvents d'Agen, p. 10, une note bio-bibliographique suffisamment étendue sur le célèbre ingénieur Lomet. Nous prions nos lecteurs de vouloir bien s'y reporter.

[2] Jean-Gaspard-Jules de Godailh naquit à La Meyrade, commune de Tournon, en 1763. Il embrassa de bonne heure la vie militaire, devint capitaine d'artillerie, puis donna sa démission au moment de la Révolution. Ainsi que nous le voyons, il fut chargé à l'école centrale d'Agen de la chaire de grammaire générale, qu'il occupa de l'an V à l'an IX (1801), époque où il fut remplacé par M. de Vigué fils. Secrétaire général de la Préfecture de Lot-et-Garonne, il fut nommé député de ce département en 1804, fut réélu en 1809, et conserva son mandat jusqu'au 20 mars 1815. Puis il rentra dans la vie privée, et mourut à Agen le 17 octobre 1840. Membre de la Société académique d'Agen, il a laissé plusieurs ouvrages et mémoires dont presque tous sont insérés dans son recueil. (Voir notre étude sur les députés du Lot-et-Garonne aux Etats-Généraux et aux Assemblées modernes. Agen 1876. Voir aussi la bibliographie agenaise de M. Jules Andrieu, tome I, p. 330. Agen 1886, etc.)

commission spéciale, sur le message du directoire exécutif du 23 fructidor dernier, relatif à la demande de l'administration centrale du département de Lot-et-Garonne tendante à obtenir : 1° que l'Ecole centrale de ce département soit transférée au ci-devant Evêché d'Agen ; 2° qu'une partie du jardin du ci-devant séminaire, contigu à l'enclos du ci-devant évêché, soit affectée au jardin botanique destinée à ladite école ;

Et déclaré qu'il n'y a pas lieu à l'ajournement, prend la résolution suivante :

Art. I. Le corps du bâtiment destiné ci-devant au logement du ci-devant Evêque d'Agen et l'enclos en dépendant sont affectés à l'établissement de l'Ecole centrale du département de Lot-et-Garonne.

II. — L'Administration centrale de ce département est autorisée à disposer, pour l'établissement d'un jardin botanique destiné à l'Ecole centrale, de la partie du jardin du ci-devant séminaire, désignée pour cet objet dans son arrêté du 6 pluviôse an V et dans le plan qui demeurera annexé à la présente.

III. — Le ci-devant collège d'Agen est mis à la disposition de la régie des domaines nationaux pour être aliéné conformément aux lois relatives à ces domaines. La présente résolution ne sera pas imprimée. Ont signé : Lecointe, Puyraveau, président, Duplantier (de la Gironde), Boulay-Paty et Nousan, secrétaires. La loi fut approuvée par le Conseil des Anciens, le 19 fructidor an IV, et promulguée par le Directoire, le 21 fructidor de la même année [1].

La cérémonie d'installation de l'Ecole, nous dit M. Ad. Magen [2] d'après un registre de l'époque, fut bruyante et solennelle, ainsi que le voulait la mode du temps. « Au jour marqué, le cortège, parti de la salle où siégeait la municipalité, s'achemina vers l'Ecole,

---

[1] Archives départementales de Lot-et-Garonne. Imprimés. Voir aussi : Archives municipales d'Agen, GG. 211.

[2] *Souvenirs d'un bibliophile*. Revue de l'Agenais. T. III. p. 211. Année 1876.

au roulement des tambours. En tête marchaient les autorités constituées ; à leur suite, les corps civils et militaires, le jury central d'instruction publique et l'ex-jury des Ecoles primaires, puis les professeurs et leurs élèves, enfin les amateurs composant la musique de la ville, le tout flanqué de cent gardes nationaux. On passa, en entrant, sous des guirlandes où le laurier s'entremêlait au chêne et que surmontaient des drapeaux *tricolors*. Il y eut des discours, des compliments mutuels ; après quoi, chaque professeur monta dans sa chaire et inaugura son cours. »

Malgré la magnificence de l'édifice qui fut ainsi mis à sa disposition et la valeur de ses premiers professeurs, l'Ecole centrale du Lot-et-Garonne ne prospéra pas. C'est ce que nous apprend le curieux rapport d'un des membres de l'Administration Centrale du département, dans la séance du 6 nivôse an VII[1]. « Organisée, dit-il, au commencement de l'an V, c'est-à-dire à la naissance de la réaction déplorable qui menaçait à la fois toutes les institutions républicaines, l'Ecole Centrale dut se ressentir de la fluctuation des idées politiques et de la marche rétrograde de l'opinion. Le département de Lot-et-Garonne était moins agité que la plupart des départements méridionaux; mais il était impossible qu'il se dérobât entièrement à l'influence désastreuse du système des réacteurs. Aussi l'Ecole Centrale éprouva-t-elle, malgré le témoignage d'intérêt de plusieurs fonctionnaires publics, cette espèce d'abandon, indice trop certain de l'indifférence et du mépris. Une crise salutaire[2] a ranimé les espérances de ceux qui ont appris à ne pas céder aux obstacles : mais elle n'a pas dissipé toutes les erreurs ; elle n'a pas vaincu tous les préjugés. L'Ecole Centrale est doublement exposée à leur atteinte parce qu'elle est créée sur un plan qui contrarie les anciennes méthodes d'enseignement autant que certaines affections politiques et littéraires. » Suit un rapport spécial sur

---

[1] L'Administration Centrale du département de Lot-et-Garonne était composée, pour l'an VII, des citoyens : Raymond Noubel, président; Lamarque, Lespiault, A. Vidalot fils, administrateurs ; C. M. Lafont, commissaire du directoire exécutif et Diché, secrétaire en chef.

[2] L'auteur veut parler ici du coup d'état démagogique du 18 fructidor an V (4 septembre 1797).

chacune des branches de l'enseignement qui y est donné. En voici quelques passages, curieux spécimens du style emphatique et prétentieux du moment :

Dessin : professeur, le citoyen Parfait-Lumière. On dédaignait autrefois, dit le rapport, dans les anciens collèges, la musique et le dessin, « ces deux arts enchanteurs, si propres à éveiller la curiosité de la jeunesse, à captiver son attention en ne parlant qu'à ses sens, à fixer son inconstance sans flétrir son âme par l'impression de la tristesse, à l'instruire, en dérobant, sous l'attrait du plaisir, toute l'aridité des leçons. » L'homme opulent seul avait le privilège de les faire apprendre à ses enfants. Le nouveau plan a corrigé cet abus. Aujourd'hui ces deux arts, notamment le dessin, sont à la portée de tous. En l'an V, cinquante-trois élèves fréquentaient le cours de dessin ; en l'an VI, ce chiffre s'est élevé à quatre-vingt-trois.

Histoire naturelle : professeur, le citoyen Saint-Amans. Négligée autrefois, cette science devient très à la mode. « En l'an V, les leçons ont roulé sur la minéralogie, d'après l'ordre méthodique de Dauberton, et sur la botanique, suivant le système de Linné ; elles ont été suivies par sept à huit élèves, auxquels se sont joints beaucoup d'amateurs. On y a joint, en l'an V, des leçons d'entomologie, d'après la méthode de Geoffroy. » M. de Saint-Amans réclame l'installation d'un cabinet d'histoire naturelle et d'un jardin botanique.

Langues anciennes : professeur, le citoyen Pérès. On ne s'occupait que d'elles autrefois ; l'abus a été reconnu. Néanmoins, sans les supprimer entièrement, ainsi que le voudraient certains esprits par trop réformateurs, elles doivent être cultivées, mais modérément. « Quiconque sera jaloux de remonter aux sources du génie et du goût, quiconque voudra se former à la pratique des vertus républicaines, doit cultiver de bonne heure les langues sonores, riches et majestueuses, qui nous ont conservé les chefs-d'œuvre d'Homère et de Virgile, de Démosthène et de Cicéron, de Thucydide et de Tacite. »

Mathématiques : professeur, le citoyen Louis Puissant. C'est un des cours les plus suivis de l'Ecole Centrale. Il est annuel et possède au moins une quinzaine d'élèves.

Chimie et physique expérimentale : professeur, le citoyen Lomet. « Ce cours n'a été ouvert qu'en brumaire an VI. Mais le manque absolu d'appareils, de substances et de machines a paralysé le zèle du professeur. Les élèves se sont découragés et le cours n'a plus été suivi que par douze à quinze citoyens. » Il faut remédier au plus vite à cet état de choses.

Belles-Lettres : professeur, le citoyen Huart. L'éloquence et la poésie y sont particulièrement enseignées.

Grammaire générale : professeur, le citoyen Godailh.

Histoire : Il n'y a pas encore eu de cours, le professeur n'étant pas nommé.

Législation : professeur, le citoyen Caylar. On a enseigné à ce cours le droit naturel et public, en l'an V ; puis, en l'an VI, le texte de la Constitution française.

Bibliothèque publique, le citoyen Delsoert, bibliothécaire. Elle contient environ six mille volumes, provenant des bibliothèques des divers districts ou d'autres dépôts nationaux, notamment des différents anciens couvents.

En outre, un pensionnat vient d'être formé auprès de l'Ecole Centrale par les citoyens Delsoert, Godailh, Huart, Lomet, Parfait-Lumière et Louis Puissant, qui se sont associés à cet effet. Plusieurs jeunes gens y sont déjà entrés. »

Une fois lu, ce rapport fut approuvé par tous les membres de l'Administration Centrale de Lot-et-Garonne, qui en ordonnèrent l'envoi à toutes les administrations municipales du département, afin qu'elles le répandissent à profusion [1].

— L'année suivante, en l'an VIII, la situation reste à peu près la

---

[1] Extrait des registres des délibérations de l'Administration Centrale du département de Lot-et-Garonne. Archives départementales.

même, malgré l'exagération et la réclame du rapport annuel. « L'Ecole Centrale du département de Lot-et-Garonne, y est-il dit, est parvenue à dissiper en partie les préjugés qui ne manquent jamais de s'élever contre les nouveaux établissements d'instruction publique. Nous ne parlons pas des scrupules des ennemis de la liberté : car nous sommes obligés d'avouer que ceux-là sont conséquents qui, ne voulant pas qu'on forme des hommes libres, s'élèvent contre toute instruction libérale. Mais plusieurs bons citoyens, ne voyant rien de mieux que les établissements où ils se sont formés, ont répandu cette erreur dans les esprits accoutumés à ne juger que sur leur parole. Il est bon de le remarquer pour que le triomphe des nouveaux établissements jouisse de tout l'honneur qui lui est dû. Des républicains inconséquents regrettent les anciennes corporations enseignantes, tant il est difficile de secouer le joug de l'habitude et des préjugés. Il n'y a que ceux qui sont allés par eux-mêmes fort au delà de ce qu'on enseignait dans les collèges et les universités qui ont pu sentir la nécessité d'une grande réforme dans l'instruction publique et les rapports qui doivent exister entre eux et la nature du gouvernement sous peine de mort pour celui-ci. Des exercices partiels ont eu lieu à la fin de l'année scolaire, et les élèves qui y ont paru ont donné des preuves de leur zèle, de leur intelligence et des soins de leurs professeurs[1]. »

Les professeurs sont les mêmes, sauf que le citoyen Huard a remplacé le citoyen Pérès pour l'enseignement des langues anciennes. Les chaires d'histoire, de belles-lettres et de législation restent vacantes. La bibliothèque s'est agrandie; elle contient 9,300 volumes. Le bibliothécaire est chargé de faire un cours sur la bibliographie et l'histoire littéraire. Un pensionnat est établi dans une partie des bâtiments de l'Ecole, « très commode pour toute espèce d'exercice : la santé, la propreté, les études, les récréations et les mœurs surtout y sont continuellement surveillés. » Par arrêté du 26 ventôse an VII, un Museum est installé dans une des salles de l'école; « il est destiné à recevoir la productions des beaux-arts

---

[1] Ce rapport est reproduit en partie dans l'*Annuaire de Lot-et-Garonne*, an VIII. Agen, Raymond Noubel, p. 70 et suivantes.

qui pourront se trouver dans les maisons nationales du département, les bustes de ses hommes célèbres, et la notice des faits d'armes distingués de ses guerriers. » Enfin un jardin des plantes est organisé dans l'enclos du ci-devant séminaire. Proché nous apprend « qu'il était très bien entretenu par les soins de M. Brie, jardinier, sous la surveillance de M. de Saint-Amans, qui y faisait des démonstrations de botanique à ses élèves, et qui avait enrichi ce jardin de toutes les plantes étrangères que lui et le jardinier avaient pu se procurer [1]. »

Il ne faut pas croire que l'Ecole Centrale ait été à cette époque le seul établissement d'instruction publique du département. Il avait été créé, dans chaque canton, des écoles primaires où les élèves apprenaient à lire, à écrire, à calculer, ainsi que « les éléments de la morale républicaine. »

Les instituteurs étaient nommés par les administrations du département, sur la présentation des administrations municipales et après avoir été examinés par un jury d'instruction. En ce qui concerne uniquement la ville d'Agen, les directeurs des écoles primaires étaient, en l'an VIII, les citoyens Augey-Delaygue, place Caillives ; Mignet le jeune, place Hilaire ; Laval, rue Ça-Ira; Raymond Cruzel, rue Pont-de-Garonne. Institutrices primaires ; les citoyennes : Lanne-Laboubée, rue du Temple et Marie Champié, rue François. Comme instituteurs privés, maîtres ou maîtresses de pension, il y avait encore, les citoyens : Besançon, ancien Oratorien, rue Constitutionnelle ; Proché, rue Antoine ; Lannes, rue Porte-Neuve ; Planté, rue du Cat et Delmas, au ci-devant Collège ; enfin Catherine Douzon, aux ci-devant Augustins.

Quelques changements sont à noter dans le personnel de l'Ecole

---

[1] Annales de la ville d'Agen, p. 63. — M. de Saint-Amans prit vers cette époque, pour suppléant de son cours d'histoire naturelle à l'Ecole Centrale, Jean-Vincent-Félix Lamouroux, son compatriote et ami, en même temps que son collègue à la Société Académique d'Agen. Naturaliste des plus distingués, Félix Lamouroux devint bientôt lui-même professeur d'histoire naturelle à l'Académie de Caen, et il illustra son nom par de très nombreuses publications scientifiques, notamment sur les fucus et la plupart des plantes marines.

Centrale, en l'an IX (1801). Le sieur Vigué fils[1] prend la chaire de grammaire générale et Laroche fils, aîné, celle des belles-lettres. Lacoste aîné est nommé professeur d'histoire ; enfin, Phiquepal est chargé du cours de législation. Le discours de clôture est prononcé cette année-là par le nouveau préfet du département, qui préside la distribution solennelle des prix. Parmi les élèves qui plus tard devaient se faire un nom dans les sciences, la politique, la magistrature ou les lettres, nous relevons les noms de : MM. Chaubard, Radoult-Lafosse, Dubruel, Leyniac, Bergognié, etc.

VI. — L'ECOLE SECONDAIRE (1802-1808).

L'année 1802 (an X) devait mettre fin à l'existence des Ecoles Centrales. Du reste, dans presque toute la France, comme à Agen, cette organisation n'avait que très-imparfaitement réussi. Le génie de Napoléon le comprit. La loi du 1ᵉʳ mai 1802 (11 floréal an X) les supprima sur tout le territoire français et établit tout un nouveau système d'enseignement. Il fut décidé que l'instruction publique par département serait répartie : 1° dans des Ecoles primaires, établies par les communes : 2° dans des Ecoles secondaires, établies par les communes ou tenues par des maîtres particuliers ; 3° dans des lycées

---

[1] M. de Vigué fils, a laissé la réputation d'un homme d'un esprit très fin et très distingué. D'une famille originaire d'Agen, il habitait les environs de S. Maurin. Son père, Pierre de Vigué, magistrat à Agen, construisit rue Porteneuve l'Evêché actuel : il vendit cette maison, en 1771, à M. de Laville père du comte de Lacèpède, qui la céda plus tard à la famille de Narbonne. Membre fondateur de la Société académique d'Agen, M. de Vigué fils y lut successivement les ouvrages suivants : (1776) : *Abus de l'esprit philosophique.—Mémoire sur la chaleur.—Mémoire sur les météores.* —(1784) *Mémoire sur les causes et les effets de la musique.* — (1786) *Mémoire sur l'origine du préjugé qui flétrit la postérité des coupables.* — *Développement de la marche de l'esprit dans la recherche de la vérité.* — *Le chien voyageur* (fable). — (1787) *Promenade du soir* (romance). — (1788) *Epître en vers ;* — *Développement de cet axiome : Ne fais pas aux autres ce que tu ne voudrais pas qu'on te fît :* — *Des inconvénients et des avantages attachés à l'étude du cœur humain.* — (1789) *Epitre en vers à M. de Lislefeme, président du musée de Bordeaux ;* — *Mémoire sur l'Electricité animale et particulièrement sur celle des chats ;* — *De la théorie chimique des engrais :* — (1790) *Mémoire sur l'art de faire du vin ;* et de nombreuses pièces de vers, etc., etc.

et des écoles spéciales entretenus aux frais du trésor public. Il devait y avoir un lycée au moins par arrondissement de Tribunal d'appel, et, à mesure que les lycées seraient organisés, le gouvernement déterminerait celle des Ecoles Centrales qui devaient cesser leurs fonctions.

Le département de Lot-et-Garonne dépendit à ce moment du lycée qui fut créé à Bordeaux. Agen n'eut plus qu'une école secondaire et des écoles primaires. Nous n'entrerons pas dans tous les détails du règlement des écoles secondaires, qui ne devaient subsister que peu de temps. Disons seulement que, dans notre ville, l'école secondaire communales fut instituée dans l'ancienne maison du Refuge, à Sainte Quitterie, et dirigée par M. Lalaurencie, de 1805 à 1807, époque où M. Besançon créa, rue Constitutionnelle, une autre école secondaire indépendante. Parmi les instituteurs libres de cette époque, citons MM. Delmas, Delpech, Lannes, Proché et Rouby, pour l'étude des langues latine et française, M. l'abbé Peytra, qui ouvrit une école et un pensionnat dans la maison de feu M. Renaut, avocat, rue de la Liberté, n° 15, près la place de l'ancien collège, et entretenait pour toutes les branches de l'enseignement une dizaine de professeurs ; enfin, comme simples maîtres de pension : MM. Bartayrès, rue Roussannes, Boë, place Saint Caprais, et Laval, place Sainte Foy. En 1808, ce fut M. Delmas, qui prit la direction de l'Ecole secondaire d'Agen.

VII. — LE COLLÈGE COMMUNAL ET LE LYCÉE.

Ces écoles secondaires ne fonctionnèrent que jusqu'en l'année 1808, époque où un décret impérial du 17 mars, les supprima. Napoléon voulant définitivement réglementer en France l'instruction publique, par trop livrée au hasard depuis la Révolution, et régulariser en même temps l'état de choses existant, créa l'Université Impériale, chargée exclusivement de l'enseignement public. « Il ne pouvait désormais être formée hors d'elle et sans l'autorisation de son chef aucune école ni établissement quelconque d'instruction. »

L'Université se composait d'autant d'Académies qu'il y avait de Cours d'Appel, et chaque Académie comprenait : les facultés, les lycées, les collèges, les institutions, les pensionnats, les écoles primaires.

A Agen, le Collège, formé des débris de l'Ecole Centrale et de l'Ecole secondaire communale, fut rétabli officiellement, et il fut placé sous la dépendance de l'Académie de Cahors. Il eut, comme les autres Collèges communaux de France, un bureau d'administration chargé de dresser le budget des recettes et des dépenses, arrêté en Conseil de l'Université sur l'avis du Recteur. Quant à la nomination des professeurs, elle était réservée en entier au Ministre. Notons une singulière ordonnance dans ce premier règlement des Collèges de France : Proviseurs, censeurs, principaux et professeurs devaient être et rester célibataires. Pourquoi alors ne pas en donner exclusivement la direction aux ecclésiastiques ? Hâtons-nous de dire que cet article bizarre ne fut jamais appliqué et qu'il tomba de suite en complète désuétude.

Le décret de 1808 ne fut mis véritablement à exécution à Agen que deux ans après, en 1810. Ce fut en effet l'époque où l'administration centrale du département s'installa dans l'hôtel de l'Evêché et en délogea les professeurs. A cet effet, un décret impérial du 23 avril 1810 fut rendu, en vertu duquel, « le préfet du département de Lot-et-Garonne est autorisé à concéder gratuitement à la ville d'Agen, en remplacement de l'Evêché de cette ville qui lui avait été abandonné en l'an VI, pour l'indemniser de son Collège aliéné au profit de l'Etat, l'ancien Couvent des Carmélites de cette ville, à l'effet d'y rétablir son Collège. Les réparations de tout genre que nécessitera cet établissement seront entièrement à la charge des administrateurs du département, etc. [1]. Le Collège d'Agen changea donc une troisième fois de place ; mais ce fut la dernière, car il est resté depuis là où l'établit Napoléon. Le lieu était du reste bien choisi. Situé au centre de la ville, il ne pouvoit, grâce à l'intelligence et à la supériorité de ses professeurs, que prospérer rapide-

---

[1] Archives Municipales GG. 211 — Voir aussi Archives départementales, fonds moderne.

dement. Le local était immense, et déjà suffisamment aménagé pour sa nouvelle destination [1].

Le 18 novembre 1811, nous apprend Proché dans ses Annales de la ville d'Agen, fut célébrée en grande solennité l'inauguration du Collège communal d'Agen, dont la direction fut confiée à M. l'abbé Laurent Roche, le même que nous avons vu en 1788 professeur de théologie au Collège de l'Oratoire d'Agen[2]. « M. Paulin, recteur de l'Académie de Cahors, est venu présider à cette installation à laquelle ont assisté M. le Préfet, accompagné du Conseil de Préfecture, M. le Sous-Préfet, MM. les adjoints du maire, le conseil municipal et plusieurs autres fonctionnaires de tous les ordres. La messe du Saint-Esprit a été célébrée par M. l'Evêque. Ensuite M. le Préfet, M. le Recteur et M. le Principal ont prononcé chacun un discours. » Furent installés : MM. l'abbé Laurent Roche, principal; Besançon le père, professeur pour la rhétorique ; Rives, pour la seconde d'humanités : Planté, pour la première d'humanités ; Marielle, pour la seconde de grammaire ; Delpech, pour la première de grammaire; Besançon le fils, pour la classe élémentaire;

---

[1] Nous donnerons, lorsque nous nous occuperons dans ce même travail du Couvent des Carmélites, le plan détaillé de cet établissement, au moment de la Révolution, qui ne subit d'ailleurs que très peu de changements jusqu'à sa transformation définitive en lycée impérial. Nous décrirons également la chapelle, une des plus intéressantes de la ville.

[2] Nous demandons à M. Ad. Magen, le savant éditeur du manuscrit de Proché, la permission de reproduire ici l'intéressante note biographique qu'il consacre dans cette publication au nouveau directeur du Collège. « Nous avons eu, vers 1830, écrit-il à la page 133 des Annales de la ville d'Agen, étant élève de la pension Delmas, l'occasion de voir M. Roche, que ses élèves et ses anciens collaborateurs au Collège d'Agen appelaient toujours le *Père Roche* en souvenir de son titre périmé, mais non oublié, d'Oratorien. C'était un petit homme vif, propret, tout de noir vêtu, en habit et culottes courtes. Il ne lui manquait que des boucles aux souliers pour figurer un tabellion de comédie, comme on les voyait au dernier siècle. Son passage à Agen, dont il avait administré le Collège depuis le 18 novembre 1811, jour de l'inauguration, jusqu'à la fin de l'année scolaire 1821, fut une fête pour bien des familles qui l'avaient fort regretté. Il paraissait âgé d'environ soixante ans et était d'un abord facile et gracieux. »

Bartayres [1], pour la première classe de mathématiques ; Cominal pour la seconde de mathématiques, et Mazac, comme maître d'études.

Deux ans après, le 29 août 1813, Napoléon signait à Dresde un décret impérial, érigeant en lycée le Collège d'Agen. Mais ce décret, qui, d'après Proché, « ne serait jamais parvenu à Agen »,ne fut point exécuté. La composition du Collège était à peu près la même que lors de son inauguration : l'abbé Laurent Roche était toujours principal; M. Besançon le père était passé sous-principal ; quant aux autres professeurs, en voici la liste : M. Boé avait été nommé professeur de philosophie ; Rives, de rhétorique ; Planté, de seconde année d'humanités ; Marielle, de première année ; Besançon fils, de seconde de grammaire ; Delmas, de première ; Delpech, de seconde élémentaire ; Rouby, de première ; Bartayrès et Cominal, de mathémathiques ; Ducasse, de préparatoire. Etaient maîtres d'études : MM. Capdeville, Cahuac aîné, Systeray, Laporterie; enfin Laffargue, maître d'écriture ; Honoré, de dessin ; Bosquet, Fourgous et Jalade de musique; Cauboue, dit *Fleur d'orange*, d'escrime ; Bousquet, de danse; Fonfrede, médecin ; Frayssinet, chirurgien, et Cruzel pharmacien.

---

[1] Le nom de Bartayrès éveille encore trop de souvenirs dans l'esprit de bien des Agenais qui liront ces lignes pour que nous ne rappelions pas ici sommairement ses titres et les principaux ouvrages qu'il a laissés. Né à Villeneuve sur-Lot le 16 juillet 1773, mort à Agen, le 10 janvier 1857, il occupa la chaire de professeur de mathématiques et de physique au Collège d'Agen, depuis 1811 jusqu'à 1845. Membre de la Société d'Agriculture', Sciences et Arts d'Agen, il en devint le secrétaire perpétuel en 1832, année où il remplaça M. de Saint-Amans. Il a laissé de nombreux travaux, presque tous imprimés dans le Recueil de cette Société. Parmi les plus importants citons : *l'Eloge de M. de Saint-Amans* ; la *géognosie du département de Lot-et-Garonne* ; les *leçons de physique et de chimie appliquées aux arts et particulièrement à l'Agriculture, à l'usage des maisons d'éducation* ; la *météorologie agricole du département de Lot-et-Garonne;* la *statistique agricole du même département*, etc. etc. (Voir l'article bibliographique que lui consacre M. Jules Andrieu, dans le tome 1er, page 48, de sa Bibliographie Agenaise. »

Une scène grave se passa, en 1815, au Collège d'Agen. Laissons encore ici la parole à Proché, qui en fut témoin : « Le 17 mai 1815, nous dit-il, le Principal du Collège et tous les professeurs [1], assemblés devant M. Baudus, l'un des inspecteurs de l'Académie de Cahors qui était venu à Agen pour leur faire prêter serment de fidélité à l'Empereur, ont tous refusés de le faire. L'inspecteur leur ayant déclaré qu'ils ne pouvaient continuer leurs fonctions, ils se sont retirés. Les élèves, pensant que l'un des professeurs avait prêté le serment, l'ont accueilli par des huées, l'ont forcé à sortir et l'ont accompagné jusques sur la place du Palais, en le nommant et en criant : à bas ! à bas ! Les classes ont donc été fermées par le refus qu'avaient fait le Supérieur et les professeurs de prêter le serment. Cependant M. le Maire, à la prière des pères de familles qui voyaient avec peine que leurs enfants perdaient leur temps, a engagé l'Inspecteur à permettre provisoirement que les professeurs entrassent, jusqu'à ce qu'il eût fait son rapport au Recteur de l'Académie, ce qu'il a accordé sans peine. L'Inspecteur est parti le lendemain, et le Collège est resté fermé depuis le lundi 8 mai jusqu'au lundi 13 du même mois [2]. »

—Avec la Restauration régnèrent le calme et la tranquillité au Collège d'Agen. Nous n'entrerons pas ici dans les multiples détails de son organisation nouvelle ni de son administration. Ces renseignements tout modernes n'intéresseraient que médiocrement nos lecteurs. Disons seulement que les mêmes règlements, lois, décrets qui régirent tous les Collèges de France furent appliqués à celui de notre ville.

Quelques changements furent apportés, en 1817, dans la distribution et l'aménagement des nombreux bâtiments qu'avaient occupés jadis les Carmélites. M. Bourrière était l'architecte du Collège, et, dans son devis estimatif, on voit qu'il fut chargé de réunir dans

---

[1] C'étaient les mêmes qu'en 1813, sauf que M. Besançon n'était plus sous-principal, Boé, professeur de philosophie, et Cominal de mathématiques.
[2] Annales de la ville d'Agen, p. 195.

la grande cour d'entrée, où nous-mêmes les avons vues depuis, toutes les classes et les salles d'études ; de changer de place la cuisine et le réfectoire ; en un mot « de rendre le service plus commode, la surveillance plus active, et d'obtenir le bon ordre dans le pensionnat. » La ville d'Agen, du reste, n'hésita jamais à faire pour son Collège communal les sacrifices qu'elle jugea nécessaires.

Depuis 1811 jusqu'à l'année 1858, date de l'installation du Lycée, la direction du Collège changea huit fois de mains. M. Laurent Roche resta principal de 1811 à 1821. En 1822, M. Jourdan, inspecteur de l'Académie, le remplaça provisoirement. En 1823, furent nommés : principal du Collège, M. l'abbé Monziez, et sous-principal et aumônier M. l'abbé Estang. Ces deux respectables ecclésiastiques en conservèrent la direction jusqu'en 1830.

A cette époque M. Genin passa principal, et M. Perbosq, aumônier. Etaient professeurs : MM. Laurens, de philosophie ; Delcer, de rhétorique ; Dousset, de seconde ; Monziès, de troisième ; Delmas, de quatrième ; Rouby, de cinquième ; Labroille, de sixième ; Nicolas, de septième ; Bartayrès, de mathématiques et de physique ; Rigaubert, maître d'études ; Laffargue, d'écriture ; Lafforc, médecin ; Pons, médecin-adjoint ; Cruzel pharmacien. En 1835, M. Bonnesset fut adjoint à M. Gènin, principal. Ce dernier resta à son poste jusqu'en 1836, époque où M. Brunie fut nommé à sa place. Il conserva la direction du Collège jusqu'en 1843, et il fut remplacé successivement par M. Leterrier de 1843 à 1849 et M. Rouge de 1849 à 1853.

En vertu de la loi du 15 mars 1850, le Collège d'Agen fut enlevé à l'Académie de Cahors, dont il dépendait depuis sa formation. Cette loi créait dans chaque département une Académie, administrée par un recteur, assisté d'un ou plusieurs inspecteurs et sous la surveillance d'un Conseil Académique. M. Lepescheux fut le premier recteur de l'Académie d'Agen. Il remplit ces fonctions jusqu'en 1855, époque où le Collège d'Agen passa sous la dépendance de l'Académie de Bordeaux, qui, seule, eut un recteur à sa tête. Le poste de recteur, à Agen, fut alors remplacé par celui d'Inspecteur Académique. M. Lepescheux en resta titulaire. En même temps, en 1854, M. Vieules avait remplacé M. Rouge à la tête du Collège. Ce fut le dernier principal du Collège d'Agen.

— Un nouveau décret Impérial, plus heureux que celui de 1813, érigea également cette année-là, et à quarante-et-un ans d'intervalle, le Collège d'Agen en Lycée. Une loi fut aussitôt votée, la même année, le 30 mai, autorisant la Ville d'Agen à emprunter la somme de 450.000 fr. pour la construction de son lycée. L'emplacement resta le même, sauf qu'il fut entièrement modifié et considérablement agrandi. Alors disparurent peu à peu ces vieilles masures, jaunies par le temps ; ces cloîtres vastes et pittoresques, jadis lieu de méditation des filles du Carmel, maintenant tout bruyants des joyeux rires des écoliers en récréation ; ces grands platanes aussi, dont l'ombre pâle et séculaire avait abrité tant de jeunes générations agenaises. Ancien élève du Collège d'Agen et témoin, à cette époque, de sa transformation, nous ne pouvons aujourd'hui nous empêcher de consigner ici notre souvenir attendri sur ces heures déjà lointaines, en même temps qu'affirmer nos sentiments toujours vivaces de reconnaissance et de respect à l'égard des maîtres si bienveillants et si distingués, dont la douce main dans la voie de l'instruction a guidé nos premiers pas.

— L'ouverture du Lycée impérial d'Agen eut lieu le 8 novembre 1858. Le plan des études comportait, comme pour les autres lycées de l'empire, les matières exigées pour les baccalauréats ès-lettres et ès-sciences, et la préparation aux diverses écoles spéciales du gouvernement. Les langues anglaise et allemande devenaient obligatoires dans les classes supérieures. Le lycée recevait en outre des boursiers impériaux et départementaux, des pensionnaires, des demi-pensionnaires et des externes libres et surveillés. En même temps le gouvernement envoyait au lycée d'Agen l'élite de la dernière promotion, sortie soit de l'Ecole Normale, soit de l'école d'Athènes. Citons, entre autres, les noms de M. de Treverret, professeur de rhétorique, aujourd'hui l'éminent professeur de littérature étrangère à la Faculté des lettres de Bordeaux, et de M. Thenon, professeur de seconde, qui devait bientôt après quitter l'Université pour entrer dans les Ordres, fonder un externat, et mourir, jeune encore, à l'Ecole des Carmes de Paris, où ses hautes qualités de littérateur et d'érudit l'avaient désigné au poste de Directeur.

Voici du reste la liste complète de Messieurs les professeurs et administrateurs du Lycée d'Agen, l'année de sa fondation : MM. Ferrus, proviseur ; Schmitt, surveillant général ; Gillard, aumônier ; Vincent, économe ; Bousquet, premier commis d'économat. Puis MM. Durrande, Stouff et Soldat, professeurs de mathématiques pures et appliquées ; Galtier et Gernez, de sciences physiques, chimiques et naturelles ; Durrande, de travaux graphiques ; Favier, de dessin ; Picou, de logique et de philosophie ; Jacoulet, d'histoire et de géographie ; de Treverret, de rhétorique ; Thenon, de seconde ; Richenet, de troisième ; Bosseux, de quatrième ; Mott, de cinquième ; Malvoisin, de sixième ; Thumerel, d'anglais ; Fortwingler, d'allemand ; Maigne de Sarrazac, de septième ; Douzal, de huitième ; Vilatte et Belot, des classes préparatoires au commerce et à l'industrie ; Marfan, de la préparatoire élémentaire ; Labatut, de chant. Le nombre des élèves s'accrut considérablement depuis cette époque jusqu'à nos jours. Il est actuellement de 430, dont 295 externes et demi-pensionnaires.

Dès l'année qui suivit son inauguration (1859), M. Ferrus fut remplacé à la tête du Lycée d'Agen par M. Catusse, esprit éminemment pratique et distingué, qui en a conservé la direction, comme proviseur, jusqu'en 1870. Vers la même époque, à l'Inspection Académique, M. Lepescheux était remplacé, en 1864, par M. Gisclard, et successivement par MM. Haillecourt (1865), Crosson (1865-69), Dussouy (1869-73), Pécout (1879-85), et Audray (1885-88).

Les derniers proviseurs du Lycée d'Agen ont été MM. Em. Moulin (1871-76), Alph. Rousselot (1876-81), Condé (1881-82), Bretagne (1882-83), Grandseigne d'Hauterive (1883-86) et Nérot, qui est actuellement à la tête de notre établissement départemental d'instruction secondaire.

—Nous terminons ici cette étude sur le Collège d'Agen. Et cependant, que de choses n'aurions-nous pas encore à dire sur son histoire ? Que de documents intéressants nous avons été forcé d'éliminer, sur les classes, la bibliothèque, la méthode suivie aux diverses époques, la gestion des finances, les dépenses, les charges, les revenus, sur tout le personnel enseignant d'où se détachent parfois tant de figures originales, sur la liste si nombreuse et si variée des élèves, dont beaucoup ont acquis dans la suite et à tant de titres différents une brillante renommée. Nous laissons à d'autres plus experts le soin d'achever notre œuvre, qui n'est, on l'a vu, qu'une rapide esquisse. Heureux s'ils peuvent profiter des matériaux que nous avons, souvent péniblement, extraits de la masse poussièreuse de nos archives locales, mais qui ont du moins cet avantage, c'est que la plupart d'entre eux sont inédits. Il était bon, croyons-nous, et c'est ce que nous avons essayé de faire, de les exhumer de l'oubli dans lequel ils étaient plongés, à l'heure où la grande question de l'enseignement préoccupe si vivement les esprits, et où les établissements d'instruction secondaire semblent suivre en France une direction nouvelle, absolument opposée à celle qui jusqu'à ce jour cependant les avait rendus si prospères, qui nous paraît parfois étrange et même dangereuse, et que l'avenir se chargera d'apprécier et de juger.

Au cours de notre chapitre IV, relatif aux Oratoriens, nous avons souvent fait suivre ou précéder les noms des différents professeurs du Collège d'Agen des titres de Prêtre, de Père et de Confrère. Nous croyons utile d'établir une distinction à ce sujet.

Le titre de Père ou de Confrère, donné alors comme aujourd'hui selon l'âge ou le degré hiérarchique du professeur, ne comportait par lui-même aucun caractère sacerdotal ; et de ce que tel ou tel Congrégationnaire en était pourvu, il ne s'en suivait nullement qu'il fut entré dans les ordres.

Fidèle à notre méthode de ne rien avancer que les pièces en mains et les documents à l'appui, nous n'avons jamais qualifié prêtres que ceux qui étaient désignés comme tels par les pièces que nous avons eues sous les yeux et dont nous indiquons du reste constamment en note l'origine.

CHAPITRE VIII.

LES CAPUCINS.

Ce fut peu d'années après l'installation des Jésuites que, dans un tout autre ordre d'idées, l'Evêque Nicolas de Villars manda à Agen les Capucins. Ils y arrivèrent en 1600, y fondèrent une maison et ils y sont restés jusqu'à la Révolution.

Issus de l'Ordre des Frères Mineurs de la Régulière Observance, dont ils forment un rameau détaché, les Capucins ne remontent qu'au commencement du xvie siècle, malgré les prétentions de leur annaliste, le Père Zacharie Bovérius, qui soutient que cet Ordre n'a pas eu de fondateur et s'est étendu sans avoir besoin d'aucun propagateur. La vérité est qu'en 1525 un Cordelier de Saint François, le frère Mathieu de Bassi, eut l'idée de réformer le costume de son Ordre selon la véritable règle du Saint ; pour cela il attacha à son habit un capuce de forme carrée et en même temps pyramidale, qu'il obtint du Pape Clément VII la permission de porter, mais à la condition qu'il prêcherait partout et mènerait la vie d'Ermite. Après de nombreux démêlés que Mathieu de Bassi eut avec le Provincial de son Ordre, il parvint, grâce à la protection de la duchesse de Camerino, à recruter quelques adeptes, dont un des plus fervents fut Louis de Fossembrun, à faire recevoir définitivement le nouvel Ordre par le Pape, sous le nom d'Ordre des Frères Ermites Mineurs, et enfin à obtenir une bulle, le 13 juillet 1528, qui approuva irrévocablement son union avec les Conventuels.

L'habit était celui des Cordeliers, c'est-à-dire la longue robe de couleur marron, à laquelle était joint cet immense capuce, d'où le nom de Capucins. En outre, les nouveaux religieux devaient porter la barbe longue, demeurer dans des ermitages et y mener la vie la plus pauvre et la plus austère.

L'extrême pauvreté est en effet le signe distinctif et comme la raison d'être de l'Ordre des Capucins. C'est elle que Mathieu de Bassi, élu quelque temps plus tard vicaire-général, recommande tout particulièrement à ses disciples dans les Constitutions qu'il leur donna. Il leur défend à cet effet de demander dans leurs quêtes de la viande, des œufs, du fromage, et il leur interdit même toutes provisions, muids, tonneaux, vases à mettre le vin, dans leur Couvent. Les Capucins doivent toujours aller à pied dans leurs voyages, la tête nue et sans la moindre ressource. Leur église sera très sobre d'ornements et ne renfermera ni or, ni argent, ni soieries etc. [1].

Fondé en Italie, l'Ordre des Capucins prospéra rapidement, malgré de graves dissensions qui s'élevèrent au sein de ses premiers chapitres généraux et la désobéissance et l'indiscipline de ses premiers vicaires, Louis de Fossembrum, Mathieu de Bassi lui-même et surtout Bernardin Ochin. Il fut même question à ce moment de supprimer la Congrégation. Mais, par une bienveillance toute spéciale de la Papauté, ils en furent quittes pour se voir refuser seulement l'autorisation de prêcher. Bientôt néanmoins ils rentrèrent dans toutes les prérogatives des autres Ordres réguliers, et ils purent même s'étendre dans les autres provinces que l'Italie. C'est en 1573 que Charles IX obtint que les Capucins pourraient venir s'établir en France, et c'est d'abord à Meudon, puis au milieu même de Paris, rue Saint-Honoré, qu'ils fondèrent leur premier Couvent.

---

[1] Voir pour plus amples détails l'Encyclopédie théologique du Père Migne, et l'Histoire des Ordres religieux par le Père Hélyot. (T. VII, p. 164.)

Ils se répandirent bientôt de là dans toutes les provinces du royaume.

« L'an mil six cent, écrit à la date de 1715 le prieur des Capucins d'Agen à Monseigneur Hebert, alors évêque d'Agen[1], feu Monseigneur Nicolas de Villars, évêque et comte d'Agen, donna la statio de sa cathédrale au Père Archange de Lion, capucin, son neveu, qu'il remplit avec tant de zèle et de succez, que les Messieurs d'Agen furent supplier Sa Grandeur de vouloir établir des Capucins dans leur ville ; ce qui fut exécuté sans délai le 23 d'avril de la même année, 1600. Ce jour là Sa Grandeur, accompagnée de Messieurs du Présidial et du Corps de Ville, se transporta à une place qu'il y avait près de la porte du Pont, où l'on passe pour aller au Gravier, où il y avait une église qu'on appelait la paroisse de Saint-Michel, qui fut réunie à la paroisse de Saint-Etienne. Là, Sa Grandeur fit la bénédiction de la croix qui fut plantée en sa présence. » Mgr de Villars lui-même dans ses mémoires nous raconte ainsi cette cérémonie[2] : « En l'année 1600 et le 23 avril, la croix bénie par nous en nostre église cathédrale, à l'issue des vespres, feust portée en procession jusqu'au lieu où estait auparavant une église et prieuré de Saint-Michel, assistants les Consuls et grande multitude du peuple. Ledit lieu leur ayant été donné par Nous, pour y bastir une église et couvent, et aussi prins possession et marqué la place pour cest effet, qu'on l'a depuis acheté des particuliers. » Enfin le frère Elie, dans sa chronique, issue des mémoires du Consul Trinque, ajoute[3]. « Le 23 d'avril audit an, 1600, les Pères Capucins ont planté la croix au cimetière du Carné, que la chapelle du Carné avait esté rompue. Cinq capucins la portaient, accompagnez d'une belle procession du clergé, où assista Mgr de Villars, évesque dudit Agen, et MM. les Consuls. MM. les Présidiaux, n'y voulant pas assister, protestèrent contre les Consuls. »

Quel était ce cimetière du Carné et où étaient situés ce prieuré

---

[1] Archives de l'Evêché d'Agen, Série F, liasse 8.
[2] Mémoires de Mgr de Villars. (Notes de l'abbé Tournié).
[3] Chronique du frère Elie, ms., aux Archives de l'Evêché.

et cette vieille église de Saint-Michel ? Labénazie, le plus ancien de nos annalistes qui ait mentionné les divers hôpitaux existants autrefois à Agen, parle d'un hôpital Saint-Michel, situé entre les Jacobins et le local occupé par les Pénitents bleus, rue Saint-Jérôme, près du cimetière dit *du Carné* et non loin du mur de ville qui dominait les allées du Gravier. « C'est sur cet emplacement, dit-il, que s'établirent plus tard les Pères Capucins. Il y avait une chapelle de Saint-Michel, ce siècle passé (xviie siècle), et c'était un prieur qui régissait l'hôpital, appelé prieur de Saint-Michel. » Et dans son manuscrit [1], il ajoute : « J'ay veu des titres de 1350 et de 1460 : Garcie de Rogerto est appelé dans un titre *prior hospitalis Sancti Michaelis civitatis Agenni*, en 1357 et en 1368. Le titre en langue vulgaire appelle un Aymeric de La Gleya *espitalor del espital de Saint Miquel d'Agen*. Auparavant, en 1351, Geraud Fournier est appelé également espitalor de l'Espital de Saint-Michel d'Agen. Cet hospitalier était, dans les titres de 1460, appelé *hospitalis de Sancti-Michaelis Agenni.* »

Les Capucins entrèrent donc, dès cette année 1600, en possession et jouissance de cette vaste étendue de terrain, et ils commencèrent à faire bâtir aussitôt leur église. L'année suivante, 1601, les fondements étaient jetés, et Mgr de Villars y revenait pour poser la première pierre. « Le 13 mai 1601, la première pierre fut bénite et posée par Nous à l'Eglise, avec l'assistance de MM. les Présidiaux et Consuls d'Agen, où il y eut prédication faite par le Père Archange, nepveu [2]. »

Les Archives de notre cité nous fournissent également de très intéressants détails sur cette cérémonie de la pose de la première pierre de l'église des Capucins et les difficultés de préséance d'abord, puis d'argent, qui s'élevèrent à ce moment-là. Citons quelques extraits du « *Mémoire de ce qui s'est passé pour le posement des pierres fondamentales de l'Eglise des Pères Capucins de la présente ville en l'année* 1601 ; estant consulz MM. de Jouffrion, de Gardès, Pé-

---

[1] Labénazie, ms. T. II, livre V, chapitre XVII, p. 466.
[2] Mémoires de Nicolas de Villars. (Notes Tournié).

licier, Dancelin de Poulain et de Ratier[1]. » Ce mémoire commence par donner quelques renseignements sur cette chapelle Saint-Michel et ce lieu du Carné. « Au lieu où les fondemans ont esté jettés pour cloistre et bastiman d'église, y avait anciennement deux petits temples qui furent ruinés et démolis en l'année 1562 par les mesmes adversaires de l'Église. Ung du nom et patronage de Saint Michel qui estait paroisse cinquiesme de ceste ville, despuis réduicte et réunie en Sainct-Etienne ; l'autre appelé *le Carné*, ainsi dénommé parceque les corps qui avaient souffert supplice y estaient apportés et receus en sépulture. Mais pourtant aux jours de dévotion auxquels est de bonne coustume de visiter les églises, ce lieu estait visité dévotieusement comme les autres esglises, en mémoire de ce que Dieu y avait esté autrefois adoré et servi.

« Et parceque en tous commencemans, il est besoing de consultation, avant que ce lieu ne fust donné à ces bons Pères Capucins et qu'aucuns fondemans n'y fussent jettés, il feust fait assamblé des ordres de l'Eglise, de la Justice et de la Jurade, en l'année mil six cens pour délibérer s'il y devait estre basti.... et il feut résoleu qu'il y serait basti, nonobstant l'opinion des gens du Roy, en tesmoignage de laquelle résolution et pour donner possession à ces bons Pères, ladite croix y fust plantée peu de jours après en solennité et procession de l'église Sainct-Etienne, suyvie de tous ordres et des habitants de tout estat et condition. »

L'année suivante et alors que le terrain fut préparé, les Capucins demandèrent à M. le maréchal d'Ornano, alors gouverneur de la Guyenne, qu'il voulut bien venir lui-même à Agen poser la première pierre de leur église, réservant la seconde pour Mgr l'Evêque, la troisième pour Messieurs du Présidial, et la quatrième pour les Consuls. Le Maréchal accepta en principe ; mais de graves occupations le retenant à Bordeaux, il délégua les Consuls pour qu'ils prissent sa place et posassent la première pierre. Dans sa lettre, dont l'original est conservé encore aux Archives municipales[2], datée du 30 janvier 1601, il dit expressément : « Messieurs,

---

[1] Archives municipales. Série, BB. Reg. 17.
[2] Arch. Municipales. Série GG. 194.

je vous prie d'accorder aux Pères Capucins une petite ruette que l'on me dit ne vous importer de rien et que l'on accommoderait à croistre leurs jardinages. Ils avaient désiré que je misse la première pierre de leur Eglise. Mais, parceque je ne suis pas encore prest d'aller en vos quartiers, je désire que vous fassiez cest office pour moi qui vous en aurai de l'obligation. »

Les Consuls acceptèrent l'offre du Maréchal ; mais les membres de la Cour Présidiale, jaloux de cette préférence, « déclarèrent ne pouvoir consantir que la pierre préparée pour M. le Maréschal fut posée par autre que par lui, ou du tout qu'elle ne serait pas posée par les ungs ny par les autres. » De là, grand embarras des Pères Capucins. Ils vinrent le 11 mai à la maison commune supplier les Consuls d'arranger cette affaire, ne voulant se mettre mal avec personne. La chose fut jugée assez grave pour qu'on recourut à assembler la Jurade. Enfin, après de nombreuses tergiversations, on décida de part et d'autre que la pierre du Maréchal resterait sans emploi et qu'il ne serait posé que trois pierres.

« Le jour venu, il y fust ainsi procédé : le corps de l'église Saint-Etienne célèbra vespres à l'heure de deux heures après midy ; ce fait, il partit en procession ; assistèrent tous les Messieurs de la justice, excepté les gens du Roy, et nous Consuls en robes consulaires, la plus grande partie des Jurats et la plus grande part du peuple. Les fondemans estaient faits tout autour de l'espace du cœur de l'église désignée ; dans lequel fust dict ung sermon par ung des Pères, y ayant esté mis une chaire à cest effect, et à dextre et à senestre à coté des fondemans, en dehors des bancs, les uns pour Messieurs les Présidiaux et les autres pour nous.

« Le sermon parachevé, Monseigneur l'Evêque fist l'office, revêtu de ses habits épiscopaulx, servi avec autant de chanoines et prebstres comme il a accoustumé d'estre servi aux autres actes de religion, et ayant fait trois divers tours dans lesdits fondemans, en disant oraisons et à propos du troisième, posa sa pierre sur le costé droit, devers l'Orient, qui estait inscripte en ces mots latins : *Ego Nicolaus de Vilars, episcopus et comes agennensis, posui hunc primarium lapidem, in honorem Sancti Michaelis et Francisci :* XIII *Mai* 1601. »

Les membres de la Cour présidiale posèrent ensuite, sur un côté de l'épiscopale, leur pierre qui portait cette inscription : *Celebres Præsidiales Agenni hunc posuere lapidem.*

Enfin la troisième pierre fut posée par les Consuls sur l'autre côté de l'episcopale, et avec cette inscription : *Sex pii et digni Consules Agenni hunc posuere lapidem.* 13 May, anno Dei, 1601.

La bénédiction fut donnée par Monseigneur l'Evêque ; après quoi, la procession, accompagnée par les Consuls, s'en retourna à Saint-Etienne.

Labénazie, qui confirme également le fait, ajoute que, le 27 octobre suivant, Mgr de Villars revint aux Capucins pour y bénir leur cloche.

Cependant les fonds ne tardèrent pas à manquer. Les Consuls avaient à subvenir à la fois à la construction de l'église des Capucins et à celle du Collège des Jésuites qui n'était pas, en cette année 1601, entièrement achevée. Aussi demandèrent-ils au Roi l'autorisation d'appliquer au Collège ainsi qu'à l'Eglise des Pères Capucins un fonds provenant des deniers des tailles et des impositions ; ce qui, conformément au règlement du sieur Martin, trésorier général des finances, leur fut immédiatement accordé[1]. En même temps, prenant qualité de « fabriciens de l'église et du couvent des Capucins », les Consuls achetèrent plusieurs maisons avoisinantes aux Dominicains ; mais cette opération leur valut quelques difficultés de la part de ces derniers, ainsi que le prouve une pièce où est relevé « l'estat des fiefs que les Frères Prescheurs ont dans le Couvent des R. Pères Capucins, desquels Messieurs les Consuls d'Agen doivent indemniser lesdits Frères Prescheurs. » Les maisons cédées, au nombre de seize, étaient en partie rue du Cat, en partie rue Calamène[2]. L'affaire dura de longues années, et ce n'est que vers 1630 qu'elle fut terminée.

La même année, le 26 octobre 1601, le Maréchal d'Ornano adressait la deuxième lettre suivante aux Consuls d'Agen. L'original en

---

[1] Archives municipales, BB. 17
[2] Idem. GG. 194.

est conservé aux Archives [1]. « Messieurs, j'ay sceu que vous avez commancé à faire travailler à la construction du monastère de l'Ordre des Capucins qui a nouvelement esté estably en vostre ville ; nous en avons faict de mesme icy et sommes après pour faire bastir incontinent leur Couvent, et bien que je saiche que vous serés assés soigneux d'advancer une si bonne œuvre, je vous ay pourtant volu faire ce mot pour vous prier que, puisque vous avés cy bien commancé, que vous veuilhiez parachever et ne permettre que cella ne demeure davantaige en suspens ; et vous ferés une œuvre fort charitable et mi obligerés particulièrement à moy de vous tesmoigner en toute ocasion combien je suis vostre bien affectionné et asseuré à vous faire service. »

Grâce à toutes ces protections et « aux cinq cens escus que donna Mgr de Villars », l'église et le couvent des Capucins furent promptement achevés. Le 2 septembre 1607 eut lieu très solennellement la consécration de leur église, en la mémoire de Saint Michel. « Sous l'autel on déposa les reliques des saints et compagnons de saint Macaire, des compagnes de sainte Victoire, de saints Fabien et Sébastien, etc. » Le jeudi, 6 septembre, les Pères Capucins commencèrent leur chapitre provincial qu'ils continuèrent jusqu'au mercredi 12, et ils allèrent, ce jour-là, en grande pompe à Bon-Encontre. Enfin, le 4 octobre 1607, l'autel de la chapelle où sont leurs sépultures fut également solennellement consacré [2].

—Le couvent des Capucins était situé, comme nous l'avons déjà dit et comme on le verra plus facilement sur la fraction du plan de Lomet que nous reproduisons ici, entre : au nord, la Porte de Garonne, la rue du Pont-Long, une partie de la rue Calamène, autrefois rue des Capucins, aujourd'hui rue André Chénier, et la vaste maison X, avec jardin, de la famille Passelaygue, actuellement la maison d'Auzac, habitée par M. Aunac ; à l'est, les jardins de l'hôtel de Maurès, plus tard de Valence, actuellement possédé par M. de Parades, et ceux de la chapelle des Pénitents Bleus, R, sise rue St-Jérôme, aujourd'hui rue Henri Martin ; au midi, la rue du Carné, aujourd'hui rue du Cat ou rue Mirabeau ; enfin à l'Ouest, tout le

---

[1] Archives municipales, GG. 194.
[2] Notes de l'abbé Tournié, sorties des Chroniques des Évêques d'Agen.

mur de ville, donnant sur les allées du Gravier, entre le petit et le grand Pont-Long.

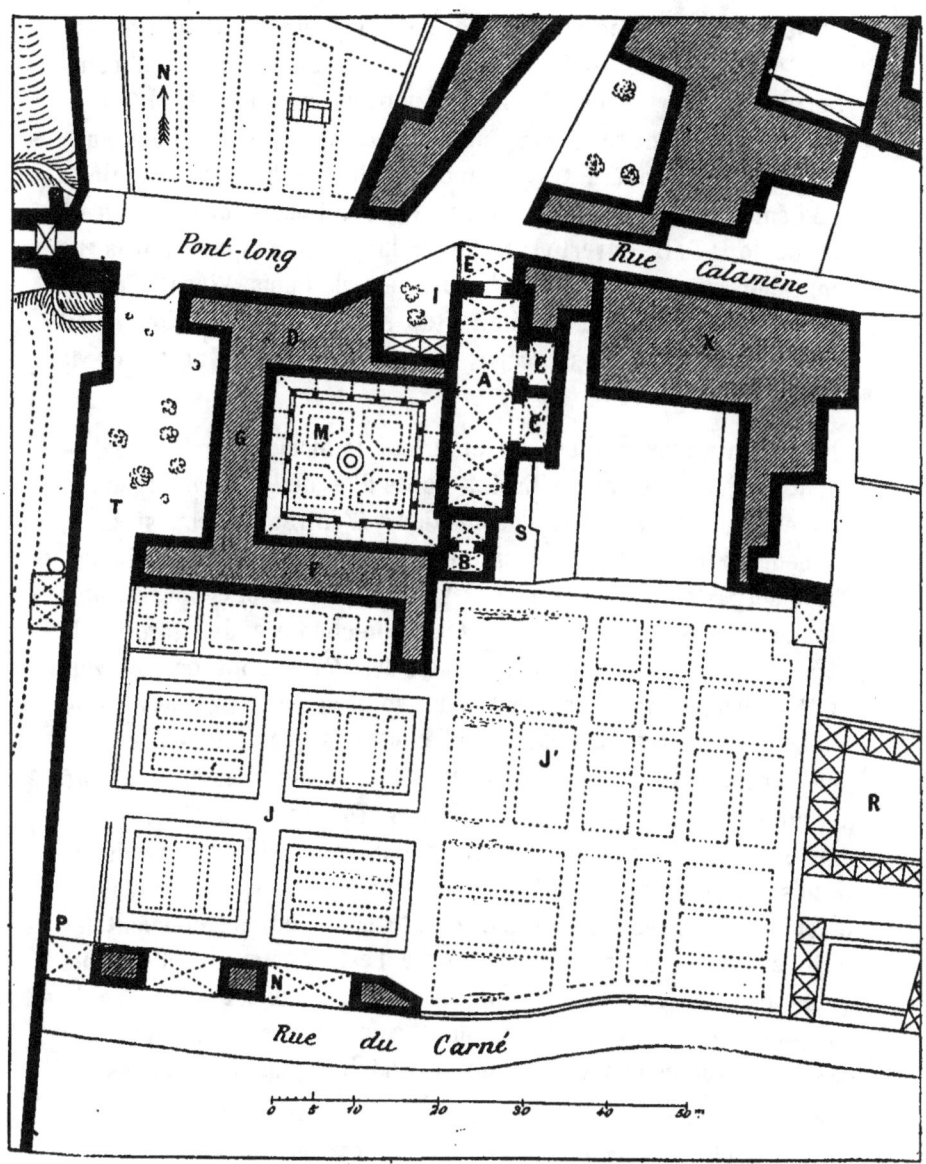

L'église A, d'environ quarante mètres de long sur dix de large, était précédée d'un porche E, faisant face à la rue Pont-de-Garonne. Elle était à une seule nef, à cinq travées inégales, flanquée sur sa partie orientale de deux chapelles latérales C et C'[1] et terminée par un chœur B à chevet plat, divisé en deux travées, couvertes de voûtes d'arête, comme devaient l'être également les autres travées de la nef. En S était la sacristie. Le plan de Lomet ne comporte aucune trace de clocher. Si nous en croyons la tradition, la cloche du couvent se trouvait simplement sous un petit dôme, au-dessus de la première travée du chœur B. L'église des Capucins a été démolie quelque temps après la Révolution, pour faire place à la rue de la Paix, ouverte sur toute sa longueur, et qui réunit la rue Pont-de-Garonne à la rue Saint Louis ou rue Louis Vivent. Seul le chœur est resté debout. Il était situé sous l'arceau que l'on y voit encore, dit *Arceau des Capucins*, et qui recouvre une partie de la nouvelle rue.

Le Couvent proprement dit était tout le local occupé actuellement par Madame veuve Labie, petite fille du célèbre ingénieur Lomet, qui en avait fait l'acquisition. L'entrée se trouvait en I, précédée d'une petite cour qui donnait sur la rue du Pont-Long. Trois corps de logis, D, G et F, à peu près égaux et coupés en angles droits, représentaient le parloir, la chambre du gardien, le réfectoire, la cuisine, etc. Les cellules des Pères, dont on peut voir encore quelques restants, s'ouvraient au premier étage soit sur le cloître, soit sur les jardins. Un joli cloître M, carré quoique assez petit, occupait le centre du Couvent ; il était bordé de chaque côté par cinq arcatures à plein cintre, égales. Tout le côté septentrional existe encore. Un parterre en ornait le milieu, qui devait servir autrefois de cimetière, si l'on en juge par la quantité de cadavres qu'on y a retrouvés. Enfin, sur tout le côté sud, s'étendaient les jardins J et J' qui venaient se réunir à l'est à ceux des Pénitents bleus et aboutir au midi à la rue du Carné. De ce côté et à l'angle sud-ouest nous voyons sur le plan trois arceaux N, séparés par des massifs de maçonnerie, et dont on a fait depuis les maisons qui

---

[1] Il est dit dans la lettre que le Père gardien adressa en 1715 à Mgr Hébert (Archives de l'évêché), qu' « il y a dans l'église des Capucins d'Agen une chapelle dédiée à N. D. de Grâce, où les fidèles reçoivent beaucoup de faveurs et de grâces par l'intercession de cette Reine des Anges ».

longent le petit Pont-Long. Le dernier de ces arceaux P existe encore. C'était ce que les Pères Capucins appelaient le *Pavillon*. Il terminait leur magnifique terrasse T, plantée d'arbres séculaires, qui longeait et dominait à une assez grande hauteur les allées du Gravier. De cette terrasse la vue était splendide, alors comme aujourd'hui : à droite le coteau de Saint-Vincent profilait au Nord sa masse imposante et blanche, tandis qu'en face, à l'ouest, les yeux pouvaient se reposer sur les deux rives de la Garonne que couronnaient au midi les cimes toujours vertes et accidentées des coteaux du Bruilhois, ainsi que la pittoresque silhouette du prieuré de Moirax.

— Vers le même temps qu'ils s'établissaient à Agen les Capucins fondaient également dans l'Agenais des maisons à Villeneuve-sur-Lot, à Marmande, au Port-Sainte-Marie et à Valence d'Agen.

Leur piété, leur charité, leur origine presque toujours fort plébéienne et surtout l'extrême pauvreté dont ils ne se départirent jamais leur valut à Agen la faveur populaire. A une époque où les Frères Mineurs commençaient à perdre leur ancien crédit, les Capucins jouirent dans notre ville de l'estime et de la considération de tous. Les Consuls les soutenaient ; aussi les donations ne tardèrent-elles pas à affluer au nouveau Couvent. C'est ainsi, notamment, que la ville leur fit don, le 11 septembre 1631, d'une petite ruelle située entre le mur de leur Couvent et le mur de ville, à la condition qu'ils la fermeraient de chaque côté par un portail dont une des clefs demeurerait aux mains des Consuls. Ce lieu était rempli d'ordures et, le soir, se trouvait devenir le rendez-vous des vagabonds et des gens sans aveu qui infestaient les abords de la cité. Mais il paraît que les Pères Capucins n'exécutèrent pas à la lettre les conditions qui leur furent imposées alors ; car cette affaire fut la cause d'un long procès que leur intentèrent les Consuls au commencement du xviiie siècle et que nous résumerons à sa date.

La plupart des amendes qui étaient infligées à cette époque aux délinquants par les Consuls étaient réservées par eux pour l'achèvement du Couvent des Capucins. Nous voyons qu'en 1634 « une amende de huit livres pour faux sur un acte privé est attribuée moitié aux pauvres et aux prisonniers, moitié à l'achèvement du Couvent des Capucins [1]. » Quelques années plus tard, en 1643, les Consuls font don aux Pères Capucins d'une barrique de vin estimée une vingtaine de livres [2], leur règle ne leur permettant pas d'accumuler dans leurs caves la moindre provision.

Pendant les deux terribles épidémies de peste qui s'abattirent sur la ville d'Agen en 1629 et en 1653 les Capucins furent véritablement admirables. En ces dangereuses circonstances, leur dévouement, dit l'abbé Barrère, « alla jusqu'à l'héroïsme », et l'histoire doit conserver les noms des R. P. Mary et Hippolyte, tous deux Capucins, qui, après s'être prodigués en 1629 auprès des pestiférés, furent atteints à leur tour et trouvèrent la mort à ce champ d'honneur [3].

Le frère Hélie confirme le même esprit de dévouement en 1653, aussi bien chez les Capucins que parmi les autres Ordres religieux : « Il mourut plusieurs capucins, plusieurs Carmes et aussy des Augustins. Il s'exposa un Père Capucin et il mourut ; et aussi moururent plusieurs Jacobins ; il s'en exposa deux, l'un mourut; aussy mourut quelque Cordelier, quelque Jésuite, quelques religieuses à l'Ave Maria, à celles de Notre-Dame; et peu de couvents en feurent exemptés ou exceptés [4] ». Aussi, dans les rares documents que nous ont conservés les archives du couvent des Capucins d'Agen, trouvons-nous, dix ans plus tard, à la date de 1663, la confirmation de leurs privilèges, par lettres royales, en considération des services que leur Ordre a rendu pendant la peste.

Voici les principaux passages de ce titre honorifique :

« Louis par la grâce de Dieu, roy de France et de Navarre, à tous présans et advenir, Salut. Nos roys les prédécesseurs ayant de temps immémorial accordé et octroyé plusieurs privillèges, exemp-

---

[1] Archives municipales, BB. 51.
[2] Id. CC. 378.
[3] Archives municipales. Registres consulaires.
[4] Archives de l'Evêché : *Chronique manuscrite du frère Hélie. Mémoires du temps d'une grande peste arrivée à Agen en l'an 1653.*

tions, franchises et immunités aux religieux des Frères-Mineurs de Saint-François appelés Capucins, comme aussi tous ceux qui avaient esté accordés aux autres Frères-Mineurs religieux du mesme ordre de Saint-François establis en France plusieurs siècles auparavant, iceux privillèges confirmés etc... à cause de leur sainteté de vie, doctrine, bons exemples et services qu'ils ont randeus et randent journellement à l'Esglise et à nostre estat par leurs prédications, missions et instructions, en administrant les Sacrements à nos sujets, tant dans nos armées que partout ailleurs, mesme au service des pestiférés où il se sont exposés plusieurs fois par un courage admirable dans toutes nos provinces où ce mal contagieux régnait, et où plusieurs d'entre eux sont morts, au nombre de deux cens soixante-dix-huit, dans ce saint exercice de charité; Nous, par ces causes, désirant favoriser lesdits Frères Capucins et leur donner des marques de l'affection singulière que nous portons à leur ordre et participer à leurs prières, de Notre propre mouvement, grâce spéciale, plaine puissance et autorité royale, avons approuvé, continué et confirmé, approuvons, continuons et confirmons par ces présentes, signées de nostre main, tous les susdits privillèges, libertés, occupations, franchises et immunités octoyées auxdits Frères Mineurs religieux Capucins ; voulons mesme et nous plait qu'ils en jouissent à perpétuité, leur permettant qu'ils s'establissent de nouveau en batisses de Couvents et maisons dans les lieux qui leur sont et seront offerts ; qu'ils puissent y faire toutes les fonctions religieuses selon leur louable et saincte coutume, etc.... et afin qu'ils puissent subsister dans une profession sy saincte de mandians et pauvres volontaires à l'imitation de Notre Seigneur Jésus-Christ, ne possédant aucun domaine et ayant profession de pauvreté évangélique, suivant la règle de leur justicer saint François... leur faisons exemption de toutes impositions mises et à mettre, et voulons qu'ils fassent librement leur queste tant dans les villes que dans la campagne, pour la subsistance de leur famille et Couvents de fondations, etc. Voulons que nos officiers fassent jouir lesdits Frères Mineurs religieux Capucins, plainement, paisiblement et perpétuellement, etc. Donné à Paris, au mois d'octobre 1663. »

Ces lettres furent enregistrées au Parlement de Bordeaux le 12 décembre de la même année, et elles furent lues et publiées en l'audience de la cour de la Sénéchaussée d'Agenais, seulement le 30 novembre 1679 [1].

Dans la même série, nous trouvons, à la date du 26 avril 1646, un bref du Pape, autorisant Jean Buisson, prêtre du diocèse d'Agen et profès de la Congrégation des Capucins, qui avait abjuré l'hérésie de Calvin, à célébrer la sainte Messe et à rester dans le clergé régulier. La pièce fut lue et publiée en l'audience de la Sénéchaussée d'Agenais, le 4 mai 1651 [2].

Beaucoup d'âmes charitables tenaient à honneur d'être les bienfaitrices du couvent des Capucins. Le 16 février 1683, nous dit Labénazie, mourut à Agen Madame Dubernet, de la maison de Sevin, mère de M. le Président de Montesquieu, et qui affectionnait particulièrement ces bons Pères. Selon sa volonté formelle, « elle fut enterrée sans aucun éclat, et accompagnée seulement de six prêtres, dans l'église des Capucins, qui refusèrent l'entrée dans leur église au curé de Saint-Hilaire, sous prétexte de leurs privilèges. » C'était, ajoute notre vieil annaliste, une dame d'une grande piété [3].

---

[1] Archives départementales, B. 89.
[2] Idem. B. 23.
[3] Labénazie, *Chronique Agenaise*. — A ce court renseignement de Labénazie nous pouvons joindre les suivants : Marguerite de Sevin, fille de Guillaume de Sevin, écuyer, seigneur de La Garde, épousa en premières noces et à l'âge de vingt-trois ans, par contrat du 19 mars 1610, Jacob de Secondat, baron de Montesquieu, seigneur de Goulard, Castelnoubel, Mérens, gentilhomme ordinaire de la chambre du Roi, qui mourut jeune encore à Agen en 1619, et fut enterré dans l'église des Augustins d'Agen, à qui ce haut personnage laissa plusieurs legs importants. Devenue veuve à l'âge de trente-deux ans, Marguerite de Sevin se remaria, quelques années plus tard, le 5 février 1633, avec Joseph du Bernet, conseiller du Roi en ses Conseils d'Etat et privés et premier Président au Parlement de Bordeaux. Elle vécut fort longtemps et mourut, ainsi que nous venons de le voir, au commencement de l'année 1683, à l'âge de quatre-vingt-seize ans. Elle n'eut d'enfants que de son premier mariage avec Jacob de Secondat, et elle

L'année suivante, et toujours d'après Labénazie, « le dernier février 1684, un évêque d'Arménie, de l'Ordre des Capucins, vint en cette ville et logea aux Capucins. Il faisait le Carême à la manière de la primitive Eglise, ne mangeant que des racines, des herbes ou des légumes, et ce, après le soleil couché. »

« Quelques jours après, le 9 mars 1684, les Capucins firent l'ouverture du Chapitre général qu'ils tinrent dans Agen, par l'exposition du Saint-Sacrement. M. l'Intendant de Ris [1] reçut ordre de la Cour de venir dans cette ville pour veiller à ce qu'il ne se passât rien dans ce Chapitre contre les intentions de la Cour, et pour y faire observer le bon ordre. Le surintendant y arriva le 8 de mars et y demeura jusqu'au 11. Les suffrages furent libres et l'élection

---

se trouve, de ce fait, être la bisaïeule du célèbre auteur de l'*Esprit des Lois*. De nombreuses épitaphes furent écrites sur sa mort par les poètes Agenais. Citons, entre autres, celle-ci, assez curieuse, extraite des archives de la famille de Sevin :

> Pleurons tous, Agenois, la perte irréparable
> De cette illustre dame, en qui tout ce pays
> Possédait le thrésor d'une vie admirable
> Et féconde en lauriers, palmes, roses et lis.
>
> Aux petits et aux grands elle était vénérable :
> Tout le monde trouvait chez elle ses appuis ;
> Son cœur estait si grand, si tendre et charitable
> Que les seuls affligez faisaient tous ses ennuis.
>
> Pleurés, pauvres, pleurés la mort de vostre mère ;
> Pleurés, humbles dévots, vostre bel exemplaire,
> Femmes veuves, pleurés ce miroir de vos mœurs !
>
> Mais pensant à la mort, imitez-en la vie ;
> Et faites refleurir ses vertus dans vos cœurs
> Pour aller vivre au Ciel, avec cette Uranie [2].

[1] Faucon de Ris, Intendant général de Guienne de novembre 1679 à 1686.
[2] Voir pour plus amples détails le tome II, page 257, du *Nobiliaire de Guyenne et de Gascogne*, par O'gilvy, art. *de Secondat*, ainsi que l'*Histoire du Parlement de Bordeaux*, par M. Communay, p. 93.

du provincial et des définiteurs fut faite assez paisiblement. Le Père Arcange, de Bordeaux, fut élu provincial, et celui qui avait eu recours à la Cour fut exclu par la pluralité des suffrages [1]. »

Le Couvent des Capucins était un des plus nombreux de la ville d'Agen. Alors qu'en 1715, et à part le Collège, la plupart des communautés religieuses ne comprenaient guère plus de dix à douze Réguliers, celle des Capucins, nous dit le gardien dans sa lettre à Mgr Hébert, « était composée ordinairement du nombre de vingt à vingt-quatre religieux [2]. »

C'est trois années plus tard, en 1718, que surgit entre les Pères Capucins et les Consuls d'Agen le procès que nous avons déjà mentionné et dont les Archives municipales nous ont conservé les principales pièces [3]. Une des plus importantes est la lettre que les Pères Capucins adressèrent à M. de Lamoignon, comte de Launay, Intendant de Guienne de 1709 à 1720, et dans laquelle ils lui exposent qu'il y a trente ans les Consuls leur donnèrent la terrasse qui termine leur cloître, « qui était un lieu de saletés et d'ordures ; » que depuis, l'inondation de 1712 a ruiné les murs de ville : ce qui fait qu'ils ne sont plus en sûreté chez eux, qu'on vient les voler à tout propos, et que le passage est libre à tous les malfaiteurs. Ils demandent, en conséquence, que les Consuls soient obligés de rétablir à leurs frais ledit mur de ville. La lettre est signée F. Grégoire, de Bordeaux, gardien des Capucins d'Agen.

En opposition se trouve la lettre des Consuls au même Intendant, par laquelle ils combattent la demande des Capucins. Eux seuls sont cause de la démolition du mur de ville. Le 11 septembre 1631, la ville leur promit de fermer la ruelle qui existait entre le mur de leur jardin et le mur de ville, en y mettant de chaque côté un portail. Au lieu de cela « les Pères Capucins en ont fait un vrai rempart ; ils ont comblé cette rue en y portant une quantité prodigieuse de terre, et ce, jusqu'aux écuries du Roi. Le poids de cette

---

[1] Labénazie, *Chronique Agenaise*.
[2] Archives de l'Evêché. F., liasse 8.
[3] Archives municipales, BB. 70.

terre a seul fait tomber la muraille et non l'inondation. » Ils demandent donc que les Pères Capucins soient condamnés à enlever la terre, à rétablir la muraille et à remettre les choses en l'état primitif.

Se trouvent à l'appui toutes les pièces du procès : extrait de la Jurade du 11 septembre 1631, lettre du Roi du 26 juillet 1641 donnant la rue aux Capucins, à la charge qu'une des deux clefs du portail demeurât aux mains des Consuls, etc., etc.

Bref, après une longue procédure, il fut décidé, le 9 juin 1718, « qu'on ne jugeait pas à propos de rendre actuellement une ordonnance contre les pères Capucins ; mais que puisqu'on leur avait permis d'établir une terrasse, il était bon qu'on leur fît comprendre que c'était à eux à faire réparer le mur de ville, lequel n'aurait pas croulé sans leur faute. » Il est probable que l'affaire n'en resta pas là et dut traîner encore en longueur; car, dans le Livre des Comptes de 1759 à 1761, rendus par le trésorier Terrail, nous lisons qu'il est fait don aux Capucins d'une somme de mille livres pour réparer les murs de clôture de leur couvent [1].

En 1736, était mort le chevalier Louis de Pasco de Poléon, seigneur de Chaban, Castelnoubel, Merens, Cassou etc. Dans son testament, il élit sa sépulture dans l'église des Capucins d'Agen [2].

— Les Capucins vécurent calmes et tranquilles dans leur couvent d'Agen jusqu'à la Révolution. Outre leurs exercices religieux et charitables, ils avaient fondé dans les derniers temps un noviciat et avaient nommé un père lecteur chargé d'instruire et de former les étudiants. Nous ne trouvons du reste dans les archives locales aucun fait saillant digne d'être noté pendant toute la fin du xviiie siècle. En revanche, l'époque révolutionnaire est intéressante à étudier en ce qui les concerne. Lorsque, en 1789, les trois ordres eurent été convoqués et qu'après plusieurs assemblées générales il fut décidé que chaque ordre tiendrait séparément des assemblées particulières

---

[1] Archives mles CC. 449.
[2] Archives dép. B. 123.

pour la rédaction des Cahiers, l'église des Capucins fut attribuée au Clergé, tandis que la Noblesse occupait d'abord l'Hôtel de Ville, puis l'église des Pénitents Bleus, et le Tiers-État l'église des Jacobins. Du 16 au 17 mars, le Clergé de la Sénéchaussée d'Agenais se réunit chaque jour à l'église des Capucins, et, après de vives discussions, il y arrêta la rédaction définitive de son cahier de doléances. Ce cahier était divisé en trois sections : demandes et doléances qui intéressent la nation en général ; qui intéressent l'ordre du Clergé en général ; qui intéressent le clergé de la Sénéchaussée d'Agenais en particulier. Entre autres demandes à signaler, les députés du clergé, nommés précédemment et qui étaient Mgr d'Usson de Bonnac, évêque d'Agen, Jean Malateste de Beaufort, curé de Montastruc et Mathieu de Fournetz, curé de Puymiclan, furent chargés de supplier S. M. d'ériger en Académie royale la Société libre des Sciences et Arts de la ville d'Agen, et d'accorder la première abbaye, prieuré ou autre bénéfice régulier ou en commande qui vaquera dans le diocèse, pour en employer le revenu à la subsistance des ecclésiastiques vieux ou infirmes, etc. [1].

L'année suivante, le couvent des Capucins, reçut en même temps que les autres communautés religieuses de la Ville, la visite des officiers municipaux, chargés en vertu de l'article V du décret du 20 mars 1790 de procéder à l'inventaire du couvent. Ce fut le 4 mai 1790. MM. Charles-François de Laroche-Monbrun, maire, et Antoine Faucon, officier municipal, se présentèrent à la porte de la maison du Pont-Long. Ils furent reçus par les Révérends Pères, Etienne de Villeneuve, gardien, Bernardin de Valence, Pacifique de Villeneuve, François du Vigan, lecteur en théologie, Joseph de Ste-Foi, Luc et Célestin, tous prêtres ; puis par les frères Bénigne, Chérubin, Hyacinte, Clément, Fidelle, clercs, et par les frères lais Silvestre de Belvès, Cosme de Valence, Antoine de Ste-Colombe et Silvestre de Lombès, formant à eux seize toute la communauté. Conformément à la loi, tous les livres furent présentés, et un inventaire détaillé fut dressé des divers objets compris dans l'église,

---

[1] Archives dép. B. 211.

la sacristie, la bibliothèque, où, à part d'assez nombreux livres sacrés, les religieux déclarèrent n'avoir aucun manuscrit, dans les cellules, dortoirs, réfectoire, etc. L'état des dettes et des revenus presque insignifiants confirma l'extrême pauvreté dans laquelle vivait le couvent. Enfin, interrogés pour qu'ils fassent connaître leurs intentions de rester au couvent ou d'en sortir, les Pères Capucins répondirent :

Le R. P. Etienne, gardien, âgé de soixante-quatre ans, qu'il voulait vivre et mourir dans l'ordre ;
Le R. P. de Villeneuve, vicaire, cinquante-quatre ans, idem.
Le R. P. Bernardin de Valence, soixante-douze ans, idem.
Le R. P. Pacifique de Villeneuve, soixante-quatre ans, idem.
Le R. P. François, professeur de théologie, trente-trois ans, idem.
Le R. P. Joseph, quarante-trois ans, idem.
Le R. P. Célestin, vingt-quatre ans, idem.
Le R. P. Luc, vingt-cinq ans, idem.
Le R. P. Benigne, vingt-trois ans, idem.
Le R. P. Chérubin, vingt-huit ans, idem.
Le R. P. Hyacinthe, vingt-quatre ans, idem.
Le R. P. Clément, vingt-trois ans, idem.
Le R. P. Fidelle, vingt-six ans, idem.
Le R. P. Simon, cinquante ans, idem.
Le Fr. Silvestre, soixante-quatorze ans, idem.
Le Fr. Cosme, quarante-huit ans, idem.
Le Fr. Silvestre, vingt-sept ans, idem.

Seul, le Fr. Antoine Bergé, trente-trois ans, déclare vouloir sortir ; mais, subitement pris de remords, il se rétracte et déclare vouloir rester, à l'exemple de tous ses confrères [1].

Deux mois après, le 14 juillet 1790, lorsque le serment civique et fédéral eut été solennellement prononcé sur le Champ de Mars agenais par tous les citoyens et toutes les troupes de l'arrondissement, un immense banquet fut servi au Gravier, auquel assistèrent tous les ecclésiastiques séculiers et même réguliers de la ville. Les

---

[1] Archives dép. Biens nationaux.

Capucins n'y manquèrent pas et se firent remarquer. Mais laissons parler à cet égard les Officiers Municipaux eux-mêmes, dans la lettre suivante qu'ils adressèrent à M. Guignard, ministre du Roi, et où ils lui dépeignent, dans le style emphatique si curieux de l'époque, cette fameuse cérémonie [1].

« Le serment fédératif fut prononcé sur notre Champ de Mars à midi précis par tous nos concitoyens et par les troupes de ligne de notre arrondissement, en face de l'autel de la Patrie, sur le frontispice duquel était placé le portrait de Louis XVI, *restaurateur de la liberté française*, surmonté d'une couronne civique. Les cris répétés de *Vive la Nation! Vive la Loi! Vive le Roi! Vive la Fédération Nationale!* mêlés au bruit de l'airain sacré et de l'artillerie, inspirèrent aux assistants une joie tumultueuse, qui se peignit dans tous les mouvements et qu'il serait impossible d'exprimer.

« Le reste de la journée, jusqu'à six heures du soir, fut rempli par des promenades et par des danses, où tous les citoyens, mêlés ensemble, se prodiguaient à l'envi les témoignages de la plus franche amitié. A six heures, on se rendit de nouveau sur le Champ de Mars, où notre régiment patriotique avait fait servir un souper, auquel étaient invités tous les ecclésiastiques, séculiers et réguliers, tous les membres du département, du district et de la Maréchaussée, et le détachement en entier de Royal-Pologne que nous avons le bonheur de posséder. Personne n'y manqua. Plus de quatre mille citoyens y soupèrent en public. Toute espèce de distinction fut bannie de ce banquet civique. La douce égalité, la joie la plus rare animaient tous les convives. Toutes les santés les plus chères à des cœurs français, surtout celle de notre bon Roi, y furent portées, au son des tambours et au bruit de l'artillerie.

« Cependant nos tables étaient sans cesse couronnées par la

---

[1] Extrait du *Journal patriotique du département du Lot-et-Caronne ci-devant agenais*, 3ᵐᵉ trimestre, tome troisième, à Agen, chez la veuve Noubel. Impr.-libr. 1790. Ce volume, dont un exemplaire existe à la bibliothèque dépl⁵, est des plus rares. C'est une des raisons qui nous engagent à reproduire ici cet intéressant document que l'on peut considérer comme inédit,

troupe mobile de nos citoyennes : le charme accoutumé qu'inspire leur présence venait se joindre aux douces émotions du patriotisme et de l'amitié ; des mains qui leur étaient chères s'empressaient de leur servir des fruits ; mais pendant ce délire du cœur et des yeux, aucun mot ne frappa l'oreille, qui dut alarmer la pudeur ; et la liberté qui portait sur les lèvres l'expression de mille sentiments ne les dépouilla jamais du caractère de l'honnêteté et de la décence.

« Dans plusieurs salles un spectacle attendrissant s'offrait aux regards : des vieillards centenaires, placés au milieu de leur nombreuse famille, paraissaient succomber sous le poids de sensations aussi fortes que nouvelles pour leurs âmes ; leurs yeux baignés de larmes semblaient exprimer le regret de n'avoir vécu que de ce jour ; et leurs mains tremblantes, levées vers le Ciel, l'imploraient, afin qu'il leur fût permis de jouir encore quelque temps du bonheur d'avoir une Patrie. Heureux le fils qui a pu recueillir ces précieuses larmes, et qui, joignant les tendres soins de son amour aux bienfaits de la Providence, verra se prolonger des jours chéris par le spectacle de la félicité publique !

« Après le souper, citoyens et citoyennes, se prenant la main, dansèrent jusqu'à onze heures sur le Champ de Mars : les *Capucins* même ne purent s'exempter de l'aimable délire qui caractérisa cette danse civique. Aucun désordre répréhensible, aucun propos indiscret n'altérèrent la joie pure de ce beau jour. Il y eut pendant la nuit une illumination générale dans la ville [1].

---

[1] Labrunie, dans une de ses Notes complémentaires de la copie écrite par lui du manuscrit des frères Malebaysse, copie qui existait il y a quelques années encore à la Bibliothèque de Saint-Amans, n'est ni aussi enthousiaste ni aussi précis à l'égard de la danse des Pères Capucins. Voici ce qu'il écrit au sujet de la fête du 14 Juillet 1790 :

« Le 14 Juillet, serment civique prêté vers midi sur le Gravier où l'on avait dressé un autel. Le soir, souper au même lieu, de la Garde Nationale, qui avait invité Messieurs du département et ainsi que nombre d'ecclésiastiques et de religieux. Tout s'y passa comme dans un repas de famille. On eut dit que nous étions tous frères. On dansa ensuite. Il y eut feu d'artifice et la ville fut illuminée. Le lendemain il y eut une petite suite de la joie de la veille, qui ne fut pas aussi décente. Des religieux furent promenés de force par des jeunes gens qui couraient la ville avec des tambours. On ne leur fit à la vérité pas d'autre mal. »

« Les pauvres et les prisonniers reçurent d'abondants secours. Enfin, tout se passa aussi gaîment et aussi fraternellement qu'il soit possible de l'imaginer. Nous voudrions avoir l'art de faire éprouver à l'âme du Roi-citoyen que nous chérissons les pures jouissances dont nous fûmes enivrés. Voilà ce que nous nous plairons et nous empresserons toujours à lui raconter, et ce que nous sommes au désespoir de ne pouvoir peindre comme nous l'avons senti. » Signé : les *Officiers municipaux d'Agen* [1].

Cette joie des Capucins ne devait pas être de longue durée. Moins d'un an après, le 29 avril 1791, les visites domiciliaires recommençaient et cette fois pour ne s'arrêter qu'après l'expulsion définitive des Religieux. En vertu du décret du 3 novembre 1790, ordonnant l'estimation de toutes les maisons et emplacements vacants appartenant au ci-devant clergé, les experts se présentèrent et procédèrent à l'estimation du Couvent des Capucins, « lequel confronte, dit l'acte, du levant à maison et jardin de Madame Passelaygue (actuellement la maison d'Auzac) et jardin dépendant de la chapelle de Messieurs les Pénitents bleus ; du midy à rue du Carné ; du couchant au mur de ville ou terrasse qui longe le jardin de M. Lomet [2] ; du nord aux rues du Pont-Long et des Capucins. » Après une visite très détaillée, non seulement dans l'intérieur du Couvent, mais encore dans le bâtiment « dont jouit le sieur Magen, comme Père temporel des Capucins » dans l'église, sacristie, etc., les experts trouvèrent que la superficie totale du Couvent était de 1.400 toises, 3 pieds ; ce qui, avec les divers accessoires, donnait une valeur totale de 30.469 livres, 16 sols, 6 deniers [3].

---

[1] C'étaient, d'après le travail de M. Jules Serret, « les *Sénéchaux, Préfets et Magistrats municipaux d'Agen*. Agen. In-8º 1886 », les citoyens Laroche-Monbrun, maire; Lafon du Cujula; Faucon père; Fronfrède, médecin; Saint-Amans ; Mauron ; Magen, cadet ; Marcot, négociant; Pigassou, teinturier; Phiquepal, avocat; de Sevin aîné, et Fontanié, notaire.

[2] Ce jardin était l'emplacement compris au-dessous du mur de ville, entre ce mur et la route de Bordeaux. C'était une partie des anciens fossés. Il avait été acheté le 21 août 1778 par M. Vernéde, beau-père de l'ingénieur Lomet.

[3] Archives départementales. Biens nationaux.

Quelques jours après, les 12 et 13 mai 1791, nouvelle visite des membres du directoire du district, à l'effet d'obtenir la remise des objets inventoriés l'année précédente par les officiers municipaux. Il ne se trouvait plus à ce moment au Couvent que les Pères Etienne de Villeneuve, gardien, Joseph de Sainte-Foi, Jean-François de Villeneuve, prêtres, et les Frères Silvestre de Belvès, Cosme de Valence et Silvestre de Lombez, frères lais, et enfin deux autres Religieux, les Pères Jean-François de Masset et Galauge de Cassou, prêtres, qui venaient de quitter leurs Couvents de Valence et de Villeneuve, et s'étaient réfugiés à Agen. Tous les objets furent représentés. Puis, « avons demandé auxdits Pères qu'ils aient à sortir du Couvent. Sur quoi, les Religieux ont montré de la résistance. Le Père gardien nous a dit avoir présenté sa pétition au département dans la matinée de ce jour, tendante à obtenir une demeure provisoire dans le Couvent. Nous leur avons représenté que leur demande n'était pas opportune. Ils nous ont dit qu'ils voulaient encourir les évènements. Pour ces causes, nous nous sommes retirés, emportant seulement les effets en argent de la sacristie, laissant l'église scellée et toutes les autres pièces qui sont dites l'être dans nos procès-verbaux. »

Les efforts des Capucins pour rester dans leur Couvent devaient être naturellement infructueux. Les agents du Gouvernement revinrent le 16 mai, et cette fois munis de pleins pouvoirs. « Et sommes revenus le 16 mai, en exécution d'un arrêté du district de ce jour, pris sur vu du département en date du 13 du présent mois, relatif à l'évacuation de la maison des religieux Capucins de cette ville. Nous nous sommes transportés audit Couvent où étant, nous aurions par sieur François Laval, secrétaire par nous pris d'office, fait faire lecture aux sieurs Etienne, gardien prêtre, et Silvestre, frère lai, seuls, les trois autres absents, ainsi que ceux présents nous l'ont déclaré, dudit arrêté du directoire du département et de celui du district, et dit à eux que, par la difficulté qu'ils nous firent le 13 du présent et par l'allégation que le gardien nous fit et à laquelle nous crûmes qu'il avait présenté une pétition au département tendant à obtenir la permission de demeurer encore dans ledit Couvent etc., nous étions venus terminer ce qui aurait dû être exécuté le jour de notre dernier transport. » Les Religieux, cette fois, s'inclinèrent sans protester. Ils conduisirent les agents partout où ils le demandèrent, et après vérification des scellées, ils leur remirent toutes les clefs de la maison. Le Père gardien fut déchargé de la surveillance des effets qui devaient rester, et on nomma provisoirement à sa place le sieur Joseph Capot, originaire de La Romieu, ancien domestique du Couvent. Puis, les scellées ayant été mises sur quelques autres portes, « le Père Etienne, gardien, sortit à l'instant avec nous, les autres Religieux l'ayant précédé, et le nommé Joseph Capot, constitué gardien aux scellées, resta seul dans la maison [1]. »

Les 22, 23 et 24 novembre de cette même année 1791 furent vendus tous les meubles et effets des ci-devant Religieux Capucins de la ville d'Agen. Cette vente ne produisit que la modique somme de 1.391 livres, 6 sols [2].

Les choses restèrent en cet état pendant les plus mauvaises années de la Révolution. Enfin, à partir de l'an VI, le Couvent des Capucins fut morcelé, et les ventes commencèrent. C'est alors que Lomet, qui venait d'être renvoyé en disgrâce à Agen, où résidait la famille de sa femme, Mlle Vernède, et à qui on avait donné la chaire des sciences physiques et chimiques à l'Ecole Centrale nouvellement fondée, se rendit acquéreur de la majeure partie du Couvent des Capucins, dont la terrasse, d'ailleurs, était attenante au jardin que son beau-père avait acheté en 1778, et qui, depuis, était devenu sa propriété. Grâce à sa haute compétence, il transforma presque en entier l'aménagement intérieur du Couvent, et il en a fait cette jolie habitation, qui, avec sa terrasse au-dessus du Gravier et ses jardins en contre-bas, plantés d'arbres magnifiques, constitue une des résidences les plus agréables de la ville d'Agen. Elle est la propriété de Madame veuve Labie, petite-fille du célèbre ingénieur, qui l'habite encore aujourd'hui.

---

[1] Archives départementales. Biens nationaux. Fonds non classé.
[2] Idem.

CHAPITRE IX.

LES PÉNITENTS.

Qui ne se souvient encore, à Agen, des beaux jours des processions? Quelle âme pieuse ou artiste ne regrette ces cérémonies imposantes dans lesquelles le pittoresque s'unissait toujours si bien au sentiment religieux ? Des idées nouvelles sont venues, intolérantes, battre en brèche ces antiques usages de nos pères. Elles semblent même les avoir à tout jamais fait disparaître. Mais ce qu'elles n'ont pu effacer, c'est l'image dans le cœur des vieilles générations agenaises de ces fêtes éblouissantes d'or, de lumière et de fleurs. Le souvenir chez tous en est resté impérissable.

Ne se la rappelle-t-on pas, belle entre toutes, la procession de la Fête-Dieu ? C'était par les chaudes journées du mois de juin, au déclin du soleil, alors que la vallée de la Garonne s'empourpre de ses derniers feux et que ses rayons viennent dorer si poétiquement les murs rougis du vieil Agen. Sur tout le parcours qu'elle va traverser, une sorte de fièvre existe. Dans les rues étroites et tortueuses, de grandes voiles sont déroulées au sommet des maisons d'une toiture à l'autre, tandis que, dans le bas, les vieilles femmes suspendent en toute hâte aux portes et aux fenêtres des rez-de-chaussée des tentures blanches, et que des jeunes filles jettent à profusion sur les cailloux pointus des corbeilles de roses, de lys, de laurier, et surtout d'immenses bouquets de fenouil. C'est principalement dans la rue du Temple, la rue Saint-Jean et toute la rue du Pin, aujourd'hui le fief attitré du radicalisme et de la libre-pensée, qu'il y a vingt ans à peine la procession était imposante. Plus enthousiaste, plus superstitieux que les classes riches et aisées, dans le quartier desquelles le cortège passait l'année suivante, le vrai peuple Agenais semblait vouloir se surpasser en magnificences, et c'est en ces endroits que s'élevaient les plus beaux reposoirs et que la foule témoignait davantage de sa piété et de ses sentiments catholiques. Comment ne pas être en effet ému et recueilli à la vue de ces croix et de ces bannières déployées ; de cette longue file d'enfants, délicieusement costumés en petits Saint-Jean ou en petits Jésus ; de ces jeunes filles à la robe blanche, au cordon bleu de Marie, la tête recouverte d'un voile ceint d'une couronne, les unes chantant des cantiques à la Vierge, les autres portant quelque monument allégorique de la Passion du Christ ; de ces fanfares éclatantes dont les pas redoublés faisaient oublier la fatigue ; de toute la garnison en armes, les soldats portant le fusil sous le bras et formant des deux côtés la haie, les officiers en brillants uniformes groupés autour de leur général ; à la vue de tous les prêtres de la ville, des deux séminaires, des congrégations religieuses, de la Cour d'appel dont les membres en robe rouge, bordée d'hermine, évoquaient le souvenir des anciens magistrats consulaires, des chanoines de la Cathédrale, du riche dai de velours enfin, aux panaches d'argent, ruisselant de dorure, devant qui les enfants de chœur jetaient à pleines mains des roses, et sous lequel Mgr l'Evêque, revêtu de ses plus beaux ornements sacerdotaux, élevait le Saint-Sacrement. Aux reposoirs, la procession s'arrêtait, les jeunes diacres frappaient trois fois dans leurs mains les tablettes de bois, la foule s'agenouillait, les tambours battaient aux champs, et le prélat, franchissant les gradins, dans des nuages d'encens et souvent sous des dômes de verdure, bénissait l'antique cité.

Mais un des côtés les plus pittoresques des processions, et qui attirait autrefois plus particulièrement les curieux, c'étaient les Pénitents. S'en souvient-on encore de ces mystérieux personnages, enveloppés de la tête aux pieds d'un grand sac de toile écrue, avec leur capuce pointu qui leur couvrait tout le visage, et n'ayant que deux affreux petits trous à l'endroit des yeux, qui leur permettaient d'y voir sans être vus? Ils marchaient gravement, la tête haute, le cierge allumé à la main, précédant le dai épiscopal, et psalmodiant lugubrement quelque prière étrange. Il y en avait de tout blancs; d'autres sur leur tunique blanche portaient un cordon bleu; d'autres enfin apparaissaient tout gris, et semblaient à nos yeux étonnés d'enfant des êtres fantastiques échappés tout à coup de quelque cachot souterrain. Q'ils sont loin ces jours heureux où l'arrivée de la procession nous faisait tressaillir d'aise, et où nous nous cachions tremblant derrière les hautes tentures quand passait trop près de nous quelque Pénitent gris !

Plus tard, nous avons revu sous le ciel de l'Italie les confréries de Pénitents. Et ce n'est pas sans un charme infini, mélangé de quelque souvenir de terreur enfantine, que plus d'une fois, le soir, nous nous sommes plu à suivre dans les rues sombres de Florence les longues processions de Pénitents rouges et noirs, accompagnant, à la lueur de leurs torches vacillantes, les enterrements des riches de ce monde, tandis que dans l'azur immaculé la lune argentait de ses rayons le sommet du Dôme et que de ses effluves magnétiques elle caressait amoureusement les marbres multicolores du Campanile.

Plus sages que nous, les Italiens conservent encore partout et avec un soin jaloux les vieux usages de leur patrie. Plus privilégiées même, quelques villes du Midi de la France ont su maintenir et continuent de mettre en pratique ces pieuses traditions. A Agen, depuis quelques années déjà, la politique a stupidement privé les habitants de leur fête annuelle des fleurs et des cantiques. Depuis plus longtemps encore, le vent d'indifférence, qui ne cesse de souffler, a dispersé dans tous les sens les antiques confréries de Pénitents... Il est donc juste, croyons-nous, que nous rappelions ici ce qu'elles furent autrefois dans notre ville, à quelle époque et par qui elles furent fondées, et quelle mission, toute de charité, elles ont remplie jusqu'à nos jours.

— Les Confréries de Pénitents ne sont pas, à proprement parler, des Congrégations régulières. Leurs membres ne vivent pas en commun ; ils ne prononcent aucun des trois vœux exigés dans les autres Ordres. Néanmoins, ces associations ont des règles spéciales, des statuts propres, des établissements particuliers, des chapelles, des cimetières, des costumes différents, souvent même des noviciats. C'est pour cela que bien que séculières, nous croyons devoir leur consacrer ici un chapitre spécial, étant donnés surtout la vogue qu'elles eurent autrefois dans Agen et les nombreux services qu'elles rendirent aux classes pauvres de la société.

Au dire des spécialistes, leur origine est fort ancienne. C'est en Italie que les Confréries de Pénitents virent le jour, et on en trouve à Rome, dès l'année 1264, désignées sous le nom de *Gonfalons*.

D'après la tradition, c'est saint Bonaventure lui-même qui leur aurait donné leurs premiers règlements. Toutefois cette institution ne se développa guère qu'au XVIe siècle, époque où on voit des Pénitents partout, aussi bien en France qu'en Italie et en Espagne. Henri III, qui aimait à revêtir dans les processions le costume de Pénitent, les prit tout particulièrement sous sa protection, et il leur accorda des privilèges considérables. Aussi ces confraternités se multiplièrent-elles à l'infini, surtout dans le midi de la France, et se subdivisèrent-elles en Pénitents de toutes couleurs, blancs, bleus, gris, noirs, verts, violets, rouges, etc.

Leur mission, à peu près semblable à celle des sociétés de secours mutuels modernes, était de secourir les indigents et les infirmes, de soigner les malades, de marier les pauvres filles, de suivre les processions, d'assister aux enterrements. Leur costume, qu'ils ne revêtaient qu'en temps de cérémonie, consistait, ainsi que nous l'avons déjà dit, en un sac de serge commune, serré d'une ceinture et surmonté d'un capuce pointu qui devait être toujours rabattu sur le visage. Ils tenaient à la main un bâton de la couleur de leur vêtement.

A Agen, les Pénitents furent organisés par Mgr Nicolas de Villars, à la même époque que ce prélat faisait venir les Jésuites et fondait le Couvent des Capucins. Trois confréries furent instituées : les Bleus, les Blancs et les Gris. Toutes trois datent des dix dernières années du XVI° siècle. Nous résumerons séparément les rares documents qui nous ont été conservés sur leur compte.

I. — LES PÉNITENTS BLEUS.

Les Pénitents Bleus sont les premiers qui furent organisés à Agen. Nous en avons pour preuve ce passage des Mémoires des Consuls pour l'année 1590, adressés à leurs successeurs entrant en fonctions [1] : « Durant nostre année et au moys de septembre, à la prière de Monseigneur d'Agen, feusmes requis consentir à l'institution de la Confrairie et Compaignie de Sainct-Jerosme, aultrement nommez les *Penitanciers blus* ; et, à ses fins, accorder l'esglize de La Magdelaine et batiment y adjassant, que aultrefoys avoict servy pour le Coullêge, ce que nous lui acordames ; et feust erigée ladicte Compaignie le jour de Sainct-Ierosme, dernier jour du moys de septembre, l'esglize réparée et bénicte par Mondict Seigneur d'Agen, là où il y a grand dévotion que haultmente de jour en jour. Nous vous prions favoriser en tant qu'il vous sera possible ladicte Compagnie. Ils ont acquis ung jardin y jougniant de Mariette Jullia, marchand, la taille duquel leur avons remis durant notre dicte année [2]. »

La Confrérie des Pénitents Bleus fut donc instituée à Agen le 30 septembre 1590 par Mgr Nicolas de Villars, avec l'autorisation et la protection des Consuls. Leur costume fut d'abord le sac bleu, avec le cordon, le capuce et le bâton bleus.

---

[1] Les Consuls de 1590 étaient : MM. Jean de Lescazes, advocat ; Loys Bourgon, procureur ; Julien de Cambefort, sieur de Selves ; sire Jean Dupergeat, marchand ; sire Annet de Lisse, marchand, et M° Geraud Roussel, notaire royal.

Ceux de 1591 étaient : MM. Jean Camus, advocat ; Arnaud Albinhac, marchand ; Crespin Trinque, marchand ; Jean Mathieu, avocat ; Pierre Mathieu, marchand, et Jean Cayron, advocat.

[2] Archives municipales. BB. 35, p. 92.

Voici, d'après un titre conservé aux Archives de l'Evêché d'Agen, quel fut leur règlement, dès leurs débuts. Nous n'en donnerons qu'un résumé :

Chapitre Ier. — *De la qualité des Confrères et de leur réception.* Il faut être de la religion catholique, apostolique et romaine, pratiquer les sacrements avec des sentiments de piété et de charité. « L'habit sera de couleur bleue, tendant sur le violet, pour mieux représenter le deuil de la pénitence. La matière sera de toile d'Allemagne, la ceinture de laine ou filet, avec une dixaine de bois de même couleur ; les habits seront faits par un couturier exprès, tous d'une même façon et sur la mamelle gauche on portera une petite image de saint Jérôme. » Les confrères s'engageront à respecter fidèlement les statuts. Ils remettront en entrant, au trésorier, un écu et un cierge d'une livre de cire, et chacun an un écu, dont la moitié se paiera la première semaine de carême et l'autre à la fête de saint Jérôme.

Chapitre II : *Des charges et obligations des confrères* : Ils devront observer les commandements de Dieu et de l'Eglise, les enseigner à leurs amis, parents et domestiques; dire le matin et le soir cinq fois le *Pater* et l'*Ave*, se confesser, communier, vivre chrétiennement, dans la modestie et l'humilité.

Chapitre III. — *Des assemblées* : On se réunira pour chanter l'office le premier vendredi de chaque mois; de même aux jours de fête, etc.

Chapitre IV. — *Des prédications, chants et processions* : Les confrères célèbreront avec une grande solennité les fêtes de saint Jérôme et de la Madeleine. Ils auront un sermon en leur chapelle ; ils célèbreront très pieusement la semaine sainte ; ils iront en corps visiter le Jeudi-Saint les monuments des quatre paroisses et des quatre couvents de la ville. Ils assisteront en grande pompe à la procession de la Fête-Dieu, pieds nus et le cierge allumé en main. Ils porteront des secours aux pauvres, aux malades, aux infirmes ; ils marieront les pauvres filles, visiteront les prisons et feront de nombreuses aumônes.

Chapitre V. — *Des corrections des défaillants* : Si quelque confrère vient à manquer au susdit règlement, il lui sera fait des remonstrances de la part du recteur ; s'il renouvelle il sera déclaré indigne, il sera déchu, et il aura son nom radié, sans qu'il puisse faire jamais partie de ladite compagnie.

Chapitre VI. — *De l'élection des officiers* : Les Pénitents se réuniront tous les ans, la veille de saint Jérôme, qui est le jour de saint Michel, à l'effet d'élire un recteur, un vice-recteur, quatre officiers, six consulteurs, un syndic, un trésorier, un secrétaire, deux sacristains et un maître de chapelle. Ils devront accepter lesdites charges, sans pouvoir les refuser.

Chapitre VII. — *De la lecture desdits statuts* : Ils seront lus tous les mois aux confrères afin qu'ils n'en ignorent.

— Ainsi que nous venons de le voir, et à l'exemple d'ailleurs de toutes les confréries de Pénitents Bleus, la confrérie d'Agen prit pour patron saint Jérôme. C'est ce qui fit donner depuis à la rue qui longeait tout leur établissement le nom de rue saint Jérôme. Décrivons donc leur église, telle que nous la donne la fraction du plan Lomet que nous reproduisons ci-après :

Le quartier où s'installèrent les Pénitents Bleus, et où par conséquent avait été élevée jadis la vieille église de la Madeleine ou des Filles repenties, « qui autrefoys avait servi pour le coullège » fut le quartier Saint-Louis. Leur église A, fort longue et fort étroite, puisqu'elle mesurait trente-six mètres de long sur huit de large, occupait tout le terrain qui s'étend entre la maison P de Monsieur de Parades[1] et la rue du Cat. Elle était divisée en trois travées fort irrégulières, celle du milieu se trouvant à elle seule plus longue que les deux autres réunies. Sur toute la longueur du mur occidental de l'église était adossée une immense galerie, composée de douze arceaux, qui s'ouvraient sur les deux cours C et D, toutes deux également entourées d'arcatures voûtées et formant des quadrilatères inégaux. Ces

---

[1] Cette maison est presque historique. Elle appartenait au XVIIe siècle à la famille de Maurès, qui joua un rôle important dans les annales d'Agen ; puis elle devint successivement la propriété des Malartic, des Gasquet, des Timbrunc-Valence, des Bazon (1787) et enfin des Parades qui la possèdent actuellement.

cours s'étendaient à l'ouest jusqu'au grand jardin des Capucins, dont elles étaient séparées par un mur de clôture assez élevé, au nord jusqu'au jardin de l'hôtel de Valence, enfin au midi jusqu'à

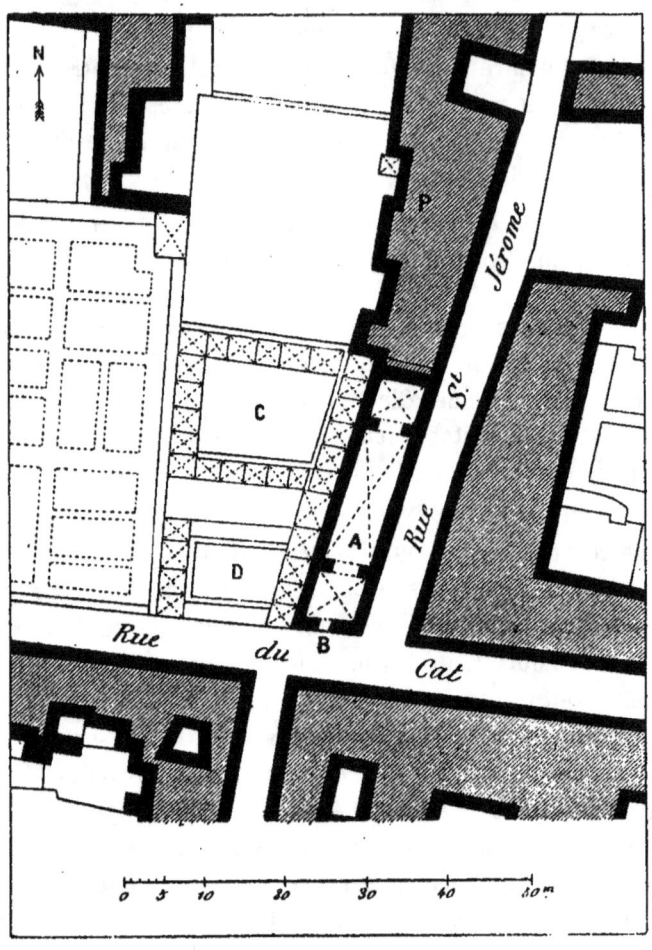

la rue du Cat. Ce vaste emplacement fut divisé en plusieurs lots pendant la Révolution; l'église fut démolie, et cinq ou six maisons particulières ont été bâties à sa place; si bien que lorsque Proché, en 1816, écrivait ses Annales, il pouvait dire déjà de ce terrain « qu'il ne restait plus un seul vestige de ce qu'il avait été autrefois.»

— « Le 23 juin 1601, nous dit Labénazie[1], Monsieur le cardinal de Sourdis, archevêque de Bordeaux, fit son entrée dans Agen. Le clergé le reçut en procession ; le lendemain il porta le Saint-Sacrement aux Pénitents Bleus, où étaient MM. l'Evêque d'Agen et l'Evêque d'Angers, et les six consuls en robe rouge ; quatre consuls portaient le poële. Le soir, les consuls firent un feu à la place. M. le cardinal de Sourdis y mit le feu le premier. M. Jauffrion lui donna le flambeau. Ensuite M. d'Angers y mit le feu ; M. d'Agen ensuite. »

Les détails d'une assez curieuse affaire, relative aux fonctions de maître de chapelle de la confrérie des Pénitents Bleus, nous sont conservés dans les archives de l'Evêché d'Agen[2]. Citons quelques extraits de ce curieux document : « Depuis l'établissement de la confrérie de Messieurs les Pénitents Bleus, dit un mémoire rédigé vers l'année 1670, en faveur de M. de Lasserre, chanoine, demandeur, il est d'usage que certain jour fixé à la veille de la translation des reliques de Saint Jérôme, qui tombe le 8 May, la compagnie s'assemble dans la chapelle pour faire l'élection d'un prieur, d'un sous-prieur, d'un maître de chapelle et d'un trésorier.

« La fonction des officiers élus est de faire en sorte que le service divin, marqué par les statuts, se fasse avec toute l'exactitude et la décence possibles : et pour cet effet le *prieur et le maître de chapelle* suppléent de leur bourse à la dépense qu'il convient de faire au delà de ce que le trésorier peut ramasser des confrères ; et le sous-prieur entre dans cette dépense, mais non pas si considérablement que les deux premiers. Généralement d'ailleurs, on choisit des sujets de distinction pour le rang de prieur et de maître de chapelle, afin qu'ils soient même en état de fournir à la dépense qu'il convient de faire.

« C'est dans cette vue que MM. les Pénitents Bleus élurent, le 8 du mois de mai passé, M. de Lasserre, chanoine, prieur, M. de La Cassagne d'Arasse, maître de chapelle, et M. Daribeau, sous-prieur. Il est à remarquer que tous les confrères de distinction, soit du

---

[1] Labénazie. — Chronique Agenaise.
[2] Archives de l'Evêché. Série F, liasse 45.

clergé, de la robe ou de l'épée, ont esté maîtres de chapelle, mais que le malheur des temps rendant plus rares les personnes qui sont en état de faire de la dépense, on a souvent été obligé de nommer pour prieurs des confrères qui n'avaient pas encore été maîtres de chapelle, n'y ayant point de règlement qui fut contraire, etc.

« Néanmoins M. de La Cassagne prétendit se dispenser d'accepter la charge de maître de chapelle; et soit que la dépense lui fît de la peine, soit qu'il crut qu'on le devait nommer pour prieur, il déclara qu'il n'était point reçu dans la confrérie, et qu'ainsi il ne voulait ni accepter la charge, ni entrer dans la chapelle.

« MM. les Pénitents se rassemblèrent le 13 du même mois, et après avoir examiné le livre des réceptions des confrères, ils auraient trouvé au treizième feuillet que ledit de La Cassagne aurait été reçu en 1665, ainsi que le témoignent plusieurs personnes de distinction qui assurent l'avoir vu souvent parmi les confrères revêtu d'un sac de pénitent. Aussi ont-ils chargé MM. Donnefort, conseiller, et Dufort, médecin, de le prier d'accepter cet emploi. Mais ayant refusé, il est décidé qu'on l'assignera devant le Sénéchal, pour le forcer à accepter les fonctions de maître de chapelle. En attendant on prie M. Lasserre de vouloir cumuler le service. »

L'affaire allait être plaidée. Mais M. de Redon, procureur du Roy, pria M. de Lasserre de faire cesser cette procédure. Les débats continuant entre M. de Lasserre et M. de La Cassagne, M. de Lasserre se soumit enfin à ce que Mgr l'Evêque d'Agen déciderait. « Tout condamne, dit le mémoire, M. de La Cassagne, qui ne peut refuser d'accepter l'insigne honneur qui lui est fait. »

— Peu de temps après, en l'année 1688, surgit une contestation des plus graves entre les trois confréries de Pénitents. L'honneur de porter le Saint Sacrement à la procession ayant été attribué cette année aux Bleus, nous croyons devoir ici, à titre de curiosité, reproduire les détails de cette affaire, ainsi racontée par Labénazic, qui en fut témoin [1] : « La mission du Père Honoré (novembre 1688) fit naître une contestation entre les trois compagnies des Pénitents

---

[1] Labénazie. — Chronique Agenaise.

de la ville. Après avoir fait faire séparément la procession des filles et des femmes, il souhaita que les Pénitents marchassent. Le rang de la marche fit la même contestation qu'à l'enterrement de Mgr Claude Joly, évêque d'Agen [1]. Les Pénitents Blancs, qui avaient été, l'année de la mort de M. Joly, au rang de porter le Saint-Sacrement et qui l'avaient porté, prétendirent d'avoir les honneurs en octobre, soutenant qu'ils devaient les avoir toute l'année.

« Les Pénitents Gris, qui devaient le porter l'année suivante, prétendirent que l'honneur leur appartenait, et que, la procession ou le jour de cette cérémonie fini, l'honneur appartenait à ceux qui devaient porter le Saint-Sacrement.

« La chose fut décidée en faveur des Pénitents Gris; mais les Pénitents Blancs ne voulurent pas acquiescer au règlement que fit le chapitre, ce qui troubla la cérémonie de l'enterrement de ce grand Evêque. Les Compagnies se battirent scandaleusement. M. de Mascaron, pour remédier à un pareil désordre pour l'avenir, régla que l'année du poële et des honneurs commencerait dès la procession finie. L'octave se prêche et se fait dans l'église de celui qui doit porter l'année après le Saint-Sacrement, conformément à ce qui se pratique parmi les deux chapitres.

« Ainsi, comme les Pénitents Bleus devaient porter le Saint Sacrement l'année 1689, et que les Pénitents Gris l'avaient porté l'année 1688, l'honneur fût adjugé aux Bleus, et il fut réglé que les Pénitents Gris marcheraient les premiers, suivant l'ordre de la procession du Saint-Sacrement où de la queue on vient à la tête, tellement que les hommes sont préjugés en faveur de la Compagnie qui doit porter le Saint-Sacrement, dès le jour que la solennité de la procession a été faite.

« Le règlement fut fait en présence des députés des trois Compagnies que M. l'Evêque convoqua chez lui le 15 décembre 1688. Ce règlement fut exécuté le 30 décembre 1688, et en conséquence les Pénitents Gris marchèrent les premiers, comme ayant eu le poële l'année auparavant; les Blancs suivirent la compagnie des

---

[1] 21 octobre 1678.

Gris; les Bleus, qui étaient au rang de porter le Saint-Sacrement, les derniers. Chaque Compagnie portait les instruments de la Passion : les Bleus portaient la croix, dont le plantement fut fait à la Porte-Neuve. Après les Compagnies des Pénitents venaient les veuves de la ville, précédées de deux tableaux de la descente de la Croix; ensuite venaient les Capucins en ordre de procession, portant chacun une croix; après eux les Consuls de la ville et une foule innombrable de peuple; ils portaient chacun une croix ou un petit crucifix. En cet ordre, la procession qui sortait de Saint-Etienne suivit le long de la rue de Garonne, continuant sa route dans la rue de l'Ave-Maria, ensuite le long des murs des religieuses de l'Annonciade, se rendit à la Porte-Neuve, où le père Honoré prêcha et la croix fut plantée. »

Nous avons retrouvé aux Archives départementales de Lot-et-Garonne [1] le cahier des délibérations des assemblées des Pénitents Bleus, de l'année 1752 à l'année 1791. Seule est intéressante la liste des trois officiers nommés dans l'assemblée générale, qui se tenait ordinairement à la date du 8 mai de chaque année. La voici :

— Assemblée du 8 mai 1752. Sont nommés : MM. de Charrière, prêtre, docteur en théologie, curé de Saint-Victor, prieur; Dutrouil, négociant, sous-prieur; Pierre Proupain, chanoine théologal, maître de chapelle; Mandiberon fils, trésorier.

— 8 mai 1753 : MM. Defaure de Lagarde, écuyer, prieur; Nodigié, prêtre, sous-prieur: de Lachèse, conseiller du Roy, maître de chapelle.

— 1754 : MM. de Redon, ancien lieutenant général, prieur; l'abbé Toulouse, sous-prieur; Daurée de Prades, chevalier de Saint-Louis, maître de chapelle. Ont signé : MM. Dépau, Dauson, Monthus, Charrière de Molynier, Toulouse, Violty, Daribau, Mandiberon, Lauzun, Nebout, Paulmier, Bouzeran.

— 1755 : MM. Barbier de Lasserre, chanoine, prieur; Lartigues, sous-prieur; Lassalle de Brimond, maître de chapelle.

---

[1] Série E, 55.

— 1756 : MM. Darribeau, conseiller à l'élection, prieur; Delrieu, procureur, sous-prieur; de Douzon, aîné, maître de chapelle.

— 1757 : MM. Montus, prieur ; Paquier, sous-prieur; de Secondat, capitaine de cavalerie, maître de chapelle [1].

— 1758 : MM. Proupain, prieur ; Leignac, sous-prieur; l'abbé de Grossolles, maître de chapelle.

— 1760 : MM. Proupain, théologal, prieur; Molinier, prébendier de Saint-Etienne, sous-prieur ; de Lachèse, conseiller du Roi, maître de chapelle.

— 1761 : MM. Daribeau, lieutenant principal, prieur ; Paquin, sous-prieur; de Lassalle, maître de chapelle.

— 1762 : MM. Montus, prieur; Delrieu, sous-prieur; Nodigier, vicaire de Saint-Etienne, maître de chapelle.

— 1763 : MM. Defaure de Lagarde, prieur; Serret, sous-prieur ; Saint-Laurens de La Cassagne, maître de chapelle.

— 1764 : MM. Gardette père, prieur; Gardette Bordeneuve, sous-prieur ; Bonhomme de Pommaret, curé de Cardonnel, maître de chapelle.

— 1765 : MM. J.-B. Daribau, prieur; Dutrouil cadet, sous-prieur ; Bertin de Tauzia, maître de chapelle.

---

[1] Voici la liste, en 1757, de la plupart de Pénitents Bleus d'Agen : MM. de La Serre, chanoine et archidiacre ; Dauzon, chanoine de la Collégiale ; de Redon, écuyer, seigneur des Fosses ; de Castelnau, écuyer ; de Laville, secrétaire du Roy, conseiller ; Lartigue, prébande ; Toulouze, prébande ; l'abbé Molinier, prébendier ; Mazet, consul ; Daribau, grand père ; Laroche, commis de M. Gennon; Laigniac, marchand; Durand, ayné; Dutrouilh, ayné; Foursan fils ; Daribau petit-fils ayné ; Gardelle, bourgeois ; Delbouy, marchand ; Derville, marchand ; Rivière, marchand ; Laroche Lafargue, marchand ; les deux fils de Gimbre et le neveu ; Sebastien fils ; Guillemet ; Vigneau fils ; Costobadère ; Magen cadet ; Pigounet, aubergiste ; Bouzeran fils ; Fairé, sellier ; Pierre Delprat, charpentier ; Danflous, maçon ; La Conduitte, chapelier ; Philip Camy ; Jean Dumon, boulanger ; Duran fils ayné, meunier ; Antoine Faucon, cloutier ; Raimon Gensely, tourneur ; Pierre Benchar, tourneur ; Jean Nebout, menuisier ; Antoine Bétoulières ; Magen ayné père ; Lassalle de Brimont.

— 1766 : MM. Lassalle de Brimont, prieur; Aymond, sous-prieur; de Lagoute, maître de chapelle.

— 1767 : MM. Nodigier aîné, prieur; Courson, sous-prieur; Dancelin, maître de chapelle.

— 1768 : MM. Laclaverie père, jurat, prieur; Leyniac, sous-prieur; Delrieu, curé de Cours, maître de chapelle.

— 1769 : MM. de Laville, lieutenant général, prieur; Gardette fils, procureur, sous-prieur; Cazabonne de La Joncquière, avocat général, maître de chapelle.

— 1770 : Bonhomme de Pommaret, curé de Cardonnet, prieur; Delrieu, sous-prieur; Meja, lieutenant principal, maître de chapelle.

— 1771 : MM. l'abbé Ortegal, prieur; Bories, sous-prieur; de Montforton, maître de chapelle.

— 1772 : MM. Douzon, chanoine de la collégiale, prieur; La Claverie, orfèvre, sous-prieur; de Saint-Philip, lieutenant général, maître de chapelle.

— 1773 : Pas d'élections.

— 1774 : MM. Mazet, prieur; Dorville, sous-prieur; de Laprade, écuyer, maître de chapelle.

— 1775 : Pas d'élections.

— 1776 : MM. Dancelin, écuyer, prieur; Nodigier, sous-prieur; Sabaros Du Bédat, maître de chapelle.

— 1777 : MM. Forcan, prieur; Menne, négociant, sous-prieur; Fonfrède fils, médecin, maître de chapelle.

— 1778 : Pas d'élection.

— 1779 : MM. Delrieu, prieur; Faucon, sous-prieur; Saiges, curé de Saint-Andrieu, maître de chapelle.

— 1780 : MM. Serret, curé de Moncau, prieur; Casse, sous-prieur; Fabre, hebdomadier de la cathédrale, maître de chapelle.

— 1781 : MM. de Laprade, prieur; Mouchet, sous-prieur; Darribeau, maître de chapelle.

— 1782 : MM. Barrié, prébende de Saint-Etienne, prieur; Gimbrède, sous-prieur; l'abbé Illy, maître de chapelle.

— 1783 : MM. Molinier, prêtre de Saint-Etienne, prieur; Gimbrède, humaniste, sous-prieur; l'abbé Rouby, maître de chapelle.

— 1784 : MM. l'abbé de Grossoles, prieur; Raymond Goux, sous-prieur; de Laurière, baron de Moncaut, maître de chapelle.

— 1785 : MM. Dutrouilh aîné, prieur; Corties, sous-prieur; Armand de Rissant, écuyer, maître de chapelle.

— 1786 : MM. Pasquier, consul, prieur; R. Goux, sous-prieur; Alexandre-Joseph de Sarrau d'Arasse, curé de Saint-Vincent, maître de chapelle.

— 1787 : MM. Sabaros Dubedat, prieur; Goux, sous-prieur; le comte de Lacépède, colonel de cavalerie, maître de chapelle.

— 1788 : Pas d'élections.

— Le 24 mai 1789 fut tenue une réunion générale où on décida que, comme à Toulouse, on substituerait au sac bleu, que les Pénitents avaient porté jusqu'ici, le sac blanc, toutefois avec le cordon bleu en soie ou en laine, et non plus en fil, et le baton bleu. Les batons, armoieries, croix, voiles, dais, etc., resteraient les mêmes. Requête en sera présentée à l'Evêque par MM. du Bedat, le chevalier de Saint-Philip, Lespès et Castelnau. Elle fut aussitôt accordée par Mgr de Bonnac.

— Quand la Révolution arriva, les confréries de Pénitents subirent le même sort que les Ordres religieux. Pas plus qu'eux elles ne furent épargnées par la tourmente. La dernière réunion générale des Pénitents Bleus eut lieu le 3 août 1791. Leur église devant être, selon le vœu de l'assemblée départementale, convertie en succursale, et la Confrairie, ainsi que nous le verrons à propos des Pénitents Blancs, ayant accepté l'offre du département, il fut procédé à la liquidation de ses dettes, dont le montant s'élevait à la somme de 1,079 livres, 10 sols, 6 deniers. Les derniers Pénitents Bleus qui signèrent le procès-verbal furent : MM. Menne, Danflous, Derville, Castelnau, Labarthe, Lagrave, Plantevignes, Foulon, Bergès, Rouby et Lespès.

Le 23 octobre 1792, il fut procédé par l'autorité municipale à l'estimation des maisons et emplacements appartenant aux Pénitents Bleus. Les diverses bâtisses, y compris l'église, furent estimées, en capital, 5,952 livres; le jardin, d'une superficie de 252 toises, 6048 livres : ce qui fit pour tout l'ensemble du couvent, la somme totale de 12,000 livres [1]. Une autre estimation de l'église et de la sacristie, en vertu d'une seconde soumission, fut faite le 9 messidor, an IV. D'après ce document, sa longueur mesurait 19 toises ; sa largeur, 4 toises et 4 pieds ; sa superficie totale, 88 toises, 4 pieds, sur 4 toises, 2 pieds de hauteur réduite. Les experts la portèrent à la somme de 5,400 livres, soit 300 livres de revenus [2].

Les ventes continuérent de la sorte pendant quelques années. De nombreux lots furent formés, et peu à peu des maisons privées, qui y sont encore aujourd'hui, s'élevèrent sur tout cet emplacement. Dans une de ses notes, Proché nous dit que les Pénitents Bleus venaient de commencer à leur église d'importantes réparations et d'y placer un maître-autel fort remarquable, lorsque ils furent dépouillés de tout par la Révolution. « L'autel, ajoute-t-il, est maintenant (1815) dans une des chapelles de l'église de Laplume, où il fut transporté par les soins de M. Vivens, curé de cette ville qui l'acheta [3]. »

II. — LES PÉNITENTS BLANCS

Nous avons déjà dit au cours de ce travail, dans le chapitre que nous avons consacré aux Antonins d'abord, puis aux Bénédictins, que c'est au Prieuré de Saint-Antoine que s'établirent, peu de temps après leur fondation, les Pénitents Blancs. Abandonné par l'abbaye de la Grande Sauve à laquelle il appartenait, menaçant ruines de toutes parts, cet antique monastère fut donné par Mgr l'Evêque à la nouvelle confrérie, en récompense de son zèle et de sa foi religieuse. C'est dans son église que les Pénitents Blancs célébrèrent leurs offices jusqu'au moment de la Révolution. Nous prions, en conséquence, nos lecteurs de vouloir bien se reporter au chapitre

---

[1] Archives départementales. Biens Nationaux.
[2] Idem.
[3] Proché. Notes manuscrites.

premier de cet ouvrage, où se trouve le plan détaillé de l'église et des bâtiments qui devinrent la propriété de cette confrérie.

Dans toutes les cérémonies importantes des xvii⁰ et xviii⁰ siècles, processions solennelles, *Te Deum*, enterrements etc., figurent les Pénitents Blancs. Souvent même ils sont nommés pour un legs plus ou moins considérable dans les testaments des personnages illustres de la ville d'Agen.

En 1623, une indulgence plénière et générale sur parchemin est accordée par le Souverain Pontife à la confrérie des Pénitents Blancs d'Agen, en raison de son zèle et de sa charité [1].

Plus tard, lorsque mourut, le 26 juillet 1767, Mgr de Chabannes, les Pénitents Blancs, à la confrérie desquels il appartenait, firent prononcer dans la rue Saint-Antoine son oraison funèbre par Monsieur Laboubée, curé de Lafite. L'orateur prit pour texte de son discours l'épitaphe suivante qui fut gravée sur la tombe de ce digne prélat : « *Eram ingeniosus et sortitus sum animam bonam*. Sap. Cap. 8, vers. 19 »[2]. C'est lui, d'ailleurs, qui durant son épiscopat, réglementa, le 17 mai 1744, la confrérie des Pénitents Blancs. Voici le résumé de ce règlement, conservé encore aux Archives de l'Evêché d'Agen, qu'il étendit du reste dans la suite aux deux autres confréries :

Le but de la confrérie est : « La gloire de Dieu dans le Très-Saint Sacrement de l'autel, la charité envers les confrères indigents et infirmes, les avis et pieuses exhortations à l'heure de la mort, la décence dans les inhumations, les prières et l'offrande du très saint sacrifice pour le repos de l'âme des confrères défunts, l'édification mutuelle. »

Les confrères doivent être catholiques et nourrir des sentiments religieux. La confrérie n'a comme ressources que les offrandes volontaires au moment de la réception et une rétribution annuelle qui ne peut être moindre d'un franc. Elle est régie par un prieur, un maître de chapelle, un sous-prieur, un Conseil d'administration.

---

[1] Archives de l'Evêché. F, liasse 40.
[2] Labrunie. Abrégé Chronologique.

Le prieur est le directeur et le chef chargé de tout ce qui intéresse l'honneur et la propriété du corps. Le maître de chapelle s'occupe du chant, des cérémonies, des invitations. Le sous-prieur supplée le prieur. Le Conseil d'administration se compose de dix membres, plus d'un secrétaire et d'un trésorier. Il y a aussi un maître des cérémonies, un maître de musique, un aumônier, des sacristains, etc. La Compagnie possède une caisse alimentée par les arrérages annuels, les quêtes, les dons volontaires. Elle est sous l'invocation de Saint Jean-Baptiste dont elle célèbre la fête en grande pompe. Les confrères doivent également avec leurs sacs et bâtons assister en corps à la procession de la Fête-Dieu, visiter le Jeudi-Saint les monuments, se rendre chaque année à Bon-Encontre, etc.

Ces statuts qui régirent la confrérie des Pénitents Blancs jusqu'à la Révolution furent approuvés également le 4 mai 1826, et ils furent appliqués par les confréries modernes jusqu'à leur dissolution.

Les Archives départementales de Lot-et-Garonne (Série E, 54) nous ont, comme pour les Pénitents Blancs, conservé le dernier registre des délibérations des Pénitents Blancs avant la Révolution. Il va de l'année 1785 à l'année 1792. C'est « le livre pour servir aux délibérations qui seront prises pour la nomination des officiers et sacristains de ladite confrérie et pour les autres usages de ladite Compagnie », tels que la distribution des trois clefs du trône, la vérification des comptes, l'acquit des différentes dettes, la vente des objets sacrés. Ce livre « est tenu, coté et paraphé par Guillaume Marchant, conseiller du Roi au bureau de l'élection d'Agen ». Jetons-y un rapide coup d'œil.

Le 27 juin 1785, assemblée générale des Pénitents Blancs à l'effet de nommer les trois officiers qui devront entrer en exercice jusqu'au 23 juin suivant. Sont désignés MM. l'abbé Cousin, chanoine de la Cathédrale et syndic du clergé, prieur; Félix Illy, négociant, sous prieur, et Uchard, lieutenant particulier au sénéchal d'Agen, maître de chapelle. Ont signé : MM. Marchant, Lamouroux aîné, Mathieu, Labrunie, Lacuée, Moustafa, Cruzel, Proché, Lavergne, Ducasse, Carrière, Brue, Lavergne, Cousin, Illy, Uchard.

Le 23 juin 1786, autre assemblée générale. Sont nommés : MM. Labrunie, bourgeois, prieur; Beyne fils, secrétaire de la subdélégation, sous prieur; Martinelli, prêtre, docteur, curé de Saint-Vivier, maître de chapelle.

Le 21 janvier 1787, une assemblée générale extraordinaire est tenue où M. de Lacuée, l'un des confrères, qui dans son testament avait légué une somme de cent livres à la Confrérie, veut bien, voyant que la chapelle a besoin de réparations urgentes, anticiper sa libéralité, et aux cent livres promises ajouter dès à présent celle de vingt livres. Assistent à la réunion : MM. Lacuée, Martinelli, Fabre, Colombié, Lafargue, Gasc, Labrunie, Mouillac, Proché, Moustafa, Sicard, Bonis, Bru, Broca, Ratery, Carrière, Cruzel, Mathieu, Lavigne, Bonnet.

Le 23 juin 1787, sont nommés : MM. Tarry, consul et négociant, prieur; Carrié, procureur, sous prieur; Pélissié jeune, conseiller du Roi, consul et négociant, maître de chapelle.

Le 23 juin 1788 : MM. de Ratier, écuyer, prieur; Moustafa, sous-prieur; de Grave, chanoine de la Cathédrale, maître de chapelle.

Le 23 juin 1789 : MM. Moustafa, oncle, prieur; Bonnet, notaire royal, sous prieur; Defaure de Chant d'Aouzel, écuyer, maître de chapelle.

Le 23 juin 1790 : MM. Cruzel, bourgeois, prieur; Proché, maître ès-arts, sous-prieur; Argenton, curé, maître de chapelle.

Enfin, le 23 juin 1791 : MM. Bory, président du tribunal judiciaire du district d'Agen, prieur; Géraud, sous-prieur; de Raymond, maître de chapelle.

Le 25 juillet 1791, eut lieu, dans l'église des Pénitents Blancs d'Agen, une réunion générale des trois confréries des Pénitents, à l'effet de prendre une décision sur la lettre que les officiers administrateurs du département leur avait écrite, et « portant invitation à consentir à ce que les trois églises desdites compagnies soient destinées à servir de succursales, sans nuire aux fonctions que les Compagnies sont dans l'usage d'y exercer pour leurs offices particuliers. » Les délégués des Pénitents Blancs étaient : MM. de Chateaurenard, Marchant, Lamouroux aîné, Proché, Bonnet et Chaudordy. Ceux des Pénitents Bleus étaient : MM. Menne, Lanes, Gimbrède, Rouby jeune, Faucon, Derville, Lagrave et Danflous. Enfin, ceux des Pénitents Gris étaient : MM. Chaubard, Dubois, Seignié, Boé, Belbèze et Amblard.

« Il a été unanimement résolu que les sentiments de patriotisme dont les membres de toutes les Compagnies sont animés, leur zèle pour le service du culte et leur déférence au vœu particulier du département, devaient les porter à adhérer avec joie aux moyens que le Directoire du département propose d'établir, à moindres frais possibles, dans la ville d'Agen, le nombre de succursales nécessaires, en fixant le service desd. succursales dans les chapelles des trois confréries. » Néanmoins quelques réserves sont faites pour indemniser les confréries des réparations et embellissements qu'elles ont eu à effectuer dans leurs églises.

Les Pénitents Blancs tinrent leur dernière séance générale le 14 octobre 1792, « l'an IV de la Liberté et le Ier de la République. Le citoyen Raymond Bory, dernier prieur en exercice, a pressenti la loi du 18 août dernier, relative à la suppression des congrégations séculières et des confréries, qui lui a été envoyée par le procureur syndic du district de cette ville avec une lettre en date du 4 de ce mois, par laquelle les administrateurs le chargent de donner connaissance à tous les membres de la Confrérie de la teneur des dispositions qui sont contenues dans cette loi. La Confrérie déclare, après lecture faite, accepter avec respect et soumission la suppression qui la concerne et portée par l'article premier du titre Ier de ladite loi. En conséquence, pour se conformer à l'article 17 du titre V, qui porte que les municipalités dresseront un inventaire de tous les mobiliers des confréries et associations supprimées, a arrêté que le trésorier continuerait de conserver en sa garde les ornemens et vases sacrés de ladite chapelle pour les représenter à la municipalité lorsqu'elle se rendra pour procéder à cet inventaire, etc. » Ont signé : MM. André Moustafa, Rivière, Bory, Gasc, Girard.

L'année suivante, l'église des Pénitents Blancs ne servait déjà plus au culte. Elle avait été transformée, avec ses modestes dépendances, en un atelier communal de salpêtre. En même temps, la municipalité procédait, le 7 messidor an IV, à son estimation totale. Le procès-verbal nous décrit ainsi l état du vieux prieuré de Saint-Antoine à cette époque. « Il consiste en une église, jardin, basse-cour, décharges, provenant du ci-devant prieuré sis rue Saint-Antoine et rue Caillou, confrontant : du levant, à jardin du citoyen Caumont ; du midi, à rue S. Antoine, maison de Lécussan et veuve Tarry ; du couchant, à jardin du citoyen Laffite ; du nord, à la rue Caillou et maison de Cabagnac et jardin dudit Caumont. Lequel batiment est composé, dans le rez de chaussée, de deux petites cours, un petit jardin, l'ancien corps de l'église, le cloître, une grande salle, sacristie, une petite décharge, quatre chambres, une écurie et deux escaliers dont un desquels n'est pas fini. Au premier étage sont six chambres, une galerie, enfin trois mauvais greniers. Le tout est construit en murs bâtis avec chaux et sable, et en assez bon état quant à la solidité, mais très peu propre à loger. Il a vingt toises de longueur réduite et treize de largeur. Total : 260 toises de superficie, sur 4 de hauteur ». L'ensemble des bâtiments fut estimé 9,000 livres soit 500 livres de revenus annuels [1].

Plus tard, tout cet emplacement fut divisé en plusieurs lots qui furent vendus à différents particuliers. Le grand boulevard le traverse aujourd'hui en partie, et les rues adjacentes qu'on y a percées empêchent de retrouver la moindre place de l'ancienne résidence des Pénitents Blancs.

III. — LES PÉNITENTS GRIS

Les Pénitents Gris, ainsi nommés parce que leur sac était entièrement gris, s'établirent à Agen à la même époque que leurs confrères les Bleus et les Blancs, c'est-à-dire vers l'année 1600, grâce à l'initiative et à la protection du fougueux évêque Nicolas de Villars. C'est ce prélat ligueur qui, ne pouvant leur donner une chapelle à

---

[1] Archives départementales. Biens Nationaux.

leur convenance, les mit en rapport avec le Grand Prieur de l'ordre de Malte de Toulouse, Raymond de Gozon-Melac, qui était en même temps commandeur du Temple de Brulhes en Agenais et par suite de Sainte Quitterie d'Agen. Et malgré la protestation des trois luminiers de cette chapelle agenaise, il fut convenu, le 24 octobre 1601, que les Pénitents Gris « qui n'avaient pas de chapelle, auraient la pleine et entière jouissance de l'église de Sainte Quitterie et pourraient en disposer comme ils l'entendraient pour l'exercice de leur culte, à la condition de se charger de toutes les réparations à faire[1]. »

Les Pénitents Gris s'installèrent donc, à leurs débuts, dans la vieille église des anciens Chevaliers du Temple, dont nous avons déjà fait l'historique au chapitre II de ce travail sur les anciens Couvents d'Agen. Nous prions nos lecteurs, désireux d'en connaître l'aménagement, de vouloir se reporter au plan spécial que nous avons reproduit à cet endroit. Du reste les Pénitents Gris ne firent qu'un court séjour dans cette triste demeure. Car, dès l'année 1632, ils résilièrent leur bail avec les Chevaliers de Malte, et ils vinrent s'installer à la Fon Nouvelle, contre le Couvent du Chapelet, entre l'église Saint-Caprais et les Augustins. Ils y sont restés jusqu'à la Révolution.

« L'an 1632, nous dit en effet Labénazie dans sa Chronique Agenaise, les Pénitents Gris ont commencé de bastir l'église qu'ils ont à la Font-Nouvelle. C'est une des églises les plus ornées d'Agen avec un fort beau rétable tout doré. Elle fut achevée l'an 1633. Ce rétable, dit-il dans ses manuscrits, fut doré l'an 1655, moyennant la somme de 1,200 livres, spécifiée par contrat. »

D'un autre coté cependant Malebaysse affirme dans sa chronique que ce ne fut « que le 26 Mai 1636 que MM. les Pénitents Gris commencèrent à batir leur église. Elle fut achevée le 24 août audit an, excepté le carellement et le lambris; et le lendemain, la fête de saint Louis, patron de ladite église, y fut célébrée avec beaucoup de solennité. »

---

[1] Archives départementales de la Haute-Garonne. Dossier Sainte-Quitterie, liasse III.

Ainsi qu'on peut le voir dans la fraction ci-jointe du plan Lomet, les Pénitents Gris occupèrent de 1632 à la Révolution l'emplacement compris entre la rue des Augustins au nord, la rue Fon-Nouvelle à l'est, le jardin et la maison de M. Rotch Barsalou au midi, et les jardins de M. Loubet à l'ouest, qui appartenaient autre-

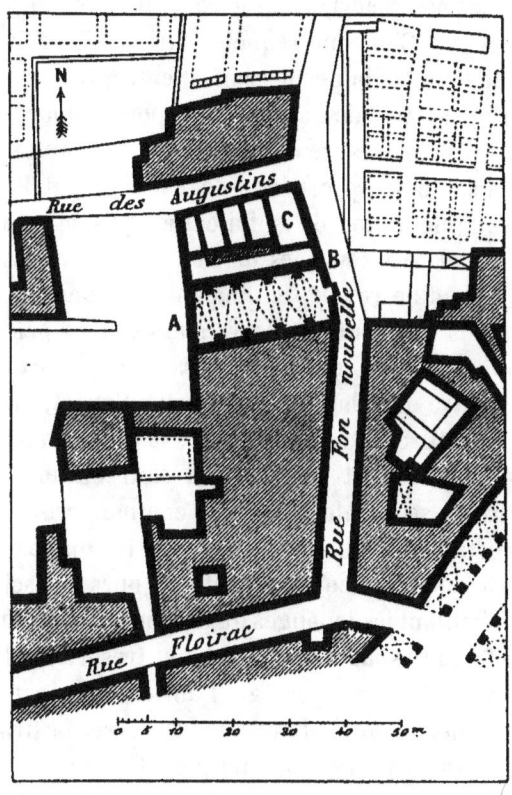

fois, en 89, à M. Cazabonne. L'église A, qui ne comportait aucune ornementation extérieure, était un simple parallélogramme de 25 mètres de long sur 12 de large. Elle comprenait à l'intérieur cinq travées irrégulières et avait sa porte d'entrée B, à l'est, dans la rue Fon-Nouvelle. Un batiment, C, y était attenant au nord. Il comprenait à l'intérieur quatre arceaux reliés entre eux par de forts piliers qu'on retrouve encore. Ce bâtiment, où d'ordinaire se réunissaient les Pénitents, existe encore aujourd'hui et sert d'écurie et de remise à M. Rotch Barsalou. On peut même lire sur sa porte d'entrée la date de 1732 qui a été conservée. Quant à l'église, dont on aperçoit encore vaguement la porte donnant sur la rue Fon-Nouvelle, elle a été entièrement démolie pour agrandir le jardin.

Nous trouvons aux archives de l'Evêché [1], à la date du 22 avril 1703, une pièce assez curieuse, intéressant la confrérie des Pénitents Gris d'Agen. C'est une requête adressée à l'Evêque d'Agen afin de lui demander la permission d'entreprendre en corps le voyage de Notre-Dame de Garaison [2]. « pour implorer les lumières qui leur sont nécessaires, se comporter en véritables Pénitents, y prier pour la santé et prospérité de Notre Saint Père le Pape, l'évêque et l'augmentation de la foi catholique, apostolique et romaine, la prospérité des armées du Roi, la conservation de sa personne et de la famille royale, et finalement pour l'extirpation de l'hérésie. » Tous les Pénitents devront assister au pèlerinage, contrits et humiliés. Matin et soir il sera fait une exhortation par M. Bedeau, maître de chapelle. Le sieur Seynet, trésorier, fera préparer la nouriture nécessaire et les communautés religieuses devront prêter maisons et hospices. A Notre-Dame de Garaison tous les confrères se confesseront et communieront. On pourra obtenir des certificats de bonne conduite. Puis on se retirera dans le même esprit religieux, en observant toujours la discipline la plus sévère et en chantant les louanges du Seigneur. Ont signé : Laclaverie prieur, Bonnet sous-prieur, Seynet trésorier, Costa, Pezet, Lafaugère, Vivès, Massias, Corrège, Lauriol, Pouzergues, Laroche, Richefort, Fournier, Fontès, Labrunie, Carayre, Lestrades, Boussès, Castex, Naissant, Dancelin, Bousquet, Goulard.

A la date de 1702, nous voyons aux archives de l'Evêché [3] que « les officiers de la Compagnie des Pénitents Gris remontrent très humblement à Monseigneur l'Evêque que, la cloche de leur chapelle

---

[1] Archives de l'Evêché. Série F. liasse 48.
[2] Canton de Monléon-Magnoac, Hautes-Pyrénées.
[3] Série F. liasse 48.

étant fêlée, ils l'ont fait jeter, ayant une croix et l'image de la sainte Vierge et les armes de la Compagnie, qui sont les armes de France; avec une telle inscription : *Fusa anno Christi* 1702, *curâ DD. Jacob Deschamps, prioris, Guillelmi Paychery sub-prioris, Caroly Fabres, ecclesiæ præfecti, Arnaldi B... custodis ærarii, benedicta in honorem sancti Ludovici et sanctæ Mariæ Ægiptiacæ, assistentibus domino de Sancti Gilis et domina Jacobea de la Crose*; et comme le premier jeudi de carême, l'office divin doit être fait dans la chapelle et que d'ailleurs, il doit y avoir sermon, et qu'ainsi il est bon et pieux que la cloche soit bénite pour assembler les fidèles à entendre la parole de Dieu, qui est un des principaux motifs pour lesquels les cloches ont été inventées, à l'imitation des trompettes au bruit éclatant desquelles le peuple Juif était convoqué pour apprendre les ordres du Seigneur, les supplians ont recours à Votre Grandeur, aux fins qu'il lui plaise commettre tel prestre qu'elle trouvera à propos pour faire la bénédiction de ladite cloche; et ils continueront leurs prières à Dieu pour la santé et prospérité de Votre Grandeur. Signé : Fabres, maître de chapelle. » Il fut donné acte de cette requête, et M. Armand de Sevin, curé de Saint-Etienne, fut désigné pour dresser le procès-verbal, bénir la cloche et présider la cérémonie.

La mort de Mascaron, qui eut lieu l'année suivante, retarda-t-elle cette fête? Nos annalistes se sont-ils simplement trompé de date ? Bref, nous lisons dans Labénazie, aussi bien dans sa Chronique Agenaise que dans le tome II de son précieux manuscrit [1], que ce ne fut que le 26 novembre 1708 « que Mgr Hébert, évêque d'Agen, bénit la cloche des Pénitents Gris ; M. de Rossel, lieutenant général des armées du Roi et commandant dans Agen, fut parrain, et Madame Richard, marraine. »

La Révolution dispersa les Pénitents Gris comme les autres confréries de Pénitents. Dans « l'Etat des batiments et édifices nationaux invendus » du 14 Vendémiaire an III [2], nous lisons « qu'un atelier de réparations d'armes a été établi dans l'église des ci-

---

[1] Manuscrit, t. II, livre V, ch. XX, p. 571.
[2] Achives départementales. Biens Nationaux.

devant Pénitens Gris, mais qu'il vient d'être supprimé. L'église à cette date n'a encore reçu aucune destination. »

Néanmoins Proché nous apprend que, peu de temps après, la Société Populaire d'Agen, qui avait tenu ses premières séances dans l'ancienne église du Collège, rue Grand-Horloge, adopta l'Eglise des Pénitents Gris, en même temps qu'il fut décidé que cette même église servirait également de Temple à l'Etre suprême. Mais elle ne subit pas longtemps cette profanation. Car elle fut vendue, dès l'an V, comme bien du cy-devant clergé. En vertu d'une soumission, le procès-verbal d'estimation de tout le local fut dressé le 6 vendémiaire, an V. « Il consiste en un bâtiment et jardin, situés rue Fon Nouvelle et des Amis de la Constitution, confrontant, du levant à rue Fon Nouvelle, du midi à grange et écurie du citoyen Gounon, du couchant à jardin du citoyen Cazabonne et du nord à rue des Amis de la Constitution. Lequel édifice est composé d'une église, un grand corridor, deux chambres, une sacristie et un petit jardin. La longueur du batiment est de treize toises, sa longueur de douze. La superficie totale est de cent cinquante-six toises. Valeur: 5400 livres. Revenu annuel: 300 livres[1].

— Notre chapitre sur les trois confréries de Pénitents, qui s'établirent autrefois à Agen, serait incomplet, si nous n'indiquions pas en terminant quels furent les essais de réorganisation au commencement de ce siècle. Encore une fois laissons la parole à Proché, qui, témoin occulaire et par suite beaucoup mieux informé que nous, rend compte dans ses Annales de ce qui se passa en l'année 1800 : « Lorsque le calme eut succédé à l'orage et que le libre exercice des cultes fut rétabli, les Pénitents cherchèrent à se rétablir et à reprendre leurs anciennes fonctions. Les trois compagnies s'assemblèrent donc chacune de leur côté, et pensant bien que personne ne les blâmerait de faire revivre des établissements dont le

---

[1] Archives départementales. Biens Nationaux.

but était de réciter l'office divin, de secourir leurs confrères indigents, de les veiller dans leurs maladies et de les ensevelir après leur mort, ils s'attachèrent aux églises qui leur convenaient le mieux. *Les Blancs* choisirent l'église Saint-Hilaire, parce que la plupart de leurs confrères sont dans cette paroisse. *Les Bleus* se retirèrent à la chapelle du Bourg, où se faisait provisoirement le service de Saint-Etienne, et où ils se retirèrent jusqu'à ce que l'église des ci-devant Dominicains eut été réparée et ouverte aux fidèles, après avoir été consacrée sous le nom de Notre-Dame. *Les Gris* firent leurs offices à Saint-Caprais jusqu'à ce que Sainte-Foi fut en état de recevoir l'exercice du culte. Depuis ce temps-là, c'est-à-dire depuis la fin de 1800, les trois compagnies sont encore dans les mêmes églises [1]. Peu de temps après, elles hasardèrent de reprendre leurs sacs, d'abord pour les sépultures, et ensuite dans leurs processions. Elles furent même admises à celle que fait le Chapitre le jour de la Fête-Dieu, à laquelle elles assistent encore et marchent après le corps des métiers. Cependant, ils ne sont que tolérés par Mgr l'évêque Jacoupy, qui ne peut pas les autoriser. Ce Prélat, ainsi que deux préfets, MM. Peyre et de Villeneuve, ont souvent écrit au ministre des cultes pour l'informer de l'état des choses et lui demander son avis relativement aux Pénitents, mais en même temps ils ont toujours donné des notes favorables sur leur compte. Aussi le ministre n'a jamais exigé l'éxécution rigoureuse de la loi à leur égard et a laissé à M. le préfet la faculté de les laisser exister, tant que l'ordre public ne serait pas compromis. Si des malveillants ou de ces personnes inquiètes qui voudraient abolir tout ce qui tient à la religion lui ont écrit contre eux, les lettres ont été renvoyées à M. le Préfet, qui n'en a fait nulle suite. »

Voici également de Proché, les quelques notes qu'il consacre dans le cours de son récit aux Pénitents : « Le 8 mais 1814, les trois compagnies de Pénitents de la ville d'Agen chantent le *Te Deum*, au sujet de l'heureux évènement qui a rétabli la famille de Bourbon sur le trône de France. Les Blancs et les Gris se sont

---

[1] Proché écrivait ces lignes en 1815.

rendus à cet effet dans l'église de Notre-Dame, où les Bleus, qui se trouvent en année de poêle, font leur service. »

« Le 15 juillet 1814, les trois compagnies de Pénitents ont célébré un service solennel pour le repos de Louis XVI, Louis XVII, Marie-Antoinette et Mme Elisabeth, dans l'église de Sainte-Foi. Deux jours auparavant, MM. les curés et fabriciens de cette paroisse avaient fait leur service. Leur sarcophage était construit d'après le plan de celui de la cathédrale ; il était très bien décoré et éclairé. Les Pénitents Gris, qui font leur service dans cette église, ont profité de ce monument, et, avec l'agrément de M. le curé et fabricien, ils ont célébré pour Louis XVI et les membres de la famille royale un service funèbre auquel ils ont invité les deux autres compagnies de Pénitents, M. le Maire et ses adjoints. Le chœur était composé des meilleures voix des trois compagnies. Les Pénitents Gris n'ont fait, à cette occasion, d'autre dépense que celle du luminaire. On lit dans le *Journal de Lot-et-Garonne* qu'ils ont fait le catafalque et ses ornements. On n'en sera pas surpris quand on saura que le rédacteur est un de leurs zélés confrères. Un journaliste se permet quelquefois d'altérer la vérité, mais un historien doit toujours la dire. »

« La procession du Saint Sacrement, que les Pénitents étaient dans l'usage de faire tous les ans, n'a pas eu lieu cette année (1815). Elle aurait dû se faire le 4 juin, huit jours après celle de la cathédrale. Les Pénitents Blancs étaient de tour de poêle, ils avaient déjà fait les préparatifs à ce sujet ; mais la diversité des opinions relatives à l'antienne : « *Domine salvum fac*, etc., et la crainte de quelque scandale les ont forcés à y renoncer, au grand déplaisir de la majeure partie des habitants d'Agen, qui, en approuvant la prudence des Pénitents, étaient cependant bien fâchés d'être privés de voir cette cérémonie, la plus belle qui ait lieu dans Agen, ces confréries n'épargnant rien pour lui donner tout l'éclat et toute la pompe qu'il lui est possible. »

Cette absence de procession pendant les Cent-jours donna lieu, dans la suite, à un débat entre les trois confréries. Car, les Bourbons étant rentrés peu de temps après en France, les Pénitents

Blancs résolurent d'effectuer leur procession le premier dimanche du mois d'août. « Ils en demandèrent, dit toujours Proché, l'agrément à Mgr l'Evêque, qui s'y refusa formellement, en observant que les processions du Saint Sacrement ne se faisaient pas si tard et qu'il ne voulait pas souffrir une telle innovation. Alors les Pénitents délibérèrent dans une assemblée générale de prier les deux autres compagnies et surtout celle des Gris, qui devait être de tour de poêle, l'année suivante, de leur céder leur tour ; à quoi elles consentirent volontiers. Chaque compagnie fit à ce sujet une délibération qu'elle a consignée dans ses registres. »

L'année suivante, 1816, les Pénitents Gris célébrèrent solennellement la fête de Saint-Louis, fête de leur patron, en même temps que du roi. « Elle eut lieu le 1er septembre, jour de dimanche. Ils invitèrent M. le Maire, qui a assisté à la messe avec ses deux adjoints, escortés par la garde soldée. Après vêpres, le sermon et le salut, les Pénitents sont allés faire une station à la croix de la mission, hors la Porte du Pin, portant dans une chasse bien décorée et surmontée de l'image dorée de saint Louis une relique qu'ils prétendent être de ce saint roi. Cette relique avait été conservée par les soins d'un de leurs confrères, lorsqu'elle fut égarée au commencement de la Révolution. Il l'avait rendue dans cette occasion. »

— Plus tard, les Pénitents Gris quittèrent l'église Sainte-Foi et vinrent s'installer dans la chapelle du Martyre, lorsque l'hopital fut transféré à la manufacture Delas. Ils y sont restés jusqu'à leur disparition. Ils avaient donc occupé cinq emplacements : l'église Sainte-Quitterie, puis leur église, rue Fon-Nouvelle, puis Saint-Caprais, puis Sainte-Foy et enfin la chapelle du Martyre.

Les Bleus n'occupèrent, après leur expulsion de la rue Saint-Jérôme, que la chapelle de Notre-Dame du Bourg, puis les Jacobins.

Quant aux Blancs, chassés du vieux prieuré de Saint-Antoine, ils restèrent, jusqu'à la fin, dans l'église Saint-Hilaire. Car, lorsque la paroisse fut transférée dans la belle église des Cordeliers, ils continuèrent de célébrer leurs offices dans la vieille nef de Saint-Hilaire, aujourd'hui la droguerie Jaille, où nous nous souvenons nous-même de les avoir vus.

Comme autrefois, lors de leur réorganisation moderne, les trois confréries de Pénitents se placèrent sous la protection d'un saint. Celle des Pénitents Bleus resta sous l'invocation de saint Jérôme; celle des Blancs, sous l'invocation de saint Jean-Baptiste; celle des Gris, sous celle de saint Louis.

Ce fut sous les premières années du second Empire que les trois confréries agenaises cessèrent d'exister, au moins en tant que confréries. C'est alors qu'elles n'assistèrent plus aux processions, qu'elles délaissèrent leur sac, qu'elles perdirent en un mot leur caractère et leur esprit religieux.

En 1853 disparurent les Pénitents Bleus. En 1854, ce fut le tour des Blancs. Enfin, en 1856, les Gris abandonnèrent leurs titres de Pénitents. Néanmoins ces trois sociétés existent encore, mais avec des statuts bien différents. Elles se sont tranformées en sociétés de bienfaisance ou de secours mutuels. La confrérie des Pénitents Bleus s'est métamorphosée en société de saint Jérôme; celle des Blancs, en société de saint Jean-Baptiste; celles des Gris, en société de saint Louis. Leur seule fête religieuse consiste à entendre en corps la messe, le jour de la fête de leur patron.

Reverrons-nous jamais dans les rues d'Agen les sacs multicolores et si pittoresques des Pénitents? Nous n'osons y croire. Quant à ce qui est des processions, nous faisons les vœux les plus ardents pour qu'avant peu elles nous soient rendues.

CHAPITRE X.

LES PETITS CARMES.

Vers la même époque que les Religieuses Carmélites s'établirent à Agen (1628), leurs frères en religion, les Pères Carmes Déchaussés, appelés aussi *Petits Carmes* pour les distinguer des Grands Carmes, qui, on le sait, avaient leur couvent près de la Porte du Pin, cherchèrent à fonder une maison dans cette ville. Créés en Espagne au XVIe siècle par sainte Thérèse, la grande réformatrice de l'ordre du Carmel, dont ils n'étaient d'ailleurs qu'un rameau détaché, ils suivaient en tous points sa règle rigide et sévère. Nous en parlerons plus amplement quand nous nous occuperons du couvent des Carmélites d'Agen. Disons seulement ici que les Carmes Déchaussés, dont le premier organisateur fut, avec sainte Thérèse, le Père B. Jean de La Croix, ne vinrent en France qu'en l'an 1610, et peu à peu, de Paris, se propagèrent dans les diverses provinces du royaume.

Leur costume était semblable à celui des Carmélites. Ils portaient une tunique de couleur sombre et un manteau blanc étroit, auquel était adapté un capuce également blanc. Ils allaient nu-pieds avec des sandales de cuir; de là leur surnom de Déchaussés.

Leurs débuts à Agen furent pénibles; ils y éprouvèrent de nombreuses difficultés. Leur premier essai resta infructueux. Voici, à la date de janvier 1627, la requête qu'ils adressèrent tout d'abord au corps de ville :

« A Messieurs les Consuls et Jurats de la ville d'Agen.

« Supplient humblement les religieux de l'ordre du Mont-Carmel, appelés *Carmes Déchaussés*, disant qu'aiant esté priés par quantité des plus nobles et des plus apparens habitans de la ville d'Agen, d'y establir une maison de leur ordre, à la gloire de Dieu, consolation et assistance des catholiques pour le salut de leurs âmes, voire même de ceux de la religion prétendue, pour leur réduction, conformément à leur règle d'institut de vie qui leur permet toutes les fonctions que la charité requiert d'eux pour bien et advancement du prochain, et surtout pour y prier continuellement Dieu pour la personne de Nostre Roy très-chrétien, pour la conservation de son Estat et prospérité de tous ses bons sujets et notamment de cette ville particulière ; promettant lesdits habitants auxdits religieux de les assister si charitablement qu'ils ne seront point à charge au public ny en souffrance d'aucune nécessité en leur particulier, et mesmes lesdits religieux estant asseurés de la bonne volonté du sieur de La Hillière, commandeur de Malte, qu'au cas qu'ils soient receuz à s'establir dans la ville d'Agen, il les accomodera de l'esglise et lieu de Sainte-Quitère ; ils n'ont voulu pourtant entendre à rien qu'au préalable ils n'aient recours devers vous, comme devers les Pères du publicq, pour vous le communiquer et vous en demander vostre permission.

« Ce considéré, Messieurs, il vous plaira de vostre grâce la leur donner aux formes que trouverez bon estre, et lesdits religieux seront obligés de prier Dieu pour vostre prospérité et santé. — Frère Bernard de sainte Thérèse, indigne Carme Déchaussé[1]. »

Les Consuls montrèrent quelque hésitation. Néanmoins ils s'exécutèrent, et octroyèrent aux nouveaux religieux l'autorisation suivante :

---

[1] Archives municipales d'Agen. GG. 192.

« Après avoir veu le conteneu en la requeste cy-dessus escripte, et que ledit R. P. Bernard de sainte Thérèse nous a déclaré se contenter de l'encloz deppendant de Sainte-Quitère de la présente ville, comme estant bastant pour bastir leur couvent, et y faire leur logement et closture, sans prétendre s'estendre davantage ny acquérir ez environs dudict enclos aucun bien taillable, et ayant le tout communiqué à nostre corps de ville, par nous à ses fins cejourd'huy assemblé, avons par l'advis et délibération d'icelluy ordonné que pourvu que lesdits religieux fassent à Paris des provisions requises et necessaires en bonne et dhue forme pour ladite esglize de Sainte-Quitère et enclos qui en depend comme estant exempt et noble de taille, et qu'ilz ne veulent s'estendre davantage ny acquérir du bien taillable ez environs dudit encloz, et à la charge aussy qu'ils fassent apparoir préalablement, avant que de s'establir audict lieu, estre dottez et rentés suffizamment pour la nourriture et entretien des religieux, et qu'ils nous rapportent approuvation desdites conditions de leur Réverend Père Général, qu'ilz seront receus comme estant recogneuz personnes très religieuses et grandement utiles au public, le tout néanmoins soubz le bon plaisir de Monsieur l'Evesque et comte de la présente ville. — Fait à Agen, dans la chambre du conseil de la maison de ville, le vingt-septième janvier mil six cens vingt sept. » Ont signé : Defaure, Lassort, Chabrières et Chastelet, consuls [1].

Tout semblait donc marcher à souhait. Les consuls avaient consenti à leur établissement. Le local était trouvé. C'était cette pauvre église de Sainte-Quitterie, sise au quartier du Temple, dont nous avons écrit l'histoire au chapitre deuxième de ce travail, et qui à cette époque, après avoir servi pendant une vingtaine d'années de lieu de réunion aux Pénitents Gris, était sur le point d'être abandonnée par eux. Néanmoins ce premier essai d'installation ne réussit point, puisque ce ne fut que trente ans après que les Petits Carmes s'établirent à Agen.

Bien que nos Archives soient muettes sur les causes de cet insuccès, il n'est pas difficile d'en saisir les motifs. D'abord les grands

---

[1] Archives municipales. GG. 192.

siècles de foi étaient depuis longtemps passés. Le mouvement du xvi⁰ siècle, la réforme, l'édit de Nantes avaient quelque peu émoussé les croyances catholiques. Une sorte d'indifférence, qui n'allait pas encore jusqu'au scepticisme absolu du commencement de l'autre siècle, avait remplacé l'ardeur et la passion du règne d'Henri IV. On se sentait poussé vers d'autres aspirations, guerrières, littéraires, politiques, artistiques. L'idée religieuse ne dominait plus dans les esprits. En outre, la ville d'Agen, pour ne parler que de ce qui nous regarde, était littéralement encombrée de couvents tant d'hommes que de femmes. Les ressources manquaient pour les faire vivre. Et ceux-mêmes qui étaient déjà établi depuis longtemps ne voyaient pas d'un bon œil l'arrivée des nouveaux venus. Plus encore que les consuls, l'Evêque, à qui incombaient les plus lourdes charges et souvent l'obligation de les entretenir, se sentit débordé par cette quantité d'ordres mendiants qui envahissaient de plus en plus la ville. Il refusa son autorisation. Aussi, pendant trente ans, n'entendons-nous plus parler des Carmes Déchaussés.

— Ce ne fut qu'en 1657 que les Petits Carmes revinrent à la charge, et que, soutenus cette fois par de hautes protections, ils parvinrent, malgré de nombreuses oppositions et les conditions véritablement dures que leur imposèrent les consuls, à s'établir à Agen. Leur grand soutien fut, en cette affaire, Monseigneur le Prince de Conti, Armand de Bourbon, frère du grand Condé, à ce moment gouverneur général de la Guyenne. Nos archives municipales nous ont conservé trois lettres de ce prince aux consuls et jurats d'Agen, pour les décider à autoriser l'établissement des Pères Carmes Déchaussés. Elles nous donnent d'intéressants détails sur les obstacles apportés à cette fondation. Entièrement inédites, nous croyons devoir les reproduire ici.

La première est du 2 avril 1657 :

« Messieurs, comme les Pères Carmes Deschaussez de la province de Guyenne souhaitent avec beaucoup de passion de s'establir dans vostre ville pour rendre à tous vos habitants les services dont ils seront capables, ils ont désiré de moy que je vous priasse de vouloir ratiffier l'acte de leur réception à laquelle votre ville consentit le 27 janvier 1627, sans vous arrester toutesfois au lieu de Sainte-

Quitère, qui leur est speciffié par ledit acte pour y faire leur establissement; ils espèrent de vous ce consentement avec d'autant plus de facilité qu'ils veulent vous donner toutes les assurances possibles qu'ils achepteront un audit lieu et ne seront en aucune manière du monde à charge à vostre ville, où ils vivront de leurs rentes, sans y faire aucune queste. Vous m'obligerés de leur estre favorable dans leurs desseins et de les considérer comme de bons religieux qui s'attacheront à estre utiles au public et à vous servir tous en particulier. Cependant je suis, Messieurs les consuls et jurats de la ville d'Agen, vostre affectionné amy à vous servir.

« Armand de BOURBON [1]. »

La deuxième lettre leur est adressée l'année suivante, le 10 janvier 1658 :

« Messieurs, je vous avais prié par une des miennes, auparavant mon départ pour l'Italie, de vouloir favoriser le dessein des Pères Carmes Deschaussez, dans l'establissement qu'ils désiraient faire dans vostre ville, et j'avais cru que vous voudriez bien leur estre favorables en ma considération, d'autant plus facilement qu'ils ne doivent être à charge à personne en aucune manière, ny diminuer les charités des religieux mendiants, leur devant estre donné assez de rentes pour vivre. Néantmoins j'ai appris avec desplaisir que sur le prétexte des misères du temps et sur l'opposition de quelques autres religieux de vostre ville, vous leur reffusiez votre consentement ; ce qui m'a obligé de vous faire cette lettre pour vous dire que vous me ferez tout à fait plaisir d'apporter la facilité que vous pourrez à leur establissement, puisque avant de le faire, ils offrent de vous monstrer qu'ils ont assez de rentes pour vivre sans faire de questes, ny estre à charge au public. J'espère que, pour l'amour de moy, vous leur rendrez en ce rencontre tous les bons offices que vous pourrez et que vous souffrirez leur dit establissement sans y apporter aucun obstacle; comme j'ay de l'estime pour ces bons religieux et que je considère fort leur ordre, je vous seray

---

[1] Archives municipales d'Agen. GG. 192.

obligé de ce que vous ferez pour eux, et dans les occasions je vous en témoigneray ma reconnaissance.

« Je suis vostre affectionné amy à vous servir.

« Armand de Bourbon.

« A Paris, le 10 janvier 1658 [1]. »

Enfin, toutes les difficultés n'étant pas encore aplanies, le prince de Conti écrivit aux consuls cette troisième lettre, qui trancha la question en faveur des religieux :

« Messieurs les consuls et jurats de la ville d'Agen, j'avais écrit aux jurats de l'année précédente de vouloir estre favorable aux Pères Carmes Deschaussez dans l'establissement qu'ils désirent faire dans vostre ville. Maintenant qu'ils sont hors de charge, je vous escris la présente pour vous dire que vous me ferez tout à fait plaisir d'apporter toute la facilité que vous pourrés à leurdit establissement; comme j'ay de l'estime pour ces bons Pères et que je les ayme, je vous assure que j'auray un souvenir tout particulier des bons offices que vous leur rendrés en ma considération.

« Je suis, Messieurs les consuls et jurats d'Agen, vostre affectionné à vous servir.

« Armand de Bourbon.

« Paris, le 7 février 1658 [2]. »

Les consuls auraient eu mauvaise grâce d'insister. Ils obéirent aux ordres du Prince de Conti ; mais ils firent payer chèrement aux religieux leur soumission, ainsi qu'on va le voir dans les clauses du contrat qu'ils passèrent avec eux. De son côté, Monseigneur d'Elbène, évêque d'Agen, donna son consentement le 22 mars de cette même année, dès qu'il eut connaissance de la libéralité de 9000 livres que faisait en faveur des nouveaux religieux Monsieur de Fontmartin, chanoine et sacriste de l'église cathédrale de Saint-Etienne d'Agen, par acte du 18 mars 1658 [3]. Rien ne s'opposait

---

[1] Archives municipales d'Agen. GG. 192.
[2] Idem.
[3] Labénazie. Ms, t. II, l. V, chap. XX, p. 482.

donc plus à l'installation des Bons Pères. Aussi passèrent-ils, le 3 avril 1658, avec les consuls le contrat suivant :

« Dans la chambre du conseil de l'hostel de la ville dudit Agen, cejourd'huy, troisième jour d'avril 1658, après mydy ; par devant moy, notaire royal de ladite ville, soubsigné, et les témoins bas nommés, a esté présent et personnellement establi Révérend Père Séraphin de sainte Therèse, provincial des Carmes Deschaussés de la province d'Aquitaine, lequel en présence de noble Pierre de Tapie, escuyer, seigneur de Monteils, Messieurs Jean de Sabouroux, docteur en médecine, Antoine Chambon, procureur en la Cour et juge de Laroque-Timbault, Jean de Gardès, sieur de Claret, advocat en la Cour, Michel de Serç, docteur en médecine, Lafon, bourgeois et marchand, tous consuls de la présente ville, Messieurs de Sevin, Ducros, Boissonnade, Codoing, etc., jurats, députés par le corps de ville, suivant l'acte de délibération de jurade du premier du présent mois, illec assemblés pour l'exécution de ladite délibération, dict et répété que dans le dessein que lesdicts Pères Carmes ont eu de tous temps d'establir un de leurs couvents dans la présente ville en dehors proche d'icelle, ayant, il y a déjà longues années, demandé audit corps de ville permission de faire ledit establissement, ils auraient obtenu le consentement du corps de ville par acte du 27 janvier 1627, sous l'approbation de Monseigneur l'Evesque et comte d'Agen, ce qui n'aurait pas été exécuté, et désirant maintenant de faire ledit establissement, ledit Reverend Père Provincial aurait baillé requête auxdits sieurs consuls et corps de ville, ledit jour, par laquelle il a répété qu'il a obtenu dudit seigneur Evesque, son approbation. Sur quoy, fut délibéré que lesdits Pères Carmes seront remis et leurs commissaires nommés pour, conjointement avec lesdits sieurs consuls, demeurer d'accord des conditions sous lesquelles l'establissement dudit couvent doit estre faite ; partant sont priés et requis lesdits sieurs consuls et commissaires susnommés vouloir résoudre et arrêter avec le R. Père Provincial lesdits articles et conditions, sous la promesse par luy faite de les faire ratifier par les supérieurs dudit ordre. »

Suivent lesdites conditions dudit établissement :

« Premièrement, les religieux rendront les services accoustumés estre rendus par les autres religieux de la ville, savoir : confesseront et visiteront les malades lorsqu'ils seront appelés.

« Secondement, diront une messe haute le jour anniversaire de eur establissement à perpétuité à l'intention de la ville, à laquelle messe ils seront tenus d'appeler Messieurs les consuls.

« Troisièmement, paieront la taille, rentes et toustes autres charges ordinaires ou extraordinaires, de tous les biens qu'ils acquerront soit dans la ville ou juridiction.

« En quatrième lieu, que lesdits Révérends Pères ont renoncé ou renoncent par ces présentes à la besace ou queste publique dans ladite présente ville et juridiction, seront obligés, avant leur establissement, de porter et remettre la somme de quatorze mil livres, et dans trois ans après la somme de deux mil livres, par eux promises, pour estre receue par lesdits consuls en rente constituée, à raison du denier vingt, rachetable toutes fois et quantes que ladite somme de seize mil livres leur sera rendue à ladite rente rachaptée; et, audit cas de rachapt lesdits religieux seront tenus d'employer ladite somme de seize mil livres en fonds solvables pour fournir à leur subsistance ; et où lesdits Pères ne remettront ladite somme de deux mil livres dans lesdits trois ans, a esté convenu et accordé que la communauté ne sera obligée de leur payer la rente de ladite somme quatorze mil livres qu'à raison du denier vingt-cinq seulement, laquelle somme de quatorze mil livres sera employée et distribuée au profit et descharge de ladite ville aux créanciers d'icelle, etc.

« Sera payée ladite rente à raison du denier vingt auxdits Révérends Pères par le collecteur desdits consuls en la forme accoustumée quartier par quartier.

« Et, au cas que les Révérends Pères viendraient à se pourvoir à l'advenir contre la susdite renonciation à la besace et queste publique, par quelque manière et soubs quelque prétexte que ce soit, audit cas ladite somme de seize mille livres demeurera irrévocablement acquise à la ville et communauté.

« Ne pourront lesdits Révérends Pères acheter aucune place ou logement pour faire leur establissement, soit dedans ou dehors la ville, que préalablement ils n'en aient convenu avec Messieurs les consuls et leurs commissaires, pour juger de la commodité ou incommodité du lieu; et, où ils se logeraient hors la ville, advenant que par guerre ou autre nécessité publique ou cas fortuit, leur couvent ou esglise vinssent à estre démolis, ils ne pourraient demander ny prendre aucune indemnité sur ladite communauté, attendu qu'il est en leur pouvoir de prévenir lesdits inconvenients en se logeant dans la présente ville.

« Finalement lesdits Révérends Pères seront tenus de faire approuver tous les susdits articles et conditions de leur establissement par le premier définitoire provincial de leur ordre dans deux mois, et rapporter l'acte de ladite approbation ès mains desdits sieurs consuls; et, à ces fins, le Révérend Père Provincial a obligé le temporel desdits religieux dans ladite province d'Aquitaine, et lesdits sieurs consuls, audit nom, les biens et revenus de ladite communauté qu'ils ont soumis aux rigueurs du justice, etc. Passé en présence de M° Arnaud Maussacré, notaire royal, promoteur desdits sieurs consuls, et Pierre Pressec, leur maneuvrier, et Monsieur Charles de Fommartin, chanoine honoraire ès l'eglise cathédrale Saint-Etienne d'Agen. »

Suivent de nombreuses signatures, ainsi que les différents actes d'enregistrement dudit contrat [1].

Les temps, on le voit, étaient bien changés. Non seulement les consuls ne s'engageaient plus comme autrefois à subvenir aux besoins du nouvel ordre religieux, mais c'était lui, au contraire, qui, pour s'établir a Agen, se voyait forcé de prêter de l'argent au corps municipal. Et encore constaterons-nous dans la suite que cette somme de 16,000 livres, qui était exigée des Pères Carmes « pour être reçue en rente constituée, à raison du denier vingt, par les consuls », ce qui en somme était du 5 0/0, fut réduite bientôt par eux au denier 25, puis au denier 30, et même au denier 50. En plus, ils ne pouvaient d'aucune manière quêter en ville, ce qui était permis aux ordres mendiants établis antérieurement. Leur si-

[1] Archives municipales. GG 92.

tuation n'était donc guère brillante; et certes la nouvelle maison n'aurait pu continuer d'exister, si des personnes charitables et haut placées, comme le chanoine de Fontmartin, ne fussent venues à son aide.

Ce fut, en effet, l'année suivante 1659 que cet ecclésiastique leur fit don de 9,000 livres, et que, grâce à ce secours, ils purent commencer la construction de leur monastère. Le Révérend Père Dorothée du Saint-Sacrement fut leur premier vicaire à Agen [1].

Les Pères Carmes Déchaussés ne s'établirent pas, comme il en avait été question en 1627, lors de leur première tentative, dans la vieille église de Sainte-Quitterie, qui cependant à ce moment était presque abandonnée. Ils préférèrent s'installer *extra muros*; et ils choisirent ce vaste emplacement, absolument désert, situé tout à fait au sud de la ville d'Agen, entre la rue de Roques, aujourd'hui rue Lamouroux, à l'est, les fossés de la ville, depuis la Porteneuve jusqu'à la tour de la Poudre, en passant devant la Porte Saint-Louis, au nord, les allées du Gravier à l'ouest, et les antiques champs de Renaud au midi. C'était tout le terrain occupé autrefois par les Frères-Mineurs, avant leur émigration dans le quartier Saint-Hilaire, et qu'ils durent quitter, ainsi que nous l'avons vu au chapitre IV de ce travail, en 1338, par ordre de Philippe de Valois, lorsque ce monarque eut l'idée d'élever en ce lieu une forteresse contre les Anglais. Ce projet n'eut pas de suites et cet emplacement resta inhabité. C'est là que les consuls et Mgr d'Elbène les autorisèrent à élever leur monastère, et ce fut en cet endroit que, le 19 mars 1660, au milieu d'un grand concours de peuple, ils plantèrent leur croix.

L'acte suivant, que nous reproduisons in extenso, en fait foi : « Nous, Jean de Soldadié, prêstre, docteur en théologie, grand archidiacre et chanoine en l'église cathédrale de Saint-Etienne de la présente ville, vicaire général de Monseigneur l'illustrissime et révérendissime Evêque et comte d'Agen, comme il aurait plu audit seigneur Evêque, pour la plus grande gloire de Dieu, de permettre

---

[1] Archives municipales. GG. 192.

l'establissement des Révérends Pères Carmes Deschaussés dans son diocèse et la présente ville; et qu'à ceste fin, lesdits Pères Carmes auraient acquis le lieu appelé communément *de Londrade*, aux portes de la ville, et désirent planter la croix et faire la bénédiction d'une chapelle pour y célébrer la sainte messe et faire le service actuellement; — aujourd'huy, 19 mars 1660, suivant l'ordre de mondit seigneur Evêque, estant audit lieu de Londrade, assisté de Monsieur Guillaume de Boissonnade, prêtre, chantre et chanoine de la susdite église cathédrale, avec les Révérends Pères Ferdinand de saint Joseph, provincial des Carmes Déchaussés d'Aquitaine, Théodore du Saint-Esprit, premier définiteur, leur provincial, et autres religieux dudit ordre, en présence de MM. Jacques de Nargassier, conseiller du roi, lieutenant général criminel, Martial de Cours, aussi conseiller, lieutenant particulier, Jean de Lacuée conseiller et magistrat présidial de la présente sénéchaussée, noble Charles de Filartigues, escuyer, et sieur Claude Aymond, bourgeois et marchand de la présente ville, consuls en la présente année, noble sieur de Ducros, sieur de Lo Cassaigne et M. Antoine Chambon, jurats et autres notables habitants de ladite ville, et quantité de peuple assemblé, aurions fait la bénédiction d'une croix et icelle plantée au devant de ladite maison de Londrade, pour marque dudit establissement, et comme prenant possession dudit lieu, au nom de la Très Sainte Trinité en un seul Dieu; ce qui a été fait, pendant que le *Te Deum* a été chanté en musique. Et peu après, aurions fait pareille bénédiction d'une chambre de ladite maison, suivant l'ordre accoutumé, pour en icelle estre célébrée la sainte messe, tous les jours qu'il plaira à Dieu, et icelle chapelle avons bény et dédié soubz le nom et titre de saint Joseph, et, par la grâce et bonté de Dieu, avons incontinent dit la messe, assisté et en présence des sus-nommés.

En foy de quoy, nous avons signé le procès-verbal audit lieu de Londrade, proche la présente ville, ledit où étions susdits. Signé : Soldadié, grand archidiacre, vicaire général, Boissonnade, chantre, de Nargassier, etc [1]. »

---

[1] Archives de l'Evêché. Série F. liasse 15.

A partir de ce jour, les Petits Carmes se mirent rapidement à l'œuvre, et ils élevèrent en moins de cinq ans leur couvent et leur église sur le lieu même où se trouve actuellement la caserne. Malheureusement nous n'avons pu retrouver trace du plan primitif du couvent. Celui que nous donnons ici est moderne, quoique ce soit une fraction séparée du même plan Lomet. Seulement nous croyons fort que l'illustre ingénieur, qui avait dressé le plan de la ville avant la Révolution, et qui nous a conservé ainsi la vue si pittoresque du vieil Agen et de tous ses couvents, l'a complété en ce qui concerne les faubourgs et les environs seulement quelques années après, et lorsqu'il fut renvoyé à Agen comme professeur à l'Ecole Centrale. Or, dans ce laps de temps de dix à douze ans, de graves évènements s'étaient passés, d'importantes modifications avaient été apportées au plan primitif et notamment au couvent des ci-devant Petits Carmes. Proché, qu'on ne saurait trop consulter pour tout ce qui regarde la période révolutionnaire, nous dit en effet dans ses notes inédites sur les couvents :

« Le couvent des Carmes Dechaussés était placé au faubourg Saint-Louis, jusqu'au coin de la rue de Roques. L'entrée de l'église était en face de la Garonne. Ils avaient un beau jardin à droite et à gauche, et une vaste prairie murée de toutes parts. A l'un des cotés et en face de la Porte Saint-Louis, ils avaient un portail par où ils sortaient le foin de cette prairie. Ce couvent fut vendu pendant la Révolution à Monsieur Lamouroux, négociant, qui le démolit en grande partie, et le rebatit pour une manufacture d'indiennes ; de sorte qu'il ne reste plus rien qui ait l'apparence d'église ni de monastère » (1815).

Le plan ci-dessous de Lomet, n'indique en effet ni l'église, ni le monastère. Il ne reproduit que la nouvelle construction A de Monsieur Lamouroux, qui est du reste, à très peu de choses près, la caserne actuelle d'infanterie, nouvellement appelée caserne Lacuée. On y voit en B le jardin des Pères Carmes, en C la grande prairie qui s'étendait au nord du couvent, et en D le portail et le passage par lesquels les religieux sortaient leur foin, et qui longent encore aujourd'hui la maison F de Monsieur Henri de Brondeau. En E se trouvaient, ayant leurs entrées sur la rue de Roques et plus tard rue Lamouroux, quatre petites maisons qui appartenaient aux Carmes et qu'ils louaient à de pauvres gens. Nous verrons du reste plus

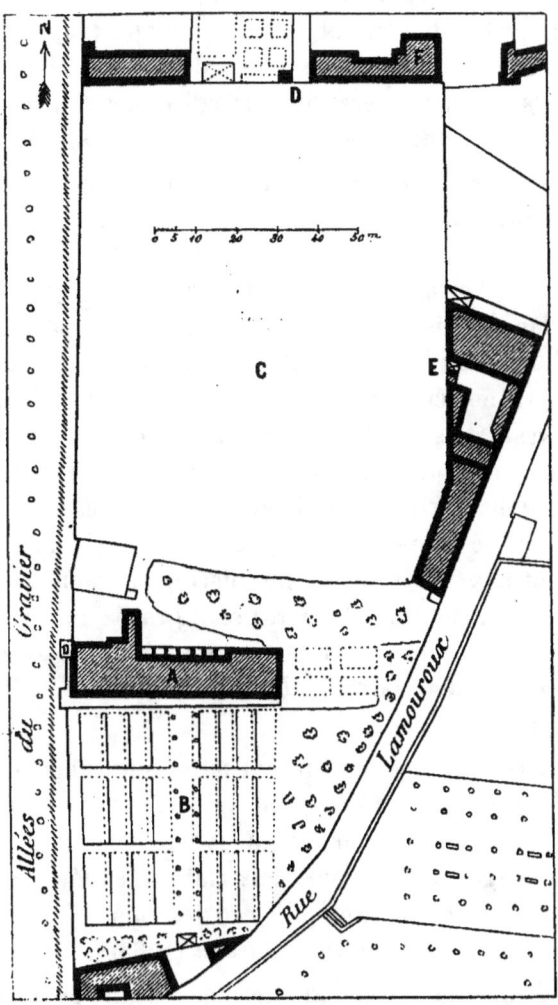

loin, à la date du 2 décembre 1791, dans le procès-verbal d'estimation du couvent, quels étaient, à cette époque, les noms des propriétaires des maisons qui le confrontaient de chaque côté.

Quatre ans après leur arrivée à Agen et la prise de possession de leur emplacement, les Petits Carmes vinrent prier les consuls, avec lesquels ils étaient encore en excellents termes et qui leur avaient abandonné, par contrat, et en la personne du Frère Hyacinte de Jésus, syndic du couvent, « le chemin qui touchait à leur enclos du côté du Gravier le long de l'ile [1] » de leur faire l'insigne honneur de poser la première pierre de leur église. Les consuls acceptèrent, ainsi qu'il résulte du passage suivant de leur journal :

« Le 10 novembre 1664, sur l'heure de huit heures du matin, ayant été priés par les R. P. Carmes Déchaussés d'assister à jeter la première pierre des fondemens de la batisse qu'ils ont dessein de faire pour l'establissement de leur couvent, nous nous sommes rendus dans l'église, ou estans, aurions trouvé qu'ils nous avaient préparé un banc, couvert d'un tapis en forme d'agenouilloir et aurions pris nos chaperons et entendu messe; et après le Père Prieur, vestu de ses habits sacerdotaux, nous aurait conduits aux fondemens, où, après quelques cérémonies, ledit Père Prieur jeta le premier du mortier pour cimenter ladite pierre, puis donna la truelle à M. de Saint-Gilis, premier consul, qui jeta du mortier pareillement aux costés de ladite pierre, et nous consuls aurions fait de même; sur laquelle pierre était gravée une croix de Malte, au milieu, avec cette inscription : *Jesus, Maria, Josepus, Theresia, Angularum lapidum Carmeli Descalscati consules Aginenses posuere. 1664* [2]. »

D'importantes donations furent faites à ce moment aux Carmes Déchaussés d'Agen. Citons, entre autres, celle de François de Carbonneau, écuyer, sieur des Anges, des cens, rentes et oblies que ce personnage possédait sur deux maisons situées dans ladite ville, l'une entre la rue Garonne et la rue des Juifs, l'autre entre la rue Moncorny et la ruelle du Petit Paradis (1663) [3].

Le legs du chanoine de Fontmartin suscita néanmoins aux Pères Carmes quelques difficultés. Outre les neuf mille livres qu'il leur

---

[1] Archives municipales. DD. 32.
[2] Archives municipales. BB. 61.
[3] Archives départementales de Lot-et-Garonne. B. 76.

avait données de son vivant, il leur légua, par son testament en date du 16 juin 1658, trois mille autres livres « à la charge et condition que les Pères dudit couvent diraient chaque jour de l'année et à perpétuité une messe dans l'église des Dames religieuses du Tiers-Ordre de Saint-François » qu'il avait également instituées à Agen, comme nous le verrons plus tard. Les Pères Carmes, plutôt que de se rendre chaque jour audit couvent, préférèrent désigner en leur lieu et place un simple prêtre de la ville. Mais les religieuses ne l'entendirent pas ainsi, et dans un procès qu'elles intentèrent à cet égard aux Petits Carmes, elles demandèrent que la volonté de leur fondateur fut exécutée. Une transaction intervint cependant, le 27 janvier 1663, entre les Pères Augustin de sainte Thérèse, prieur, et Hyacinte de Jésus, syndic du couvent, et Mère Marguerite de saint Louis, supérieure du Tiers-Ordre, assistée des sœurs Anne de saint Joseph, Marguerite de la Conception, Bertrande de saint Jacques et Marthe de la Passion, en vertu de laquelle les Pères Carmes cédèrent aux Dames du Tiers-Ordre la somme de 2,100 livres à prendre sur diverses créances, moyennant quoi ils se considèrent comme quittes envers elle de la somme de trois mille livres léguées par M. de Fontmartin [1].

Nous trouvons également dans la même liasse de l'Evêché d'Agen une requête du prieur adressée, quelques années après, à Monseigneur Claude Joly, évêque d'Agen de 1664 à 1678, le priant de venir au Couvent vérifier l'authenticité de certaines reliques : « disant qu'il a reçeu de Rome une boette de saintes reliques, lesquelles il désirerait exposer au public pour recevoir la vénération des peuples. » C'est pourquoi il le prie de « venir faire la visite desdites reliques et de vérifier l'authentique qui y est attaché, afin qu'ayant été dument et légitimement approuvé, on puisse leur rendre la vénération qui leur est due. » Signé: Frère Félicien de Saint Antoine, prieur dudit Couvent [2].

« L'an 1684, nous dit Labénazie, les Pères Carmes Déchaussés, faisant bastir la muraille de leur cloistre vers le septentrion, trou-

---

[1] Archives de l'Evêché. F. 15.
[2] Archives de l'Evêché, F. 15.

vèrent les fondemens de l'église des Frères Mineurs ; et un nommé Maillé ayant pris de ces Pères des terres à nouveau fief devant la porte Saint-Louis, il trouva les fondemens de cette mesme église qui était en cet endroit [1], où il s'est trouvé des tombeaux de brique, avec les ossemens de cadavres entiers. »

Deux ans après, le 8 juin 1686, les Carmes Déchaussés d'Agen adressent une requête à l'intendant de Guyenne, M. de Faucon, seigneur de Ris, à l'effet de décharger du logement militaire « certaines petites maisons, leur appartenant, et habitées par de pauvres païsans et artisans, quoique basties hors des murs et de l'enceinte de la ville, et toutes joignant l'enclos des Pères Carmes [2]. » Ce sont les petites maisons donnant sur la rue Lamouroux.

— Avec le xviiie siècle commence pour les Carmes Déchaussés l'ère de nombreuses difficultés entre eux et les Consuls, au sujet des rentes que ceux-ci leur doivent et qui ne leur sont que très imparfaitement payées. Sur une plainte à ce sujet adressée par les religieux à l'intendant de Guyenne, M. Lamoignon de Courson (1709-1720), ce dernier écrit aux Consuls d'Agen la lettre suivante :

« À Bordeaux, ce 21 septembre 1711. — Les Carmes Déchaussés d'Agen m'ont écrit, Messieurs, au sujet du paiement de la rente de 800 livres que la ville leur fait. Il est nécessaire que leur fassiez payer incessamment 300 livres, à compte de ce que la ville leur en doit, pour leur donner moyens de subsister, n'ayant d'autre bien que celui-là. Je suis, Messieurs, vostre très affectionné serviteur. De Lamoignon de Courson [3]. »

Les affaires devenant pires et l'argent continuant à manquer, les Consuls d'Agen, soutenus par l'arrêt du Conseil du Roi du 24 août 1720, qui ordonnait la réduction au denier 50 de toutes les rentes et intérêts dus par les villes et communautés du royaume,

---

[1] C'est l'endroit où se trouvent actuellement la maison et le jardin de M. Henri de Brondeau.
[2] Archives municipales, GG. 192.
[3] Idem.

voulurent appliquer cette mesure draconienne aux derniers religieux établis dans leurs murs, c'est-à-dire aux Carmes Déchaussés et aux Minimes. C'était leur enlever tout moyen d'existence. Aussi s'empressèrent-ils de se pourvoir devant l'autorité royale, protestant contre cette mesure inique.

L'arrêt qui fut rendu le 17 mai 1729 cherche à concilier les intérêts des deux parties. Le voici avec ses considérants qui résument parfaitement l'affaire :

« Arrêt qui ordonne que les religieux Minimes et les Carmes Déchaussés de la ville d'Agen seront payés à l'avenir des arréages et rentes à eux dus, sur le pied du denier 30. Du 17 mai 1729.

« Etablis dans la ville d'Agen en l'année 1658, les Carmes Déchaussés n'obtinrent l'agrément des Consuls qu'aux conditions, entre autres choses, du service spirituel envers les habitans, de célébrer tous les ans une messe haute à l'intention de la ville, de payer la taille et toutes les charges ordinaires et extraordinaires et de renoncer à la queste publique. Que pour sureté de cette dernière condition, les Consuls obligèrent les supplians de leur remettre chacun la somme de 16,000 livres, faisant en tout 32,000 livres, de laquelle ils constituèrent à chacun des couvents 800 livres de rente annuelle et rachetable sur le pied du denier 20, qu'il fut stipulé que ce fonds serait employé à acquitter les tenanciers de la ville, et, en cas de rachapt, que les supplians seraient tenus de le remplacer en fonds solvables qui puissent produire le même intérêts pour fournir à leur subsistance : et que si les supplians venaient à se pourvoir contre leur renonciation à la quête publique, de quelque manière et sous quel prétexte que ce fut, ces 32,000 livres demeureraient irrévocablement acquis à la ville et communauté d'Agen. Que par l'arrêt de vérification des dettes du pays d'Agenais du 13 juillet 1667, les supplians y ont été compris pour leurs rentes au denier 20, desquelles ils ont été paiés jusqu'en l'année 1720, sur ce pied ; mais que Sa Majesté, par arrêt du Conseil du 24 août 1720, ayant ordonné la réduction au denier 50 de toutes les rentes et intérêts deus par les villes et communautés du royaume, les Consuls d'Agen n'ont plus voulu payer les rentes à eux dues qu'à raison du denier 50; qu'ainsi ils ne peuvent plus subsister, à moins qu'on ne leur permit la quête publique etc. »... A ces fins ils ont décidé de se pourvoir. Du reste les Carmes Déchaussés de la ville de Riom en Auvergne se sont trouvés dans le même cas, et leurs rentes n'ont été réduites qu'au denier 30. Ils demandent donc « que les rentes qui leur sont deues par la ville d'Agen soient et demeurent rétablies au denier 20.

« Vu le contrat d'établissement des Carmes Déchaussés du 3 avril 1658, et divers arrêts du Conseil, etc., le Roy, en son Conseil, ayant aucunement égard à ladite requête, a ordonné et ordonne que les religieux Minimes et les Carmes Déchaussés de la ville d'Agen seront payés à l'avenir, à compter du 1er janvier 1729, des arrérages et rentes à eux dus par ladite ville, sur le pied du denier 30, nonobstant les arrêts du Conseil des 24 août 1720 et 15 décembre 1722, auxquels Sa Majesté déroge en tant que besoin et sans tirer à conséquence. Enjoint Sa Majesté au sieur Boucher de tenir la main à l'exécution du présent arrêt. Signé : DAGUESSEAU, chancelier [1]. »

En 1749, M. de Tourny, intendant de Guyenne, condamne les Carmes Déchaussés d'Agen, à acquitter les droits domaniaux « comme centième denier, droits de contrôle, d'échange, de francs fiefs, ou contraventions ou amendes [2]. »

Les archives municipales d'Agen, nous apprennent que dans les années 1763 et 1764, les Consuls abattirent presque dans son entier la superbe plantation d'ormeaux, qui, déjà à cette époque, ombrageaient les allées du Gravier. Le besoin d'argent fut la cause de cette mutilation [3]. Néanmoins les officiers municipaux ne tardèrent pas à les remplacer et à replanter dix-sept cents pieds nouveaux, non seulement sur les allées proprement dites de la promenade chère aux Agenais, mais même beaucoup plus loin, du côté

---

[1] Archives Nationales. Paris, E. 1045 (62).
[2] Archives départementales de la Gironde, C. 2207.
[3] Voir les notes de M. Tholin sur le Gravier (*Revue de l'Agenais*, t. II, p. 49, 1875.

du midi et jusqu'à la chapelle de la Loge. Ils empiétèrent à cet effet sur les terres des Petits Carmes, qui leur demandèrent une indemnité. Sur leur refus, les religieux s'adressèrent, en la personne du Frère Alexandre de Saint François, prieur, à l'intendant de Guyenne d'Esmangart.

« La communauté des R. P. Carmes Déchaussés d'Agen, lui écrivirent-ils le 23 mai 1773, a l'honneur de représenter très respectueussement à votre Grandeur que, depuis neuf à dix ans, on a planté dans une pièce de terre qu'elle joint et possède au devant de son Couvent deux rangées d'ormeaux, qui forment une contre allée au chemin royal tendant de la présente ville à Layrac. Ladite communauté se voyant privée par cette plantation de l'entier revenu de ce terrain qui forme tout le bien fonds qu'elle possède hors de sa clôture... » demande une indemnité. Elle est pauvre. « Elle n'a que 700 livres de revenus, dont 542 de rente sur la maison de la ville d'Agen, d'une somme de 16,3 0 livres qu'elle exigea lors de la fondation de ladite communauté pour n'être point à charge à la ville et de laquelle il lui est encore dû deux années sans y comprendre la courante déjà échue. Cette plantation la jette dans l'extrême misère, etc[1].

Nous lisons également, dans un *Extrait des actes capitulaires des Carmes Déchaussés de la ville d'Agen*, que: « Sur la demande qui fut faite hier, 12 avril 1774, à N. R. P. Prieur par Messieurs composant le Conseil assemblé à l'hôtel de ville, de fixer un prix pour l'indemnité qu'exige le terrain pris par le corps de ville, afin d'embellir le chemin royal dont est question en d'autres actes, il fut répondu que notre communauté demandait cent cinquante livres de rente annuelle. A cette réponse, le Conseil ajouta qu'il communiquerait notre demande à Messieurs de la Jurade et qu'au cas où elle ne put y acquiescer, l'on procèderait par dire d'experts. Le R. Père Prieur fit connaître qu'il consulterait la Communauté à ce sujet.

« Asssemblés à cet effet en la manière accoutumée, Nous tous,

---

[1] Archives municipales, GG. 192.

composant ladite communauté, avons répondu unanimement qu'il ne paraissait pas être de la justice d'expertiser un terrain entièrement dégradé, et dont la nature serait ignorée par l'expert qu'on nommerait; conséquemment qu'il fallait s'en tenir à la demande de cent cinquante livres. Nous espérons que Messieurs de la Jurade nous feront l'honneur de nous communiquer leur décision. Délibéré en chapitre, ce 13 avril 1774. Signé : Frère Alexandre de Saint-François, prieur; Frère Paul de Saint Joseph, syndic; Frères Mathias des Roys; Frère Severin de Saint-Blaise; Frère Jean François de Saint-Honoré; Frère Raymond de Saint-Jean-Baptiste

Suit la déclaration de l'expert qui déclare que ce que l'on prend est de la contenance « de trois quartonnats, quatre picotins, mesure d'Agen [1]. »

Finalement, la demande des Petits Carmes fut écoutée, et les Consuls s'engagèrent à leur payer la somme de cent vingt livres de rente annuelle qu'ils réclamaient [2].

Deux ans après, à la date du 12 août 1776, nous trouvons, dans la même liasse, la jolie lettre suivante du Père Provincial des Carmes Déchaussés de Bordeaux aux officiers municipaux. Si elle ne nous fait pas connaître l'objet de la demande des Consuls, elle nous donne au moins la preuve que l'accord le plus parfait existait à cette époque entre le Corps de Ville et la communauté des Petits Carmes d'Agen :

« Bordeaux, ce 12 août 1776. — Messieurs : Le désir que vous avez de faire du bien à notre communauté ne peut qu'ajouter un nouveau titre à la reconnaissance que nous vous devons déjà pour toute la bienveillance dont vous nous avés honorés jusqu'à présent et dont je vous demande la continuation. Soyez assurés que nous ne négligerons rien de ce qui pourra nous la mériter, flattés de justifier les vues de vos ancêtres, lorsqu'ils nous ont admis dans leur sein et au nombre de leurs concitoyens, de l'agrément même du

---

[1] Archives municipales, GG. 192.
[2] Idem. BB. 84 et DD. 32,

Roi. Quant aux deux propositions que vous me faites, il n'est pas en mon pouvoir d'accéder à l'une ou l'autre ; nos lois et notre régime réservent cette faculté aux chapitres provinciaux, et je suis étonné que le P. Prieur, qui devrait être instruit de ce que sa Communauté et moi pouvons en ce genre, ne vous ait pas répondu, lorsque vous lui avez fait l'honneur de le consulter, qu'il était impossible de faire aucun pacte relatif à l'objet que vous proposez jusqu'au chapitre prochain. J'ai prié le R. Père Hyacinte, prédicateur ordinaire du Roy et mon prédécesseur, qui doit passer vers la fin de la semaine dans votre ville, de vous remercier de la bonne volonté que vous témoignés ce que je pourrais vous dire moi-même. J'ai l'honneur d'être, avec tout le respect possible, Messieurs, votre très humble et très obéissant serviteur. Signé : Fr. Dominique, provincial des Carmes Déchaussés [1].

— La situation pécuniaire du Couvent des Petits Carmes était loin d'être florissante, quand la Révolution arriva. L' « Etat de la recette des revenus depuis la Saint-Martin 1789 jusques à la fin de décembre 1790, et de la dépense faite pendant ledit temps par la Communauté d'Agen, » nous donne : pour les recettes la somme de 1447 livres, 1 sol, 3 deniers, et pour les dépenses celle de 3203 livres, 5 sols 10 deniers. Excédant des dépenses : 1756 livres, 4 sols, 7 deniers [2]. Il était temps pour eux que la situation changeât.

Le 5 mai 1790, les officiers municipaux se transportèrent au Couvent des Carmes Déchaussés pour en dresser l'inventaire, conformément à l'article V du décret de l'Assemblée Nationale du 20 mars de cette année. Ils trouvèrent les R. Pères en religion : Arsène, prieur ; Louis Bertrand, sous prieur ; Severin de Saint-Blaize ; et les trois frères convers : frère Romain, frère Anastase et frère Bertrand de Saint Pierre, formant à eux six toute la Communauté. Sur les livres qui leur furent présentés ils relèvent comme revenus : la ferme du pré attenant à leur maison du côté du nord, 220 livres ; loyer de quatre petites maisons, 276 livres ; une rente

---

[1] Archives municipales. GG. 192.
[2] Archives départementales. Biens Nationaux.

de 543 livres ; une autre de 120 ; une troisième de 215 ; et quelques autres d'un ensemble de 106 livres. Total : 1480 livres. La sacristie est remplie de linge et d'ornements d'Eglise. Les meubles ne manquent pas dans l'intérieur du Couvent. La bibliothèque se compose de 88 vieux volumes in-folios et de 215 in-4° ou in-12. Les Pères Carmes déclarent n'avoir « aucun manuscrit ni médaille dignes d'être couchés par écrit. » Les dettes s'élèvent à la somme annuelle de 55 livres dues aux Cordeliers de Bordeaux ; à celle de 64 livres dues aux Dames Ursulines du Port-Sainte-Marie ; et à celle de 50 livres dues au bouillon des pauvres. Quant aux intentions des religieux, voici leurs réponses : Le Père J. Delpech, prieur, quarante-cinq ans, déclare vouloir rester ; le père Jean Bousquet, quatre-vingt-deux ans, vivre et mourir dans l'ordre ; le frère Antoine Brunet, soixante-et-onze ans, rester ; le frère Jean Neuville, soixante-six ans, rester dans la présente maison si elle est conservée, et non dans d'autres ; enfin le frère Jean-Pierre Sausanet déclare vouloir rester. La maison peut renfermer de seize à dix-sept religieux [1].

L'année suivante, les 12 et 13 mai 1791, eurent lieu le recollement de l'inventaire précédent et le procès-verbal de l'évacuation du Couvent par les Carmes Déchaussés. « Ce-jour d'hui, 12 mai 1791, nous Thomas Noguères, membre du directoire du district, sommes allés pour procéder à la remise des divers objets inventoriés et procéder à l'évacuation du Couvent. Les sieurs Joseph Delpech, prieur, Jean Bousquet, prêtre, Antoine Brunet et Jean-Pierre Sausanet, seuls composant aujourd'hui la communauté par la retraite du frère Jean Mestre et du frère Anastase, qui ont abandonné la vie commune, déclarent se soumettre aux décrets augustes de l'Assemblée Nationale, être prêts à y obtempérer, et disposés à nous exhiber les meubles et effets déjà inventoriés. Avons vérifié le tout, avons fermé l'église et scellé la porte extérieure et fait l'inventaire des ornements etc. » Les religieux ayant demandé à rester jusqu'au lendemain pour remettre les clefs, « sommes revenus le lendemain 13 mai et avons reçu d'eux trente-deux clefs.....

---

[1] Archives Départementales. Biens Nationaux.

Puis les religieux sont sortis avec nous. » On a désigné pour gardien le nommé Jean Panès d'Astaffort [1].

Effectuée le 12 septembre 1791, la vente des meubles et effets du Couvent des Petits Carmes produisit la somme de 669 livres et 9 sols [2].

Puis, eurent lieu les diverses estimations du Couvent. Le 2 décembre 1791, en conséquence d'une première soumission tendant à faire l'acquisition de la maison, église, jardin et pré des ci-devant Petits-Carmes, les experts se transportèrent à leur Couvent. « Il confronte, disent-ils dans le procès-verbal, du levant, à la rue de Roques, aux quatre petites maisons louées et aux maisons des sieurs Raymond et Rodrigues ; du midi, à la rue de Roques et maisons des sieurs Pandellé aîné et jeune et Castelnaud ; du couchant, à la contre-allée qui longe la grande avenue du Gravier, appelée des *Soupirs*; du nord, à maison du sieur Casse, tenant l'auberge du Grand Saint Louis et autre maison et jardin du sieur Casse, américain, dans lequel jardin se trouve un passage dépendant dudit Couvent, lequel passage est entre la maison et jardin de ce dernier et du sieur Gayral, notaire, faisant face à la porte Saint-Louis ». La valeur qu'ils donnent au Couvent, sauf les ornements et meubles de l'église, est de 6568 livres, 12 sols, 9 deniers. Celle du jardin et passage, d'une superficie de 4666 toises, 4 pieds, de 28000 livres. Valeur totale : 34568 livres, 12 sols, 9 deniers [3].

L'estimation des quatre petites maisons de la rue de Roques fut portée en plus à la somme de 4600 livres.

Enfin, le 8 février 1792, on procéda à l'évacuation définitive des effets qui n'avaient pas été vendus précédemment et qu'on avait renfermés dans trois chambres du Couvent.

Tous ces immeubles furent acquis dans la suite et après plusieurs

---

[1] Archives départementales. Biens Nationaux.
[2] Idem.
[3] Idem.

ventes successives par M. Lamouroux, négociant, qui y établit pendant quelque temps une manufacture d'indiennes. L'honorabilité du nouveau propriétaire, l'estime générale dont il jouissait auprès de ses concitoyens, ses qualités éminentes d'homme de lettres, de musicien, de naturaliste, lui valurent l'honneur de donner son nom à la rue qui longeait ses récentes acquisitions. La rue de Roques prit en effet à cette époque le nom de rue Lamouroux. Elle l'a gardé depuis.

Plus tard, et après avoir entièrement modifié l'agencement de l'ancien Couvent, M. Lamouroux et ses descendants revendirent à leur tour tout le local des anciens Petits Carmes. Il est devenu et est resté jusqu'à aujourd'hui la caserne actuelle d'infanterie.

CHAPITRE XI.

LES MINIMES.

L'ordre des Minimes fut fondé en Italie par saint François de Paule.

Né vers l'an 1416, en Calabre, dans la ville dont il prit plus tard le nom, François de Paule reçut une éducation très religieuse. On peut dire que, dès sa naissance et contrairement à ce qui arrive d'habitude, ses parents le destinèrent à la vie monastique. Il s'éprit de bonne heure de la solitude et il passa ses premières années de jeune homme dans un désert, où sa réputation de sainteté et ses miracles lui attirèrent bientôt de nombreux disciples. En 1435, il rentra à Paule et, dans un lieu que son père lui donna, il jeta les premiers fondements de son ordre. Lui et ses adeptes furent, dès ce moment, appelés *Ermites de Saint-François*, le patriarche d'Assise ayant été pris pour modèle par la nouvelle communauté. A la suite de nombreuses vicissitudes, François de Paule fonda plusieurs maisons à Paterne, à Spezano, toujours dans la Calabre, puis en Sicile. Après lui avoir accordé de nombreux privilèges, Sixte IV reconnut définitivement son ordre en 1473 et il le nomma Supérieur général de la nouvelle Congrégation des Minimes.

On connaît les derniers moments de Louis XI. On sait que ce prince superstitieux, se sentant mourir, fit appeler François de Paule dans l'espoir d'obtenir de lui sa guérison. François de Paule hésita longtemps; mais, sur l'ordre formel du Pape, il se décida à franchir les Alpes et il vint, en 1482, à la cour de France, au Plessis-les-Tours, où l'attendait avec impatience le moribond. Malgré les sarcasmes et les railleries des jeunes seigneurs, François de Paule fut reçu avec les plus grands égards par le roi et par son fils le dauphin ; sa présence adoucit quelque temps les souffrances du souverain. Ce fut entre ses bras que Louis XI mourut l'année suivante, 1483. Charles VIII retint en France le saint personnage. Il lui fit bâtir un superbe couvent dans le parc du Plessis, en un lieu appelé Les Montils; et il contribua, par ses libéralités, à fonder dans son royaume d'autres maisons de son ordre. Bientôt les Minimes se répandirent non-seulement dans toutes les provinces de France mais même en Espagne et dans l'Allemagne entière.

François de Paule mourut en France, à Plessis-les-Tours, le 2 avril 1507.

Sa règle, qui contient dix chapitres, est des plus sévères. Il avait, en effet, la prétention de surpasser celles de tous les autres ordres religieux par l'austérité qu'il imposait à ses disciples. C'est la vie quadragésimale qu'il leur ordonne toute l'année. La viande et toutes les matières grasses sont expressément défendues aux frères, tant au dedans qu'au dehors du couvent. Les jeûnes les plus rigoureux doivent être suivis par eux, comme aussi de très fréquents exercices d'oraison leur sont recommandés. Ils doivent garder le silence en tous temps dans l'église, le cloître, le dortoir, le réfectoire et en tous lieux, depuis l'heure des complies jusques à primes du jour suivant. Les supérieurs prennent même, comme signe distinctif, le nom de correcteurs. Ils sont élus tous les ans par les religieux de chaque monastère et ils exercent cet office pendant un an, sans pouvoir, pendant ce temps-là, sortir du couvent.

« Ceux qui veulent entrer dans l'ordre des Minimes ne pourront y entrer qu'en qualité de frères clercs, de frères lais ou de frères oblats ; et ils demeureront toute la vie dans l'état de leur profession. L'habit des frères clers et des frères lais sera long jusqu'aux talons, d'une étoffe vile et de laine noire. Le chaperon sera noir et descendra devant et derrière sur le milieu de la cuisse. Ils auront une ceinture de laine de semblable couleur, nouée de cinq nœuds; et ils ne pourront, ni jour, ni nuit, quitter le cordon, ni l'habit, ni le chapeau. Ils se serviront, à leur choix, de socques ou de sandales faites de genets ou de feuilles de palmier, ou de paille, ou de corde, ou de jonc, ou bien ils pourront se servir de souliers ouverts par dessus, si ce n'est qu'une pressente nécessité ou la dispense des supérieurs ne les exempte d'aller nu-pieds. Il y a plus de cent ans que cette dispense leur a été accordée, et, dans les derniers temps, ils étaient chaussés, etc. [1] ».

Les Minimes ne s'établirent à Agen que vers le milieu du XVIIe siècle, en 1658. Néanmoins, comme les Carmes Déchaussés, ils cherchèrent avant cette époque à y fonder une maison. Les hésitations de l'évêque, les répugnances des consuls furent, comme pour les Petits Carmes, les causes du retard apporté à leur installation. Ce ne furent pas toutefois les libéralités ni les hautes protections qui leur manquèrent.

Dès le 27 mars 1645, le syndic du couvent de Bordeaux adressait aux consuls d'Agen la requête suivante :

« Messieurs, le scindiq des pères Minimes du couvent de Bordeaux de l'ordre S. François de Paule vous remonstre humblement que deffunt Me Jean Demons, vicaire, prêtre du diocèse de Lectoure, par son dernier testament, aurait institué son héritier général et universel le couvent de Toulouse dudit ordre et légué la somme de huit mille livres pour être employée à l'establissement d'un cou-

---

[1] Voir le Père Hélyot : *Histoire des Ordres monastiques*, tome VII, p. 426.— Voir également l'*Encyclopédie théologique, Dictionnaire des Ordres religieux*, par l'abbé Migne, tome IIe.

vent dudit ordre entre lesdites villes de Toulouse et Bourdeaux, en un tel lieu qui serait trouvé convenable par les supérieurs. En conséquence de quoi, le Reverend Père Provincial et autres supérieurs dudit ordre, sous le bon plaisir de Monseigneur duc d'Espernon, gouverneur pour le Roy en cette province, soubs l'autorisation de Monseigneur l'Evêque, soubs votre approbation et consentement, auraient délibéré d'établir ledit couvent en la ville d'Agen ; et d'autant qu'ils n'ignorent pas que dans icelle il y a plusieurs communautés religieuses qui vont à la besace et ont fait vœu de pauvreté et que si l'establissement du couvent des supplians estait fait dans l'enceinte des murs et qu'ils allassent à la besace, ils seraient pour incommoder les couvens mendians et les habitans en leurs logements, il aurait esté résolu de renoncer à la quête et besace; et à cet effet pour pouvoir subvenir à l'entretien des religieux, le couvent de Bordeaux aurait fait don de quatre mil livres d'ung costé et quatre mil livres d'autre, provenant de legs faits par deux novices à present religieux profais dudit ordre, revenant à seize mil livres de fonds qui donneront mil livres de rentes pour estre employées à la nourriture et entretien des religieux conventuels sans qu'elles puissent estre amoindries par l'achat de la place ni batisse dudit couvent ; — de plus aurait été résolu qu'en cas où par vous autres, Messieurs, la batisse dudit couvent serait jugée incommode aux habitans, dans l'enceinte des murs, de le faire hors de ladite enceinte, en un tel endroit le plus convenable et commode qu'il sera advisé ;

« A ces causes, Messieurs, il vous plaise de vos grâces vouloir donner votre approbation et consentement à ce que le suppliant soit reçu pour faire l'establissement dudit couvent dans votre dite ville ou proche d'icelle, en tel lieu le plus commode et convenable qu'il sera advisé, auxdites conditions, et encore que ledit couvent sera tenu de payer la taille et autres charges réelles de la situation dudit couvent, comme s'ils n'estaient pas main-morte, et ainsi que font les séculiers et habitants particuliers, et à la charge que auparavant d'exécuter ledit establissement le suppliant sera tenu, comme il offre, de vous remettre les pièces justificatives de ce que dessus, pour êstre inséré et registré dans votre maison de ville, et de bailler bonne et suffisante caution dans la ville de Bourdeaux pour l'entretien des susdites conditions ; et le suppliant et tout son ordre prieront Dieu pour votre prospèrité, pour la conservation de votre communauté et de tous vos habitants.

Fr. Bersy, *Syndic des Minimes* [1]. »

Moins de deux mois après, le jeune roi Louis XIV, à peine monté sur le trône, écrivait, à ce même effet, aux consuls et habitants d'Agen la lettre suivante, avec signature autographe inédite et conservée aux Archives municipales de cette ville [2] :

« Chers et bien amés, Les Pères Minimes de notre ville de Thoulouse nous ont fait entendre qu'il leur a esté faict ung legs pour fonder un couvent de leur ordre en notre ville d'Agen, lequel avec d'autres bienfaicts qu'ils reçoivent pour la mesme fondation la rend sufisante pour la construction dudit couvent et pour la nourriture et entretenement des religieux qui y demeureront. Mais comme ils se sont présentés au sieur évêque dudit lieu et à vous pour avoir vos consentemans pour l'establissement dudit couvent, ils y ont esté traversés par les religieux des autres ordres ; sur quoy nous vous avons bien voulu envoyer cette lettre de l'advis de la Reyne régente, nostre très honorée dame et mère, pour vous dire qu'ayant une dévotion particulière envers les S^{ts} de cet ordre, nous aurons bien agréable que vous donniez vos consentemans pour l'establissement dudit couvent dans notre dite ville d'Agen, eu égard à la distance qu'il y a de Thoulouse à Bordeaux, entre lesquelles villes ils n'ont aucune maison ; et aussi qu'étant fondés comme ils sont, et ayant renoncé à la besace, vous n'en pourrés recevoir aucune charge, ains au contraire toute sorte d'édification de leur bonne vie et exemple, et n'estant la présente à autre effet nous ne la vous ferons plus longue.

« Donné à Paris, le viiie jour de may, 1645.   « Louis. »

En même temps, la reine Anne d'Autriche envoyait cette lettre, avec signature autographe et dont la minute est également conservée aux Archives [3], aux consuls et habitants d'Agen :

---

[1] Archives municipales d'Agen, GG. 190.
[2] Idem., GG. 190.
[3] Idem.

« Chers et bien amés, la satisfaction que nous croyons que vous apportera l'établissement d'un couvent de l'ordre des Minimes en votre ville, et l'assurance que quelques supérieurs d'iceluy nous ont donné que vous ne recevrez aucune incommodité de leurs religieux qui seront envoyés pour y demeurer, leur ayant esté faict un legs suffisant pour les entretenir sans vous estre à charge, nous font volontiers accompagner de ceste lettre celle que le Roy, notre très honoré sieur et fils, vous escrit en leur faveur, pour vous dire que nous serons bien aises que vous consentiez audit establissement, sans vous arrester aux difficultez qu'y voudraient apporter ceux des autres ordres mendians qui n'ont aucun interest de l'empêcher, puisque ceux-cy entendent vivre de leur revenu, sans faire queste, dans votre ville ny ès-environs d'icelle ; ce qui nous faisant croire que vous y apporterez toute la facilité que nous pouvons désirer, nous prions Dieu vous avoir, chers et bien amez, en sa sainte garde.

« Donné à Paris, le 10 de May, 1645.

« ANNE ».

Enfin Mgr d'Elbène écrivait également aux consuls d'Agen, le 5 juillet de la même année, une lettre assez originale où, sans se prononcer ouvertement, il les engage à faire tout leur possible pour favoriser l'établissement des Minimes à Agen :

« Messieurs, Pour reponse à cele que vous m'avez escrite du second de juin sur le subjet de l'establissement que désirent de faire les Pères Minimes dans la ville d'Agen, et les lettres que lesdits Pères vous ont présentées, je vous diray, par une confession ingenue, ce qui est venu à ma cognaissance de ceste affaire, ne vous voulant jamais rien desguiser. Il est vray que passant à Bordeaux pour m'en venir en ces quartiers, je fus prié par des personnes de condition que j'honore infiniment et auxquelles je ne pourrais rien refuser, je dis rien parce qu'elles ne sont personnes à faire des prises qui doivent estre exceptées, de vouloir agréer et donner mon consentement pour cest establissement : ce que je fis verbalement, au cas que Messieurs de la ville les eussent préalablement agréés et reçeus, me reservant à doner ledit consentement par escript, lorsque je y verrais celuy de la ville, ainsi que j'ai pratiqué par le passé en semblables rencontres pour les Mères du Tiers ordre et de la Visitation à Agen et les Mères Ursulines à Marmande et Villeneuve, estant en ces matières très raisonnable que ceux qui doivent porter la charge soient ainsi considérés et entrent en part pour leur consentement en semblables occurances. Je vous annonceray de plus que je suis assés naturellement porté à favoriser les personnes religieuses, n'estant, ce me semble, que multiplication de gens de bien et d'ouvriers qui se présentent pour travailler à la vigne du Seigneur, les uns plus tôst, les autres plus tard et qui pourtant recevront tous leur récompense. Ainsi, Messieurs, c'est à vous à vous aviser voir vos fonds et considérer vos nécessités. La maison est grande : voiés si les ouvriers sont suffisans. Au reste, je suis marry que, dans les lettres que vous me dites vous avoir été présentées, les religieux de vostre ville soient taxés de moy ; je suis obligé de porter pour eux le témoignage qu'ils ne m'ont jamais parlé ny fait parler de cette affaire à laquelle je prie Notre Seigneur très instamment vouloir donner une fin la plus advantageuse qu'il luy plaise pour sa gloire. Conservez-moi, s'il vous plait, dans la bonne volonté que vous me témoignez et croiés certainement que je suis avec passion, Messieurs, votre très affectionné serviteur.

« D'ELBÈNE, *Evêque d'Agen*[1]. »

Malgré ces instances, le Corps de ville hésitait toujours. La ville était encombrée d'ordres mendiants et les habitants ne pouvaient y suffire. La réponse se fit attendre douze ans. Ce ne fut qu'en 1657 que les négociations s'engagèrent à nouveau et qu'à la suite d'une seconde libéralité de 8,000 livres faite par le Révérend Père Gilles Joly, ancien conseiller au Sénéchalat de Bordeaux, les consuls consentirent à l'établissement dans Agen d'un couvent de Minimes. Encore apportèrent-ils à leur autorisation les mêmes restrictions que pour les Petits Carmes et imposèrent-ils aux nouveaux venus les mêmes conditions aussi dures. On peut s'en rendre compte par la lecture des clauses du contrat suivant, passé définitivement entre eux le 7 janvier 1658 :

---

[1] Archives municipales d'Agen, GG. 190.

« Dans la chambre du Conseil de ville d'Agen, cejourd'huy, septième jour du mois de janvier, mil six cens cinquante huit, régnant notre souverain prince Louis, par la grâce de Dieu, roy de France et de Navarre : par devant moy, notaire royal de ladite ville, soubsigné, et présents les témoins bas-nommés, ont esté présens et constitués en leurs personnes, Réverend Père Jean Bertrand Marsaing, religieux provincial de l'ordre des R. P. Minimes de S. Roc, ordre de S. François de Paule, en la province d'Aquitaine, tant en son nom que comme procureur duement fondé de procuration des R. Pères et frères Jean Gallet, collègue et définiteur, et Jean Lussy, aussi collègue, faisant tant pour eux que pour le Réverend Père Mathieu Moula, aussi collègue et définiteur, comme appert de sa procuration en datte du troisième du présent mois, retenues par Vincent, notaire royal, coppie de laquelle a esté remise devers moy notaire pour estre incérée cy-après, et R. P. Jean Gilles de Joly religieux dudit ordre et fondateur, lesquels ont dict que en conséquence de la procuration faite audit Père Joly, il se serait porté dans la présente ville et baillé requête à Messieurs les Consuls de l'année dernière et Corps de ville, pour obtenir la permission de s'establir et fonder dans ladite présente ville, sur l'entérinement de laquelle requête ledit Corps de ville aurait esté assemblé suivant la forme ordinaire et ladite requête ayant été rapportée et leue dans l'Assemblée, les conditions sous lesquelles les religieux demandent leur establissement, furent jugées si justes et équitables qu'il fut délibéré d'une commune voix, par acte du vingt décembre dernier, qu'ils seraient reçus dans l'enclos de ladite présente ville. — A ces fins, MM. de Maurès, de Sevin, Boissonnade, receveur, Ducros, Saint-Gilis, Codoing et Ducros jeune auraient esté députés commissaires pour dresser l'acte de l'establissement de leur couvent et résoudre avec leur syndic les articles et conditions qui seraient jugés nécessaires, tant pour leur logement qu'emploi de la somme de seize mil livres par eux offerte au paiement des dettes de la ville en leur payant annuellement la rente à raison du denier vingt, de manière que lesdits religieux désirant faire ledit establissement, ledit Révérend Père Provincial s'est rendu exprès dans la présente ville, fondé de sa procuration, et, conjointement avec ledit Père Joly, prié et requis Messieurs les Consuls tant de la présente année que de la dernière, ensemble lesdits sieurs commissaires assemblés pour ce sujet et demeurer d'accord des articles et conditions sous lesquelles ledit establissement doit estre fait. A quoy les sieurs consuls et jurats, inclinant sous le bon plaisir de Monseigneur l'Evêque et Comte d'Agen et conformément à l'acte de délibération de jurade dudit jour 20 décembre dernier, auraient offert de passer contrat sur les clauses et conditions présentement accordées et stipulées par lesdits R. Pères Provincial et Joly comme s'en suit :

« Premièrement que lesdits religieux rendront le service accoustumé estre rendu par les autres religieux de la ville, savoir : assisteront aux processions générales et ordinaires, confesseront, visiteront les malades, assisteront aux sépultures et convoy des morts, lorsqu'ils y seront appelés.

« Secondement, diront une messe haute le jour anniversaire de leur establissement à l'intention de la ville, à laquelle messe ils seront tenus d'appeler Messieurs les Consuls.

« Troisièmement, ne pourront acheter aucune place ou logement pour faire leur establissement sans en avoir préalablement convenu avec Messieurs les Consuls et lesdits sieurs Commissaires pour juger de la commodité ou incommodité du lieu.

« En quatrième lieu paieront la taille et autres charges ordinaires et extraordinaires de tous les biens qu'ils acquerront soit dans la ville que juridiction.

« En cinquième lieu, attendu que par leur requête ils se sont soumis à renoncer à la besace en queste publique, lesd. R. Pères seront obligés, avant aucun establissement de remettre entre les mains de Messieurs les Consuls la somme de seize mil livres pour estre distribuées suivant qu'il sera advisé par lesdits sieurs Consuls et Commissaires députés par le Corps de ville par l'acte de jurade dudit jour 20 décembre dernier, de laquelle somme de seize mil livres il leur sera payé l'intérêt à raison du denier vingt, quartier par quartier, provenant ladite somme de seize mil livres partie de la présente fondation faite par ledit R. P. Joly fondateur dudit présent couvent.

« En sixième lieu, en cas où à l'avenir lesd. R. Pères viendront à se pourvoir contre la susdite renonciation faite à la besace ou questé publique par quelque manière et sous quelque prétexte que ce soit, audit cas la somme de seize mil livres demeurera irrévocablement acquise à la ville.

« Finalement ledit R. P. Provincial sera tenu de faire approuver dans le premier chapitre provincial qui sera tenu dans leur ordre les susdits articles et conventions, et deux mois après l'assemblée tenue, rapporter et remettre ès mains desdits sieurs Consuls l'acte de ladite ratification et approbation ; et de plus a esté convenu et accepté que lesdits sieurs Consuls, faisant le paiement de ladite somme de seize mil livres, seront tenus de subroger lesdits religieux, comme ils les subrogent d'ors et déja au lieu, droit et place et hypothèque des créanciers de la communauté. Et pour tout ce dessus faire observer et entretenir, ledit R. P. Provincial en la qualité qu'il procéde et Joly ont obligé le temporel de leur ordre, et lesdits sieurs Consuls et Commissaires députés les biens et revenus de ladite Communauté qu'ils ont soumis aux rigueurs de justice, renonçant à tous droits à ce contraires, et ainsi tout promis et juré. Fait en présence de Arnaud Maussacré, notaire royal, promoteur desdits sieurs consuls, et Sauson-Grabiac, marchand et habitant dudit Agen, qui ont signé à l'original avec les Révérends Pères [1]. »

Aussitôt après, le 17 février 1658, Mgr d'Elbène écrivait de Paris une lettre aux consuls, où il approuvait leur résolution et donnait à la fondation son plein et entier consentement.

Labénazie résume ainsi parfaitement les causes de l'établissement, dans Agen, des Pères Minimes : « L'origine de leur fondation vient de deux bienfaiteurs. Le premier est M. Charles Demons, prêtre et curé de Miradoux, lequel, instituant le couvent de Toulouse son héritier, légua au premier couvent qui serait bâti entre Toulouse et Bordeaux la somme de 8,000 livres.

« Le second fondateur fut le Révérend Père Gilles Joly, qui avait

---

[1] Archives municipales, GG. 190. — Voir aussi BB. 61.

été conseiller au Sénéchal de Bordeaux, lequel donna 8,000 livres pour la même fondation. Ces deux sommes, revenant à celle de 16,000 livres, ont été mises en rente constituée entre les mains de la Communauté de la ville d'Agen, qui leur paie 800 livres de revenus chaque année, par contrat retenu par Leydet, notaire et secrétaire de la ville [1]. »

Il arriva, tout d'abord, quatre religieux : Le Père Provincial Jean-Bertrand Marsaing, le Père Mathieu Moula, le Père Jean Galles et le Père Jean Lussy [2]. Puis vinrent presque immédiatement les

---

[1] Labénazie. Ms. Tome II, livre V, chapitre XX, p. 482.

[2] Il existe à la Bibliothèque de la ville d'Agen une plaquette fort rare, peut-être même unique, renfermant trois pièces de vers latines et quatre françaises adressées à l'Evêque d'Agen, Claude Joly, par ce Père Lussy qui signe : F. I. Lussy, sup. ind. des Minimes d'Agen. Cet opuscule est imprimé à *Agen par Jean Gayau, Imprimeur ordinaire du Roy et de Monseigneur l'Evesque, devant l'Hostel de ville*. — Voici son titre : *Illustrissimo ac reverendissimo in Christo Domino Dom Claudio de Joli Aginensium episcopo ac comiti meritissimo, anagrammata tum prognostica cum chronologica dat Minimorum Minimus, in osculo submissi animi, ad majorem nominis ipsius reverentiam et exultantis ecclesiæ viduæ Aginni triumphum amplissimum.*

Nous ferons grâce à nos lecteurs des trois pièces latines intitulées: *Prognostica*, de quatorze vers chacune et où l'auteur fait l'éloge de Claude Joly. Des quatre « *Anagrammes diverses tirées du nom et des qualités de Monseigneur* », qui sont quatre sonnets en français, nous ne reproduirons à titre de curiosité que le sonnet suivant sur le nom du Prélat. Il donnera une idée suffisante des talents poétiques du Père Lussy :

> Vrayment ce nom est beau, dont les seuls caractères
> Forment un sens si doux, qu'il plait à tous les cœurs,
> Qu'il nous promet la fin de toutes nos langueurs,
> Et le retour d'un temps libre de nos misères.
>
> J'avoue que ce nom est plein de cent mystères,
> Qu'il nous offre un prélat pour former nos pasteurs,
> Un médecin parfait qui tarira nos pleurs,
> Guérissant tous nos maux par ses soins salutaires.
>
> Providence de Dieu, grande ouvrière des cieux,
> Bienfaisante sagesse, œil ouvert à nos vœux,
> C'est vous qui pour nos biens n'usés point de remise.
>
> Faites donc que ce nom de Claude de Joli,
> Nous donnant un prélat, nous donne un saint aussi,
> Et le ciel que Dieu seul a deu à son église.

Pères Lafore, Bernard Laroque, Joli et Capdeville. Labénazie nous dit que « le Père Galles était agenais. Il avait été provincial, et c'était un homme de mérite et de grande estime parmi ses confrères ».

— Les Minimes changèrent plusieurs fois, à leur arrivée dans Agen, de lieu de résidence. Ils éprouvèrent à ce sujet des péripéties et des difficultés qu'il est intéressant d'étudier.

Tout d'abord « ils reçurent l'hospitalité chez Monsieur de Boissonnade, receveur, leur ami, et qui, dit Labénazie, était de leur ordre. » Le logis de la famille Boissonnade était, à cette époque, le bel et vaste hôtel, rue de l'Ecole Vieille, qui depuis fut acheté par la famille de Raymond et qui lui appartient encore aujourd'hui. C'est là où ils entamèrent aussitôt des négociations avec les Carmes pour qu'il leur fût permis d'acheter, ou tout au moins de louer, un local à leur convenance.

Ils jetèrent bientôt les yeux sur la maison de Monsieur Michel de Lagarrigue, advocat, rue Paulin, qui était située, dit Labénazie, devant la maison du Séminaire[1]; et ils reçurent des Carmes, le 8 juin 1658, l'autorisation suivante de s'y établir :

« Dans la ville et cité d'Agen, en l'hôtel de ville d'icelle, cejourd'hui, huitièsme de juin mil six cens cinquante-huit, après midy, par devant moy notaire royal estably audict Agen, soubsigné, présans les tesmoings bas nommés, ont esté présans et constitués en leurs personnes Révérends Pères Jean Bertrand Marsaing, provincial des religieux minimes d'Aquitaine et Jean Jolly, fondateur du Couvent qui doibt estre estably en ladite présante ville, parlant à Messieurs Maistres Jean de Sabourous, docteur en médecine, Anthoine Chambon, juge de Laroque Thimbault et procureur du siège présidial d'Agenais, Michel Sere, docteur en médecine et Léornard Laffont, bourgeois et marchant, Consuls de la présente

---

[1] Le Séminaire, ainsi que nous le verrons au chapitre suivant, occupait encore à ce moment tout l'emplacement où se trouvent actuellement les maisons de M. le docteur Louis Amblard et de sa sœur Mademoiselle Antoinette Amblard.

ville, noble Herman de Sevin, écuyer, sieur de Ganet et de Pissille, Michel de Maurès, advocat en Parlement, Jacques Ducros vieux, Bertrand de Saint Gillis, aussi advocat en Parlement, Géraud de Boissonnade, conseiller du Roy et receveur des tailles d'Agenais, et François Coudoing, conseiller du Roy en l'élection d'Agenais, jurats et députés de ladite communauté; ont dit et représenté que, suivant le contrat passé avec lesdits sieurs consuls et députés, ils ont faict compter en la ville de Bordeaux où Noble Pierre de Tapie, écuyer, sieur de Monteils, Monsieur M° Jean de Gardès, advocat à la Cour, sieur de Claret, aussi consuls, leurs collègues et Monsieur Maistre Jean Ducros, advocat en la Cour, sieur de La Cassagne, jurat et député de ladite Communauté, la somme de seize mille livres pour estre employée au paiement des députés de ladite Communauté, au désir dudit contrat; et d'autant qu'iceluy contrat contient que l'establissement de leur Couvent ni logement ne pourra estre fait sans l'aveu et consentement desdits sieurs consuls et députés, les dits requérans leur représantent que la Communauté n'est pas en estat pour le présent d'acheter maison, ny place pour édiffier ni batir leur Couvent. C'est pourquoy et par provision et sans rien déroger ny préjudicier aux clauses et conditions dudit contrat, supplient très humblement lesdits sieurs consuls députés et communauté d'Agen, qu'ils prennent à louage la maison de Maistre Michel de Lagarrigue, advocat en la Cour, située à la rue de Pauly, pour le temps que par eux sera advisé, après lequel délay offrent de loger et establir au lieu que par lesdits sieurs Consuls et députés sera ordonné;

« Lesdits sieurs Consuls et députés ont fait par réponse qu'ils acceptent les susdits offres et déclaration aux clauses dudit contrat et déclarent que, pour le présent, ils n'entendent empécher que les dits Révérends Pères Minimes ne prennent à louage ladite maison dudit sieur de Lagarrigue pour deux années seulement, à la charge que lesdites deux années eschues, ils ne pourront se loger audit lieu ni ailleurs par louage, ni acquérir en propriété aucun lieu, sans la veue et exprès consentement desdits sieurs Consuls et Commissaires députés, conformément audit contrat. De quoi et de tout ce dessus, lesdites parties m'ont requis acte que leur ai concédé ès présance de M⁰ Pierre Combes, praticien, et Pierre Pressec, marchand de ladite ville, qui ont signé ci-dessus [1]. »

En vertu des clauses de cette autorisation, le loyer de la maison de Lagarrigue, rue Paulin, ne devait être que de deux années. Ce n'était donc qu'un séjour provisoire. Néanmoins les Pères Minimes y plantèrent solennellement la croix. « Le jour de la Pentecôte 1658, nous dit Labénazie [2], les huit religieux Minimes assistèrent à vêpres dans l'église cathédrale. Après vêpres le chapitre leur donna place dans la tribune pour entendre le sermon que fit Monsieur de Soldadié, où il fit les éloges de l'ordre. Après le sermon, le chapitre, avec les religieux, firent une procession où les religieux devançaient le clergé, faisant porter la croix qui devait être plantée par des habitants de la ville, qui s'empressaient à avoir part à cette glorieuse action. La croix qui servit aux religieux en cette procession fut portée par le Père Galles, agenais, ex-provincial, qui voulut avoir part à cette solennité, autant par humilité que par la joye qu'il avait de voir son ordre établi dans Agen, sa ville natale. La procession étant arrivée au lieu où elle devait être plantée, la musique chanta : *O Crux, Ave, spes unica*, et pendant qu'elle chantait, la croix fut plantée par Monsieur d'Hospil, grand archidiacre. »

Cependant les religieux cherchaient à acquérir un local définitif. Les Consuls d'un autre côté, en récompense des seize mille livres qui leur avaient été prêtées par les Pères et conformément aux clauses des précédents contrats, s'occupaient de leur faciliter cette installation. A la suite d'une jurade du 20 février 1659, ils offrirent aux religieux de vendre la maison Lagarrigue où ils étaient présentement, et de s'établir dans une des maisons ci-après : « la maison du sieur de Rangouze, rue Saint-Antoine, celle de la demoiselle de Ralhery, près la Porte Neuve, celle du sieur Defaure, marchand, près Saint-Hilaire, celle de M⁰ Pierre Cout, notaire, près Saint-Caprais, ou bien les fours, grange et jardin appartenant aux en-

---

[1] Archives municipales, GG. 190.
[2] Labénazie, Ms. T. II, l. V, chapitre XX, p. 483.

fans et héritiers de feu Monsieur de La Bolbène, conseiller, près le Puits du Saumon. » Le Père provincial les ayant priés de choisir et de déterminer eux-mêmes le lieu qui leur paraîtrait le plus convenable, les Consuls et Jurats désignèrent a l'unanimité « les fours, grange et jardin des héritiers de M. La Bolbène, comme estant le lieu le moins incommode et le plus propre pour leur establissement[1]. » Il fut donc décidé que les Minimes s'établiraient définitivement rue Puits du Saumon.

Mais de nombreuses contestations s'élevèrent, et, moins de deux ans après, ils durent renoncer à occuper cet emplacement. Il résulte en effet des délibérations de la Jurade et du journal des Consuls que les Pères Augustins, dont le couvent se trouvait proche de la rue du Saumon, opposèrent une vive résistance à ce futur voisinage, se basant sur le tort que leur porterait la création d'un couvent aussi rapproché du leur. Aussi les Pères Minimes durent-ils céder, « pour éviter un procès qui allait leur être intenté par eux, et vivre en paix. »

C'est alors que sur l'avis et l'autorisation des Consuls, en date du 29 décembre 1660, ils résolurent de s'établir « dans le quartier Porte-Neuve et dans la maison de M. de Raymond, conseiller du Roy et trésorier général de France, lequel leur offre des bienfaits bien avantageux pour eux et par un esprit de dévotion tout particulier et d'aultant que dans ce quartier il n'y a aucune maison de religieux[2]. » Les Minimes achetèrent en effet cette maison pour la somme de dix mille livres, le 9 août 1661. C'est ce qui résulte du contrat d'achat, confirmé du reste par Labénazie, en cette page assez curieuse de son manuscrit[3] :

« Trois années après, les Minimes achetèrent la maison de Monsieur de Raymond, trésorier de France, natif d'Agen, et de cette ancienne famille des Raymond d'Agen, que M. Florimond de Raymond, conseiller, a honoré par ses écrits et par sa charge. Cette

---

[1] Archives municipales, GG. 190.
[2] Idem. Voir aussi BB. 61.
[3] Labénazie. Ms. T. II, l. V, ch. XX, p. 482 et suiv.

maison qui est à la rue Porte-Neuve fut achetée dix mille livres, le 9 août 1661. Il semblait que cette maison avait été destinée pour être une église. La piété et la religion des ancêtres de M. de Raymond leur avait inspiré, quand elle fut bastie, d'y mettre des inscriptions très-dévotes en trois divers endroits ; sçavoir : sur la porte de la rue on y mit ce verset du psaume..... (mots déchirés)..... *Domine domo .... mihi* ; sur la croisée qui est maintenant la porte de la chapelle des Minimes, il y a ces mots : *Cœlum non solum* ; et, sur la porte du degré par où les religieux entrent dans leur maison, il y a cette inscription : *Non domus Domino, sed* (les religieux y ont ajouté, *sed Deo*, avec ce millésime : 1561). Cent ans après la batisse de cette maison, elle a été consacrée à Dieu. Les religieux y entrèrent, le 8 septembre 1661, le jour de la nativité de Notre Dame. Le Saint Sacrement fut exposé dans la salle basse, qu'on avait disposée pour servir de chapelle. Monsieur de Soldadié, pour lors grand archidiacre, y célébra la première messe. Elle avait été auparavant bénie par Monsieur de Boissonnade, chantre de Saint-Etienne, lequel a été depuis évêque de Bazas. »

Cette page du manuscrit inédit de Labénazie est tout ce qui nous reste concernant la description et le plan de l'ancien couvent des Minimes. On verra, en effet, dans la suite, que ces religieux disparurent d'Agen quelque temps avant la Révolution et que leur église et couvent furent achetés et entièrement démolis par M. Pélissier qui, sur leur emplacement, construisit un magnifique hôtel. Lorsque Lomet leva le plan de la ville d'Agen, au moment de la Révolution, il ne put donc que retracer cette belle demeure où rien déjà ne subsistait plus de l'ancienne habitation des Pères Minimes. Force nous est par conséquent, dans ce chapitre, de ne pouvoir, comme dans les autres, donner à nos lecteurs le plan du couvent des Minimes.

Le 7 septembre 1697 eut lieu le baptême de la cloche des Pères Minimes. Le journal des consuls détaille ainsi cette solennité [1] : « Le 7 septembre 1697, les RR. PP. Minimes, nous ayant fait les par-

---

[1] Archives municipales. BB. 66.

rains de la cloche de leur église et Madame la comtesse de Laugnac la marraine, il a été procédé au baptême ou bénédiction, l'après-dînée, par M. Daurée, vicaire général et official, ancien chanoine de l'église cathédrale de Saint-Etienne et archidiacre de Monclar, avec toute la pompe possible, ladite dame de Laugnac accompagnée de plusieurs dames. Il est gravé sur ladite cloche ce qui suit : Jesus, Maria, Joseph, S. Franciscus de Paula. Patrinis nobilibus viris, Dominis Francisco Boudon de Saint-Amans, Majori, Joanne de Lescazes, Joanne Mazac, Bertrando de Saint-ilis, Antonio Guiral du Colombier, consulibus et gubernatoribus Aginni, anno 1697, cum dominâ Gabrielâ Carolâ Franciscâ de Monestey de Chazeron, comite de Laugnac. Fui benedicta per illustrissimum Dominum dominum Julium de Mascaron, episcopum et comitem Aginnensem, Anno 1697. M. P. Arquier me fecit. »

Le 21 février 1689, les Pères Minimes nomment pour leur père spirituel, dans la ville d'Agen, Paul Bernard Oudinot, advocat au Parlement [1]. Leur communauté se composait alors de quatre religieux : Frère Jean Bessières, vicaire et supérieur, frère Jean Loyer, frère Jean Hillaire et frère François Carras.

Le 19 juillet 1708, Monseigneur Hebert, évêque d'Agen, alla poser la première pierre de l'église des Pères Minimes, rue Porteneuve. Deux ans après, le 30 mars 1710, il la consacra et la dédia. Les consuls assistèrent à la cérémonie : « Le 30 mars 1710, dit leur journal [2], nous avons assisté au sacre de l'église des R. P. Minimes avec nos robes, après en avoir esté priés la veille par deux Pères de leur communauté, à l'hostel de ville et chez nous en particulier, qui a esté sacrée par Mgr l'Evêque François Hébert, où M. de Rozel, lieutenant général des armées du Roy, commandant en Guienne sous les ordres de M. le maréchal de Montreuil, avec Messieurs du Presidial, y assista. »

---

[1] Archives départementales. B. Reg. 101 bis.

[2] Archives municipales. BB. 68. Voir aussi les archives de l'Evêché, F. 35, et Labénazie, Mss.

— Vers la fin du xviie siècle déjà, un long procès s'était engagé entre les Pères Minimes et les Consuls, au sujet du paiement des tailles. Les premiers se prévalaient d'un arrêt de la Cour des Aides et d'une déclaration du Roy, du 4 septembre 1696, exemptant de la taille les églises, couvents et jardins de leur ordre, et ils refusaient de payer aux Consuls les tailles ordinaires. Ceux-ci interjetèrent appel auprès du Conseil d'Etat, l'année suivante 1697, et ils alléguèrent qu'en vertu des clauses et conditions de leur acte de fondation les Pères Minimes ainsi que les Petits Carmes restaient soumis au droit commun. L'affaire traîna comme d'habitude en longueur. Enfin, le 26 mai 1699, le Conseil d'Etat rendit un arrêt, en vertu duquel « il ordonne que les Pères Minimes continueront de payer la taille et toutes les chages ordinaires et extraordinaires des biens qu'ils possèdent dans ladite ville et qu'ils pourront acquérir à l'avenir, suivant et conformément à la convention portée par leur contrat d'établissement du 7 janvier 1658, et condamne Sa Majesté lesdits religieux Minimes aux dépens [1]. »

En revanche, si les Minimes se refusaient à payer les tailles, les Consuls ne s'acquittaient que très imparfaitement de leurs obligations pécuniaires envers eux. On sait qu'au moment de leur installation, ces religieux prêtèrent 16,000 livres aux Consuls, et que ceux-ci s'engagèrent à leur payer annuellement, au denier vingt, la rente de 800 livres. Il faut qu'ils aient tenu bien mal leur engagement pour que, le 6 mars 1710, l'Intendant de Guienne, M. Lamoignon de Courson, se soit vu obligé de leur écrire la lettre suivante : « Messieurs, les religieux Minimes d'Agen ont présenté une requête pour être payés d'une rente annuelle que vous leur faites pour règlement d'une somme de 16,000 livres qu'ils ont prêté à votre communauté depuis très longtemps. J'ai veu par la réponse que vous avez faite au pied de cette requête que vous ne pouvés les en faire payer qu'après que la partie du Roy est acquittée, et je trouve que vous avez raison et qu'à la rigueur cela doit être ainsi ; cependant comme ces religieux n'ont d'autre revenu pour subsister, m'ayant dit qu'une des conditions de leur établissement estait qu'ils ne

---

[1] Archives municipales. GG 190.

fairaient point la queste dans la ville, il faut que vous tachiez de leur faire toucher quelque chose de tems en tems pour leur donner moyen de vivre.

« Je suis, Messieurs, votre très humble et très obéissant serviteur. de Lamoignon de Courson [1]. »

La lettre que le Père Prieur adressa en 1715 à Monseigneur Hébert nous donne quelques détails sur l'état du Couvent à cette époque : « Par lettres du Roi du 8 février 1658, les Pères Minimes ont esté établis dans la ville d'Agen, où ils ont placé 16,000 livres pour en retirer 800 livres de rente, desquelle 800 livres il ne nous en reste que 600 livres, après avoir payé les charges et les subsides ; et c'est tout ce qu'ont de rentes fixes les six religieux qui composent cette petite communauté, qui a bâti une église depuis quatre ans, savoir en 1710, laquelle fut consacrée par Monseigneur Hébert, évêque et comte d'Agen. Il n'y a de particulier dans cette petite maison naissante qu'une *dévotion des indulgences des stations de Rome*, laquelle commence à la Mi-carême jusqu'à Quasimodo. Le peuple y vient en foule tous les jours et gagne les pardons avec une exactitude qui n'a pas diminué depuis que lesdits Minimes sont establis en cette ville [2]. »

Le 28 juin 1722, les Minimes d'Agen nomment pour leurs Pères spirituels dans la ville de Valence-d'Agen et dans la ville et paroisse de Golfech les sieurs Jean et Guillaume Gignoux, marchands de ladite ville de Valence et de Golfech [3].

En 1729, nouvelles difficultés pécuniaires entre les Pères Minimes et les Consuls. Ceux-ci décident qu'ils ne leur paieront plus leur rente annuelle qu'au denier cinquante, au lieu du denier vingt. De là, grand émoi des Minimes, assimilés en cela aux Carmes Déchaussés. Nous avons déjà résumé cette longue affaire au chapitre précédent, lorsque nous nous sommes occupé des Petits Carmes. Nous ne fatiguerons pas inutilement nos lecteurs en leur répétant ici ce que nous avons dit à ce sujet. Notons seulement que le

---

[1] Archives municipales. GG. 190.
[2] Archives de l'Evêché, série F. liasse 35.
[3] Archives départementales, B. 119.

résultat fut le même pour les deux Couvents, et que le Conseil d'Etat rendit, le 17 mai 1729, un arrêt qui « ordonnait que les Religieux Minimes de la ville d'Agen seraient paiés à l'avenir, à compter du 1er janvier 1729, des arrérages des rentes à eux dues par la ville, sur le pied du denier trente ; ce nonobstant les arrêts du Conseil du 24 août 1720 et du 15 décembre 1722, auxquels Sa Majesté déroge en tant que de besoin et sans tirer à conséquence [1]. »

Le Couvent des Pères Minimes n'eut pas, à Agen, le même succès que les autres maisons religieuses. Aussi ces bons Pères n'y restèrent-ils pas longtemps. « Au mois de septembre 1773, nous dit Malebaysse dans son manuscrit, les Pères Minimes quittèrent leur maison d'Agen, située près la Porte Neuve. Cette communauté fut supprimée par ses supérieurs, soit à cause de la modicité de ses revenus, soit par défaut de sujets. Il n'étaient depuis longtemps que deux dans le Couvent d'Agen. Leur maison fut mise en vente à l'enchère. Monsieur Pélissier, aîné, négociant, l'acheta pour 17,000 livres, en mars 1774 ; il la démolit dans son entier, et il bâtit sur son emplacement une vaste construction pour s'y loger [2]. » Et Labrunie ajoute dans sa copie du manuscrit original [3] : « Il n'y a pas une demi-heure qu'il me disait (aujourd'hui 21 juillet 1786) que cette maison lui revenait à 100,000 livres. J'ajouterai par occasion qu'il m'a dit encore qu'il croyait que celle que Monsieur son frère cadet, négociant comme lui, venait de bâtir au Puits du Saumon [4] devait lui avoir coûté environ 60,000 livres. »

La maison de Monsieur Pélissier, rue Porteneuve, bâtie sur l'emplacement de l'ancien Couvent des Minimes, appartient actuellement à Madame la marquise d'Escouloubre, qui l'habite. Sis entre cour et jardin, cet hôtel est un des plus beaux de la ville d'Agen [5].

---

[1] Archives municipales. GG. 190 et BB. 72.
[2] Manuscrit original de Malebaysse.
[3] Manuscrit qui existait autrefois à la bibliothèque de Saint-Amans.
[4] C'est l'hôtel que possède et qu'habite aujourd'hui la famille Garreau.
[5] Ces deux hôtels des Messieurs Pélissier furent construits par l'architecte Leroy, auquel on doit également la Préfecture actuelle d'Agen et le château d'Aiguillon.

CHAPITRE XII.

LES LAZARISTES OU PRÊTRES DE LA MISSION.

L'œuvre de saint Vincent de Paul a été si considérable, ses bienfaits s'en font encore si universellement sentir, que nous ne saurions, dans ce travail, passer sous silence une des principales fondations de ce saint personnage dans notre ville d'Agen. Nous voulons parler du *Séminaire*. Les prêtres de la Mission eurent en effet, au XVIIe siècle, l'honneur d'être appelés à sa tête ; et bien qu'ils ne fussent que des séculiers, leur règle, leur caractère, leur costume se rapprochent tellement des autres ordres réguliers que nous devons les considérer plutôt comme tels et par suite les faire rentrer dans le cadre de notre étude. Nul, du reste, jusqu'à aujourd'hui, n'a essayé d'écrire l'histoire de notre séminaire diocésain. Son existence, il est vrai, ne remonte guère au delà de deux siècles. Néanmoins, un trop puissant intérêt s'attache encore à saint Vincent de Paul, il existe en outre de trop importants documents encore inédits relatifs au séminaire, pour que nous n'ayons pas été tenté de les faire sortir de l'oubli dans lequel ils étaient plongés, et, dans une rapide analyse, de les présenter ici même à nos lecteurs.

Saint Vincent de Paul peut être considéré comme notre compatriote gascon. On sait qu'il naquit dans les Landes, au village de Poui près de Dax, en 1576, d'une famille pauvre ; que son enfance se passa à garder les troupeaux ; qu'il fit ensuite ses premières études chez les Pères Cordeliers de Dax ; puis, que, poussé par une vocation irrésistible, il entra dans les ordres et reçut la prêtrise à Toulouse, en l'année 1600. Ses aventures dans un voyage à Marseille, sa captivité chez les Barbaresques, sa délivrance due à la conversion de son maître, enfin son retour en France à travers mille périls et ses premiers succès évangéliques sont trop connus pour que nous ayons besoin de les raconter de nouveau. En 1610, il fut nommé aumônier de la reine Marguerite de Valois, alors rentrée à Paris ; puis il devint le précepteur des enfants du comte et de la comtesse de Joigny, avec l'aide desquels il fonda, en 1625, grâce aussi aux conseils du cardinal de Bérulle, la congrégation des Prêtres de la Mission, destinée à diriger les Séminaires et à y former des prêtres, en relevant aux yeux des populations, dans un esprit de piété et de dévotion, leur caractère fortement amoindri. C'est cette fondation, approuvée par le Pape en 1632 et par Louis XIII dix ans après, qui seule nous intéresse ici. Disons cependant que saint Vincent de Paul, devenu aumônier général des galères et l'ami et le directeur des plus hauts personnages de la Cour, continua jusqu'à sa mort, arrivée le 27 septembre 1660, ses œuvres de charité, fondations de missions, visites de malades, secours aux prisonniers et aux galériens, etc. C'est lui qui organisa l'admirable institution des Sœurs de Charité, dont le zèle et le dévouement auprès des malades se sont perpétués aussi ardents et aussi désintéressés qu'aux premiers jours, et qui créa également l'œuvre des Enfants-Trouvés [1].

Au lendemain de leur création, les Prêtres de la Mission s'installèrent à Paris au prieuré de Saint-Lazare, qui leur fut donné par les chanoines réguliers de Saint-Victor. Ce fut leur premier éta-

---

[1] Voir la *Vie de saint Vincent de Paul* par l'abbé Maitrias (1847), l'abbé Maynard (1860), par Abelli, Colet, le Père Hélyot, l'abbé Migne, etc., etc.

blissement, à la suite duquel ils reçurent le surnom de Lazaristes qui leur est toujours resté. Mais bientôt surgirent dans toutes les provinces de nouvelles maisons, et, après la France, en Italie, en Pologne et dans presque tous les états, non-seulement de l'Europe, mais du monde entier.

Nous n'entrerons pas dans les longs détails relatifs à la règle et à l'esprit du nouvel ordre. Qu'il nous suffise de savoir « que les Lazaristes ont pour fin principale de travailler à leur propre perfection, de s'employer au salut des pauvres gens de la campagne par le moyen des Missions, et de s'appliquer à procurer l'avancement spirituel des personnes ecclésiastiques. Pour cette troisième fin la Congrégation s'applique à la direction des Séminaires. En dehors des prières, des jeûnes et de tous les règlements religieux, il est fait dans ces établissements des leçons de théologie, d'éloquence, d'histoire sacrée, de plain-chant et surtout de prédication. En outre de nombreuses retraites y sont pratiquées. Quoique la Congrégation des Lazaristes appartienne, ainsi que nous l'avons dit, au clergé séculier, néanmoins ses disciples y prononcent les vœux de chasteté, de pauvreté, d'obéissance et de stabilité. Ils sont gouvernés par un général qui est perpétuel. Quant au costume des Lazaristes « il est en tous points semblable à celui des autres ecclésiastiques, n'étant toutefois distingués d'eux que par un collet de toile, large de quatre doigts, et par un petit toupet de barbe qu'ils portent au menton [1]. »

La duchesse d'Aiguillon, Marie de Wignerod, nièce du cardinal de Richelieu, fut d'un grand secours auprès de saint Vincent de Paul dans les œuvres charitables qu'il entreprit. C'est grâce à elle que furent institués le Collège des Bons-Enfants à Paris, la colonie de Ville-Marie au Canada, et la maison des Missions à Rome. Bien plus, elle fonda dans son propre duché d'Aiguillon, la maison de N.-Dame de la Rose, près de Sainte-Livrade, pour y mettre à la tête les disciples du saint missionnaire [2].

---

[1] Père Hélyot. Tome VIII, chapitre II.

[2] Voir : *La duchesse d'Aiguillon*, par Bonneau—Avenant, Paris, Didier, 1879; et notre critique de cet ouvrage : *Revue de l'Agenais*, 1879, tome VI.

Ceux-ci s'y installèrent aussitôt, et, dès leur arrivée, ils commencèrent à évangéliser dans les principales localités avoisinantes. Une mission qu'ils prêchèrent à Aiguillon même, en 1637, eut un plein succès. Nous en avons pour preuve ce fragment d'une lettre de saint Vincent de Paul à notre compatriote Bernard Codoing, prêtre de la Mission, né à Agen le 11 août 1610, et alors en mission à Romans, en Dauphiné :

27 décembre 1637.

« ...... J'avais prié M. Gresnu d'aller travailler à Aiguillon, qui est du voisinage de votre ville d'Agen ; mais, depuis, je l'ai prié de venir à Troyes pour quelque raison particulière. M. de Sergis me mande que tout Aiguillon a fait son devoir, et que les principaux ont commencé les premiers, qu'il n'en restait qu'un fort petit nombre, qui le devait faire le lendemain ; que M. Hopille [1], grand vicaire, lui a envoyé quatre ou cinq curés du diocèse qui ont travaillé avec lui dans Aiguillon trois semaines durant, excepté les dimanches qu'ils s'en allaient à leurs cures. Il me dit de plus qu'il y a eu quantité de peuple de la campagne qui y est allé faire ses dévotions, voire de dix lieues à la ronde. Voyez, Monsieur, si les épines piquantes de notre naturel ne portent pas de bonnes roses, et qui s'épanouissent dès que le soleil de justice fait paraître les rayons de sa grâce sur elles. Encore a-t-il fallu que je vous aie dit ce mot pour votre consolation. Revenons à votre voyage, etc.. [2] »

Les succès qu'obtinrent de tous côtés dans l'Agenais ces nouveaux missionnaires, le bien qu'ils firent dans ces deux paroisses, et la renommée toujours croissante de leur Supérieur appelèrent sur eux l'attention de Mgr d'Elbène, évêque d'Agen, qui, après communication faite à son clergé, réuni en synode en 1648, résolut de leur confier la direction de son séminaire diocésain.

Ce séminaire était loin d'être prospère. Fondé, conformément aux prescriptions du concile de Trente, par Nicolas de Villars, et

---

[1] Bernard d'Hospil, grand archidiacre de la Cathédrale d'Agen.
[2] *Lettres de Saint Vincent de Paul*. Tome I, in-8°, Paris. Dumoulin. 1882

établi par lui rue Paulin, là où plus tard vinrent s'installer, ainsi que nous le verrons au chapitre suivant, les Tierçaires de Bon-Encontre ou Religieux de Picpus, il était connu, nous dit Labénazie, sous le nom de Collège de Saint-Jacques. « Mais, comme le général du diocèse, ajoute-t-il, n'y profitait pas et que peu de gens y prenaient l'esprit ecclésiastique, Mgr d'Elbène voulut, sans blesser l'esprit de la fondation, que le Séminaire fût général pour tous les ordinants. C'est dans ce but qu'il y appela les prêtres de la Congrégation de Saint-Lazare, institués par saint Vincent de Paul, afin d'y élever la jeunesse dans la piété, suivant la fondation de la maison qui leur fut donnée et qui leur fait un engagement d'y recueillir quelques pauvres ecclésiastiques de la ville [1]. »

Mgr d'Elbène entra en pourparlers avec leur supérieur, Vincent de Paul, et celui-ci lui répondit, à la date de 1650, la lettre suivante :

« A Monseigneur l'Evêque d'Agen,

« Monseigneur,

« J'aurais peine que M. Grimal, prêtre de notre Compagnie, vous allât faire la révérence et vous offrir les petits services de la Compagnie avec les siens, si je ne faisais de même par la présente, et si, en mon particulier, je ne vous renouvelais les offres de mon obéissance, comme je fais avec toute l'humilité et l'affection qui me sont possibles. Je vous supplie, Monseigneur, de l'avoir agréable, ensemble la confiance que je me donne de vous dire que M. Pasquier nous presse pour exécuter la fondation qu'il a faite, nous demandant des ouvriers qui travaillent aux missions ; et parce que c'est vous, Monseigneur, qui l'avez porté à nous préférer à d'autres, et que nous ne pouvons ni ne voulons passer outre qu'autant qu'il vous plaira, etc. [2]. »

---

[1] Labénazie. Ms. Tome II, livre V. chap. 20, p. 485.
[2] Lettres de saint Vincent de Paul. Tome I, p. 304.

Vincent de Paul écrit en même temps à M. Pasquier pour lui témoigner sa vive reconnaissance à l'occasion de la fondation qu'il a l'intention de faire à Agen ; mais rien ne sera conclu que de l'assentiment de Mgr d'Elbène.

Ce dernier ne fit pas longtemps attendre sa décision. Le 1er mars 1650, il nommait officiellement, par les lettres suivantes, que nous n'hésitons pas, malgré leur longueur, à reproduire *in extenso*, à cause des si intéressants détails qu'elles nous donnent sur toute cette affaire, les Prêtres de la Mission, directeurs du séminaire diocésain d'Agen. Il réglait en même temps et de cette façon leurs fonctions comme aussi leurs moyens d'existence :

« Du 1er mars 1650.

« Barthélemy d'Elbène, par la grâce de Dieu et du Saint-Siège apostolique, Evêque et Comte d'Agen, à nos très chers en notre Seigneur les ecclésiastiques de notre diocèse ; à tous ceux qui ces présentes verront, Salut et Bénédiction.

« Le soin et la sollicitude pastorale qui a animé nos très dignes prédécesseurs les a cy devant porté à instituer en la ville d'Agen un séminaire, dans lequel quelque nombre de jeunes hommes fussent particulièrement rendus capables et par les bonnes mœurs et par la science de rendre service à l'Eglise dans le diocèse ; lequel séminaire aurait tiré la subsistance, partie par une chapelle unie audit séminaire, partie par une somme donnée annuellement par ce clergé de ce diocèse, par forme de supplément : à quoy jusques à présent auraient esté employés très dignement divers ecclésiastiques de ce diocèse ; mais comme il nous est très difficile d'y en pouvoir employer qui ne soient curés, ou qu'ils n'aient quelque autre emploi qui nous oblige à ne les pas distraire de leurs fonctions nécessaires, nous aurions d'ailleurs considéré qu'il est très important de nous servir de notre séminaire, pour y faire faire les exercices spirituels au temps des ordinations, esquels nous et nos successeurs donneront les ordres à tous les clercs qui devront estre promeus aux ordres sacrés et à ceux ausquels nous donnerons et feront donné des lettres dimissoires pour les aller recevoir ; d'ailleurs qu'il nous estait très-important et à nos successeurs de nous servir dudit séminaire pour y retirer diverses personnes promeües ou à promouvoir aux cures et vicariats des paroisses de nostre diocèse, pour la employer certain temps à se recolléger et s'instruire ès choses nécessaires, à sçavoir, pour leur salut dans leurs charges, et celuy des âmes à eux commises. Nous aurions le tout communiqué par diverses fois au chapitre de nostre église Cathédrale et ensuite proposé en nostre synode de l'an mil six cent quarante-huit tout ce que dessus, et qu'il nous estait très important de faire choix de personnes capables de mettre à exécution nosdits desseins, qui n'eussent autre employ et qui se donnassent tous entiers à cette fonction, mesure que nous ne jugions personne se pouvoir plus dignement acquitter de cela que les prêstres de la Congrégation de la Mission, establie en la maison de Nostre-Dame de la Rose de nostre diocèse, il serait intervenu de nostre dit synode par lequel nous aurions esté priés unanimement par toute l'assemblée de mettre à fin ce saint projet, nous estant deja servis, il y a deux ans, pour la direction du Séminaire et fonctions cy dessus, des susdits prêstres de la Mission, qui s'en sont très dignement acquittés à nostre très grande satisfaction et de tout nostre diocèse, les susdits prêstres nous ayant mis en main certaine dimission du prieuré de Saincte-Foy, situé dans notre diocèse, et de celuy de Saint-Pierre de Montmagnerie, diocèse de Caors, en leur faveur et de nostre dit séminaire, passé par devant François et Paisant, notaire au Chatelet de Paris, par discrette personne M. Nicolas Pignay, docteur en théologie, paisible possesseur desdits prieurés, et sur le consentement de M. l'abbé de Saint-Maurin, en bonne forme, de qui lesdits prieurés dépendent.—Nous, à ces causes, estant pleinement instruits de la vertu, probité, suffisance desdits prêstres de la Mission, nous avons esleu et eslisons, par ces présentes, lesdits prestres de la Mission, pour directeurs perpétuels de notre dit séminaire ; leur en avons donné l'entière et perpétuelle direction et administration, tant au spirituel qu'au temporel; consentons à cet effect qu'ils jouissent de ladite chapelle unie par nos prédécesseurs, laquelle consiste en la maison où ils sont à présent demeurans en la ville d'Agen, et de plus en une métairie, vignes, rentes et autres biens, et de ce que nostre clergé donne pour supplément et pour faire neuf cens livres de rente annuelle et perpétuelle, tous frais et charges acquittés, payables moitié au premier jour de novembre et moitié au premier jour de may, ainsi que lesdits prêtres missionnaires ont eu jusqu'à présent, jusqu'à ce que nous puissions décharger nostre dit clergé du supplément par union de bénéfices de pareille valeur. De plus nous avons uni et unissons présentement à nostre dit séminaire le prieuré de Saincte-Foy, conformément à la dimission dudit sieur Pignay et le consentement de M. l'abbé de Saint-Maurin, consentant de plus et priant Mgr l'illustrissime Evêque de Caors d'unir pareillement à nostre mesme séminaire le prieuré de Saint-Pierre de Montmagnerie, situé en son diocèse, pour estre lesdits prieurés jouis par lesdits prêstres de la Mission, directeur de nostre dit séminaire, aux charges que M. Vincent de Paul, supérieur général desdits prêstres et ses successeurs généraux en la Congrégation de la Mission y tiendront perpétuellement trois prêstres et deux prêstres de ladite Mission, et quatre clercs séminaristes pris et nommés par Nous et nos successeurs Evesques d'Agen, pour estre instruits et nourris par lesdits prêstres missionnaires en la discipline ecclésiastique ; et seront obligés de recevoir et faire faire les exercices spirituels au temps des ordinations, à tous ceux de nostre diocèse que nous leur enverrons pour cet effect, comme aussi de recevoir les prestres, curés, vicaires et autres ecclésiastiques et clers que nous leur enverrons, pour estre instruits autant de temps que nous jugerons raisonnable, pour lesquels ordinans et prêstres, ainsi que dessus, sera faite taxe raisonnable par nous et nos successeurs, pour le temps qu'ils séjourneront au séminaire, jusques à ce que Nous ou nos successeurs ayons amplifié le temporel du Séminaire ; n'entendons pas obliger lesdits prêstres à rendre compte des fruits et revenus affectés présentement et qui par cy-après pourront estre affectés audit séminaire ; le tout sans préjudice ni diminution de ce que lesdits prêstres doivent et sont obligés par leurs fonctions et establissement en la chapelle de Notre-Dame de la Rose de nostre dit diocèse ; et afin qu'ils puissent vaquer librement à tout ce que dessus, nous en avons donné le pouvoir par ces présentes, à condition néanmoins d'estre immédialement sujets à nous et à nos successeurs ès offices qui regardent l'assistance du prochain et aux autres, ils obéiront à leur supérieur général selon la Bulle, statuts et règlement de l'érection de leur Congrégation, et qu'ès nous accompagneront en nos visites, et seront tenus ledit supérieur général et ses successeurs de rappeler les supérieurs qu'ils auront mis dans le séminaire d'Agen deux mois après qu'ils auront esté advertis par nous et nos successeurs que nous ne sommes pas satisfaits de la conduite desdits supérieurs et d'en envoyer d'autres.

Donné à Paris, le premier jour de Mars, l'an de grâce mil six cens cinquante.

Signé : BARTHÉLEMY DELBÈNE, évêque et comte d'Agen.

Par commandement de mondit seigneur : CHAPELAY[1]. »

En réponse à ces lettres, saint Vincent de Paul, envoya le consentement suivant, précieusement conservé dans nos Archives :

« Nous, Vincent de Paul, très indigne supérieur général de la Congrégation de la Mission, recevons avec tout le respect et recognoissance qui nous sont possibles, la grâce que Monseigneur l'illustrissime et révérendissime Évêque et Comte d'Agen a fait à nostre petite Compagnie par le présent acte, et promettons d'observer et accomplir les conditions portées par iceluy.

« En foy de quoy nous avons signé la présente de nostre main.

« A Saint-Lazare, lez Paris, le quinzième jour de mars, en l'an mil six cens cinquante. « VINCENT DE PAUL. »

—Les prêtres de la Mission arrivèrent cette même année à Agen, et ils prirent aussitôt la direction du séminaire. Ce séminaire fut le cinquième confié à leurs soins du vivant de saint Vincent de Paul. Le premier supérieur fut le Père Edme Ménestrier.

Trois ans après, en 1653, une peste terrible se déclarait à Agen. Elle fit de nombreuses victimes. Le Père Ménestrier ne fut pas épargné. Atteint un des premiers en visitant les malades, sa vie courut de grands dangers. C'est du moins ce que nous apprend

---

[1] Archives départementales du Lot-et-Garonne. Série G, liasse 6.

saint Vincent de Paul lui-même, dans la lettre suivante qu'il écrivit à cette occasion au Père Fournier, prêtre de la mission à Agen, lequel avait consacré tous ses soins à son supérieur :

12 octobre 1653.

« Monsieur,

« Je vous ai déjà mandé quelque chose de la joie que j'avais reçue que vous vous étiez présenté à Agen, pour assister M. Edme Ménétrier en sa maladie, nonobstant le danger de peste qui était dans la ville et le refus qu'il avait fait de votre secours, pour aimer mieux se priver de cette consolation que d'exposer votre personne. J'ai été si touché de cette sainte contestation que j'en ai fait part à la Compagnie ; et même je lui ai mis en question qui avait fait un plus grand acte de vertu en cela de vous ou de lui, depuis que j'ai su par votre lettre du 20 septembre que votre charité a prévalu sur sa résistance, et qu'enfin vous vous êtes rendu auprès du malade pour en avoir soin et le consoler ; ce qui contribuera sans doute beaucoup à son rétablissement, dont j'ai averti aussi la Compagnie pour l'en édifier et pour l'obliger à remercier Dieu et vous recommander tous deux à sa divine bonté.

« L'ecclésiastique de condition dont vous m'écrivez nous fait trop d'honneur de vouloir se retirer en quelqu'une de nos maisons pour s'occuper à nos fonctions. Sur quoi je vous dirai, Monsieur, que la règle générale parmi nous est de ne recevoir aucun externe que dans les séminaires. Il est vrai que nous avons ci-devant céans feu M. de Vinc., et que nous y avons eu depuis MM. les abbés de Chandenier ; mais c'est pour des considérations qui ne se peuvent rencontrer en d'autres ; et les raisons que nous avons de n'en plus recevoir sont considérables, particulièrement celle-ci, qu'il faut de deux choses l'une : ou leur permettre de faire la récréation avec nous, ou leur donner quelqu'un des nôtres pour la faire avec eux. Au premier cas, ils nous ôtent la sainte liberté qui se prend en ces occasions ; et le second, c'est diviser les personnes et l'esprit de la Compagnie ; et en tous les deux, c'est leur donner moyen de connaître le fort et le faible de chacun de nous. Il y a un autre inconvénient, c'est que les mécontents, quand il y en a, se vont décharger à eux, et, en même temps, leur donnent connaissance de tout ce qui se passe dans la maison et dans la Compagnie, jusqu'aux affaires les plus secrètes. Si cet honnête ecclésiastique veut demeurer en votre maison, qui est un séminaire, ou venir en celui des Bons-Enfans, il y sera reçu volontiers ; hors cela, faites lui sentir la difficulté, etc.

« VINCENT DE PAUL [1]. »

L'humble et célèbre missionnaire ne perdit jamais de vue son établissement d'Agen. En 1656, il écrivait encore au frère Pierre N., de la maison d'Agen, une lettre toute paternelle, où il cherche à remonter son courage, l'engage à vaincre la tentation qui le porte à demander son changement, et lui expose les raisons pour lesquelles il refuse de le lui accorder [2].

Enfin, en 1659, saint Vincent de Paul écrit à ce même supérieur d'Agen, Edme Ménestrier, la lettre suivante, où il se réjouit du succès qu'obtient son établissement :

De Paris, 17 décembre 1659.

« Monsieur,

« La dernière que j'ai reçue de votre part est du 22 novembre. Je compatis à votre peine et j'espère que Dieu vous en délivrera bientôt par la présence de M. d'Hergny qui s'approche de vous. Il est sur son retour de Bretagne ; et après qu'il aura passé quelques jours à Luçon et à Saintes, il passera en Guyenne.

« Je loue Dieu de ce que vous avez sept ecclésiastiques dans les exercices du séminaire, outre votre jeunesse qui étudie. Plaise à Dieu de multiplier vos forces et vos emplois pour l'avancement de la gloire de Dieu !

« Vous ferez bien de faire entendre vos besoins temporels à Monseigneur, afin qu'il ait agréable d'y remédier. C'est son œuvre

---

[1] Lettres de Saint Vincent de Paul. T. 1, p. 494.
[2] Idem. Tome II, page 139.

et vous ne devez pas craindre de l'importuner, pourvu que vous y procédiez opportunément et humblement, et que, après vous être bien expliqué, vous n'alliez pas souvent rebattre les mêmes choses. Dieu vous anime de son esprit et soit votre unique joie et votre éternelle gloire. Je suis, en son amour, votre, etc.

Vincent de Paul [1]. »

Monseigneur d'Elbène mourut en 1663. Claude Joly le remplaça. On sait et on a déjà vu dans les chapitres précédents quel zèle et quelle ardeur rigoureuse le nouveau prélat apporta dans la réforme des nombreux abus qui s'étaient glissés au sein du clergé agenais, tant séculier que régulier. En ce qui touche le séminaire, Claude Joly ne se départit pas de son rôle de réformateur, et, tout en continuant l'œuvre de son prédécesseur, il ne cessa de surveiller très attentivement les progrès de cette maison. En 1668, nous le voyons en effet refuser les ordres, pour cause d'insuffisance d'instruction, à une vingtaine de jeunes gens des premières familles de la ville. La Jurade, réunie tout exprès, décide qu'on adressera immédiatement une requête à l'Evêque pour le prier de se départir de sa rigueur [2]. En même temps, il confirme à nouveau les prêtres de la Mission dans la direction du séminaire, tout en réorganisant d'une façon plus large et plus intelligente le service intérieur de cet établissement, en y développant l'enseignement théologique, en précisant les fonctions attribuées aux différents missionnaires, et en augmentant leurs revenus. Les lettres suivantes, qu'il leur octroye le 16 juillet 1677, en font foi :

« Claude Joly, par la Providence de Dieu, evêque et comte d'Agen, à tous ceux qui ces présentes lettres verront, salut et bénédiction. L'expérience nous ayant fait connoistre la nécessité qu'il y a d'establir des séminaires, pour y élever, selon l'esprit des saints Conciles, les ecclésiastiques dans la piété et dans la science convenable à leur estat, nous formasmes la résolution, aussytost après

---

[1] Lettres de Saint Vincent de Paul. T. II, p. 419.
[2] Archives municipales, BB. 62. (20 mai 1668.)

notre promotion à l'Episcopat, de nous servir d'un moyen si utile et si nécessaire pour remédier aux besoins de nostre diocèse et de travailler pour cet effet à rendre stable et asseuré à l'avenir le séminaire que nous avons trouvé commencé par nostre prédécesseur dans nostre siège épiscopal d'Agen. A ces causes estant bien informés de la vertu, probité et suffisance des Prêstres de la Congrégation de la Mission. qui gouvernent avec fruit et bénédiction plusieurs séminaires dans le royaume, nous avons continué et établi, et autant que besoin est continuons et établissons par ces présentes les Prêstres de ladite Congrégation de la Mission, sous notre autorité et de nos successeurs évêsques, directeurs perpétuels de nostre dit séminaire, aux conditions cy dessous specifiées : à savoir que les dits prêstres de ladite congrégation seront tenus et obligés de fournir, nourrir et entretenir à perpétuité quatre prêstres dans ledit séminaire, l'un desquels en sera directeur, deux feront les conférences, les leçons de théologie scholastique et morale et le quatrièsme enseignera le plain chant, les rubriques et les cérémonies de l'Eglise, tous quatre de la qualité requise pour s'acquitter dignement desdites fonctions ; et d'autant que leur premier établissement les obligeait à tenir trois prêstres seulement, qui ne suftisent pas, et à nourrir une partie de l'année quatre jeunes clercs, le quatrième prêstre que nous y ajoutons occupera la place desdits quatre clercs dont nous les déchargeons. Seront encore tenus lesdits prêstres de ladite congrégation de fournir, nourrir et entretenir autant de leurs frères ou domestiques qu'il sera nécessaire et qui seront du moins trois pour leur service et des séminaristes ; seront tous lesdits prêstres soumis à nostre juridiction et à celle de nos successeurs, en tout ce qui concerne la conduite de nostre séminaire, administration des Sacrements, les missions, fonctions ecclésiastiques et généralement en toutes les choses qui peuvent regarder le prochain ; lesquelles fonctions nous leur donnons pouvoir d'exercer dans notre diocèse, aux temps et lieux qu'il nous plaira, sous nostre immédiate conduite et dépendance et de nos successeurs. Le tout moyennant le revenu annuel dont jouit à présent nostre dit séminaire, consistant à neuf cens livres de pension sur le clergé de nostre diocèse, et en deux métairies appelées Tricault et de la Chapelette, et moyennant aussi ce qui y sera adjouté cy-après, soit par pension annexe de benéfices, fondation, donation, ou par quelque autre voye que ce puisse êstre, pour parfaire avec ledit revenu présent la somme de deux mil livres de rente pour la subsistance desdits prêstres et frères de la Mission, laquelle augmentation tiendra lieu des deux prieurés qui faisaient partie de leur première fondation et qui ont esté perdus sans leur faute; et en cas que ladite augmentation jointe audit revenu présent excède la somme de deux mille livres par an, sera tenu ledit Directeur d'employer par nos ordres le surplus, soit pour diminuer la pension faite par notre clergé, soit pour les nouveaux batimens, réparations et entretien dudit séminaire, achat de meubles, paiement de dettes, soit pour contribuer à la diminution de la pension que nous accorderons aux pauvres ecclésiastiques de nostre diocèse, soit pour fournir à la dépense des pauvres curés ou vicaires que nous enverrons faire leurs exercices spirituels dans nostre dit séminaire. Le tout ainsy qu'il sera jugé à propos par nous ou nos successeurs. A ces fins sera tenu de nous rendre compte dudit excédant seulement, et non de ladite somme de deux mil livres; Et afin de pourvoir à l'habitation desdits prêstres et frères de la Congrégation de la Mission et desdits séminaristes, nous leur avons accordé, cédé et transporté, accordons, cédons et transportons la maison où est à présent le séminaire, avec les appartenances et meubles nécessaires, en l'estat où ils sont, tant pour leur usage que des séminaristes que nous y enverrons. En foy de quoi, nous avons signé doubles, fait contresigner par notre secrétaire et à icelles fait apposer le sceau de nos armes.

« Donné à Paris, le seizièsme jour du mois de juillet 1677. Signé Claude, E. et C. d'Agen, et plus bas, par commandement de mond. seigneur, de Beaulaigue, secrétaire, et scellé. »

Suit la déclaration en vertu de laquelle, Edme Jolly, indigne supérieur général de la Congrégation de la Mission, reçoit la grâce que Mgr d'Agen a faite à la congrégation par le présent acte d'établissement et d'union, et promet d'observer et d'accomplir les conditions qui y sont portées [1].

---

[1] Archives départementales de Lot-et-Garonne. Série G., liasse 6.

— A peine monté sur le trône épiscopal d'Agen, Mascaron apporta toute sa sollicitude à l'œuvre du séminaire. C'est lui qui fit construire la première partie du magnifique établissement qui subsiste encore aujourd'hui. En présence du succès toujours croissant des Prêtres de la Mission, le local de l'ancien séminaire était devenu insuffisant. Aussi l'Evêque chercha-t-il un vaste emplacement où il pût élever la construction qu'il projetait. Entre le couvent des Petits Carmes et le parc de Malconte, c'est-à-dire au sud de la ville d'Agen, il existait alors un terrain vague dont une partie appartenait déjà aux Lazaristes, tandis que la plus grande part était la propriété du clergé diocésain. Ce lieu portait le nom de *Capdeville*. C'est là que Mascaron résolut d'élever le nouveau séminaire. Il obtint tout d'abord l'autorisation du Roi, puis celle du Parlement de Bordeaux ; et c'est muni de ces pièces, qu'il demanda à son clergé de vouloir bien contribuer lui-même à la nouvelle construction. En conséquence, il convoqua, le 23 septembre 1683, les membres du bureau ecclésiastique qui étaient Messieurs : Paul-Robert Boudon de Saint-Amans et Pierre Etienne de Collier, grands vicaires; Dorée, archidiacre, chanoine de la cathédrale; Roussel et Chabrié, chanoines de la collégiale; Jean Mazats, curé d'Aiguillon; Maurice Lantourne, curé de Villeréal; Jean de Saint-Just, curé de Saint-Just; François d'Audran, curé de Saint-Etienne de Fougères et Jean Breton, curé de Laugnac; et il leur soumit son projet qui fut adopté à l'unanimité. Le bureau vota 12,000 livres pour le commencement des travaux, plus une certaine somme destinée à couvrir les frais des premières formalités.

Deux jours après, le contrat suivant était passé avec les Lazaristes :

« Dans la ville et citté d'Agen, cejourd'hui vingt-cinquième jour de septembre mil six cens quatre-vingt-trois, avant midi, par devant moy, notaire royal de la présente ville soussigné, présents les témoins bas nommés ; ont esté présens en leurs personnes : Illustrissime et Révérendissime Père en Dieu, M. Jules de Mascaron, évêque et comte d'Agen, conseiller du Roi en ses Conseils et son prédicateur ordinaire, faisant tant pour lui que pour tout le clergé de son diocèse, en conséquence des pouvoirs à lui donné ; et

M. Edme Ménestrier, prêtre et supérieur des Prêtres de la Congrégation de la Mission, establis au Séminaire de la présente ville, assisté de M° René Piron, aussi prêtre de la même congrégation, lesquelles parties ont, de leur bon gré et franche volonté, accordé entre elles ce qui s'ensuit :

« Savoir est que ledit seigneur et comte d'Agen, ayant fait connaitre audit Ménestrier et Piron qu'il est dans le dessein de bâtir et construire une maison pour le séminaire, dans un fond appelé *Capdeville*, situé lès la présente ville d'Agen, appartenant en partie au Séminaire establyaudit Agen et en partie aux prêtres de la Congrégation de la Mission ; cesdits prêtres désirant seconder le pieux dessein et les bonnes intentions dudit seigneur, évêque et comte d'Agen, en tant qu'il dépend d'eux, ont consenti et consentent par exprès, que ledit seigneur évêque, faisant bâtir et construire ladite maison pour le séminaire dans ledit fond, puisse y renfermer les terres adjacentes appartenantes aux susdits prêtres, pour faire les entrées, issues et enclos convenables à ladite maison. Et ledit seigneur évêque voulant continuer de gratifier les prêtres de ladite Congrégation de la Mission, leur donne, par ces présentes, ladite maison et ses dépendances, lorsqu'elle sera batie et construite pour leur habitation et pour le logement des ecclésiastiques qu'il plaira audit seigneur Evêque et à ses successeurs envoyer audit séminaire. Et ce, sous la direction et pleine autorité dudit seigneur évêque et des seigneurs ses successeurs. Conformément aux clauses, charges et obligations de l'établissement desdits prêtres dans ledit séminaire de la présente ville, fait par Monseigneur d'Elbenne, le 1er mars 1650, confirmé par Monseigneur de Joly, le 16 juillet 1677, etc. »

Suit un court résumé de ces deux actes, que nous avons donnés in extenso précédemment.

« Et au cas où les prêtres de ladite Congrégation de la Mission ne pourraient ou ne voudraient à l'avenir satisfaire aux obligations, clauses et conditions de leurdit établissement, audit cas, ledit seigneur évêque et ses successeurs, après les monitions compétentes, faites au général de ladite Congrégation de la Mission, pourront y establir telles autres personnes qu'ils aviseront, et à telles conditions qu'ils le trouveront à propos, pour à perpétuité diriger le séminaire ; » auquel cas lesdits Pères « seront indemnisés de la portion des biens fonds qu'ils possèdent audit lieu de Capdeville lès ladite ville d'Agen, qui sont quatre carterées, quatre cartonnats, deux picotins, revenant à la somme de quatre mil cinq cens livres etc. Ledit contrat sera approuvé et ratifié par M. Edme Jolly, supérieur général de la Congrégation de la Mission. Comme aussi lesdites parties engagent leurs biens respectifs comme exécution du présent contrat, etc.

« Fait et passé dans le Palais Episcopal d'Agen, le 25 septembre 1683[1]. »

Il ressort donc de cette pièce, que le Grand Séminaire d'Agen s'éleva sur la propriété du clergé diocésain, et qu'il fut construit, ainsi que l'affirme également Labrunie, par les seules libéralités soit de l'évêque, soit du clergé, libéralités qui atteignirent la somme de 60,000 francs, à laquelle se montèrent les dépenses générales pour le corps principal, c'est-à-dire, la partie méridionale qui seule alors fut construite. L'Etat ne fournit aucun subside, pas plus que le corps municipal d'Agen, qui resta absolument étranger à cette construction[2].

L'année suivante, le 5 juin 1684, Mascaron posa en grande solennité la première pierre du nouvel édifice. Voici, d'après Labrunie[3], l'inscription qu'il fit mettre dans les fondements, et qui doit s'y trouver encore : « In Nomine sanctisimæ Trinitatis, Anno Domini 1684, Innocentio XI summo Pontifice, regnante in Galliis Ludovico magno hujus nomine XIV; Julius Mascaron, Episcopus et Comes Aginnensis, regi a sacris concionibus, seminarii clericorum domum quam Presbiteri Congregationis Missionis, cum laude sed magno cum incommodo intra muros regebant, in hunc locum

---

[1] Archives départementales, Série G. liasse 6.
[2] Il n'existe en effet aux Archives municipales d'Agen aucune pièce qui fasse allusion à la construction du Grand Séminaire.
[3] Labrunie. *Abrégé chronologique des antiquités d'Agen*.

transtulit, latius et magnificentius œdificandum ; primum in fundamentis lapidem posuit, die mensis junii quintâ. Surgat sanctissima domus usque ad consummationem, et dignos Deo alumnos subministret, aspirante eo preter quem fundamentum nemo ponere potest, et in quo omnis œdificatio constructa crescit. »

Saint-Amans rapporte, dans ses Antiquités, que lorsqu'on creusa les fossés du Grand Séminaire, pour y bâtir les fondements, en cette même année 1684, on y découvrit un autel de marbre blanc dédié à une divinité tutélaire inconnue, en même temps qu'une tablette de marbre taillée en corniche, avec cette incription : *Pro saluti Claudii Rufi*. Il ajoute que ces deux objets furent encastrés dans le mur d'enceinte du jardin du Grand Séminaire, quand on le construisit quelque temps après, et qu'ils y sont restés jusqu'à la Révolution, époque où ils entrèrent dans sa propre collection [1].

Le Grand Séminaire, tel qu'il est actuellement, forme un immense carré, composé au Sud, à l'Est et à l'Ouest, de trois ailes à peu près égales, les deux dernières rattachées au Nord par des constructions plus basses et le grand portail du milieu. Bien que l'aspect de sa batisse soit uniforme, il ne faut pas en conclure qu'il ait été construit d'un seul jet. Loin de là ; l'aile méridionale seule fut élevée, ainsi que nous l'avons dit, sous Mascaron ; et il est resté en cet état jusqu'à la Révolution. Aussi le plan de Lomet, dont nous donnons ici un extrait, ne comporte-t-il que ce corps de logis, seul existant à la fin du siècle dernier. Nous en donnerons une sommaire description.

En I, et à l'extrémité de la belle allée d'ormeaux qui aboutissait au nord à la rue Lamouroux, s'ouvrait le grand portail d'entrée, tel que nous le voyons encore de nos jours. Il donnait accès à un porche, ayant à sa droite le parloir L, et à sa gauche les divers appartements du concierge K. On pénétrait ainsi dans la grande cour centrale O. En face, et au milieu de l'aile méridionale, se trouvait

---

[1] Essai sur les Antiquités du département de Lot-et-Garonne, page 183.

et se trouve encore la cage de l'escalier central R, conduisant aux différents étages. A droite, en T, avait été édifiée la chapelle,

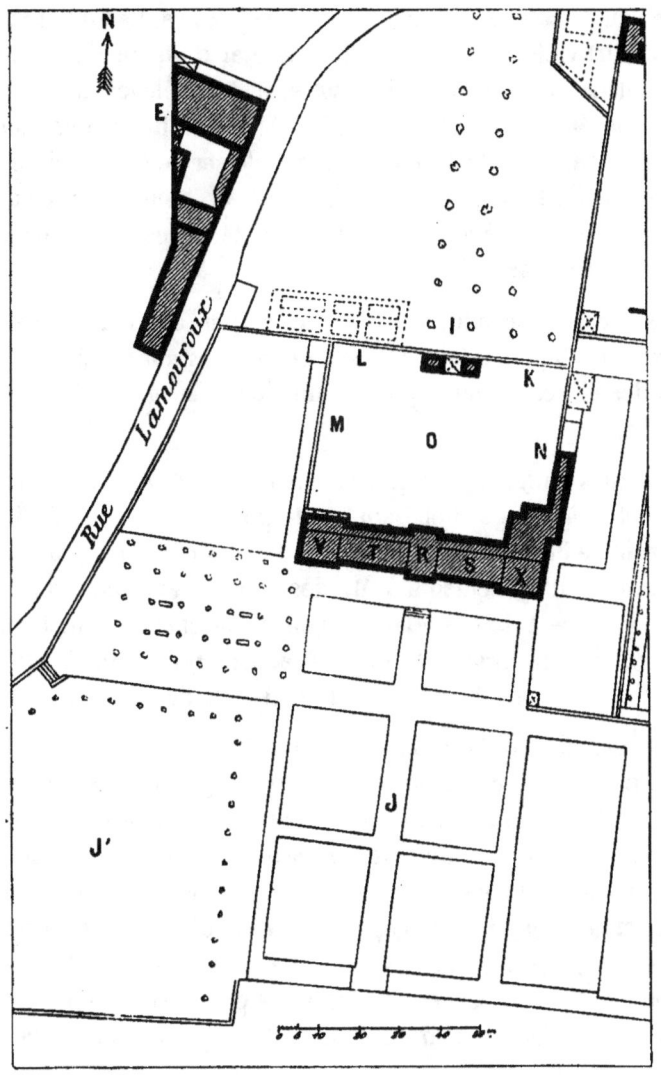

jadis la seule du couvent, aujourd'hui l'oratoire privé des Pères et des élèves, la chapelle principale occupant tout le rez de chaussée de l'aile occidentale M, construite postérieurement. A côté de cette chapelle T, et à l'extrémité ouest du corps de logis, existait, en V, la classe de théologie. Elle s'y trouve encore de nos jours.

De l'autre côté, en S, était l'ancien réfectoire. La bibliothèque moderne, fort riche en livres de théologie et d'histoire ecclésiastique, le remplace actuellement. A la suite, en X, s'élevaient les cuisines. Elles ont été transportées depuis à l'extrémité septentrionale de l'aile N, construite la dernière ; cette aile servant aujourd'hui la plus grande partie de l'année de réfectoire, et pendant les vacances, en l'absence des élèves, de salle de conférences, aux époques des retraites ecclésiastiques.

Les premier, second, et troisième étages contiennent dans l'aile centrale les logements des Pères, et dans les ailes latérales les cellules des élèves, le tout séparé dans le milieu par un long et large corridor.

Quelques années après que ce vaste et magnifique établissement fut rendu au clergé diocésain par le gouvernement de Louis XVIII, le besoin se fit sentir d'agrandir le Séminaire. C'est alors que fut construite l'aile occidentale M, destinée à renfermer au rez de chaussée l'élégante chapelle que l'on y voit encore. Voici comment s'exprimait à cet égard M. Bourrière, architecte, chargé de ce travail, dans l'exposé du devis qu'il présenta à l'autorité diocésaine [1].

« Le grand Séminaire, situé dans une belle position, composé d'un corps principal de bâtiments à trois étages dans l'exposition du Nord et Midi, fut établi dans le principe de manière à pouvoir être continué en laissant, du côté du nord, des pierres d'attente pour la construction de deux ailes qui devaient terminer l'ordonnance de ce bâtiment. Maintenant l'époque arrive où il est nécessaire de réaliser ce projet, du moins en partie, par la construction de l'aile du côté de l'ouest, reconnue nécessaire pour des logements de séminaristes et l'établissement d'une église qui manque à cet édifice

---

[1] Archives départementales de Lot-et-Garonne. Dossier du Grand Séminaire. (2 novembre 1825.)

et qui deviendra en même temps très utile à ce quartier, déjà très populeux, qui s'en trouve privé, etc. » L'autorisation fut accordée, et l'aile fut bâtie de 1826 à 1831.

Quant à l'aile orientale N, elle ne fut construite qu'en 1855, lors de l'arrivée des Pères Maristes.

De magnifiques jardins entourent de tous côtés le Séminaire ; ils s'étendent au midi jusqu'au mur de séparation de la caserne de la Remonte, et ils longent à l'ouest toute la rue Lamouroux. A l'Est, ils touchent au beau parc de la Préfecture, jadis le Palais Episcopal, dont ils ne sont séparés que par un mur peu élevé.

— Mgr Hébert, qui en 1704 remplaça Mascaron sur le trône épiscopal d'Agen, était sorti de Saint-Lazare. C'est dire qu'il protégea de tout son pouvoir les prêtres de la Mission d'Agen et qu'en toutes circonstances il les considéra comme des frères. C'est ainsi que l'année qui suivit son arrivée à Agen, en 1705, après une grêle désastreuse qui enleva toute la récolte, la misère fut si grande dans l'Agenais que l'Evêque se retira, pour pouvoir plus facilement disposer de ses revenus en faveur des malheureuses victimes, au Séminaire d'Agen, avec toute sa maison, où, disent nos annalistes, il vécut comme un anachorète.

Il y revint également en 1712. « Cette année-là, écrit Labrunie, qui fut pour nous une année très désastreuse par l'inondation, connue sous le nom d'*aygat de San Barnabé*, et par la stérilité qui la suivit, Mgr Hébert eut occasion d'exercer les autres vertus dont le ciel l'avait orné. Il se retira au Séminaire, chez ses anciens confrères, ainsi qu'il s'y était déjà retiré en 1705, et il y vécut pour épargner comme l'un d'eux. Cela n'empêcha pas les pauvres, ordinairement ingrats, auxquels il faisait distribuer jusqu'à son nécessaire, de s'assembler séditieusement au nombre de plus de six cents, pour lui aller demander du pain jusque dans cette demeure de paix et, si je puis parler ainsi, de frugalité [1]. »

---

[1] Labrunie. Abrégé chronologique des Antiquités d'Agen.

Deux ans avant, une discussion théologique assez sérieuse s'engagea entre l'Évêque, les Pères du Séminaire et le chanoine Labénazie à propos de St-Phébade. Voici ce que nous en dit Labénazie [1] :
« La même année, il y eût contre Messieurs du Séminaire une contestation qui commença l'an 1708, à l'occasion d'un sermon où l'on prêcha *ex professo* que St Phébade était tombé dans l'erreur, contre la tradition d'Agen. Cela me donna l'occasion de faire imprimer les raisons de sa justification et l'histoire du Concile de Rimini. Mgr. l'Evêque avait approuvé mon système ; mais les Pères du séminaire le firent changer et s'opiniâtrèrent, en 1709, de reprêcher ce Saint. Sous prétexte de l'excuser de l'hérésie des Ariens, ils le firent tomber dans celle des (mot déchiré) qu'il avait signée d'une main tremblante, contre son sentiment intérieur. » Cette affaire eut des suites. Labénazie écrivit contre cette nouvelle erreur ; mais les Pères du Séminaire, soutenus par l'évêque, lui firent défendre d'imprimer. « Il fallut, dit-il, obéir ; mais plusieurs écrits parurent pour la justification de ce Saint ; ce qui irrita encore davantage l'esprit de l'Evêque etc. »

Le 2 septembre 1730, les Pères du séminaire prirent l'initiative de faire célébrer, en grande pompe, la fête de la béatification de St-Vincent de Paul, leur fondateur. Voici les détails que nous en donne le journal des Consuls [2].

« Le 2 septembre 1730, Messieurs les Directeurs du Séminaire seraient venus dans la Chambre du Conseil pour nous prier d'assister à la cérémonie qui devait se faire à l'occasion de la béatification de Saint-Vincent de Paul dans l'église des Dames religieuses de la Visitation. Et comme la procession devait se faire le lendemain avec le chapitre cathédral et que nous n'avions pas été invités suivant l'usage par ledit chapitre, nous délibérâmes que nous nous rendrions dans l'église des Dames religieuses de la Visitation, où nous devions prendre nos robes consulaires, pour assister à ladite cérémonie. Le chapitre cathédral, s'étant aperçu de leur manquement, nous envoya le matin vers les huit heures leur bedeau pour nous

---

[1] Labénazie. Chronique Agenaise, p. 151.
[2] Archives municipales. BB. 73.

prier de leur faire l'honneur d'assister à leur procession, ce qui nous détermina à délibérer que nous y assisterions. Et l'heure étant venue, nous serions partis de l'Hôtel de Ville, revêtus de nos robes consulaires, précédés de notre guet, pour nous rendre dans l'église Cathédrale ; et après midy, nous aurions observé le même ordre pour assister à vêspres, sermon et bénédiction.

« Le lendemain nous assistâmes à la même cérémonie et dans le même ordre, ayant été invités la veille par MM. les Curés qui firent leur procession.

« Le troisième et dernier jour, ayant été pareillement invités la veille par MM. du chapitre collégial, nous aurions assisté à leur procession dans le même ordre que dessus. »

— Nous avons peu de choses à dire sur l'histoire du séminaire d'Agen pendant tout le XVIII° siècle. Sa prospérité ne cessait de croître ; ses prêtres, modestes et savants, étaient vénérés de tous, et les études qu'on y faisait devenaient chaque jour plus fortes et portaient d'heureux fruits. Trois évêques, célèbres à plus d'un titre, sont sortis, durant cette période, de notre établissement d'Agen : Henri-François-Xavier de Belzunce, né au château de Born, élève du grand séminaire d'Agen, puis vicaire général de Mgr Hébert, et enfin évêque de Marseille, où son dévouement pendant la peste a rendu sa mémoire si populaire ; François de Bonal, né au château de Bonal, dans le canton de Penne, plus tard évêque de Clermont, et député du Clergé aux Etats-Généraux de 1789, où il joua un rôle plein de dignité; enfin Antoine de Malvin de Montazet, né à Aiguillon, dans la suite évêque d'Autun, puis archevêque de Lyon, et abbé de St-Victor de Paris.

Voici quels furent les principaux supérieurs du Séminaire d'Agen, depuis Mascaron :

En 1683, le Père Edme Menestrier.

En 1714, le Père Jacques Révérend Intra.

En 1756, le Père Guillaume Mauranes, que nous voyons, quelques années après, agissant au nom et comme procureur de Joseph Baret, prêtre de la même Congrégation et curé de l'église royale et paroissiale de St-Louis de Versailles, dans une donation d'une métairie et d'une maison, paroisse d'Hautefage, au profit d'Anne Desportes, veuve d'Etienne Lamouroux et de Guillaume Lamouroux de Bellefond, clerc tonsuré, fils de celle-ci [1].

Enfin, de 1779 à 1790, le Père Cambres.

—Le jardin des Lazaristes s'étendait, dans les débuts, fort au loin du côté de l'Est. Ces Pères durent, en 1773, en céder une grande partie à Monseigneur d'Usson de Bonnac, évêque d'Agen, lorsque celui-ci, après l'effondrement du mur de façade de l'ancien palais épiscopal (22 juillet 1773), se vit obligé d'en faire reconstruire un nouveau. Ayant jeté son dévolu sur le faubourg Porte-Neuve, et désirant se rapprocher le plus possible de son séminaire, Mgr de Bonnac se fit céder par le supérieur Général de la Congrégation de la Mission, en vertu d'un contrat du 12 avril 1774, « un pré et une partie de l'enclos du séminaire, moyennant une rente annuelle de cinq cents livres et la redevance à perpétuité d'un calice dû par ses successeurs à chaque mutation, le jour même de leur prise de possession, d'une valeur de cinq cents livres. De plus, dans le cas où les susdits prêtres de la mission quitteraient la direction du séminaire d'Agen, la rente et la redevance appartiendraient toutes deux à la maison qu'ils possèdent à Notre-Dame de la Rose, près Ste-Livrade, et à défaut d'icelle à telle autre maison et communauté de ladite Congrégation qu'il plaira au Supérieur Général d'indiquer. [2]»

Ce même inventaire de 1790, nous donne l'état des biens et des revenus que possédait le Grand Séminaire d'Agen, au moment de la Révolution. Ce sont :

1. Un enclos, jardin potager, vignes, pré et avenue attaché et contigu à la maison, d'un revenu annuel de 500 livres.

2. La prairie de *Pommevic*, située dans le district de Valence, département de Lot-et-Garonne. En qualité d'usufruitier, le sémi-

---

[1] Archives départementales de Lot-et-Garonne. B. 183.
[2] Archives dép. Biens Nationaux. (Inventaire du 29 juillet 1790.) Voir aussi la *Chronique Malebaysse*, l'abbé Barrère, (T II, p. 415), et l'*Histoire de l'hôtel de la Préfecture d'Agen* par M. Alph. Paillard, ancien préfet du département de Lot-et-Garonne.

naire perçoit la dîme sur la paroisse de Pommevic et de Goudourville, son annexe, duquel prieuré dépend aussi un château, un pré et deux jardins, le tout affermé pour près de 8200 livres de revenu annuel.

3. La jouissance de certaines rentes seigneuriales, dépendant dudit prieuré de Pommevic, s'élevant à la somme annuelle de 1068 livres.

4. Un autre prieuré, appelé de *Corconac*, commune de Monflanquin, affermé annuellement 2600 livres.

5. Comme prieur de Corconac, le Séminaire est en même temps seigneur suzerain de deux fiefs possédés par les sieurs de Paloque et Laberie St-Sulpice dans la même juridiction de Monflanquin, et d'un petit moulin à eau sur la Lède, le tout rapportant par an 15 livres.

6. Le domaine de *Tricaut*, situé dans la paroisse de Bazens, juridiction du Port-Ste-Marie, affermé annuellement 360 livres.

7. Un bois taillis en dépendant, d'un revenu annuel de vingt livres.

8. Un autre domaine, appelé du *Payrat* ou *Lacapelette*, situé dans la juridiction d'Agen, affermé annuellement 1000 livres.

9. Un autre domaine appelé *de Malère*, paroisse de Mérens, juridiction d'Agen, dont le produit s'élève annuellement à la somme de 1085 livres.

10. Un autre domaine appelé *de Cauzeli* ou *Cabuzières*, dit de Saint-Ferréol, paroisse de Saint-Ferréol, juridiction d'Agen, d'un produit annuel de 840 livres.

11. Certains bois taillis, dépendants de ces deux derniers domaines, d'un revenu annuel de 300 livres.

12. Quatre vignes, situées à l'Ermitage, à Toucaud, à Castillon et à La Salève, rapportant ensemble 223 livres.

13. Une maison, jardin et pièce de terre, à *Malconte*, paroisse Sainte-Foy d'Agen, affermés par an 200 livres.

14. Une petite rente de 15 livres.

15. Une pension ou redevance annuelle par le clergé du diocèse d'Agen, de 900 livres.

16. Enfin, la somme de 500 livres de rente, que paie par an au séminaire Monseigneur l'Evêque d'Agen, « à titre d'indemnité d'une partie de l'enclos et terre labourable que ledit Séminaire lui a cédé pour l'emplacement et jardin du nouveau Palais épiscopal. »

L'ensemble des revenus du Séminaire d'Agen se montait donc, en 1790, à la somme totale de 17,826 livres [1].

— Ainsi qu'on le voit, le Séminaire d'Agen fut soumis, à l'époque révolutionnaire, aux mêmes formalités que les autres maisons religieuses de la ville. Ce fut Jean Florimond Boudon de Saint-Amans qui, en vertu du fameux décret de l'Assemblée Nationale des 20 février et 20 mars 1790, vint en dresser l'inventaire, le 29 juillet 1790. Il fut reçu par Messieurs Jean Cambres et Antoine Labarthe, prêtres de la Congrégation de la Mission, le premier supérieur et le second professeur assistant et syndic, qui obtempérèrent « avec tout le respect et la soumission qui sont dus aux ordres de l'assemblée nationale [1]. » Une fois l'état des biens et revenus relaté, les commissaires procédèrent à l'inventaire de l'argenterie, argent monnayé, effets de la sacristie, bibliothèque, mobilier, etc., en présence desdits prêtres et de Jean-Baptiste Cellard, clerc tonsuré, « qui sont les seuls qui se trouvent en ce moment dans ladite maison. » Tous ces effets étaient fort nombreux et fort riches. La bibliothèque renfermait également une importante collection de livres théologiques et d'histoire sacrée. Il fut procédé ensuite à l'inventaire des effets mobiliers des différents domaines que possédait le Séminaire, puis à l'état des charges qui lui incombaient et dont le chiffre s'élevait à la somme totale et annuelle de 11,887 livres, 17 sols, y compris les impositions, l'en-

---

[1] Archives départementales. Biens nationaux.
[2] Lorsqu'à la fin de 1789, l'Assemblée constituante fit appel, pour combler le déficit du Trésor, à la générosité de la nation, les Pères Lazaristes du Séminaire d'Agen s'empressèrent d'envoyer en argenterie d'église 26 marcs, 5 onces et 36 gros. (Archives départementales de Lot-et-Garonne.)

tretien journalier des neuf ecclésiastiques qui composaient la maison, les gages des domestiques, les réparations des divers ornements, meubles, objets sacrés, domaines ruraux, les redevances annuelles dues à plusieurs seigneurs des fiefs desquels dépendaient certains de leurs domaines, les missions, les fondations, les messes, etc. Ce qui porte les revenus nets du Séminaire à la somme annuelle de 5,938 livres, 3 sols.

Enfin, voici l'état exact des prêtres et frères coadjuteurs du Séminaire d'Agen, ce 29 juillet 1790 :

« Ledit sieur Jean Cambres, prêtre, supérieur, âgé de soixante-dix-sept ans ;

« Antoine Labarthe, prêtre, professeur de théologie, assistant et syndic, cinquante ans [1] ;

« Antoine Cautenet, prêtre, professeur, vingt-neuf ans, actuellement absent à Bordeaux ;

« Jean-Baptiste Cellard, clerc tonsuré, directeur des cérémonies et du chant, vingt-trois ans ;

« Etienne Bru, frère coadjuteur, trente-sept ans ;

« Guillaume Bourguet, frère coadjuteur, trente-cinq ans ;

« Antoine Maydieu, frère, vingt-neuf ans ;

« Enfin Germain Dubos, frère, qui vient de décéder audit Séminaire.

« Lesdits prêtres et frères ont déclaré qu'ils ne croient pas être assujettis à expliquer et déclarer leur intention de rester ou de sor-

---

[1] L'abbé Barrère dit que les qualités éminentes du Père Labarthe en imposèrent toujours à la municipalité agenaise, qui du reste, à cette époque, était relativement très-modérée. Il vint même dans la pensée de nos édiles de demander pour lui le siège épiscopal d'Agen, devenu vacant par suite du départ de Mgr de Bonnac. On suppliait seulement le Révérend Père d'adhérer aux lois de l'Etat. Mais rien ne put ébranler ses convictions religieuses. Il refusa. C'est alors que l'abbé Constant fut nommé évêque d'Agen (3 mai 1791) et que la direction du Grand Séminaire fut confiée à une de ses créatures, qui avait nom Grenier le jeune. (Voir également Proché : *Annales de la ville d'Agen*, p. 10.)

tir des maisons de leur Congrégation, attendu qu'ils ne sont d'aucun ordre régulier, ne formant aucune espèce de vœu solennel lorsqu'ils sont admis dans ladite congrégation des prêtres séculiers de la Mission. »

La maison renferme, « dans ses trois étages, soixante-une chambres, dont quarante-six sont logeables et les autres peuvent l'être à peu de frais. »

— L'année suivante fut dressé, le 29 octobre 1791, le procès-verbal contenant le récolement de l'inventaire précédent des meubles et effets du Séminaire d'Agen. « Le sieur Rouby, prêtre, nommé directeur par Mgr l'Evêque » a remplacé le Père Cambres. Il est chargé de la garde desdits objets, sauf une partie de l'argenterie qui, sur la demande du Père Labarthe, encore au Séminaire, est abandonnée aux anciens Pères missionnaires. Le reste est mis sous scellées [1].

Enfin, les 2 et 3 septembre, 23, 24, 25 et 26 octobre, 22 et 23 novembre et 2 décembre de l'année 1793, (an III), furent effectuées les ventes successives de tous les meubles et effets du cy-devant Séminaire d'Agen. Elles produisirent la somme totale de 7293 livres. Ce prix comprend, entre autres choses, le produit de la vente de treize magnifiques pieds d'orangers qui ornaient le jardin de la maison des Lazaristes [2].

—Les prêtres de la Mission partis, le séminaire resta quelque temps sans destination aucune. Puis, aux plus mauvaises heures de la Terreur, il servit de prison aux prêtres suspects. Le bon curé Labrunie y fut enfermé plusieurs jours, en 1793, avant d'être transporté à Paulin et de là à l'ancien collège des Oratoriens. Partageant un sort opposé de celui des autres maisons religieuses, cet établissement ne fut pas aliéné par l'Etat, dont il resta la propriété en vertu des décrets spoliateurs précédents. Dans l'état des bâtiments et édifices nationaux invendus, à la date du 14 vendémiaire, an III,

---

[1] Archives départementales. Biens nationaux.
[2] Idem.

il est dit que la maison du ci-devant séminaire, au faubourg d'Agen, a servi plusieurs fois à loger des troupes. « Cette maison vient même d'être convertie en caserne, on y a fait des réparations dans cet objet [1]. Quant aux jardins, ils furent réunis à l'École Centrale, qui s'organisait à l'ancien Palais Épiscopal. Ce fut même la partie la plus florissante de cette institution. Car, ainsi que nous l'avons dit au chapitre du Collège, Monsieur de St-Amans, aidé du jardinier Brie, y faisait venir un nombre considérable de plantes rares et exotiques, et il y donnait des leçons de botanique, qui étaient généralement suivies et fort goûtées.

Cependant Napoléon était à peine devenu le maître de la France, que, par son ordre, la religion fut rétablie. Partout les églises se rouvrirent et avec elles les séminaires diocésains. L'article Ier du décret du 23 Ventôse, an XII (14 mars, 1804) dit en effet qu'il y aura, par chaque arrondissement métropolitain et sous le nom de séminaire, une maison d'instruction pour ceux qui se destinent à l'état ecclésiastique. Il sera accordé en même temps, ajoute l'article VII, une maison nationale et une bibliothèque pour chacun des établissements dont il s'agit et il sera assigné une somme convenable pour l'entretien et les frais desdits établissements. En vertu de ce décret, le Grand Séminaire fut donc rétabli à Agen. Mais l'empereur, ayant d'autres vues sur l'ancienne maison des Lazaristes, ne la donna point à Monseigneur Jacoupy.

Le 19 septembre 1807, le gouvernement céda à l'Évêque d'Agen « l'église, le chœur et la tribune de la maison dite du Chapelet de ladite ville, pour y établir le séminaire diocésain [2]. » Mais il ne consentit pas à abandonner les autres bâtiments de ce vaste couvent qui servait alors de maison d'arrêt et de correction. Aussi cette donation ne fut-elle pas acceptée par l'Evêque qui trouva le local trop petit.

Au mois de mars de l'année suivante 1808, Monseigneur Jacoupy, qui avait chargé M. l'abbé Gardelle de donner chez lui des leçons

---

[1] Archives dép. Biens nationaux.
[2] Archives départementales. Dossier moderne du Grand Séminaire.

de théologie à un certain nombre de jeunes ecclésiastiques disséminés en ville, acheta la plus grande partie de l'ancien couvent de la Visitation, rue Porteneuve, et il y établit le séminaire diocésain. En même temps de nombreuses libéralités lui étaient faites, qui lui permirent d'accroître considérablement sa première acquisition.

C'est alors qu'il demanda et qu'il obtint, par décret impérial du 19 octobre 1808, la faculté d'annexer à son séminaire la chapelle voisine de Notre-Dame du Bourg ; « attendu que le nouvel établissement n'avait point de chapelle et que toutes les maisons voisines étaient trop petites. » C'est de ce moment que la chapelle de Notre-Dame du Bourg est entrée en quelque sorte en la possession du séminaire, et que, depuis cette époque jusqu'à nos jours, c'est-à-dire pendant près de quatre-vingts ans, ses prêtres l'ont toujours desservie sans interruption [1].

Le Séminaire s'installa donc, en 1808, rue Porteneuve. Il y resta huit ans. Tout d'abord son directeur, Monsieur Gardelle, ne chercha qu'à grouper autour de lui le plus grand nombre possible de jeunes gens qui avaient la vocation ecclésiastique, et à qui il enseignait les principes du dogme et de la théologie. En 1809, ils n'étaient encore que trente-deux. Puis il y fut créé peu à peu des basses classes où on apprenait le latin et les humanités. Mais le décret du 15 novembre 1811 vint arrêter un moment l'élan qui était donné, en imposant aux jeunes séminaristes l'obligation de suivre les cours du collège communal, nouvellement réorganisé. Cet état de choses dura jusqu'à la Restauration. Notons, en 1812, le 13 août, la cérémonie solennelle qui eut lieu au séminaire, à l'occasion du baptême de la cloche de la chapelle par Monseigneur Jacoupy. M. de Saint-Gilis fut parrain et Madame de Galibert marraine [2].

---

[1] Les pricipales pièces de cette affaire, qui naguère a donné lieu à de si vives contestations, à la suite desquelles la chapelle de N. D. du Bourg a brusquement été enlevée à l'autorité et aux soins si attentifs des prêtres du Séminaire, se trouvent dans le dossier moderne du Séminaire aux *Archives départementales de Lot-et-Garonne*, ainsi qu'aux *Archives du Petit Séminaire*, (*fonds de l'abbé Tournié*).

[2] Archives du Petit Séminaire.

L'ordonnance de novembre 1814 établit dans chaque département une école ecclésiastique destinée à instruire et à élever les jeunes gens qui se préparaient à entrer dans les grands séminaires. Aussitôt Mgr Jacoupy l'appliqua à son séminaire et organisa ainsi définitivement ce qu'on appela dès lors le Petit séminaire d'Agen, qui, les premiers temps, grandit à côté et dans la maison même du séminaire diocésain. Mais les libéralités affluant et le nombre d'élèves grandissant chaque jour, le local devint absolument insuffisant. C'est alors que l'Evêque d'Agen, songea à redemander au gouvernement l'ancienne maison des Lazaristes.

Depuis les premières années de la Révolution, l'ancien séminaire de St-Phébade était devenu une caserne. Le 19 juillet 1810, Napoléon Ier l'avait affecté, avec les écuries de St-Louis, à l'établissement d'un régiment de cavalerie de quatre cents hommes. C'est ainsi que le 25 décembre 1811, le dépôt du 15e régiment de dragons vint s'y installer, et que le 19 août 1815 ce fut le tour du 1er régiment de chevau-légers lanciers qui y tint quelques mois garnison.

L'Empire tombé, l'immeuble demeura vacant. Aussitôt Monseigneur Jacoupy le redemanda au roi, pour l'affecter à sa destination première. Sa demande fut écoutée, et, le 18 septembre 1816, Louis XVIII rendait une ordonnance en vertu de laquelle il mettait à la disposition de l'Évêque l'ancienne maison des Lazaristes. En conséquence, le décret du 19 juillet 1810 fut rapporté; et « un officier du génie, de service à Bordeaux, fut délégué pour faire évacuer tous les objets militaires qui s'y trouvaient. Il les fit déposer provisoirement à la Préfecture [1]. »

Monseigneur fut mis en possession du grand séminaire le 11 avril 1817. Tout l'ancien terrain lui fut rendu, à l'exception de la moitié du jardin qui avait été réuni à la préfecture. Néanmoins les professeurs et les élèves restèrent encore quelque temps rue Porteneuve.

Ce ne fut que le 6 novembre 1817 que les deux séminaires se scindèrent définitivement. L'école ecclésiastique secondaire ou le

---

[1] Archives du Grand et du Petit Séminaire.

Petit séminaire demeura dans l'ancien couvent de la Visitation [1]. Le grand séminaire au contraire revint dans sa maison première, au faubourg Porteneuve. Ses prêtres, nous dit Proché, s'y rendirent processionnellement ; et Mgr l'Évêque, accompagné de ses vicaires généraux, en fit l'inauguration avec solennité [2].

Mais si la vieille demeure des Lazaristes fut ainsi, au commencement de ce siècle, réintégrée dans ses anciennes attributions, il n'en fut pas de même de ses premiers propriétaires. Les Prêtres de la Mission ne revinrent pas à Agen. Ce furent les prêtres du diocèse qui furent chargés de la direction du grand séminaire, et c'est par leurs ordres que fut ajoutée, de 1826 à 1831, l'aile occidentale.

Plus tard, sous l'épiscopat de Mgr Levezou de Vezins, les Pères Maristes, dont l'institut avait été approuvé à Rome en 1836 et qui étaient déjà établis dans la province, notamment à Verdelais, furent mandés par lui de Lyon pour venir remplacer les prêtres du diocèse. Ils répondirent à son appel, s'établirent au séminaire en octobre 1854, et firent immédiatement construire l'aile orientale, terminant ainsi, la magnifique construction que l'on voit aujourd'hui. Les Pères Maristes sont encore à la tête de l'établissement diocésain du département de Lot-et-Garonne.

---

[1] Lorsque nous nous occuperons du couvent des Visitandines, nous donnerons sur l'origine du Petit Séminaire d'Agen de plus amples renseignements.
[2] Proché. Annales de la ville d'Agen.

CHAPITRE XIII.

LES TIERÇAIRES OU RELIGIEUX DE PICPUS

Si quelque maison d'Agen mérite que l'on écrive son histoire, c'est assurément celle qui est située sur la place Paulin au coin de cette place et de la rue qui portait autrefois le même nom [1]. Jamais en effet, croyons-nous, en moins de deux siècles, maison n'eut un sort plus divers et plus étrange. Au XVIIe siècle, elle sert d'abord de séminaire diocésain. Puis, lorsque cet établissement fut transféré par Mascaron au faubourg Porte-Neuve, elle est cédée au Tierçaires religieux de Bon-Encontre, qui y établissent un hôpital. A la Révolution, elle est vendue comme bien national et achetée bientôt après par M. Baret-Lavedan, conseiller à la Cour, qui la donne à sa mort à son neveu M. Baret-Marsac. Celui-ci la vend, le 10 juin 1840, à M. Jean-Gaspard-Julien de Godailh, ancien conseiller de Préfecture, qui, dans son testament, la lègue, en 1854, par moitié et

---

[1] Cette rue, on ne sait pourquoi, porte aujourd'hui le nom de rue des Droits de l'homme.

par indivis au Séminaire et au bureau de bienfaisance. Elle retombe donc ainsi entre les mains de ses anciens propriétaires. Le séminaire y loge alors les Petites-Sœurs des pauvres, récemment arrivées à Agen, qui la transforment de nouveau en Couvent. A leur départ, en 1866, M. Verdier, architecte, l'achète, la modifie complètement, et en loue une partie à la Loge Maçonnique ; celle-ci y tient ses séances pendant quelques années. Enfin, le 28 août 1875, M. Bertrand-Piret l'achète à M. Meynot, qui lui-même venait de l'acheter à M. Verdier. Il en est le propriétaire actuel [1], et il loue l'ancienne partie du Couvent subsistant encore à une Société de Secours Mutuels de Saint Vincent de Paul, qui y a remplacé les Francs-Maçons !

Nous avons déjà au chapitre précédent indiqué quels furent les commencements de la maison de la rue Paulin, alors qu'elle servait de local à l'ancien séminaire. Voyons aujourd'hui comment elle devint la propriété des Tierçaires de Bon-Encontre et quelle fut son histoire jusqu'à la Révolution. Mais auparavant indiquons sommairement ce que l'on doit entendre par ce mot de Picpus et depuis quelle époque ces religieux desservaient la chapelle de Bon-Encontre.

— Saint François d'Assise ne s'était pas contenté, ainsi que nous l'avons dit au chapitre de ce travail relatif aux Cordeliers, de fonder au XIII° siècle l'ordre célèbre des Frères Mineurs. Il fonda également l'ordre des Clarisses ou Pauvres Dames, et le Troisième Ordre ou Tiers-Ordre. Cette institution, qui n'assujetissait pas ses membres aux rigueurs du cloître, fut d'abord séculière. Mais quelques adeptes, d'une piété plus fervente que les autres, désirant joindre à cet état de pénitence volontaire celui de la retraite et se mortifier davantage, demandèrent au patriarche lui-même, disent les uns, à ses disciples seulement, écrivent les autres, une règle qui leur permit de vivre en commun, sous l'obligation des trois grands vœux pro-

---

[1] C'est à l'obligeance de M. Bertrand-Piret que nous devons tous ces renseignements, issus des titres de propriété. Qu'il veuille bien agréer ici nos sincères remerciements.

pres aux autres ordres religieux. Ils formèrent ainsi le Tiers-Ordre régulier.

En France cet ordre ne fut véritablement et définitivement organisé qu'en 1601, époque où le Père Vincent Mussard, religieux de Saint-François, se mit à la tête de la nouvelle institution, obtint les faveurs du Pape et du Roi, et s'établit à Paris, à l'extrémité du faubourg Saint-Antoine, en un endroit appelé Picpus. C'est là l'origine du surnom qui fut donné à ses religieux, dont le nom véritable était : *Religieux Pénitents du Tiers-Ordre de Saint-François de l'Etroite Observance et Congrégation de France.* On leur donnait aussi quelquefois le surnom de *Tierçaires.*

L'ordre prospéra rapidement. Il fut réparti en France en deux grandes provinces, qui se subdivisèrent dans la suite, l'une sous le nom de France, l'autre sous celui d'Aquitaine. Cette dernière fut nommée également *Province de Saint-Elzéar.* Ses religieux suivaient la règle du Tiers-Ordre de Saint-François d'Assise, réformée par Léon X. De nombreux jeunes étaient prescrits, ainsi que les disciplines, les oraisons mentales, le silence le plus étroit depuis sept heures du soir jusqu'à Primes du jour suivant, depuis midi jusqu'à deux heures, et tout le temps depuis Pâques jusqu'à la fête de l'Exaltation de la Sainte-Croix. Outre les trois vœux de chasteté, de pauvreté et d'obéissance, ils promettaient encore d'observer les commandements de Dieu et de faire toutes les pénitences qui leur seraient ordonnées.

Leur costume consistait en une robe de drap de couleur brune et un capuce rond, auquel était attachée une espèce de scapulaire qui se terminait en pointe, dont les extrémités par devant et par derrière descendaient jusque sous la ceinture, qui était une corde de crin noir ou de poil de chèvre. Leur manteau, de même couleur et de même drap que la robe, descendait jusqu'à mi-jambe. Ils allaient nu-pieds avec de simples sandales de bois. Il ne leur était pas permis de porter du linge. Aussi leurs chemises étaient-elles de serge, et ils couchaient sur des paillasses sans matelas [1].

---

[1] Voir le Père Hélyot : *Histoire des Ordres Monastiques.* T. VII. Voir aussi l'abbé Migne : *Encyclopédie théologique. Dictionnaire des Ordres religieux.* t. III.

—Le Couvent ou plutôt l'hospice des Tierçaires ne fut fondé à Agen qu'en 1687. Mais bien avant cette époque, cet ordre s'était installé à Bon-Encontre où il entretenait le pèlerinage et desservait l'église.

Nous n'avons pas la prétention de raconter ici l'histoire du Couvent de Notre-Dame de Bon-Encontre, qui ne rentre du reste qu'accessoirement dans notre cadre. Cette œuvre, qui a nécessité de longues et pénibles études, a été entreprise avant nous par un prêtre Mariste, en résidence à ce Couvent, et menée par lui à bonne fin, en l'année 1883. Ecrite d'après les documents authentiques que lui ont fournis nos archives locales, elle embrasse toute la période qui s'étend depuis l'origine de la dévotion jusqu'à nos jours. Nous ne saurions donc mieux faire que d'y renvoyer nos lecteurs, en la leur recommandant selon tout son réel mérite [1].

Disons seulement ici, pour l'intelligence de ce qui va suivre, que dans les premières années du XVIe siècle, en 1512, une vierge miraculeuse fut trouvée par un des enfants de Jean Fraissinet, cultivateur à Sainte-Radegonde près d'Agen, dans un buisson, sur le lieu même où furent construits plus tard l'Eglise et le village de Bon-Encontre. Une pieuse dévotion s'en suivit, qui aboutit à un véritable pèlerinage. Une croix d'abord, puis un oratoire, enfin une église et un couvent s'élevèrent à l'endroit même où avait été découverte la vierge ; et durant tout le XVIe siècle, ils furent visités par les personnages les plus marquants. En 1551 déjà, le premier oratoire fut solennellement béni par l'évêque d'Agen. Puis, en 1584, et lors de son second séjour en Gascogne, Marguerite de Valois, vint au mois d'août, avec un grand concours de nobles dames et de peuple, y faire, durant deux jours, un pieux pèlerinage. Ce fut même là l'origine de la prospérité de Bon-Encontre. Car la reine Marguerite prit particulièrement sous sa protection l'humble sanctuaire et elle ne cessa jusqu'à ses derniers moments de le combler de ses fa-

---

[1] *Histoire de Notre-Dame de Bon-Encontre*, d'après les documents authentiques, depuis l'origine du pèlerinage jusqu'à nos jours, par un prêtre Mariste. Avignon, Seguin frères, 13, rue Bouquerie. 1883. (Se vend aussi chez Roche, libraire à Agen).

veurs. Les documents abondent, dans nos archives locales, sur ces évènements. Donations, fondations pieuses, secours pécuniaires, rien par elle ne fut épargné pour en accroître la prospérité, jusqu'au jour où, par Lettres-Patentes du 25 juin 1611, elle donna aux Religieux Pénitents du Tiers-Ordre de Saint-François, en la personne de leur supérieur, Frère Vincent Mussard, l'église et l'oratoire de Bon-Encontre, leur promettant en outre, « d'y faire bâtir, construire et édifier un Couvent de leur Ordre. » Le Roi, cette même année, ratifia cette donation.

Après de nombreuses formalités accomplies entre le Révérend Père Vincent Mussart, gardien et custode du Couvent de Notre-Dame de la Paix à Toulouse, d'un côté, les Consuls d'Agen et M. Etienne Fonmartin, aumônier du Roi, chanoine de l'église Cathédrale et en cette qualité curé de Sainte-Radegonde, de l'autre, les religieux du Tiers-Ordre de Saint-François furent autorisés à s'établir à Bon-Encontre. Ce qu'ils firent, dès l'année 1612, c'est-à-dire juste cent ans après la découverte de la Madone, à la suite d'une importante cérémonie, dans laquelle Monseigneur Claude Gélas célébra la messe et présida à la plantation de la croix [1].

Depuis cette époque, le Couvent et le pèlerinage de Bon-Encontre ne cessèrent de prospérer. La foi et la piété des fidèles ne tarissaient pas ; et des vœux innombrables, presque toujours exaucés, étaient adressés à la Vierge protectrice, notamment le vœu solennel des Consuls et des Jurats d'Agen, lors de la peste de 1629. De leur côté les Pères de Bon-Encontre, encouragés par une si grande faveur, étendaient au loin leur pieux apostolat. C'est ainsi qu'ils établirent, en 1659, à Tournon, un couvent de leur ordre, et quelques années après une autre maison à Tonneins. Enfin, à Agen même, ils avaient déjà patroné, en 1638, la fondation de la communauté des religieuses du Tiers-Ordre, dont nous aurons à parler longuement dans la suite, et ils résolurent, vers la fin du XVIIe siècle, d'y créer directement une succursale, sous le nom d'hôpital.

---

[1] Archives de l'Evêché d'Agen. Voir aussi : Archives départementales, H. 11. Labrunie, Histoire de Bon-Encontre, etc.

Depuis, en effet, la fondation du couvent de Bon-Encontre et l'arrivée des Tierçaires dans le pays, certains habitants d'Agen, notamment l'autorité ecclésiastique, désiraient que ces Pères, dont ils appréciaient les nombreux services, s'y établissent définitivement. Eux-mêmes éprouvaient le besoin de fonder un hospice à Agen, « afin, disaient-ils dans leur requête aux consuls, d'y pouvoir retirer les religieux misérables. » C'est dans ce but qu'ils s'adressèrent à Mascaron, qui venait de transporter son séminaire diocésain dans le vaste immeuble qu'il avait fait construire au faubourg Porte-Neuve, et qu'ils lui demandèrent la permission de s'installer rue Paulin, dans l'ancien local devenu vacant, que du reste ils lui achèteraient. Ce Prélat accéda aussitôt à leurs désirs; et il leur délivra, le 6 juillet 1687, des lettres épiscopales, en vertu desquelles il les autorisait à établir un hospice à Agen. En voici le principal passage :

« Nos his rationibus moti et precibus inclinati, tantis incommodis mederi cupientes votisque totius civitatis aginnensis quæ jam à multis annis prædictos fratres in civium numero censuit annuentes, ad honorem omnipotentis Dei prædictis fratribus licentiam authoritate nostra episcopali concedimus hospicium constituendi in dicta civitate nostra cathedrali, ibique oratorium publicum Deo sub invocatione *Beatæ Maria de Bono occursu* dictæ erigendi et consecrandi, dantes illis facultatem in dicto oratorio officia divina, missas etiam publice celebrandi, Evangelium annuntiandi, fideles pœnitentes et confessos a peccatis suis cum approbatione nostra absolvendi, œgrotos cum ab illis advocabuntur visitandi et consolandi, et omnia alia auxilia spiritualia fidelibus præstandi, prout charitas et ecclesiæ prœcepta ac consuetudo exigerit.

« Quia tamen hanc quam dictis fratribus concedimus gratiam et facultatem bene ordinatam, ex nullis volumus esse onerosam, intentionis ac voluntatis nostræ esse declaramus, quod in dicto hospitio non possint commorari ac residere plusquam sex patres dicti ordinis, quodque congregatio in capella Beatæ Mariæ de Bono occursu stabilita, victum, vestitum, remedia ac auxilia omnia dictis fratribus in dicto hospitio commorantibus sanis et infirmis suis sumptibus, prout illis opus erit semper subministrabit, et in omnibus salva ac libera erunt jura omnia temporalia et spiritualia, circa dictos fratres parocho parochiæ, in qua dictum hospitium et oratorium erigetur, tum circa omnes alias religiosorum congregationes hujusce civitatis aginensis, etc.

« Datum in castro nostro Montisbrani propre Aginum, die sextà mensis julii, anni Domini millesimi sexcentesimi octogesimi septimi. Julius 1. »

L'autorisation de l'Evêque accordée, il fallait obtenir le consentement, d'abord du curé de la paroisse Saint-Etienne, M. Hermand de Sevin, puis celui des consuls. Le premier ne se fit pas longtemps attendre, ainsi qu'il résulte du contrat suivant, passé le 17 juillet de la même année :

« Dans la ville et citté d'Agen, ce jourd'huy dix-septième du mois de juillet mil six cens quatre vingt sept, après midy, régnant..... ont esté présans et constitué en leurs personnes, M. Maitre Herman Joseph de Sevin, prêtre, docteur en théologie, curé de la paroisse de Saint-Etienne de la présante, y habitant d'une part, et les Révérands Pères Bernard de L'Isle Jordain, provincial des religieux du tiers-ordre Saint-François de la province de Saint-Elzear, en Guienne, et Amable de Rion, ex provincial dudit ordre et province, d'autre part, entre lesquels a esté dit que Monseigneur l'illustrissime et révérendissime Jules de Mascaron, évêque et comte d'Agen, voulant pourvoir aux incommodités que souffrent les religieux du même ordre de la communauté de Notre-Dame de Bon-Encontre par leurs esloignement de cette ville d'Agen, leur avait permis d'avoir un hospice dans ladite ville, dans lesquels ils peussent faire soulager leurs malades et retirer leurs religieux, selon les besoins et nécessités de ladite communauté de Bon-Encontre, avec pouvoir de bastir et ériger audit hospice une chapelle publique, dans laquelle, pour l'édification et utilité du public, ils pourront faire leurs exercices réguliers, dire la messe, prêcher, confesser et faire tous autres offices de piété ; et pour cet effait lesdits Réverends Pères auraient acheté l'ancienne maison du Séminaire de cette ville ; et d'autant que ladite maison est dans la paroisse de Saint-Etienne,

---

[1] Archives départementales de Lot-et-Garonne Série H. 11.

les R. Pères auraient prié ledit sieur Sevin, curé de ladite paroisse, de vouloir consentir et accepter l'offre qu'ils luy font, de le servir et soulager dans les fonctions de sa charge en ce qu'il lui plaira, les emploier selon leur estat et profession, avec assurance et protestation que lesdits religieux lui rendront, en toutes choses et toutes sortes d'assemblées, convois et sépultures qui se feront à l'avenir dans la chapelle de leurs hospices, tous les honneurs, droits et prérogatives qui lui sont dus, en ladite qualité de curé et à ses successeurs en ladite cure, etc. A quoi ledit Sevin a consenti, comme il consent par ces présentes à ce que lesdits religieux résident dans ledit hospice, ainsi qu'il a été réglé par mondit seigneur Evêque, administrent dans leur chapelle le saint sacrement de Pénitence, Eucharistie même, qu'ils reçoivent dans leur chapelle tous les obits, fondations et sépultures de leurs bienfaiteurs, ainsi que les autres religieux de cette ville dans leur église, sous la réserve néanmoins de tous les droits qui restent dus audit sieur de Sevin, etc.[1]. »

En ce qui touche l'autorisation des Consuls, qui, vu le nombre toujours croissant des religieux dans la ville d'Agen, était plus difficile à obtenir, les Pères de Bon-Encontre leur adressèrent six jours après, le 23 juillet, leur requête, par laquelle, vu leur éloignement de la ville d'Agen et la nécessité de soigner leurs malades, ils leur exposent leur désir « de fonder un hospice pour y retirer les religieux dans le besoin. » Ils ont déjà, en 1612, lors de leur établissement à Bon-Encontre, demandé « d'être reçus citoyens et associés incorporés de la ville d'Agen pour y rendre leurs services au public ; ce qui leur aurait été accordé par une délibération d'une jurade, du 18 août 1612. » Or, ils viennent d'acheter précisément l'ancienne maison du séminaire, afin d'y fonder leur hospice, du consentement de Monseigneur, mais à condition que le couvent de Bon-Encontre subviendrait à tous leurs besoins. Ils ne seront donc pas à la charge de la ville. C'est pourquoi ils leur demandent de consentir à leur établissement. L'acte est signé : Frère Bernard de L'Ile Jordain, ministre provincial, et frère Amable de Riom, ex provincial[2].

---

[1] Archives départementales. H. 11.
[2] Archives municipales. GG. 191.

La jurade se réunit le 5 août suivant et obtempéra aux désirs des bons Pères, aux conditions susdites : « Notamment qu'ils ne pourront acquérir aucune maison dans la présente ville autre que celle qu'ils ont déjà acquise pour leurdit hospice, ne devant être d'aucune façon à charge à la ville. Ils devront en même temps, pour l'assurance des conditions de leur requête, remettre entre les mains de Messieurs les consuls un acte du deffinitoire général en bonnes et dues formes, portant l'approbation des susdites conditions et l'obligation de les entretenir[1]. »

Les postulants se conformèrent à ces prescriptions, et remirent aussitôt aux Consuls l'acte suivant « du deffinitoire général des religieux Penitans du tiers-ordre de Saint-François de Bon-Encontre », portant acceptation des conditions précédentes; il est à la date du 20 août 1687 :

« Nous, ministre provincial, définiteurs, ex-provincial des religieux penitants du tiers-ordre de Saint-François de la provinse de Saint-Elzéar en Guienne, sur la représentation qui nous aurait été faite des conditions soubs lesquelles Messieurs les Consuls et Jurats de la ville d'Agen, assemblés en jurade le cinquième du mois d'aoust de la presente année, auraient consenti et permis que nous fissions un hospice pour nostre couvant de Bon-Encontre de l'ancienne maison du Seminaire que nous avons acheté dans ladite ville pour cet effait, nous déclarons à tous présans et à venir que nous avons accepté et acceptons avec respect et recognaissance tant pour nous que pour tous les religieux de la province et successeurs à l'avenir, toutes les conditions, clauses et rectifications portées par la susdite délibération et jurade dudit jour, toutes lesquelles nous promettons d'observer très fidèlement; et pour plus grande précaution et assurance, avons signé le presant acte, scellé du grand sceau de la province. A Toloze, ce vingtièsme aoust, mille six cens quatre vingt sept.

« Frère Bernard de L'Isle Jordain, ministre provincial; Frère Léon de Toulouse, definiteur ; Frère Alexis de Forquevaux, defini-

---

[1] Archives départementales. H. 11.

teur ; Frère Gabriel de Nismes, definiteur ; Frère Casimir de Tolose, definiteur; Frère Amable de Riom, ex provincial [1]. »

Rien ne manquait donc plus que l'approbation du Roi. A cet effet, les religieux de Bon-Encontre lui adressèrent cette supplique :

« Sire,

Supplient très humblement les Religieux Penitens du tiers-ordre Saint-François de nostre province de Guienne, disans que, depuis l'an 1612, ils auraient un couvent au lieu de Bon-Encontre, distant d'une lieue de la ville d'Agen, en une chapelle d'une dévotion célèbre, laquelle leur fut donnée par feue la reine Marguerite, comtesse d'Agenois, avec lettres patentes du Roy, d'heureuse mémoire Louis XIII, approbation de l'Evesque, consentement des Consuls et habitans de la ville d'Agen, d'avoir dans ladite ville un hospice pour y recevoir leurs religieux, y faire leurs provisions, y soigner leurs malades et autres nécessités, attendu la distance du lieu et la difficulté des chemins, ils auraient logé en divers endroits de la ville, jusqu'à ce que le sieur Mascaron, evesque et comte d'Agen, ayant fait baetir un beau et grand séminaire pour ses ecclésiastiques, aurait jugé à propos de placer lesdits religieux dans l'ancien séminaire de ladite ville, tant pour conserver la piété dudit lieu que pour l'édification et utilité du public, que pour la commodité desdits religieux qui auraient achepté ledit séminaire du clergé et en auraient de nouveau payé le droit d'amortissement ; ils s'y sont logés du depuis et y font actuellement leurs exercices réguliers à l'édification du public, conformément à l'approbation dudit sieur Evesque, consentement des consuls et habitans et du curé de la paroisse. Mais dans la crainte qu'à l'advenir ils ne puissent estre recherchés à cause de leur changement dans ledit séminaire, ils supplient Vostre Majesté les y vouloir confirmer par vos lettres patentes. Lesdits religieux continueront d'offrir à Dieu leurs vœux et prières pour la conservation de vostre sacrée personne et la prospérité de vos armes [2]. »

---

[1] Archives municipales. GG. 191.
[2] Archives départementales H. 11.

Et le roi Louis XIV, « désirant gratifier et traiter favorablement lesdits religieux », leur octroya, en février 1696, les Lettres Patentes qui suivent :

« Louis, par la grâce de Dieu, roy de France et de Navarre, à tous présens et avenir, salut. Nos chers et bien aimés les religieux Penitens du Tiers-Ordre Saint-François, de notre province de Guienne, nous ont très humblement fait remontrer qu'ils ont un couvent appelé Notre-Dame de Bon-Encontre à plus d'une lieue de la ville d'Agen, en un endroit champêtre où il y a une grande dévotion, lequel couvent est établi en conséquence des lettres du feu roy notre très honoré seigneur et père de l'année 1612, et qu'ils ont pour ledit couvent un *hospice* depuis très longtemps dans ladite ville, où il se tient quelques religieux, cella estant très necessaire pour ladite communauté de Bon-Encontre, servant tant pour les malades dudit couvent qu'on y transporte souvent, afin d'estre mieux secourus, que pour la retraite de ceux qui sont obligés de venir dans ladite ville, pour toutes les choses convenables audit couvent; d'autant plus qu'il y a beaucoup de temps de l'année qu'ils ne peuvent venir et retourner en un jour, lorsque les chemins sont fort mauvais, et ne pouvant faire en si peu de temps les affaires dont ils sont chargés pour la subsistance dudit couvent; comme aussi ils nous auront fait représenter qu'ils ont acquis depuis 29 années l'ancien séminaire du diocèze d'Agen, en ayant esté basti un nouveau, et ont changé en cette occasion le lieu ou était ledit hospice, en payant les droits d'amortissement pour cette acquisition, et nous supplient très humblement de leur accorder des Lettres Patantes pour la confirmation dudit hospice, tant à cause que suivant notre édit de 1666, concernant l'établissement des communautés religieuses, les hospices même devaient être confirmés par des Lettres Patantes, que par autre édit du mois d'avril 1693, nous avons ordonné la même chose pour la translation d'un lieu ou d'une maison à une autre :

« A ces causes et autres à ce nous mouvans, désirant gratifier et favorablement traiter lesdits religieux, qui ont pour la confirmation de cet hospice le consentement de notre amé et féal conseiller en nos conseils le sieur Evesque d'Agen et celluy des habitans de ladite ville, et contribuer d'autant plus à l'affermissement dudit couvent de Notre-Dame de Bon-Encontre, nous avons de notre grâce speciale, plaine puissance et autorité royale, approuvé, autorisé et confirmé, et par ces présentes signées de notre main, approuvons, confirmons et autorisons l'établissement dudit hospice dans notre dite ville d'Agen, pour ledit couvent de Notre-Dame de Bon-Encontre, lequel hospice demeurera toujours sous l'administration du gardien dudit couvent, sans qu'il puisse estre establi pour ledit hospice qu'un supérieur sous la dépendance dudit gardien, et sans que le nombre des religieux qui y seront puisse estre plus gros que six pretres. Si donnons en mandement à nos amés et feaux tenant notre Cour de Parlement de Bordeaux et à tous autres justiciers et officiers qu'il appartiendra que ces presentes ils fassent registrer et leur contenu jouir et uzer lesdits suppliants et leurs successeurs pleinement, paisiblement et perpétuellement, cessant et faisant cesser tous troubles et empechements au contraire; car tel est notre plaisir, etc. Donné à Versailles, au mois de février, l'an de grâce mil six cens quatre vingt seize, et de notre règne le 53me [1]. » Signé : Louis.

Ces longues et nombreuses formalités accomplies, les Pères Tierçaires se mirent à l'œuvre; et bien que leur communauté n'eut jamais à Agen qu'un nombre assez restreint de religieux, qui obéissaient à un simple supérieur, lequel restait soumis à l'autorité du gardien de Bon-Encontre, néanmoins ils organisèrent leur couvent à l'instar des autres maisons religieuses de la ville. Ils transformèrent complètement le local de l'ancien séminaire, et sur la place Paulin même firent construire à neuf leur église. Elle était achevée en 1700.

Alors ils supplièrent Monseigneur l'Evêque de venir la visiter et la bénir. Dans leur requête à Mascaron ils lui rappellent qu'il a consenti, par ses lettres de 1687 à ce que cette chapelle fut élevée; que le Roi, en outre, le leur a permis; et qu'en conséquence ils l'ont construite avec toute la diligence possible. Le maître autel a

---

[1] Archives nationales. Domaine ecclésiastique. Série S. 7472. — Idem : Archives départementales de Lot-et-Garonne. Série H. 11.

huit pieds de long et quatre de large ; le tabernacle est doré. Les ornements ont été achetés. Bref rien ne manque plus pour qu'ait lieu la bénédiction si impatiemment attendue [1].

Sur le vu de cette demande, Monseigneur délégua Maître Pierre Etienne Collier, prêtre, chanoine de Saint-Caprais et vicaire général, pour « procéder à la visite de l'église et du couvent des Pères du Tiers-Ordre, en dresser un plan exact, vérifier si l'autel se trouve dans la décence requise, et s'il y a lieu pour bénir la chapelle. »

En conséquence M° Etienne Collier se rendit, le 22 novembre 1700, à l'hospice des Tierçaires, et il dressa un procès-verbal fort détaillé de sa visite. « .... Nous nous sommes transporté, dit-il, en l'auspice desdits religieux du Tiers-Ordre de Saint-François, situé dans la place Paulin, paroisse de Saint-Etienne, ou estant, sommes entrés dans ledit auspice par la porte qui regarde dans la rue tendante de la chapelle de Notre-Dame du Bourg à ladite place Paulin, et nous incontinent s'étant présenté ledit Père Ambroise, en compagnie de deux autres religieux du même ordre, ayant dit le sujet de notre transport, nous aurait incontinent emmené dans ladite église et fait entrer dans le sanctuaire d'icelle par la porte du côté de l'Evangile, et de suite sommes sortis au dehors de ladite église par le grand portail et rendu dans la place Paulin, ou, estant, avons procédé comme s'ensuit :

« Premièrement, après avoir examiné le dehors de l'Eglise que nous avons trouvée estre batie la majeure partie de carreaux de terre cuite avec chaux et sable, confronte : du côté du levant à la place Paulin, où est un grand portail rond pour l'entrée d'icelle, et au-dessus dudit portail est un vitreau rond ; du côté du midy, confronte à la rue tendante de ladite place Paulin à la chapelle de Notre-Dame du Bourg ; du septentrion, confronte partie à la maison du sieur Momin, advocat au Parlement et à l'auspice desdits religieux ; du côté du couchant, où est l'autel de ladite église, confronte audit auspice ; laquelle est couverte de tuile à canal. Et de

---

[1] Archives de l'Evêché. Série F., liasse 58.

suite, etant entrés dans ladite église par ledit grand portail, nous avons trouvé à l'entrée d'icelle deux bénitiers de marbre, plus, etc. » Suit l'inventaire détaillé de tous les objets qui garnissent l'intérieur, du mobilier, effets, ornements de sacristie, argenterie, linge du tabernacle « qui est doré et garni par devant d'une riche toile d'argent », des calices, chasubles, burettes, missels « dont un fort vieux », etc. L'église intérieurement mesure neuf toises de long et quatre de large; le sanctuaire deux toises, trois pieds et demi de long. La hauteur de la nef est de trois toises et demie. Elle est toute lambrissée de bois de sapin, etc. [1]. »

L'Eglise des Pères Tierçaires fut solennellement bénie, le surlendemain 24 novembre 1700, par le même vicaire général, Maître Collier, qui, ajoute Labénazie, « y célébra la première messe qui y ait été dite. » Elle fut placée sous le vocable, non pas de Notre-Dame de Bon-Encontre, ainsi que l'avait recommandé Mascaron, mais sous celui de Notre-Dame de Bon-Secours, à cause de la destination du nouvel établissement. Le Père Ambroise en fut le premier supérieur.

— Nous donnons ici le plan de l'église et du couvent de Picpus, tel que nous le trouvons dans le plan de Lomet, dressé au moment de la Révolution. L'Eglise A, que nous dispense de décrire le procès-verbal précédent de 1700, était rectangulaire et à trois travées. Elle avançait sur la place Paulin, sur laquelle s'ouvrait son entrée. En B, se trouvait le corps de logis principal, qui se prolongeait en C par une aile batie à angle droit. Cette aile C était comprise entre la petite cour intérieure E et la vaste cour O qui séparait l'église du couvent. Ce dernier se continuait en D par des constructions bizarres et fort irrégulières, et il venait aboutir, en S, à la rue du Marché au Blé sur laquelle il avait une sortie. Enfin à l'ouest, en J, s'étendait un vaste jardin, qu'un simple mur séparait de la rue des Cailles.

Il ne reste plus des anciennes constructions du couvent des Tierçaires que l'aile septentrionale C, à deux étages. Sur sa fa-

---

[1] Archives de l'Evêché. Série F., liasse 58.

çade, qui donne sur la cour d'entrée O, se voit encore un beau cadran solaire, que les bons Pères avaient agrémenté de nombreux dessins. Ce cadran est carré; chaque côté est entouré d'ornements

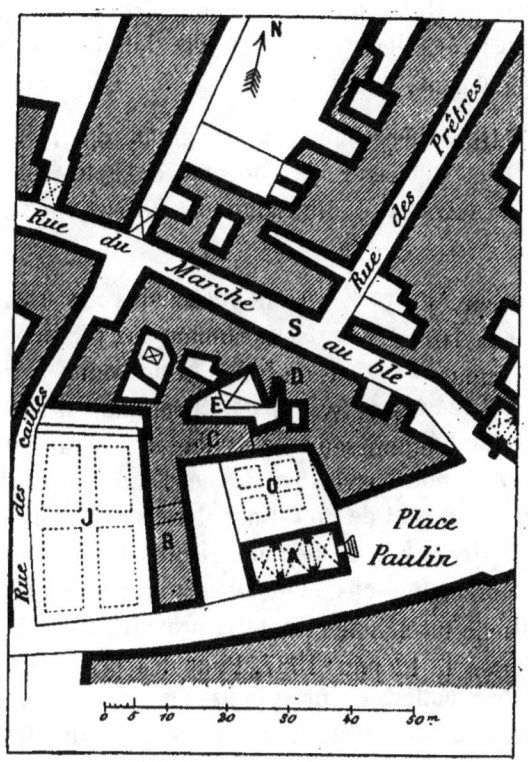

peints de diverses couleurs. Au dessus sont écrits ces mots : *Meridie narrabo et annunciabo et exaudiet vocem meam. Psalm LIIII. V. XIII.* Au dessous, on lit ces deux vers :

Toi qui d'un air content vois cette ombre qui passe,
Tremble, tu peux mourir avant qu'elle repasse.

Tout le reste du couvent a été entièrement modifié et transformé, soit par les Petites Sœurs des Pauvres qui sur l'emplacement de l'ancienne chapelle en [avaient rétabli une autre plus petite, soit par l'architecte Verdier, qui l'a démolie de nouveau pour élever à sa place une terrasse circulaire. La cour O existe encore, quoique restreinte. Quant au jardin, des maisons modernes, qui ont leur façade rue des Cailles, ont été depuis longtemps déjà bâties sur son emplacement.

Le 9 mai 1715, le Père Boniface, religieux du Tiers-Ordre de Saint-François et supérieur de l'hospice d'Agen, rendait compte de la manière suivante à Monseigneur Hébert de l'état de son couvent :

« Monseigneur, j'aurais eu l'honneur de vous respondre plus tôt, si j'avais été dans le païs. Nous sommes six religieux dans cette communauté, cinq prêtres et un frère. Nous sommes establis dans Agen depuis l'année 1687, avec des Lettres patentes de Sa Majesté confirmatives dudit établissement, en date du mois de février 1696. Pour nos revenus, nous vivons partie de l'aumône des fidèles, partie de ce que le Couvent de Bon-Encontre nous fournit pour notre subsistance. Notre église est dédiée à Notre-Dame de Bon Secours. Le terrain que nous habitons était anciennement la maison du Séminaire, laquelle fut achetée par notre province au clergé. Le contrat en fut passé le 12 juin 1687. Pour les privilèges, nous n'en avons pas de particuliers et nous jouissons de ceux dont les religieux jouissent communément en France. Voilà, Monseigneur, toute l'instruction que je puis donner à Votre Grandeur sur cette maison, vous asseurant que je suis avec autant de respect que de soumission, de Votre Grandeur, Monseigneur, votre très humble et obéissant et soumis serviteur. Boniface, religieux du Tiers-Ordre de Saint-François et supérieur de l'hospice d'Agen [1]. »

Un procès fort vif s'engagea vers cette époque entre les religieux de Picpus et les Consuls d'Agen, au moins si nous en croyons un fragment de mémoire, rédigé en faveur des Consuls et qui porte la date du 28 septembre 1710 [2]. Dans ce factum, les Consuls accu-

---

[1] Archives de l'Evêché. Série F. liasse 58.
[2] Archives municipales, GG. 191.

sent les religieux du Tiers-Ordre d'avoir manqué d'égards envers eux et d'avoir fait des quêtes, contrairement aux obligations qui leur ont été imposées dans le contrat de fondation. Malgré cela les religieux Tierçaires ont fait bâtir une église publique, ils ont élevé un clocher, établi un supérieur et donné à leur hospice la même forme que les autres couvents de la ville. Les mendians se plaignent en outre et avec juste raison que les quêtes et surtout les sépultures qui se font dans leur église leur portent un tort considérable. Enfin, dernièrement un des Tierçaires aurait interpellé un des consuls d'une manière si ironique et avec des termes si injurieux que la Communauté, assemblée à ce sujet, délibéra que pour les faire rentrer dans le devoir il fallait les réduire aux conditions de leur établissement. Là dessus les religieux ont demandé grâce, avec une soumission si humble et si feinte, qu'ils ont désarmé, beaucoup trop facilement, le corps de ville. L'affaire a été étouffée. Mais comme les Consuls ont tenu bon quand même pour leur interdire la quête, ces religieux ont poussé l'audace et l'inconvenance jusqu'à ne pas venir inviter les Consuls à la procession qui se fait la veille de l'Assomption au Couvent de Bon-Encontre et où lesdits Consuls doivent porter le dai du Saint-Sacrement. Aussi la communauté indignée se pourvoit-elle au Conseil du Roi, demandant que les Religieux Tierçaires soient réduits aux conditions de leur établissement.

Il est probable que les Consuls n'obtinrent pas gain de cause dans cette affaire, car nous les voyons quelques temps après permettre aux Pères Tierçaires de quêter avec la besace[1].

Un autre procès vint se greffer en 1723 sur celui-là. Nous voyons, en effet, à cette époque les Tierçaires refuser de payer les tailles, prétendant qu'ils en sont complètement exempts d'après le contrat de fondation. A quoi l'avocat des Consuls répond que l'établissement desdits religieux sous prétexte d'hospice n'a pas été approuvé, qu'il a été fait sans la permission du Roy, et qu'on peut, qu'on doit même les forcer à évacuer la ville et à se retirer à Bon-

---

[1] Archives municipales, BB. 72.

Encontre[1]. L'affaire traîna en longueur. De nombreux factums attestent que les bonnes relations d'autrefois entre le corps de ville et les religieux Tierçaires ne se renouèrent plus. Il fut même question vers le milieu du siècle de supprimer complètement l'hospice de Picpus, et de forcer ses religieux à se retirer à Bon-Encontre, dans le cas peu probable où cette maison serait conservée. C'est en effet à la suite de l'édit du 16 septembre 1768, qui ordonnait aux Pères du Tiers-Ordre de Saint François de faire examiner, modifier et changer leurs constitutions fondamentales, que le Couvent de Bon-Encontre courut le plus grand danger. Mais il résista victorieusement, ainsi que l'hospice d'Agen, à la persécution de ses ennemis. L'acte suivant en fait foi :

« Le Roy s'étant fait représenter en son conseil les lettres patentes rendues par Sa Majesté les 29 et 30 juin 1769, par lesquelles en autorisant les délibérations prises par le chapitre national des Religieux Pénitents du Tiers Ordre de Saint-François, tenu au mois de may précédent, en exécution de l'édit de mars 1768, elle aurait en même temps ordonné que les Religieux qui se trouvent actuellement dans le monastère de la paroisse de Saint-Elzéar de ladite congrégation, situé en la ville et diocèse d'Agen, seraient tenus de se retirer dans tels autres Couvents de la même custode qui leur seraient assignés par leur supérieur majeur pour y former la conventualité prescrite par l'article 7 dudit édit ; et étant informé du préjudice que causerait au diocèse d'Agen la suppression du Couvent de ladite ville, tandis que celui de Bon-Encontre, situé dans le même diocèse n'était par sa situation d'aucune utilité pour les fidèles, à ces causes, Sa Majesté, après avoir pris à ce sujet l'avis de l'Evêque d'Agen, aurait jugé convenable de faire connaître ses intentions. Il ordonna donc que jusqu'à ce qu'il ait fait connaître ses intentions ultérieures, il sera sursis à l'exécution des lettres patentes du 29 juin 1769 pour l'extinction et suppression dudit couvent, « et cependant veut Sa Majesté que dans le prochain chapitre général il soit pris telle délibération qu'il appartiendra relativement au Couvent de Bon-Encontre, etc.

---

[1] Archives municipales, GG. 191.

Fait au Conseil d'Etat du Roy, Sa Majesté y estant, tenu à Versailles, le... mars 1772 [1]. »

Le même dossier nous donne un résumé de l'état du Couvent d'Agen, six ans auparavant, en 1766. « Ce couvent, qui est dans la ville d'Agen, est en bon état, avec une église, un logement convenable et un petit jardin. Il est titré par les lettres patentes de 1696. Ses revenus consistent en trois fondations portant ensemble la somme de 196 livres. Ses charges sont 21 livres de taille établie sur le local du couvent. Il y a cinq religieux : quatre prêtres et un frère. Je soussigné, Frère Hilaire Sentou, provincial du Tiers-Ordre de Saint-François de la province de Saint-Elzéar, certifie véritable le contenu en l'état cy-dessus, auquel sont jointes les pièces qui sont les titres d'établissement. Fait à Agen, ce 17 octobre 1766. [2] »

Quoiqu'il en soit des vicissitudes qu'eurent à subir au XVIII° siècle le couvent de Bon-Encontre et l'hospice d'Agen, ils continuèrent néanmoins tous deux d'exister jusqu'à la Révolution. En ce qui concerne cette dernière maison qui seule nous intéresse ici, nous dirons qu'elle subit la loi commune et qu'elle ne put éviter, le 5 mai 1790, la visite des officiers municipaux, chargés de dresser l'inventaire du couvent, en exécution du fameux article V du décret du 20 mars 1790 de l'Assemblée nationale :... « Et aurions trouvé les Révérends Pères Elzéar Sanchely gardien, Boniface Malateste de Beaufort et le frère Protais Barthe composant les religieux de ladite maison ; et les ayant requis de nous représenter leurs registres et comptes de régie, nous aurions constaté « que les revenus consistaient en douze sacs de blé froment que la communauté de Bon-Encontre leur paie annuellement, plus deux barriques de vin, plus la somme de trois cents livres payées annuellement audit hospice par la communauté de Toulouse, enfin quelques rentes dont l'une de quatre-vingt livres et l'autre de quinze livres, cette dernière payée chaque année par noble Jacques Defaure, comme curateur réel de demoiselle Françoise de Champier, etc. »

---

[1] Archives nationales, S. 7472. (Domaines ecclésiastiques.)
[2] Archives nationales. Idem. S. 7472.

Rien d'intéressant n'est à relever dans l'état des effets de sacristie et l'inventaire des livres de la bibliothèque « où ne se trouve aucun manuscrit, » Il en est de même pour l'état des meubles et objets mobiliers. Les religieux déclarent n'avoir aucune dette ; bien au contraire il leur est dû par M. de Redon-Lachapelle une somme de cent livres pour quatre mois d'honoraires de messes dites à la décharge de la fondation faite par M. de Redon de Perpignan.

« Enfin, ayant interpellé les religieux de nous déclarer l'un après l'autre leur intention de rester dans leur ordre ou d'en sortir ;

« Le R. P. Elzéar Sanchely, gardien, âgé de cinquante-huit ans, a déclaré vouloir rester dans la présente maison si elle est conservée ou dans celle du même ordre établie à Toulouse, et non autrement.

« Le R. P. Boniface Malateste de Beaufort, vicaire, âgé de cinquante-deux ans, a déclaré vouloir rester dans les maisons du même ordre qui sont dans le présent diocèse et non ailleurs.

« Le Fr. Protais Barthe, âgé de vingt-six ans, a déclaré vouloir rester dans la maison de N. D. de Bon-Encontre ou dans celle-ci et non dans d'autres.

La maison ne peut contenir que six religieux [1]. »

Moins d'un an après, les religieux Tierçaires recevaient, comme leurs frères de Bon-Encontre, l'ordre d'évacuer leur maison d'Agen devenue propriété de la nation.

Le 9 novembre 1790, en effet, commandement était fait au Père Sanchely « d'avoir à vider la maison pour le 1er janvier 1791, au plus tard [2]. » Nous ne savons si le Père gardien se soumit docilement à cet acte arbitraire. Nous le trouvons en tous cas, deux ans après, le 6 ventôse 1793, mentionné sur une liste de prêtres détenus et condamnés à la déportation, mais qui furent mis à cette date en liberté provisoire, sous la surveillance de la municipalité [3].

---

[1] Archives départementales de Lot-et-Garonne. Biens nationaux.
[2] Archives départementales. Correspondance du district d'Agen. T. 1.
[3] Archives départementales. Etat nominatif des prêtres déportés. An III.

L'hospice de la rue Paulin fut aussitôt vendu comme bien national. Le 18 février 1792, il fut procédé par experts, et à la suite d'une soumission, à l'estimation « de la maison, église, jardin, cour et passage qui traverse dans la rue des Prêtres, de l'ancien couvent ayant appartenu aux ci-devant religieux Tierçaires d'Agen, situé dans la présente ville, place Paulin, lequel confrontait : du levant, à maison de M. Baret et autre maison nationale occupée par M. Labenne ; du midi à rue qui conduit de N.-D. du Bourg à Paulin ; du couchant, à maison des sieurs Vergnes et Laboissière et du nord à maison des sieurs Baucherel, Marchand et Arnaud Mouchan et à rue des Prêtres par un passage ou corridor qui se trouve entre la maison dudit Baucherel et celle occupée par M. Labenne. » Les immeubles furent estimés 4860 livres, 17 sols, 8 deniers ; le jardin 9638 livres. Le tout atteignit le chiffre de 14498 livres, 17 sols, 8 deniers [1].

Dans sa courte notice sur les Couvents d'Agen, écrite en 1815, Proché nous apprend que déjà à cette époque il ne restait plus aucun vestige du Couvent de Paulin. « M. Baret-Lavedan, conseiller à la Cour d'Agen, ajoute-t-il, qui l'habite, en a fait une maison ordinaire et a converti l'église en jardin. » Nous avons déjà indiqué en tête de ce chapitre quelles péripéties diverses cette maison eut à subir depuis ce moment jusqu'à nos jours. Située au centre de la ville, et par conséquent destinée à être toujours habitée, qui peut dire le sort futur qui lui est réservé ?

---

[1] Archives départementales. Biens nationaux.

CHAPITRE XIV.

LES ERMITES DE SAINT-VINCENT.

Notre travail sur les couvents d'hommes de la ville d'Agen avant la Révolution serait, croyons-nous, incomplet, si nous ne consacrions ici quelques pages aux Ermites de Saint-Vincent. Mais, hâtons-nous de le dire, ce chapitre a déjà été écrit avant nous par M. l'abbé Barrère. Dans son volume intitulé : l'*Ermitage de Saint-Vincent de Pompéjac, depuis son origine jusqu'à sa restauration par les Carmes Déchaussés*[1], l'auteur de l'Histoire monumentale et religieuse du diocèse d'Agen a presque entièrement épuisé le sujet. S'inspirant, comme nous l'avons fait dans les chapitres précédents, des Archives de l'Evêché d'Agen, il traite de la fondation de l'Ermitage de Saint-Vincent ; il rappelle les destinées diverses que le roc célèbre de Pompéjac a subies lors des premiers chrétiens, s'étend très longuement sur la vie de l'ermite Roudilh, véritable fondateur de l'Ermitage au XVIIe siècle, passe en revue le gouvernement de ses successeurs, les constitutions des Ermites, les bienfaits et privilèges qui leur furent octroyés, et il mène ainsi le lecteur

---

[1] Agen. Impr. Noubel. In-8o 1865.

non seulement jusqu'à l'éqoque révolutionnaire, mais même jusqu'à nos jours, consacrant ses dernières pages au rétablissement de l'Ermitage par les Carmes Déchaussés. Nous aurions donc mauvaise grâce à venir ici sur ses brisées, et notre travail serait superflu, si nous ne craignions, d'abord que son volume, déjà rare, ne fut ignoré de bien des personnes qui parcoureront ces lignes, puis, si nous n'avions découvert à notre tour plusieurs documents nouveaux que notre devoir est de signaler. Nous résumerons donc ici, très sommairement, l'œuvre de l'abbé Barrère, à laquelle nous renvoyons nos lecteurs, curieux de savoir les moindres détails de la vie des Ermites de Saint-Vincent ; et nous ne nous arrêterons qu'aux passages incomplètement traités, nous réservant d'ajouter quelques notes aux pièces inédites qui n'ont pas été connues de lui.

— Le coteau si pittoresque, qui domine au nord la ville d'Agen, est-il le coteau de Pompéjac où se son retirés d'abord saint Caprais, puis saint Vincent ? Ses grottes, recouvertes aujourd'hui de pampre et de lierre, ont-elles servi de lieux de retraite à ces saints personnages ; et ceux-ci en ont-ils descendu les pentes rapides pour venir briser les idoles des faux dieux et courir volontairement au martyre, l'un sur une des places même d'Agen, l'autre dans les champs problématiques de Vellanum ? Telles sont les questions controversées que traite l'auteur de l'Ermitage d'Agen dans les premiers chapitres, et qu'il tranche résolument en faveur de l'affirmative pour la plus grande gloire d'Agen et l'amour-propre de ses habitants [1]. D'après lui, c'est en ce lieu, vénéré par la piété plusieurs fois séculaire des fidèles agenais, que fut enseveli saint Vincent, et que, malgré les profanations des barbares et la

---

[1] Il faut lire également à ce sujet le travail de M. Ad. Magen sur les *Livres liturgiques de l'Eglise d'Agen, considérés comme monuments historiques*, avec, comme appendices, *Le Bréviaire et le Missel de Vincent Bilhonis*, les *Vies des saints de l'Agenais*, les *Extraits du martyrologe romain*, et la *Solution proposée d'une des difficultés géographiques que soulève la légende de saint Vincent, etc.* (Recueil des travaux de la Société d'Agen, 2e série, t. I, 1re partie, 1860, p. 219 et suiv. Extraits des essais historiques et critiques d'Argenton sur l'Agenais, par J. Labrunie).

translation de ses reliques au Mas-d'Agenais d'abord, à l'abbaye de Conques ensuite, son sarcophage en marbre blanc aurait été retrouvé au xviie siècle par l'ermite Eymeric Roudilh, lorsque celui-ci, mandé par les consuls d'Agen, vint prendre possession, en 1612, de l'Ermitage de Saint-Vincent, devenu depuis de longues années un lieu de libertinage et d'orgies.

Nous n'entreprendrons pas de raconter ici, comme l'a fait minutieusement l'auteur de l'Histoire religieuse et monumentale du diocèse d'Agen, la vie du fondateur de l'Ermitage. Disons seulement que, pendant toute la première moitié du xviie siècle, il édifia les populations par ses austérités, ses miracles, les conversions nombreuses qu'il opéra, ses aumônes dans la ville, son courage et son dévouement à toute épreuve pendant la terrible épidémie de peste de 1629. Les visites affluèrent à l'Ermitage d'Agen aussi bien que les donations et les privilèges. Il faut citer, entre autres, le pèlerinage qu'y fit, le 9 août 1621, Anne d'Autriche, de passage à Agen, avec toute sa cour, celui de Monsieur, frère du roi, et les donations, soit en argent, soit en rentes, soit en objets sacrés qui les accompagnèrent et qui assurèrent aux nouveaux ermites l'existence et le repos. Les archives de l'Evêché[1] nous ont conservé deux brevets, l'un de Louis XIII, du 13 mars 1643, l'autre de Louis XIV, du mois d'août de la même année, confirmant l'établissement de l'Ermitage de Saint-Vincent en faveur de l'ermite Eymeric Roudilh et de ses disciples. Il existe aussi dans la même liasse, et à cause des difficultés qui avaient surgi entre les Ermites d'un côté et les Religieux Réformés de l'autre, et plus tard les Jésuites qui s'acharnèrent contre eux, de nouvelles lettres patentes de la Reine Mère, à la date du mois d'avril 1647, ainsi qu'une autorisation canonique de Monseigneur d'Elbène, évêque d'Agen, aplanissant tous les conflits et maintenant définitivement les Ermites d'Agen dans leurs possessions de Saint-Vincent[2]. Nous aurions trop à faire si nous énumérions

---

[1] Série F, liasse 30.

[2] Voir également, sur ce sujet de luttes de la part des Réformés d'abord, des Jésuites ensuite, contre les pieux Ermites, l'article que leur consacre Labrunie dans son Abrégé Chronologique, à la date de 1647.

toutes les libéralités dont ils furent gratifiés à cette époque. Citons seulement parmi leurs principaux bienfaiteurs, le duc d'Epernon, gouverneur de la province, Anne de Maurès, dame d'Artigues, la famille d'Estrades, le maréchal de Schomberg, et nombre de chanoines et de personnages marquants de la ville d'Agen.

Frère Eymeric Roudilh mourut à l'Ermitage de Saint-Vincent, presque en odeur de sainteté, le 27 février 1649. Toutes les églises d'Agen, ainsi que tous les ordres religieux de la ville, tinrent à honneur d'assister à ses funérailles qui furent célébrées magnifiquement. Son oraison funèbre, dont le texte nous a été conservé, fut même prononcée par M. de Soldadié, chanoine, grand archidiacre de la cathédrale Saint-Etienne, et vicaire général de Monseigneur d'Elbène, le 1er mars de cette même année [1].

Antoine Sabré, d'une riche famille agenaise, et qui depuis de longues années était devenu, sous le nom du Père Antoine, le compagnon inséparable d'Eymeric Roudilh, le remplaça après sa mort à la tête du monastère. Mais il mourut lui-même peu de temps après de la peste au monastère de Bessan, près de Béziers, et ce fut le frère Hélie de Brondes qui prit à ce moment-là en mains la direction de l'Ermitage de Saint-Vincent, mais qui ne la garda pas longtemps, préférant consacrer tout son temps à la prière, à l'histoire et aux beaux-arts.

Le Frère Hélie est en effet célèbre, non seulement par ses talents artistiques en fait de sculpture sur bois [2], mais principalement par le manuscrit fameux qu'il a laissé, et qui porte le titre de *Chronique du Frère Hélie*. L'abbé Barrère n'ayant que très superficiellement parlé de ce recueil, l'une des sources les plus anciennes et les plus autorisées de l'histoire de notre pays, nous demanderons à nos lecteurs la permission de le leur présenter avec quelques détails.

---

[1] Chronique du Frère Hélie: (Manuscrit de la bibliothèque de Saint-Amans, actuellement aux Archives départementales de Lot-et-Garonne).

[2] Nous avons déjà indiqué, au chapitre V de ce travail, que ce fut le Frère Hélie qui composa et sculpta le magnifique rétable en bois qui ornait autrefois le maître-autel de l'église des Grands Carmes.

Il existe deux exemplaires de la Chronique du Frère Hélie. Le premier, écrit tout entier de la main de l'Ermite, croyons-nous, et jusqu'à présent en partie inédit, se trouve aux archives de l'Evêché d'Agen, série F, liasse 30, qui l'ont pieusement conservé, depuis le jour probable où le Frère Hélie lui-même ou son successeur durent en faire hommage à Monseigneur l'Evêque d'Agen.

Le second, écrit également en partie par le Frère Hélie lui-même, mais considérablement augmenté et annoté par le curé Labrunie, entre les mains duquel il a dû longtemps séjourner, et qui s'en est incontestablement servi pour écrire son Abrégé Chronologique des Antiquités d'Agen [1], se trouvait il y a quelques années encore à la bibliothèque du château de Saint-Amans. Suivant le sort étrange réservé à cette collection, il est passé des mains des héritiers de M. de Saint-Amans dans celles de M. le baron de Bastard, et finalement il a été acheté par les Archives départementales de Lot-et-Garonne, où il se trouve actuellement, et, espérons-le, à tout jamais, à la disposition des travailleurs.

De notables différences existent entre ces deux exemplaires. Nous allons les signaler, en donnant, l'un après l'autre, le sommaire des pièces diverses qui sont renfermées dans chacun d'eux.

I. — CHRONIQUE DE L'ÉVÊCHÉ. — Ce manuscrit est, croyons-nous, le premier qui ait été rédigé par le Frère Hélie. Il constitue en quelque sorte l'édition princeps originale.

Il est divisé en deux cahiers, à peu près égaux, de 25 centimètres de hauteur et 18 de largeur, écrit en entier de la même main, que nous croyons devoir être celle du bon Ermite. Il contient quelques pièces et feuillets détachés. Le premier cahier renferme :

---

[1] La *Revue de l'Agenais* publie actuellement, sous la signature de M. O. Fallières, qui l'a remarquablement annoté et souvent même corrigé, ce manuscrit, le plus important de tous ceux qu'a écrits le curé Labrunie (Voir années 1887, 88 et suiv.)

1° *Les Mémoires du consul Trinque*, dont nous donnerons l'intitulé exact à la description de l'exemplaire de la bibliothèque de Saint-Amans. Malheureusement les premiers feuillets manquent au cahier de l'Evêché. Ces mémoires qui renferment sommairement les principaux évènements passés à Agen, depuis l'année 1570 jusqu'à l'année 1640, ne commencent ici qu'à l'an 1582, le 2 octobre. Ils continuent, écrits par le sieur Trinque, consul et jurat de la ville d'Agen, jusqu'à l'année 1615, époque où ils sont repris, et toujours dans le même ordre d'idées, par le *sieur Redays*, notaire à Agen, jusqu'à l'année 1640. Ils contiennent, dans le cahier de l'Evêché, 45 pages[1]. A la date de cette année 1640, le bon Ermite écrit dans sa chronique la note suivante : « Nous n'avons pu recouvrer les particularités qui se sont passées dans Agen de choses extraordinaires depuis ladite année 1640, que celui qui a escrit ci-dessus, vint à décéder. Une autre personne d'Agen écrivit ce qui s'ensuit et ce qui passa de particulier dans Agen des dernières guerres civiles pour en avoir esté présant, à ce qu'il recitte dans un livre qu'il a escript à la main ». Cette autre personne est le libraire Bru, qui intitule ainsi sa narration :

2° « *Récit au vray de ce qui s'est passé dans Agen le jour que Monsieur le Prince de Condé y voulust establir garnison.* » Cette narration, que nous avons utilisée personnellement et reproduite en grande partie dans une de nos publications antérieures[2], commence au 12 mars de l'année 1652, continue par *ce qui arriva dans Agen, après le despart de Messieurs les Princes* (1652-1653), (pages 46-63), et finit par : *la grande inondation qui arriva dans Agen, les 25 et 26 juillet* 1652, *jour de saint Jacques et de sainte Anne* (p. 63-64); — *le grand feu qui arriva à la rue Garonne d'Agen, le 23 septembre* 1652 (p. 65-68); — *le Mémoire du tems d'une grande peste, arrivée à*

---

[1] Ces Mémoires du consul Trinque et du notaire Redays ont été publiés dans la *Revue de l'Agenais* (tome X, année 1883, page 531 et suivantes).
[2] *Une fête et une émeute à Agen pendant la Fronde* (Agen, in-8°, 1875). (Voir aussi *Revue de l'Agenais*, tome II, année 1875, pages 145 et suivantes).

Agen en l'an 1653 (p. 68-71); — *ce qui s'observa pour la publication de la paix dans Agen faite entre le Roy de France et le Roy d'Espagne en* 1660 (p. 71-74); — et enfin, *la mort de Monseigneur d'Elbène, arrivée le 4 mars 1663, et le récit de ses funérailles* (p. 74 à 77.) »

Le second cahier de la Chronique de l'Evêché, contient 105 pages. Il est beaucoup plus divisé et il a trait uniquement aux choses de l'Ermitage. Ce sont :

« *Les Mémoires pour sçavoir quels Hermites ont esté reçeus dans l'Ermitage de Saint-Vincent, depuis l'an* 1608, *la manière dont ils ont esté reçeus, sous quels Evêques, etc.* (6 pages).

« *La vie de saint Vincent, martyr d'Agen, qui feut tirée des archives de l'abbaie de Conques en Rouergue, dans laquelle reposent les corps ou une grande partie des corps de saint Vincent et de sainte Foy* (9 pages).

« *Les acquisitions qui ont esté faites pour les Hermites de Saint-Vincent d'Agen, par l'ordre et permission des Seigneurs Evêques dudit Agen, et les contrats passés par Messieurs leurs grands vicaires, comme supérieurs desdits Hermites, et ce des dons et liberalités des gouverneurs de S. M. en cette paroisse. De* 1645 *à* 1686 (6 pages).

« *Mémoire de toutes les messes de fondation dudit Ermitage* (10 p.).

« *La visite faite par Mgr l'illustrissime et revérendissime Jules Mascaron, évêque et comte d'Agen, conseiller et prédicateur du Roy, dans son Hermitage de Saint-Vincent d'Agen, le seizième de février mil six cens nonante* (7 pages).

« *Mémoire des ornemens quy feurent trouvés dans la sacristie des Frères Hermites de l'Hermitage de Saint-Vincent, lesquels feurent donnés auxdits Hermites, la majeure partie pendant le vivant de Frère Eymeric Roudilh, lequel commença d'habiter ledit Hermitage depuis l'année* 1612, *et vesqut jusques en l'an* 1649; *lequel ne trouva lors de sa reception audit lieu aucuns ornemens, ny rien des réparations et acquisitions quy s'y voient à présent; Dieu s'estant voulu servir de ce pauvre Frère pour estre le restaurateur de ce saint lieu* (4 pages).

« *S'ensuit le nombre des calices et chazubles donnés audit Hermitage de Saint-Vincent depuis que les Hermites ont commencé de l'habi-*

ter que feut l'an 1612 (7 pages); *plus de tout le reste des ornemens de ladite sacristie, linge, bourses à tenir les corporaux, corporaux, etc.* (8 pages).

« *Visite des oratoires et chapelles de Saint-Guillaume, au-dessus du rocher* (11 pages).

« *Mémoire de la visite de toutes les chambres, réfectoires, dépenses et cuisine, ainsi que des livres qui sont dans l'Hermitage de Saint-Vincent d'Agen, lesquels furent donnés aux Hermites dudit Hermitage par le Père Antoine Sabré, prêtre et Hermite dudit Hermitage, par son testament du 5 juillet 1638, retenu par Dufour, notaire d'Agen. Il fit son testament un peu avant faire sa profession; il était natif d'Agen et frère du Président Sabré. Il décéda l'année 1650* (5 pages).

Enfin « *le catalogue des livres de la bibliothèque dudit Hermitage* (4 pages).

Là s'arrête le second cahier de la Chronique de l'Evêché.

Il est suivi, dans cette même liasse 30, de huit pièces détachées, et qui toutes, écrites également de la main même du Frère Hélie, peuvent être considérées comme faisant partie de sa Chronique. Ce sont :

1° « *Mémoires pour sçavoir quels Hermites ont habité ledit Hermitage, ceux quy y ont esté receus et y ont fait leurs vœux, depuis 1612* (10 pages.)

2° « *Procès-verbal de la réception de vœux par Monseigneur l'Evêque de Frère Vincent, du 21 septembre 1634* (2 pages).

3° « *Deux brevets en faveur des Ermites de l'Ermitage de Saint-Vincent, l'un donné par le Roy dernier décédé Louis XIII, l'autre par le Roy à présent régnant Louis XIV, avec le consentement de Monseigneur l'Evêque et comte d'Agen, à l'établissement de Frère Eymeric Roudilh, hermite, et de deux autres Frères Hermites, avec lettres patentes du Roy sur lesdits brevets, l'arrêt d'enregistrement de tout ce dessus au Parlement de Bordeaux, la sentence portant enregistrement en la Cour de la Sénéchaussée d'Agen et l'acte aussi d'enregistrement à la maison commune de la ville d'Agen* (13 pages).

4° « *Renouvellement de la permission accordée au Frère Roudilh de s'établir audit Hermitage, du 31 octobre 1646* (5 pages).

5° « *Ordonnance de Messieurs les Vicaires généraux de Monseigneur l'Evêque d'Agen, concernant les Frères Hermites, en conséquence de leur visite canonique, en date du 24 mars 1671 (4 pages).*

6° « *Coppies des règles et constitutions des Frères Hermites de Saint-Vincent, données par Monseigneur Claude Joly, le 14 octobre 1674 (9 pages)*[1].

7° « *Réponses desdits frères aux demandes de M. le syndic du chapitre de Saint-Caprasy* (4 pages).

8° Enfin « *Formule pour donner l'habit à un Hermite* (6 pages).»

Telle est, dans tous ses détails, la Chronique du Frère Hélie, déposée aux Archives de l'Evêché d'Agen.

II. — CHRONIQUE DE SAINT-AMANS. — L'exemplaire de la bibliothèque de Saint-Amans, actuellement aux Archives départementales de Lot-et-Garonne, diffère sous beaucoup de points des cahiers précédents. Il ne constitue qu'un seul manuscrit, bien plus considérable, qui renferme 284 feuillets, dont 242 écrits d'un côté du volume et 42 de l'autre. Relié en parchemin jaune, il a une auteur de 32 centimètres et une largeur de 21.

Ce manuscrit est presque en entier écrit de la même main que les cahiers de l'Evêché. Mais, ainsi que nous l'avons dit, il renferme, intercalées dans le texte primitif, de nombreuses notes, additions, corrections, ou critiques du curé Labrunie.

Du côté le plus considérable, et sur la première page, en tête, on lit la note suivante de la main du chanoine Argenton :

« *Vu le présent livre en entier, en visite le 2 août 1751, que nous avons cotté A ; lequel ne contient rien d'afférent aux religieux, n'étant que des mémoires de l'histoire d'Agen et de son église, extraits de certains livres, etc. Signé: Argenton* ».

Et au-dessous, en marge, la note suivante de Labrunie :

« *Une note, à la fin du régistre tourné en un sens opposé, indique*

---

[1] L'abbé Barrère les reproduit in extenso, à la page 204 et suiv. de son ravail.

les additions que j'y ai faites et une table pour diriger le lecteur dans cette espèce de labyrinthe. M. Argenton, curé de Saint-Hilaire, promoteur du diocèse, nommé commissaire par Monseigneur de Chabannes pour la visite de notre Ermitage, avait parafé ce registre. »

Nous nous servirons de la table de Labrunie et nous indiquerons, brièvement, avec ses annotations, les sommaires des nombreux et importants documents renfermés dans ce recueil.

Ce sont :

1° « *Certains Mémoires concernant l'antiquité d'Agen, escripts à la main par feu Monsieur de Trinque, consul et jurat de la ville d'Agen, trouvés après sa mort dans sa maison et parmy ses papiers et contrats, et baillés à copier dans le présent livre par Monsieur son fils, le sieur Trinque, bourgeois de ladite ville.* » Ces Mémoires sont de l'année 1570 à l'année 1615 (feuille 1-8).

2° « *Mémoires de Redays*, de 1615 à 1640 (feuille 8 à la feuille 16, puis de la feuille 29 à la feuille 35). Le Frère Hélie écrit en note à la page 8 : « *Ce qui sera cy-après escript aux feuillets suivants sont des mémoires fort asseurés, que le feu sieur Redays, notaire d'Agen, escripvit de sa propre main, pour avoir toute sa vie escript année par année tout ce qu'il vit lui-même se passer dans Agen. Ses parents nous baillèrent ses mémoires escriptes dans un livre escript de sa main.*

3° « *Mémoires du libraire Bru, ou Récit au vray de ce qui se passa dans la ville d'Agen, le jour que Monseigneur le Prince de Condé y voulut establir garnison, l'an* 1652 (feuille 17-28). Ce mémoire renferme outre le récit de l'affaire des Princes, ceux de *l'inondation de* 1652, de *l'incendie de la rue Garonne de la même année*, de la *peste à Agen en* 1653, et de la *publication de l'édit de paix en* 1660. Toute cette première partie du régistre est en tous-points semblable à l'exemplaire de l'Evêché. A partir de la feuille 36, elle en diffère absolument.

4° « *Mémoires de Monsieur de Sevin, qui lui furent envoyés de Bordeaux par le R. P. Boniface de l'ordre des Capucins, lequel les avait recouverts du R. P. Clément, religieux du même ordre.* » (f. 36-38).

Ces mémoires peu importants ne relatent que quelques évènements passés à Agen depuis sa fondation jusqu'en l'année 1484.

5° « *Mémoires tirés du livre intitulé* : Les *Antiquités et Recherches des villes et chasteaux et places les plus remarquables de toute la France, etc.* » Le Frère Hélie n'a extrait de ce livre, composé par Duchêne, qui du reste, en certains endroits, copie textuellement Darnalt, que les passages relatifs à l'Agenais, chapitre XVIII°, p. 792. (feuille 39-44).

6° « *Transaction en latin, laquelle a été extraite et vidimée sur une copie escripte en parchemin et bonne et deue forme, tirée du sac n° six-vingt-dix des archives de Saint-Caprais d'Agen.* » Cette pièce, de 1351, termine, grâce à l'intervention de l'Evêque Raoul, un différend qui existait depuis longtemps entre le chapitre de Saint-Etienne et celui de Saint-Caprais. Labrunie ajoute que cette copie a été corrigée par lui « sur la copie de M. Argenton qui l'avait tirée des archives de l'Evêché. » Elle contenait vingt feuillets, de la feuille 45 à la feuille 65. Une main profane en a malheureusement déchiré les dernières pages, depuis la feuille 55.

7° Manquent également à la suite, douze autres feuillets, contenant un chapitre fort important « *sur les Vies de saint Caprais, saint Vincent et sainte Foy,* » rédigé en français et qui allait de la feuille 65 à la feuille 77. Lorsque, en 1874, nous avons pour la première fois pris connaissance à la bibliothèque du château de Saint-Amans de cet exemplaire de la Chronique du Frère Hélie, il était intact et renfermait encore toutes ces feuilles, depuis stupidement déchirées et volées.

8° Manque également, et toujours à la suite, la première feuille seulement d'un « *Essai chronologique sur l'histoire du pays, d'après les Mémoires chronologiques et critiques de Monsieur Argenton, chanoine de Saint-Caprais* », écrit en entier, et annexé postérieurement aux précédents mémoires du Frère Hélie, par le curé Labrunie. Ce résumé, relativement fort court et qui va de l'année 406 à 1789, ne renferme que 4 feuillets (f. 78-82).

9° Vient à la suite « un *Traité de saint Phébade contre les Ariens,* » écrit en latin et transcrit d'après le IV° Tome de la Bibliothèque des Pères de l'Eglise. Il est annoté à la fin par Labrunie (f. 82-91).

10° « *Ce qui s'ensuit est un ouvrage que M. Soldadié, chantre et chanoine de l'église Cathédralle Sainct-Etienne et vicaire général de Monseigneur l'illustrissime et réverendissime Barthelemy Delbène, evesque et comte d'Agen, fit :* » « *contenant*, dit Labrunie, *dans son index, le catalogue latin des évêques d'Agen ; donné par M. Soldadié, grand archidiacre et mis à la suite du livre intitulé : Des sept saints tutélaires d'Agen, de G. Cortade, 1664* » (feuille 91-103).

11° « *Le chapitre qui s'ensuit est tiré de saint Grégoire de Tours* » et relatif en partie à saint Vincent (f. 104-105).

12° « *Ce qui s'ensuit est tiré d'un livre intitulé : Martyrologium Romanum, etc.*, et est relatif également à saint Vincent, ainsi qu'à sainte Foy et à saint Caprais (f. 106).

13° « *Ce qui s'ensuit est tiré d'un livre intitulé : Abraham Golnitz, Dantisc. Ulysses Belgico-Gallicus fidus tibi dux et achates per Belgium-Hispanicum, regnum Galliæ, ducatum Sabaudiæ, Turunnum usque Pidemonti metropolin,* » et contenant le chapitre relatif à Agen (feuille 107).

14° « *Certains Mémoires, concernant l'approbation des Ermites et de la vie hérémitique, pour montrer comme elle est approuvée de la saincte Eglise* (f. 108-113).

15° « *Certains Mémoires, tirés des archives du vénérable chapitre de Sainct-Caprasy, par lesquels appert comme les hérétiques Huguenots faisant une cruelle guerre aux catholiques, qui, en l'année 1566, pillèrent des églises d'Agen et de tout le diocèse, les reliques et reliquaires et argenteries, pour en faire des testons. C'est aux mesmes termes que cette remarque se trouve escrite et bien avérée dans lesdites archives dudit vénérable chapitre Saint-Caprasy d'Agen* (f. 114).

16° « *Ce qui s'ensuit a esté coppié d'un livre imprimé à Paris en l'an MDCVI, et intitulé : Remonstrances, ou Harangue solennelle faite en la cour de la séneschaussée et siège Presidial d'Agenois, etc., par Darnalt*. Le bon Frère Hélie a copié et reproduit in extenso tout l'ouvrage. Il renferme dans son journal 106 feuillets, de la feuille 115 à la feuille 221.

17° « *Certains mémoires tirés du livre journal de Maître Pierre Martin, second substitut de Monsieur le Procureur général en l'ordinaire d'Agen, et procureur en l'eslection d'Agennois, qu'il a escript depuis le mois de janvier 1643, pour avoir esté présent en personne à ce qui sera cy-après inséré.* Le passage est relatif à la cérémonie funèbre célébrée à Saint-Etienne, à l'occasion de la mort de Louis XIII, le 14 mai 1643; à l'entrée dans Agen du duc d'Epernon, le 14 avril 1645; du comte d'Esparbès de Lussan, aux funérailles de Monseigneur d'Elbène, le 5 mars 1663, etc. Labrunie a ajouté quelques notes à ce chapitre (feuille 222-224).

18° Suit l'article sur *Agen et ses Evêques*, extrait du Clergé de France, par *l'abbé Du Tems*, et écrit par Labrunie, (fol. 225-234); et un tableau, fait par le même, de la « *Succession chronologique de ces mêmes évêques selon les Mémoires chronologiques et critiques composés par M. Argenton.* » (fol. 235).

19° Enfin la Chronique du Frère Hélie se termine de ce côté du régistre par : « *l'Oraison funèbre, qui feut faite dans la chappelle et église de l'Hermitage de Saint-Vincent d'Agen, par Monsieur Maistre Jean Soldadié, prestre, chanoine et grand archidiacre de l'église cathédrale dudit Agen, et vicaire général de Monseigneur l'illustrissime et réverendissime Barthelemy d'Elbène, evesque et comte dudit Agen, à la mort de Frère Eyméric Roudilh, ancien hermite dudit hermitage de Saint-Vincent, mort le 27° février, et ensevely le 1ᵉʳ de mars, mil six cens quarante neuf.* » Cette oraison funèbre, écrite par le frère Hélie, va de la feuille 236 à la feuille 241.

De l'autre côté du régistre, qui contient 43 feuillets écrits, mi-partie par le frère Hélie, mi-partie par Labrunie, se trouvent :

1° *Une note de Labrunie*, ainsi conçue :

« La première ou les deux premières feuilles de ce registre étaient arrachées quand il est venu dans mes mains. Elles ne devaient pas contenir des choses bien intéressantes à en juger par celles qui suivent. Le bon hermite qui a écrit ces détails était sans doute le procureur de la maison. Son écriture est très lisible. Il faut lui passer son orthographe. Il écrivait comme il parlait ; mais si son éducation n'avait pas été bien soignée sur cet article, il paraît que ses confrères n'avaient pas mal choisi en lui confiant l'emploi qu'il paraît qu'il y exerçait encore en 1680. J'ignore au reste si c'était ce frère Elie dont M. l'abbé Argenton parle dans son discours sur les Ecrivains de l'Agenais. »

Puis successivement :

2° Deux feuilles contenant plusieurs notes, écrites par le Frère Hélie, relatives à l'*administration de l'Ermitage*, aux recettes, et aux dépenses du Couvent (page 1-4).

3° « *Mémoires des réparations faites, la présente année* 1660, *pour les trasseurs de pierre* (p. 5-6); *pour les massons qui ont fait la muraille et fermé, cette année* 1660, *l'enclos et jardin de l'Ermitage* (page 7-20).

4° « *S'ensuyvent les réparations faites audit Ermitage, l'année* 1661. *Ensemble la recette et despance faite en la même année et les suivantes.* (p. 21-29).

Là s'arrête la copie du Frère Hélie.

Les dernières feuilles sont remplies par Labrunie, qui y a annexé, avec la note ci-jointe, les *Coutumes d'Agen* :

« Je vais transcrire dans ces feuilles de papier blanc, les coutumes de la ville d'Agen, qui sont en patois, et dont la maison de ville, à qui on a enlevé l'original, a deux vidimés en forme, l'un de 1369 et l'autre de 1370. Je les ai eus l'un et l'autre sous les yeux et j'ai taché de les corriger, l'un par l'autre. Louis, duc d'Anjou, lieutenant général en Languedoc (dont Agen dépendait alors), confirme d'abord nos coutumes et promet de les faire ratifier par Charles V, son frère ; et, en effet, notre corps de ville envoya l'année qui suivit cette confirmation, Gaut de Talive et Jehan de Lane, qui étaient consuls, pour obtenir cette confirmation. On les voit l'un et l'autre à genoux devant Charles le sage, qui est assis sur son thrône, dans la vignette. La figure de Talive est noble, celle de Lane m'a paru niaise ; pour celle de Charles V, on voit la sagesse et la bonté peintes sur son visage. »

5° Suit le texte roman des *Coutumes d'Agen*, en 57 chapitres (p. 30 à la page 79).

6° Suit en second lieu, le texte, également en langue romane, des *Coutumes de LamotheBezat* «rédigées, dit Labrunie, le 31 mai 1252.» « Je les avais copiées, ajoute-t-il en note, d'après un vidimé en forme du 7 mars 1624. Je les ai collationnées depuis sur leur original qui me fut confié par Madame de Cambefort, qui possède Lamothe. » (Page 79 à 83).

7° Suivent en dernier lieu trois documents, également transcrits par Labrunie (page 83-86) et qui sont : l'un « *la charte des communes d'Agen pour la conservation de leurs droits, en 1196,* » en langue romane; l'autre, la charte en vertu de laquelle « *Raymond VI, comte de Toulouse et le chapitre de Saint-Caprais donnent les coutumes d'Agen à la Sauvetat de Savères qu'ils avaient en paréage* » en l'année 1203, et dont l'original existait aux archives du chapitre collégial; enfin le dernier, la *charte octroyée par Richard Cœur de Lion, en 1189, à la ville d'Agen*. On sait que l'original de cette charte, la plus ancienne de toutes celles que possèdent les archives municipales d'Agen, est actuellement encadrée dans les salles du Musée de notre ville.

Tel est, dans son entier, le contenu du manuscrit que notre consciencieux archiviste et ami, M. G. Tholin, a pu tout récemment arracher aux hasards d'une vente, et peut-être même à une disparition ou une destruction complète, et qui constitue l'un des plus précieux monuments de la Bibliothèque départementale de Lot-et-Garonne.

— Revenons, après cette longue digression, à l'histoire sommaire de notre Ermitage, et indiquons rapidement quels furent les principaux évènements qui prirent date dans ses annales jusqu'à l'époque de la Révolution.

Le 16 février 1690, Mascaron visita solennellement et en grande pompe l'Ermitage d'Agen. Le frère Hélie vivait encore et en était, croyons-nous, alors supérieur. Il mourut cependant quelques temps plus tard, dans les dernières années du siècle, laissant son monastère en pleine prospérité. Avec lui, prit fin la *Chronique de l'Ermitage*. Une lettre adressée en 1715 par le supérieur à Mgr Hébert relate l'état du Couvent, ses dépenses et surtout ses revenus. On y voit que Mgr Claude Gelas lui avait donné 433 livres, moyennant 52 messes à 8 sols la messe ; Anne d'Autriche, 400 livres, au revenu de 20 livres, moyennant 52 messes à 7 sols 8 deniers la messe ; le duc d'Epernon, 300 livres ; le maréchal de Schomberg, 300 livres ; M. Baratel, consul, 300 livres ; Mademoiselle de Cahusières, 350 livres ; et Madame de Maurès, 400 livres ; tous, moyennant 52 messes annuelles [1].

En 1733, l'Ermitage de Saint-Vincent se composait de quatre religieux : le frère Vincent Mary, supérieur, et les frères Arsène, Joseph et Pacome [2]. Bientôt après vint se joindre à eux le frère Joseph de Moncade. C'est l'époque où fut rédigé et soumis à l'approbation de l'Evêque, « par le frère Vincent Mary, supérieur, un nouveau règlement touchant la Communauté, composée du père Joseph, reçu le 26 mai 1734, et des frères Arsène, Joseph et Pacome, profès, où sont réglées les obligations, usages et fonctions que les solitaires ont pratiqués, pratiquent et doivent pratiquer en cette solitude. » A cet effet Argenton, curé de Saint-Hilaire, fut député pour faire à l'Ermitage une visite canonique et examiner les nouvelles Constitutions. Sur son avis favorable, elles furent définitivement octroyées quelques années plus tard par Mgr de Chabannes, dans son ordonnance de visite du 24 octobre 1751 [3]. A cette époque, le père Caprais était supérieur : il avait auprès de lui les frères Antoine, Hilarion, Pacome et Joseph Moncade. Du reste Argenton exerça dès ce moment et jusqu'à sa mort une certaine juridiction sur l'Ermitage, en sa qualité de curé de Saint-Hilaire, dans la paroisse de laquelle se trouvait Saint-Vincent. Après le père Caprais, ce fut le frère Jacques qui gouverna la communauté, et après lui, le frère Lavergne, qui exerçait encore son autorité lorsqu'éclata la Révolution.

---

[1] Archives de l'Evêché, F. 30.
[2] Idem.
[3] Agen, imprimerie Jean Noubel, 1766, petit in-8°.

— Le 4 août 1790, les officiers municipaux d'Agen se présentèrent à l'Ermitage pour dresser l'inventaire qu'exigeait la nouvelle loi. « Avons trouvé le R. frère Dominique-Silvestre-Eymeric Lavergne, supérieur dudit hermitage, lequel nous a dit que le présent hermitage ne consistait autrefois qu'en quelques grottes creusées par les religieux eux-mêmes dans le rocher et qui existent encore; que dans la suite, et par un contrat du 19 août 1615, retenu par David, notaire, lesdits religieux acquirent trois picotins de fonds en vignes, auprès desdites grottes, moyennant le prix de 18 livres, 15 sols; que par un autre contrat du 28 mai 1618, retenu par Bretennesque, notaire, ils acquirent un lopin de vigne de huit pas de largeur sur treize de longueur, etc. » Suivent les diverses acquisitions et donations de l'Ermitage jusqu'en l'année 1686. « Ledit frère Eymeric nous a en même temps ajouté que vers l'époque de ces différents contrats ou depuis, lesdits religieux ont encore creusé dans le roch ou bâti de leurs propres mains la plupart soit des différents oratoires qui dépendent de la présente maison, soit des appartements qui en sont accessoires et que maintenant il est de leur possession une carterée cinq quartonnats de fonds en vigne, payant dîme au chapitre Saint-Caprais d'Agen et le surplus en édifices, en jardins, en pâtus et en pré. Ledit frère Eymeric, supérieur, nous a dit de plus que le produit de leur jardin sert au potager des religieux de la maison et n'est pas toujours suffisant. »

Les revenus consistent en « douze barriques de vin, année commune, qui servent à la consommation annuelle de la maison, et que ce vin, à 20 livres la barrique, forme un revenu de 264 livres. » Le Couvent a de plus quelques créances en ville; de sorte que l'ensemble des revenus peut être évalué à la somme de 710 livres, 18 sols, 7 deniers.

Les charges se montent au chiffre de 276 livres, 17 sols, 8 deniers.

Il reste donc pour vivre la somme de 434 livres, 11 sols.

Suit l'inventaire peu riche des effets mobiliers, tant du Couvent que de l'église et de la sacristie.

« Ayant ensuite interpellé ledit frère Eymeric sur le nombre des religieux qui composent la Communauté, sur leur âge et sur l'intention qu'ils peuvent avoir de rester dans l'Ordre ou de profiter de la liberté accordée par le décret de l'Assemblée Nationale, il nous a répondu que la Communauté est actuellement composée de cinq religieux, mais que, dans ce moment, tous les autres sont absents de la maison, ayant été à la quette pour tacher de fournir par leurs soins à la subsistance commune ;

« Que lui est âgé de 65 ans, étant né le 30 décembre 1724 ; que le frère Antoine Bernès est âgé de 58 ans, étant né le 30 mars 1732 ; que le frère Arsène Ricart de Rieutort est âgé de 45 ans, étant né le 2 mars 1745; que le frère Paul Belloc est âgé de 39 ans, étant né le 19 mars 1751 ; et que le frère Joseph Capot est âgé de 30 ans, étant né le 22 avril 1760.

« Il nous a ensuite répondu que les hermites, ne tenant à aucun corps ny à aucune société, n'ayant aucune relation ny correspondance avec aucune maison ny ordre religieux, et vivant simplement dans leur hermitage, occupés à des actes de pénitence et à la culture pour leurs propres mains des fonds qui dépendent de leur monastère, sans faire que des vœux simples, sous l'autorité de Monseigneur l'Evêque du diocèse, ils ont toujours la liberté de sortir à leur volonté, même de réclamer ce qu'ils ont porté dans la maison ; que néanmoins il est décidé à vivre et mourir sous la règle qu'il a embrassée et qu'il a la même opinion de ses confrères, ajoutant que la maison ayant servi de logement, il n'y a que peu de temps, à sept religieux, peut en contenir encore le même nombre [1]. »

L'année suivante, le 5 mai 1791, fut dressé le procès-verbal d'estimation « des biens, enclos, maison, église et généralement tout ce que les religieux hermites de la présente ville jouissent. » Le produit net des vignes, pré, jardin, enclos, etc., ayant été évalué à la somme annuelle de 28 livres, 15 sols, qui multipliée par vingt-deux, conformément à l'art. 4 de ladite loi, donne un capital de

---

[1] Archives départementales. Biens nationaux.

6,198 livres, 10 sols ; de plus, l'estimation de la maison, église et couvent, ayant été portée à la somme de 3,662 livres, 6 sols, 10 deniers, l'ensemble de l'Ermitage d'Agen fut évalué à la somme totale de 9,860 livres, 16 sols, 8 deniers [1]. Et sur une soumission qui en fut faite, il fut vendu définitivement, le 10 décembre 1792.

Le 9 ventôse an II (27 février 1794), les commissaires délégués par le directoire du district d'Agen se transportent « à la maison appelée Buard, près du ci-devant Ermitage, paroisse Sainte-Radegonde, à l'effet de procéder à l'inventaire des meubles et effets des ci-devants hermites, » où ils avaient été déposés. Suit l'énumération fort longue desdits effets, qui n'offre rien de particulier. L'ensemble est estimé 1,430 livres, 9 sols [2].

Enfin, le 11 fructidor an II (28 août 1794), il est procédé à la vente desdits meubles et effets des ci-devant Ermites. Elle produit le chiffre de 647 livres, 4 sols [3].

— L'Ermitage de Saint-Vincent devint désert à cette époque et de longtemps ne fut plus habité. Lorsqu'en 1815 Proché rédigea ses notes sur les Couvents d'Agen, il dit, à propos de l'Ermitage, qu'« il n'y a été fait aucun changement, et que tout y est dans le même état que le jour du départ des Ermites. »

Quelques années plus tard, l'abbé Tailhié, alors supérieur du Petit-Séminaire que Mgr Jacoupy venait de fonder, résolut d'arracher l'Ermitage aux profanations diverses dont il était devenu l'objet, et il s'en rendit acquéreur pour en faire don à l'établissement qu'il dirigeait [4]. L'Ermitage de Saint-Vincent devint par suite la

---

[1] Archives départementales. Biens nationaux.
[2] Idem.
[3] Idem.
[4] M. l'abbé Jacques Tailhié a joué un rôle important dans l'administration du diocèse d'Agen. Originaire de Villeneuve-sur-Lot, où il naquit le 30 octobre 1789, il occupa le premier le poste de directeur du Petit-Séminaire d'Agen, en novembre 1817; puis il devint successivement vicaire général sous Mgr Jacoupy, puis, sous Mgr de Vesins, supérieur du Grand Séminaire, curé-archiprêtre de la Cathédrale, de nouveau grand-vicaire, et il passa ses dernières années chez les Maristes de Bon-Encontre qu'il affectionnait particulièrement.(Voir, dans la *Semaine Catholique* du 24 août 1878, son éloge par M. l'abbé Marque, préfet des études du Petit-Séminaire.)

propriété du Petit-Séminaire d'Agen. Puis, lorsque Mgr de Vesins, à peine monté sur le trône épiscopal d'Agen, eut appelé, en 1843, les Pères Maristes, dans l'intention d'en faire ses missionnaires diocésains, il les logea, après entente préalable avec M. Tailhié, à l'Ermitage, où ils ne restèrent du reste que trois années, pour aller s'installer ensuite définitivement, en 1847, au sanctuaire de Bon-Encontre.

Ce fut alors, le 13 mai 1846, que les Carmes Déchaussés, qui venaient de fonder, cinq ans auparavant, leur premier monastère en France, à Broussey, commune de Rions, dans le Bordelais, grâce à la générosité de Madame de Saint-Exupéry, en religion Mère Mathilde du Carmel, prirent possession de l'Ermitage de Saint-Vincent. Le Père Dominique, leur supérieur, s'en rendit acquéreur pour le prix de 15,000 francs, et il s'occupa immédiatement de le restaurer en vue d'y établir ses religieux. Les premiers qui l'habitèrent furent les frères François et Raymond du Sacré-Cœur. Le nouveau monastère ne fut d'abord qu'un vicariat, avec le Père Raymond comme supérieur. Puis vinrent successivement plusieurs profès. En 1849, lorsque le Père Dominique fut nommé supérieur, ils étaient au nombre de six.

On se souvient encore à Agen du célèbre Père Herman Cohen, en religion le Père Augustin du Très-Saint-Sacrement, et de son si remarquable talent de musicien. Le Père Herman, ami de Georges Sand, de Lamennais, et de tous les instigateurs de la Révolution de 1848, habita pendant quelques années l'Ermitage d'Agen, qu'il rendit célèbre. C'est durant son séjour que le Souverain Pontife sanctionna l'œuvre du Père Dominique et érigea le monastère en prieuré. Ce fut le Père Dominique qui en fut le premier prieur, le Père Louis du Saint-Sacrement le premier sous-prieur, et les Pères François de Jésus et Emmanuel de Sainte-Thérèse les premiers discrets. Mais le Père Dominique ne resta pas longtemps à la tête du prieuré d'Agen, car il fut élu bientôt provincial pour la province d'Aquitaine, et peu après, général de l'Ordre.

En 1855 fut commencée la jolie chapelle des Carmes qui couronne encore aujourd'hui le coteau de Saint-Vincent. Construite sur les plans de MM. Bourrière et Payen, architectes, ornée à l'intérieur par le frère Sanctos, elle fut inaugurée le 30 avril 1859 par Mgr de Vesins, évêque d'Agen, entouré d'un nombreux clergé. Le clocher le fut à son tour le 14 avril 1864.

Les Pères Carmes jouirent paisiblement de leur pittoresque Ermitage jusqu'en l'année 1882. A cette époque, et sous un régime soi-disant de liberté, fut voté par la Chambre, mais repoussé par le Sénat, le fameux article 7 de la loi sur l'enseignement supérieur, excluant les membres des Congrégations non autorisées. Le Gouvernement appliqua aussitôt les lois contre les Congrégations religieuses, et rendit deux décrets, prononçant, dans les trois mois, le dissolution des associations des Jésuites et invitant en même temps les Congrégations non autorisées à régulariser leur situation dans le même laps de temps. Pas une ne daigna se conformer à ces mesures illusoires et arbitraires. Aussi furent-elles dissoutes. A Agen le Gouvernement appliqua les décrets le 16 octobre 1882. Le Couvent des Carmes eut ses portes brisées, et ses religieux, ainsi qu'un grand nombre de citoyens qui étaient venus témoigner aux Pères leur sympathie, furent violemment expulsés. Après ces scènes de crochetage, qui rappelaient les plus mauvais jours de la Terreur, les scellées furent apposées sur le grand portail de l'église ainsi que sur les portes du Couvent ; et l'Ermitage de Saint-Vincent redevint désert comme lors de la première Révolution. Il l'est encore, à l'heure où nous écrivons ces lignes, et où, malheureusement, rien ne semble faire présager un changement qui lui soit favorable.

— Il est triste et doux en même temps, quand s'exhalent les premières effluves printannières, de gravir les pentes escarpées de l'Ermitage et de pénétrer dans son enceinte, vers laquelle pendant plus de seize siècles se sont tournés les regards des fidèles d'Agen. A l'intérieur, l'église est muette, l'autel n'existe plus, la chaire est brisée, les orgues enlevées. Dans les chambres froides du Couvent, l'humidité saisit, et c'est à peine si la chaleur de midi parvient à en réchauffer les murs, couverts de poussière et de toiles d'araignées. Au dehors, les allées sont désertes ; le jardin est en friche et abandonné. Tout au bout, autour de la statue noircie de la Vierge, l'herbe pousse inculte et haute sur les tombes des Ermites, que les modestes croix de bois, vermoulues ou renversées par le vent, ne protègent plus. L'entrée des grottes est désormais fermée par les touffes inextricables de lierre et de vigne grimpante. L'orage encore une fois est passé par là !... Et cependant, aujourd'hui comme autrefois, en ces temps d'impiété comme aux plus beaux jours des martyres et des dévotions du xvii° siècle, le soleil dore gaiement les parois pittoresques du rocher ; les oiseaux chantent aux branches des vieux ormes ; les abeilles bourdonnent au-dessus des fleurs ; et, du haut de cette terrasse si souvent sanctifiée, la vue s'étend, imposante et majestueuse, sur ce beau pays de Garonne, qu'éclaire presque toujours un ciel pur et lumineux.

FIN DU TOME PREMIER.

TABLE DES MATIÈRES

		Pages.
INTRODUCTION		1
CHAPITRE I.	— Les Antonins. — Les Bénédictins	15
CHAPITRE II.	— Les Templiers. — Les Hospitaliers de Saint-Jean de Jérusalem.	27
CHAPITRE III.	— Les Dominicains ou Frères-Prêcheurs	47
CHAPITRE IV.	— Les Cordeliers ou Frères-Mineurs	93
CHAPITRE V.	— Les Grands Carmes	131
CHAPITRE VI.	— Les Augustins	165
CHAPITRE VII.	— Les Jésuites	191
—	— Les Oratoriens	255
—	— L'École Centrale	272
—	— Le Collège Communal	283
CHAPITRE VIII.	— Les Capucins	293
CHAPITRE IX.	— Les Pénitents	317
—	— Pénitents Bleus	321
—	— Pénitents Blancs	332
—	— Pénitents Gris	337
CHAPITRE X.	— Les Petits Carmes	347
CHAPITRE XI.	— Les Minimes	371
CHAPITRE XII.	— Les Lazaristes ou Prêtres de la Mission	391
CHAPITRE XIII.	— Les Tierçaires ou Religieux de Picpus	423
CHAPITRE XIV.	— Les Ermites de Saint-Vincent	445